Übergänge – diskursiv oder intuitiv?

Übergänge – diskursiv oder intuitiv?

Essays zu Eckart Försters
Die 25 Jahre der Philosophie

**Herausgegeben von
Johannes Haag und Markus Wild**

KlostermannRoteReihe

Bibliographische Information der Deutschen Nationalbibliothek

Die Deutsche Nationalbibliothek verzeichnet diese Publikation in der
Deutschen Nationalbibliographie; detaillierte bibliographische Daten
sind im Internet über *http://dnb.dnb.de* abrufbar.

© Vittorio Klostermann GmbH · Frankfurt am Main · 2013
Gedruckt auf Alster Werkdruck der Firma Geese, Hamburg,
alterungsbeständig ∞ ISO 9706 und PEFC-zertifiziert.

Druck: Wilhelm & Adam, Heusenstamm
Printed in Germany
ISSN 1865-7095
ISBN 978-3-465-04176-4

JOHANNES HAAG & MARKUS WILD

Vorwort

2011 erschien bei Vittorio Klostermann in der Reihe „Philosophische Abhandlungen" Eckart Försters Studie *Die 25 Jahre der Philosophie: Eine systematische Rekonstruktion*. Bereits im Jahr darauf konnte Klostermann eine zweite durchgesehene Auflage als Taschenbuch in der Roten Reihe nachlegen. Mittlerweile war auch die durch Brady Bowman besorgte englische Übersetzung des Buchs bei Harvard University Press erschienen: *The Twenty-Five Years of Philosophy: A Systematic Reconstruction* (2012).

Die 25 Jahre der Philosophie behandelt das philosophische Denken zwischen Kant und Hegel, die klassische Deutsche Philosophie. Diese Jahre gehören zu jenen Epochen der Philosophie, die es historisch und systematisch immer wieder zu erschließen gilt. Es handelt sich um eine Epoche, die nicht nur monumentalisches oder antiquarisches Interesse verdient, sondern vielmehr unser kritisches und systematisches Interesse auf sich ziehen sollte. Denn sie hält, wie Eckart Förster argumentiert, eine nach wie vor nicht eingelöste philosophische Möglichkeit für uns bereit, nämlich einen Übergang vom diskursiven zum intuitiven Denken.

Wir haben dieses Werk und das große Interesse, das sein Erscheinen auf sich gezogen hat sowie den runden sechzigsten Geburtstag seines Verfassers, zum Anlass genommen, eine internationale Tagung mit dem Titel „Übergänge – diskursiv oder intuitiv?" durchzuführen, die sich mit Eckart Försters Thesen auseinandersetzt. Die Tagung wurde vom 28. – 30. Juni 2012 an der Humboldt-Universität zu Berlin abgehalten. Diese Universität erschien uns als geeigneter historischer Echoraum.

Da das Buch fast zeitgleich in zwei Sprachen erschienen ist, haben wir die Tagung zweisprachig angelegt und eine Gruppe renommierter sowohl deutsch- als auch englischsprachiger Wissenschaftlerinnen und Wissenschaftler eingeladen. Den eingeladenen Spezialisten für die Epoche zwischen Kant und Hegel wurde je eines der 16 Kapitel von Försters Buch zur kritischen Auseinandersetzung zugewiesen. Dabei war nicht festgelegt, ob es sich um eine kommentierende Stellungnahme im engeren Sinne oder einen thematisch am Inhalt des jeweiligen Kapitels orientierten Forschungsbeitrag handeln sollte, der die Diskussion von Försters Thesen zum Anlass für eine eigene Deutung des Themas nimmt. Der vorliegende Band ist das Ergebnis dieser Tagung. Aufgrund seiner Anlage kann es als eine Art vielstimmiger Kommentar zu *Die 25 Jahre der Philosophie* verstanden werden. Eckart Försters Beitrag versucht abschließend eine konzentrierte, systematische Zusammenführung der polyphonen Linien, welche die 25 Jahre durchziehen. Das, worauf es ihm ankommt, sind die Übergänge zwischen jenen philosophischen Ansätzen in dieser Zeit, an denen die Idee dieser Entwicklung selbst sinnfällig werden soll. Oder wie es Hegel am 15. Oktober 1810 in einem Brief an P. G. an Ghert formuliert: „[D]as, worauf bei allem Philosophieren, und jetzt mehr als sonst, das Hauptgewicht zu legen, ist freilich die Methode des notwendigen Zusammenhangs, des Uebergehens einer Form in die andere."

Wir möchten uns bei den Autorinnen und Autoren für ihre Teilnahme an der Tagung und für ihre Beiträge bedanken. Till Hoeppner danken wir für die Mitorganisation der Tagung, Tobias Rosefeldt für seine Unterstützung vor Ort. Adem Mulamustafic, Pietro Snider und Jonas Wüthrich haben uns dankenswerter Weise bei der Erstellung des Manuskripts geholfen. Ohne die erfreuliche und großzügige Förderung durch die Fritz-Thyssen-Stiftung wäre diese Tagung nicht möglich gewesen. Schließlich freuen wir uns darüber, dass der Verlag Vittorio Klostermann diesen Band in dieselbe Reihe aufzunehmen bereit ist wie die zweite Auflage von Eckart Försters Buch.

Potsdam & Fribourg, im April 2013

INHALT

Einleitung — 9
Johannes Haag & Markus Wild

Die 36 Jahre der Philosophie. Zum transzendentalphilosophischen Potential von Kants Inauguraldissertation — 23
Tobias Rosefeldt

Kants Grenzziehung in der Kritik der reinen Vernunft — 39
Dina Emundts

On „Kritk und Moral" — 59
Karl Ameriks

Shifts and Incompleteness in Kant's Critique of Pure Reason? — 81
Eric Watkins

Mapping the Labyrinth of Spinoza's Scientia Intuitiva — 99
Yitzhak Melamed

Kants Begriff des Transzendentalen und die Grenzen der intelligiblen und der sinnlichen Welt — 117
Ulrich Schlösser

Grenzbegriffe und die Antinomie der teleologischen Urteilskraft — 141
Johannes Haag

Subjektivität und System oder anschauender Verstand? — 173
Gunnar Hindrichs

Fichtes Schwebende Einbildungskraft — 191
Johannes Haag

Das Praktische *in the Early* Wissenschaftslehre — 207
Daniel Breazeale

Intellectual Intuition and the Philosophy of Nature — 235
Dalia Nassar

Zur Methodologie des intuitiven Verstandes 259
David E. Wellbery

From Schelling's Naturalism to Hegel's Naturalism 275
Terry Pinkard

Should the History of Systematic Philosophy be Systematically 289
Reconstructed?
Michael Rosen

Die Phänomenologie, *der intuitive Verstand und das neue Denken* 307
Rolf-Peter Horstmann

Welches Ende der Philosophie? 321
Markus Wild

Eine systematische Rekonstruktion? 347
Eckart Förster

JOHANNES HAAG & MARKUS WILD

Einleitung

I. Die Epoche der nachkantischen Philosophie: eine Einheit?

Die Epoche des Übergangs von Kant zu Hegel – die 25 Jahre vom Erscheinen von Kants *Kritik der reinen Vernunft* (1781) bis zu Hegels *Phänomenologie des Geistes* (1806) – stellt einen der aufregendsten, komplexesten und wirkungsmächtigsten Umbrüche der Philosophie- und Kulturgeschichte dar.[1] Spätestens seit Richard Kroners Studie *Von Kant bis Hegel*[2] liegt diese Epoche im Fokus der wissenschaftlichen Aufmerksamkeit, und zwar sowohl der historisch als auch der systematisch ausgerichteten Forschung.[3]

Aus einer philosophiehistorischen Perspektive stellen sich dabei grundsätzlich die folgenden Fragen: Wie ist der Übergang von der

---

[1] Dieter Henrich spricht von der klassischen deutschen Philosophie in: *Selbstverhältnisse. Gedanken und Auslegungen zu den Grundlagen der klassischen deutschen Philosophie*, Stuttgart 1982. Vgl. auch Walter Jaschke und Andreas Arndt, *Die Klassische Deutsche Philosophie nach Kant: Systeme der reinen Vernunft und ihre Kritik 1785-1845*, München, 2012.

[2] Richard Kroner, *Von Kant bis Hegel*, Tübingen, 2 Bde. 1921/1924.

[3] Dieter Henrich, *Hegel im Kontext*, Frankfurt/M., 1971; ders., *Between Kant and Hegel. Lectures on German Idealism*, Cambridge/Mass., 2003; ders., *Grundlegung aus dem Ich: Untersuchungen zur Vorgeschichte des Idealismus*, Tübingen/Jena 1790-1794, Frankfurt/M., 2004; Rolf-Peter Horstmann, *Die Grenzen der Vernunft: Eine Untersuchung zu Zielen und Motiven des Deutschen Idealismus*, Frankfurt/M., 1991; Rüdiger Bubner, *Innovationen des Idealismus*, Göttingen, 1995; Christian Iber, *Subjektivität, Vernunft und ihre Kritik: Prager Vorlesungen über den Deutschen Idealismus*, Frankfurt/M., 1999; Karl Ameriks (Hg.), *The Cambridge Companion to German Idealism*, Cambridge, 2000; Frederick C. Beiser, *German Idealism: The Struggle against Subjectivism 1781-1801*, Cambridge/Mass. & London, 2002; Terry Pinkard, *German Philosophy 1760-1860: The Legacy of Idealism*, Cambridge, 2002; Paul Franks, *All or Nothing: Systematicity, Transcendental Arguments, and Skepticism in German Idealism*, Harvard, 2005; Robert B. Pippin, *Die Verwirklichung der Freiheit: Der Idealismus als Diskurs der Moderne*, Frankfurt/M., 2005.

kantischen Philosophie zum Deutschen Idealismus zu verstehen? Inwiefern bilden die unter dem Namen „Deutscher Idealismus" zusammengefassten Autoren (Fichte, Schelling, Hegel) eine Einheit? Welches ist der tragende Gedanke, der die Dynamik des Überganges von Kant zu Hegel motiviert? Welche Autoren spielen – neben der eben erwähnten Trias – eine entscheidende Rolle in dieser Dynamik? Systematisch stehen hingegen Fragen der folgenden Art im Zentrum: Ist die Kritik der Exponenten des Deutschen Idealismus an Kant überzeugend? Inwiefern stellt die Transzendentalphilosophie eine methodologische Grundlage dar, derer auch die Philosophie der Gegenwart nicht entbehren sollte? Was können wir aus den Übergängen von Kant bis Hegel lernen?

Nun hat sich in den letzten Jahrzehnten das Wissen um diese Epoche auf eindrückliche Weise vermehrt. Zahlreiche Studien heben die Bedeutung vergessener oder unterschätzter Denker hervor, die für die Entwicklung der Philosophie im Anschluss an Kant bedeutsam sind. Insbesondere die „Konstellationsforschung" hat hier einen kaum zu überschätzenden Beitrag geliefert.[4] Ist Friedrich Hölderlin als entscheidender Wegbreiter zu verstehen?[5] Spielen im Übergang von Kant zu Hegel die Frühromantiker (wie Novalis) eine entscheidende Rolle?[6] Welcher Status kommt Carl Leonhard Reinholds Versuch der Ausarbeitung einer „Philosophie ohne Beinamen" zu?[7] Ist Salomon Maimons kritische Auseinandersetzung mit der kantischen Philosophie vielleicht einer der wesentlichen Katalysatoren für die Überwindung des noch frischen kritizistischen Paradigmas durch Fichte und seine Nachfolger?[8] Nicht nur im engeren Sinn philosophische Denker

---

[4] Vgl. Dieter Henrich, *Konstellationen. Probleme und Debatten am Ursprung der idealistischen Philosophie (1789-1795)*, Stuttgart 1991.

[5] Dieter Henrich, *Hegel im Kontext*, Frankfurt/M., 1971, 9-40; ders., *Der Grund im Bewußtsein: Untersuchungen zu Hölderlins Denken (1794/95)*, Stuttgart, 1992.

[6] Manfred Frank, *Unendliche Annäherung: Die Anfänge der philosophischen Frühromantik*, Frankfurt/M., 1997.

[7] Martin Bondeli (Hg.), *Philosophie ohne Beynamen: System, Freiheit und Geschichte im Denken Karl Leonhard Reinholds*, Basel, 2004.

[8] Paul Franks, „What Should Kantians Learn from Maimon's Skepticism?", in: *The Philosophy of Salomon Maimon and its Place in the Enlightenment*, hrsg. von G. Freudenthal, Amsterdam, 2003, 200-232; ders., „Jewish Philosophy after Kant: The Legacy of Salomon Maimon", in: *The*

wie Reinhold oder Maimon, sondern auch Denker wie Hölderlin, Schiller, Goethe und die Dichter der Frühromantik dürfen in diesem facettenreichen Bild nicht mehr fehlen.

Der noch von Kroner beschrittene scheinbar geradlinige Weg, der gleichsam zielgerichtet von Kant zu Hegel führt, hat sich verschlungen und verzweigt. Die Epoche ist vielsinnig und vielstimmig geworden. Es scheint, als sei diese Epoche ohne Vereinfachung und blinde Flecken nicht mehr als teleologische Einheit zu verstehen. Doch bedeutet dies, dass keine systematische gedankliche Entwicklung von Kant zu Hegel mehr auszumachen wäre? Handelt es sich lediglich um eine vielstimmige zeitliche Folge? Wohnt ihr eine immanente Entwicklung des philosophischen Denkens inne? Und kann man eine solche Entwicklung nicht anders als zielgerichtet verstehen? Es könnte ja sein, dass sich in der Philosophie dieser Epoche eine gedankliche Entwicklung ausmachen lässt, die sich als systematische gedankliche Entwicklung verstehen lässt, ohne dass man diese Entwicklung als einsinnig oder als zielgerichtet auffassen müsste.[9]

In der Forschung sind eine Reihe von Ansätzen hervorgetreten, die versuchen, die Epoche der Klassischen Deutschen Philosophie als Einheit zu sehen und ihre innere Dynamik zu beschreiben.[10] Weitgehende Einigkeit besteht dabei darüber, dass die Autoren des Deutschen Idealismus auf Kants Kritische Philosophie reagieren. Doch worin genau besteht diese Reaktion? Welche Aspekte der Kantischen Philosophie motivieren die Positionen der Deutschen Idealisten? Ist es Kants Entwurf einer Theorie des theoretischen und praktischen Selbstverhältnisses bewusster Wesen, die in den Übergängen von Kant bis Hegel auf die Gesamtheit der Wirklichkeit übertragen wird?[11] So wurde etwa Fichtes Grundlegung der Kritischen Philosophie im Ich – im Selbstbewusstsein – als

---

Cambridge Companion to Modern Jewish Philosophy, hrsg. von M. L. Morgan & P. E. Gordon, Cambridge, 2007, 53-79; Yitzhak Y. Melamed, „Salomon Maimon and the Rise of Spinozism in German Idealism", *Journal of the History of Philosophy* 42 (2004), 67-96.

[9] Vgl. dazu den Beitrag von Eckart Förster in diesem Band.

[10] Vgl. dazu die kritische Rezension von Dina Emundts, „The Search for Unity. Recent Literature to German Idealism", *European Journal of Philosophy* 15 (2007), 435-457.

[11] Dieter Henrich, *Selbstverhältnisse*, 1982.

entscheidender Übergang und als grundlegende Einsicht hervorgehoben.[12] Demgegenüber wurde vorgeschlagen, den Idealismus weniger als positive Thematisierung, sondern als Kritik und Überwindung des Subjektivismus zu verstehen.[13] Oder reagieren die Deutschen Idealisten vielleicht vor allem auf die zahlreichen Dualismen der Kantischen Philosophie, indem sie dieser monistische Positionen gegenüberstellen?[14] Andere Interpreten zeichnen dagegen das Paradox, dass der moderne Mensch zugleich autonomes Subjekt ist und durch das Gesetz determiniert sein muss, gerade als zentrales Problem der klassischen deutschen Philosophie aus.[15] Wiederum andere sehen das Entscheidende in Kants Unterordnung des Gottesbegriffs unter den Begriff der Freiheit und mithin den Begriff der Freiheit als bestimmend für die Dynamik des Übergangs von Kant zu Hegel.[16] Oder steht im Zentrum vielmehr das Bemühen um eine hinreichend systematische Antwort auf das erkenntnistheoretische Problem des Skeptizismus?[17]

Umfangreiche Forschungen zur Entwicklung und Dynamik der klassischen deutschen Philosophie sind also vorhanden und bilden den Hintergrund der heutigen Diskussion. Dennoch darf man vielleicht die These wagen, dass eine deutliche vereinheitlichende Perspektive fehlt, welche die innere Dynamik der Übergänge *und zugleich* die systematische Relevanz dieser Entwicklung zu erfassen vermag. Eckart Försters Studie *Die 25 Jahre der Philosophie: Eine systematische Rekonstruktion* ist vor diesem Hintergrund zu sehen.

II. *Der Kerngedanke von* Die 25 Jahre der Philosophie

Förster setzt bei der folgenden Überlegung an: Kants kritische Philosophie führt die menschliche Erkenntnis auf zwei ‚Stämme'

---

[12] Dieter Henrich, *Fichtes ursprüngliche Einsicht*, Frankfurt/M., 1967.
[13] Frederick C. Beiser, *German Idealism: The Struggle against Subjectivism 1781-1801*, Cambridge/Mass. & London, 2002.
[14] Rolf-Peter Horstmann, *Die Grenzen der Vernunft*, 1991.
[15] Terry Pinkard, *German Philosophy 1760-1860*, 2002.
[16] Michael Rosen, „Freedom in History", in: *German Idealism and its Legacy: Akten des Internationalen Hegel-Kongresses 2011* (im Ersch.)
[17] Paul Franks, *All or Nothing*, 2005.

zurück, nämlich die sinnliche Anschauung und den diskursiven Verstand. Demgegenüber heben die philosophischen Exponenten des Deutschen Idealismus zwei Quellen der Erkenntnis hervor, die Kant zufolge der menschlichen Erkenntnis verwehrt bleiben müssen: die intellektuelle Anschauung und den intuitiver Verstand. Beide Vermögen werden bereits bei Kant thematisiert: die produktive intellektuelle Anschauung als ein alternatives Erkenntnisvermögen zu unserer rezeptiven sinnlichen Anschauung, der intuitive Verstand dagegen als Alternative zu unserem diskursiven Verstand. Förster weist nach, dass intellektuelle Anschauung und intuitiver Verstand jeweils auf zwei Arten verstanden werden können:

Intellektuelle Anschauung
   (a) als produktive Einheit von Denken und Sein,
   (b) als nicht-sinnliche Anschauung von Dingen an sich;

Intuitiver Verstand
   (c) als unendlicher selbstanschauender Verstand,
   (d) als endlicher synthetisch-allgemeiner Verstand.

Wichtig ist, dass der intuitive Verstand im Sinne von (d) kein göttlicher Verstand sein muss (S. 153).[18] Er kann ein endlicher, nicht-diskursiver Verstand sein, durch den das nicht-sinnliche Ganze eines empirischen Phänomens als dessen Grund eingesehen werden kann. Dennoch ist Kants Ansicht nach auch diese Art der Erkenntnis – genau wie die anderen – auf Grund der spezifischen Konstitution unseres wesentlich diskursiven Verstands keine reale Möglichkeit für uns.

Die Autoren des Deutschen Idealismus erkannten, so Förster, dass die Einschränkung auf das diskursive Denken eine nicht weiter begründete kantische Voraussetzung war (vgl. S. 256) – und begannen dementsprechend, die kantischen Grenzen des Erkennens systematisch zu verschieben. Während in der Forschung allerdings bisher – auch auf Grund eben dieser unzureichenden

---

[18] Alle Verweise auf Eckart Försters *Die 25 Jahre der Philosophie* werden in Klammern mit Seitenzahlen angeführt. Zitiert wird nach: *Die 25 Jahre der Philosophie. Eine systematische Rekonstruktion*, Frankfurt/M., 2011.

Differenzierung innerhalb des begrifflichen Apparats, den bereits Kant dem aufmerksamen Leser zur Verfügung stellt – nur die offensichtliche Erweiterung hin zur intellektuellen Anschauung (b) gesehen wurde, für die paradigmatisch Fichtes Philosophie steht[19], eröffnen die Unterscheidungen, die Förster bei Kant nachweist, ganz neue Arten und Weisen, die Entwicklung der nachkantischen Philosophie zu erhellen: Denn insbesondere für Hegel war klar, dass für uns nicht nur diskursive, sondern auch intuitive Erkenntnis im Sinne von (d) möglich ist. Dies ist der *systematische* Leitgedanke von Försters Rekonstruktion der Epoche, die in Hegels *Phänomenologie des Geistes* kulminiert.

Vermittelt wurde diese Einsicht, so Försters *historischer* Leitgedanke, durch Goethes spinozistisch geprägte Auseinandersetzung mit Kants *Kritik der Urteilskraft*. Goethe, so zeigt Förster, hat vor dem Hintergrund seiner Lektüre Spinozas gesehen, dass diskursives und intuitives Denken miteinander vereinbar sind und hat Hegel damit während dessen Zeit in Jena entscheidend beeinflusst.[20] Die Entwicklung der Philosophie zwischen 1781 und 1806 kann vor diesem Hintergrund nicht nur in ihrer Dynamik erfasst, sondern zugleich als eine systematische philosophische Begründung dafür verstanden werden, dass eine spinozistische *scientia intuitiva* als Methodologie eines endlichen intuitiven Verstandes eine reale Möglichkeit darstellt. Mithilfe dieses Fokus auf die Erkenntnisvermögen – und damit verbunden: auf die philosophische Methodologie – gelingt es Förster, zugleich auf historische und systematische Fragen zur klassischen deutschen Philoso-

---

[19] Zu intellektuellen Anschauung vgl. auch Jürgen Stolzenberg, *Fichtes Begriff der intellektuellen Anschauung: Die Entwicklung in den Wissenschaftslehren von 1793/94 bis 1801/02*, Stuttgart, 1986; Xavier Tillette, *Recherches sur l'intuition intellectuelle de Kant à Hegel*, Paris, 1995. Zur intellektuellen Anschauung bei Schelling vgl. den Beitrag von Dalia Nasser in diesem Band.

[20] Zu Goethe vgl. Eckart Förster, „,Da geht der Mann dem wir alles verdanken!' Eine Untersuchung zum Verhältnis Goethe/Fichte", *Deutsche Zeitschrift für Philosophie* 45 (1997), 1-14; ders., „Goethe on „Das Auge des Geistes"", *Deutsche Vierteljahrsschrift für Literaturwissenschaft und Geistesgeschichte* 75 (2001), 87-101. Vgl. auch Gunnar Hindrichs, „Goethe's Notion of an Intuitive Power of Judgment", *Goethe-Yearbook* 18 (2011), 51-65; Dalia Nassar, „From a Philosophy of Self to a Philosophy of Nature: Goethe and the Development of Schelling's Naturphilosophie", *Archiv für Geschichte der Philosophie* 92 (2010), 304-321.

phie zu antworten und eine vereinheitlichende Perspektive auf diese Entwicklung zu präsentieren, die sie in ihrer inneren Logik erstmals erkennbar werden lässt.

Förster Argument verbindet also auf instruktive Weise historische und systematische Fragestellungen zur klassischen deutschen Philosophie. Mit Goethe kommt einer philosophisch vernachlässigten Figur dabei eine tragende Rolle zu – und zwar sowohl innerhalb der historischen Dynamik, die von Kant zu Hegel führt, als auch im systematischen Ansatz der Ausarbeitung einer Methodologie des intuitiven Verstandes, die, falls Förster recht hat, immer noch auf der philosophischen Agenda stehen sollte. Darüberhinaus vermag Förster im durch die Ergebnisse der neueren Forschung verzweigten und verschlungenen Weg von Kant zu Hegel mehr als bloß eine zeitliche Abfolge zu sehen, nämlich die Entwicklung eines systematischen Gedankens, dem eine gewisse Notwendigkeit innewohnt: der Übergang vom diskursiven zum intuitiven Denken ist die entscheidende Antriebskraft für diesen Prozess. Eine Konsequenz der Konzentration auf einen derartigen Leitgedanken – auf einen „Idee" (S. 8) – hat aber auch zur Folge, dass Texte und Autoren unberücksichtigt bleiben müssen, deren Bedeutung in den letzten Jahren von der Idealismus-Forschung zurecht hervorgehoben wurde. Prominente Beispiele sind Maimon, Hölderlin oder die Autoren der Frühromantik. Sofern sie zur Entwicklung der Idee nicht direkt beigetragen haben, gehören sie nicht in eine Rekonstruktion der Übergänge, die diese Idee realisiert haben.

III. *Der Aufbau von* Die 25 Jahre der Philosophie

Nachdem wir versucht haben, den Kerngedanken von Försters Buch herauszuarbeiten, lohnt es sich, einen kurzen Blick auf den Aufbau von *Die 25 Jahre der Philosophie* zu werfen, und zwar auch deshalb, weil die Beiträge in diesem Band – mit der Ausnahme des Beitrags von Eckart Förster selbst – der Abfolge der Kapitel des Buchs folgen.

Die Studie besteht aus zwei Teilen. Der erste Teil trägt den Titel „Kant hat die Resultate gegeben ..." und der zweite Teil den Titel „die Prämissen fehlen noch". Das bekannte (zweigeteilte) Zitat stammt aus einem Brief vom 6. Januar 1795, den Schelling an Hegel richtete. Schelling schreibt: „Die Philosophie ist noch nicht zu Ende. Kant hat die Resultate gegeben; die Prämissen fehlen noch. Und wer kann Resultate verstehen ohne Prämissen?"[21] Dieses Zitat bringt eine Überzeugung auf den Punkt, die Schelling unter anderem mit Reinhold und Fichte teilte. Diese Autoren waren von der Überzeugung geleitet, dass es Kant auch nach der dritten Kritik nicht gelungen war, die Resultate der kritischen Philosophie mittels ihrer Zurückführung auf die letzten Prinzipien des Wissens systematisch darzustellen. Kant hatte demnach in den Augen dieser Denker die wahre wissenschaftliche Philosophie zwar angefangen, sie aber noch nicht zu Ende geführt.

Entsprechend hat der erste Teil von Försters Studie Kants Ansatz der wissenschaftlichen Philosophie zum Thema. In sieben Kapiteln wird die Entwicklung von Kants Denken von der ersten bis zur dritten *Kritik* behandelt – ergänzt um einen Prolog, der der Entwicklung der Idee einer Transzendentalphilosophie in den 1770er Jahren gewidmet ist, und unterbrochen nur durch ein Kapitel zum Spinozastreit, das mit Goethes beginnender Rezeption der spinozistischen Idee einer *scientia intuitiva* erstmals die systematische Alternative zur Transzendentalphilosophie in die Untersuchung einführt.

Der *Prolog* führt die Idee einer Transzendentalphilosophie als Abstraktion vom Objektbezug ein anhand von deren historischer Entwicklung von der *Inauguraldisertation* (1770) über den Brief an Marcus Herz vom Februar 1772 bis zur Veröffentlichung der *Kritik der reinen Vernunft* (1781). Nur eine Philosophie, die ausgeht vom bloß möglichen Bezug auf Gegenstände überhaupt, wird den Geltungsanspruch des wahrheitsfähigen nicht-empirischen Bezug auf Gegenstände kritisch überprüfen können, der für metaphysische Philosophie charakteristisch ist, und so eine wissenschaftliche Philosophie begründen können. Diese Idee einer Transzendentalphilosophie wird in der ersten *Kritik* umgesetzt. Ihr widmet sich Förster in *Kapitel 1*. (Vgl. die Beiträge von Tobias Rosefeldt und Dina Emundts.)

---

[21] Vgl. dazu auch Rolf-Peter Horstmann, „‚Kant hat die Resultate gegeben ...': Zur Aneignung der ‚Kritik der Urteilskraft' durch Fichte und Schelling", in: *Hegel und die „Kritik der Urteilskraft"*, hrsg. von H.-F. Fulda & R.-P. Horstmann., Stuttgart, 1992, 45-65.

Doch schon bald nach der Veröffentlichung der *Kritik der reinen Vernunft* sieht sich Kant mit Missverständnissen konfrontiert, die ihn zur Weiterentwicklung seiner Philosophie nötigen – und zwar in zweierlei Hinsicht: Einerseits zwingt ihn der Vorwurf eines unkritischen, dogmatischen Idealismus zum Überdenken des Verhältnisses von Raum- und Zeitbestimmung und zur Erkenntnis, dass eine apriorischen Bestimmung des Gegenstandes des äußeren Sinnes den Zeitschematismus als apriorische Bestimmung des Gegenstandes des inneren Sinns ergänzen muss. Andererseits wird ihm nun eine Zirkularität seiner Moralbegründung in der ersten *Kritik* bewusst, die das oberste Prinzip der Moralität betrifft. Dieses kann demnach noch nicht vorausgesetzt werden. Diese Entwicklung ist Gegenstand von *Kapitel 2*. (Vgl. den Beitrag von Karl Ameriks.) Sie erklärt die Veröffentlichung zweier weiterer Werke, die dann in *Kapitel 3* thematisiert werden: der *Grundlegung zur Metaphysik der Sitten* (1785) und der *Metaphysischen Anfangsgründe der Naturwissenschaft* (1786). Während die *Grundlegung* mit der Begründung des obersten Moralprinzips befasst ist, sollen die *Metaphysischen Anfangsgründe* das Problem des Raumschematismus lösen. (Vgl. den Beitrag von Eric Watkins.)

Die Beantwortung der Frage nach dem Moralprinzip im Rahmen einer Transzendentalphilosophie verlangt allerdings bereits nach einer Veränderung der Charakterisierung dieser Methode, da in der Moral der Gegenstandsbezug als solcher, wie Förster feststellt, unproblematisch ist. Dieser Frage wendet sich Förster nach dem bereits erwähnten Exkurs zum Spinozastreit und zur alternativen Methodologie der *scientia intuitiva* (*Kapitel 4*) in *Kapitel 5* zu. (Vgl. die Beiträge von Yitzhak Melamed und Ulrich Schlösser.)

Kant verwendet nunmehr eine allgemeinere Formulierung und bestimmt die Aufgabe der Transzendentalphilosophie als „Untersuchung der Möglichkeit synthetischer Sätze a priori" (S. 367) – ein Verfahren, das er bereits in den *Prolegomena* (1783) angewendet hat. Diese Modifikation führt, wie Förster zeigt, zu nicht unerheblichen terminologischen Brüchen in der zweiten Auflage der *Kritik der reinen Vernunft* (1787), eröffnet aber gleichzeitig eine Erweiterung des transzendentalphilosophischen Projekts auf die Untersuchung anderer möglicher synthetischer Sätze a priori. Diese unternimmt Kant zunächst in der *Kritik der praktischen Vernunft* (1788) und bald darauf in der *Kritik der Urteilskraft* (1790). Dabei zeigt sich nun aber eine Schwierigkeit, die vor der Einbeziehung der Moral in das Feld der Transzendentalphilosophie nicht bemerkbar war: Das Sittengesetz muss in einer empirischen Realität umgesetzt werden, deren Kausalmechanismus jedoch Zwecke ausschließt. Wie können diese gesetzgebenden Forderungen der praktischen und der theoretischen Vernunft miteinander verbunden werden? Darauf gibt die *Kritik der Urteilskraft* eine Antwort, die in *Kapitel 6* behandelt wird: Beide Gesetzgebungen, so erfahren wir nun, sollen im Übersinnlichen vereinigt gedacht werden, das somit denknotwendig aber nicht erkennbar ist – wie uns durch die Kontrastierung unserer Erkenntnisvermögen mit alternativen Vermögen (intellektuelle Anschauung bzw. intuitiver Verstand) deutlich wird. Dennoch hat die Transzendentalphilosophie damit „im Gegenstand des äußeren Sinnes ihr Fundament, im Übersinnlichen ihre Einheit." (S. 368) (Vgl. dazu den ersten Beitrag von Johannes Haag.)

Die Unerkennbarkeit des Übersinnlichen wurde den Zeitgenossen Kants nun aber gerade durch die Kontrastierung unserer Vermögen mit den erwähnten Grenzbegriffen zweifelhaft: Die intellektuelle Anschauung erwies sich für Fichte bald darauf als Schlüssel zur Erkennbarkeit der nicht-sinnlichen Wurzel unseres Ichs und der intuitive Verstand war von Goethe als Methode der Erkenntnis von ideellen Zusammenhängen in der Natur bereits in seiner *Metamorphose der Pflanzen* (1790) zugrunde gelegt worden. Mit der methodologischen Einbeziehung dieser Verfahren, die in *Kapitel 7* beschrieben wird, tritt „die Frage nach der Erkennbarkeit des Übersinnlichen ... von nun an in den Vordergrund" (S. 368) – und das markiert den Wendepunkt in den *25 Jahren der Philosophie*. (Vgl. den Beitrag von Gunnar Hindrichs.)

Der zweite Teil des Buchs gliedert sich grob in die Beantwortung der subjektiven und der objektiven Seite der Frage nach der Erkennbarkeit des Übersinnlichen. Die subjektive Seite wird von Fichte beantwortet, die objektive Seite erfährt eine Entwicklung, die von Goethe zu Hegel führt – und wieder zurück.

Fichtes (Jenaer) Wissenschaftslehre und die in ihr erfolgte Umsetzung einer Methodologie der intellektuellen Anschauung ist das Thema der Kapitel 8 und 9. *Kapitel 8* widmet sich der theoretischen Wissenschaftslehre, *Kapitel 9* befasst sich mit der praktischen. Leitprinzip der beiden Kapitel ist die Vorstellung, dass sich die übersinnliche Wurzel unseres Ichs erkennend Schritt für Schritt nachvollziehen lässt, weil dieses Ich in einem Akt produktiver intellektueller Anschauung Denken und Sein vereinigt und sich qua Ich so selbst hervorgebracht hat. Diesen Akt der Selbstsetzung vollziehen die beiden Kapitel entsprechend in seiner theoretischen und praktischen Dimension nach. (Vgl. den zweiten Beitrag von Johannes Haag bzw, den Beitrag von Daniel Breazeale.)

Da es sich bei dieser Wurzel im Übersinnlichen allerdings nur um eine Wurzel für das Ich handeln kann, fordert Schelling ein analoges Verfahren für die übersinnliche Wurzel der Natur. Sein eigener Versuch, diese Forderung zu erfüllen, muss allerdings scheitern, wie Förster in *Kapitel 10* argumentiert: Das Verfahren kann nicht analog sein, da eine intellektuelle Anschauung im Falle der *Naturerkenntnis* „in der Anschauung vom Anschauenden abstrahiert werden [müsste]" (ebd.) – und damit würde sie ihren Gegenstand gerade nicht mehr selbst hervorbringen. Die intellektuelle Anschauung wird im Falle der Naturerkenntnis also zum intuitiven Verstand. (Vgl. den Beitrag von Dalia Nasser.)

Die Methodologie eines solchen intuitiven Verstandes wird dementsprechend nun in *Kapitel 11* in Auseinandersetzung mit Goethes Naturphilosophie weiter ausgearbeitet. Goethe verzichtet nicht einfach auf den diskursiven (kantischen) Verstand – er ist nötig zur sammelnden, auf Vollständigkeit abzielenden Anordnung der Phänomene. Aber er will den diskursiven Verstand um die Anwendung des intuitiven ergänzt sehen, vermittels dessen wir in der Lage sind, die Übergänge zwischen den Phänomenen in Gedanken nachzubilden und so, falls „in diesen ein Ganzes bildend am Werk war ..., eine Idee als dasjenige ideelle Ganze [zu erfahren], dem die sinnlichen Teile ihr Dasein und Sosein verdanken" (S. 369). (Vgl. den Beitrag von David Wellbery.)

Die letzten drei *Kapitel 12, 13* und *14* verfolgen dann Hegels Versuch, diese Methode auf einen besonderen Phänomenbereich anzuwenden – nämlich auf die Philosophie selbst – und so zur philosophischen Erkenntnis des Übersinnlichen zu gelangen. In diesem Fall müssen die Übergänge durch die vollständige Anordnung der Gestalten des philosophischen Bewusstseins in den Blick kommen. Der denkende Nachvollzug dieser Bewusstseinsgestalten lässt in diesem Fall – anders als im Fall der produktiven intellektuellen Anschauung – eine Distanzierung vom Erkenntnisgegenstand zu, der dadurch als unabhängig vom denkenden Subjekt erkannt wird: „In dieser Erfahrung erfasst das Bewusstsein die Wirklichkeit einer übersinnlichen geistigen Realität. Damit steht es auf dem Standpunkt der *scientia intuitiva*." (S. 369) (Vgl. die Beiträge von Terry Pinkard, Michael Rosen und Rolf-Peter Horstmann.)

Hegel liefert auf diese Weise die philosophische Begründung für die Methode des intuitiven Verstandes, die bei Spinoza vorgedacht und bei Goethe ausgearbeitet wurde. Das ‚Ende der Philosophie' ist damit allerdings nicht erreicht, wie Förster insistiert – auch dann nicht, wenn Hegel gemäß seinen eigenen Ansprüchen erfolgreich gewesen wäre: Denn die philosophische Erkenntnis des Übersinnlichen beschränkt sich, wie Goethe gezeigt hat, nicht auf die Etablierung des umfassenden Systems der Gestalten des Bewusstseins. Sie muss „nicht von der höchsten Idee" (S. 364) ausgehen, sondern steigt von der Erkenntnis der Idee einzelner Naturphänomene erst nach und nach auf zu dieser höchsten Idee. Die Philosophie auf dem Standpunkt der *scientia intuitiva* findet ihren Gegenstandsbereich nun als eigentliche „Metaphysik der Zukunft" (S. 364) „in der systematische[n] Zusammenstellung aller an den Urphänomenen gewonnenen Ideen" (ebd.). Dies ist die systematische Perspektive, die die *25 Jahre der Philosophie* entwickeln wollen. (Vgl. die Beiträge von Markus Wild und Eckart Förster.)

Zuordnung von Kapiteln aus *Die 25 Jahre der Philosophie* und den Autoren der Beiträge:

Prolog: Ein Anfang der Philosophie   T. Rosefeldt

Teil I

1	Kants „Umänderung der Denkart"	D. Emundts
2	Kritik und Moral	K. Ameriks
3	Von A nach B	E. Watkins
4	Wie wird man Spinozist?	Y. Melamed
5	Aus Eins wird Drei	U. Schlösser
6	Das „kritische Geschäft": vollendet?	J. Haag
7	Das „kritische Geschäft": unvollendet	G. Hindrichs

Teil II

8	Fichtes „völlige Umkehrung der Denkart"	J. Haag
9	Moral und Kritik	D. Breazeale
10	Spiritus sive natura?	D. Nassar
11	Die Methodologie des intuitiven Verstandes	D. Wellbery
12	Hat die Philosophie eine Geschichte?	T. Pinkard
13	Hegels „Entdeckungsreisen": unvollendet	M. Rosen
14	Hegels „Entdeckungsreisen": vollendet	R.-P. Horstmann

Epilog: Ein Ende der Philosophie   M. Wild

TOBIAS ROSEFELDT
(BERLIN)

Die 36 Jahre der Philosophie. Zum transzendentalphilosophischen Potential von Kants Inauguraldissertation

Anmerkungen zum Prolog von Eckart Försters Buch
Die 25 Jahre der Philosophie

Eckart Försters provokante Behauptung, dass es Philosophie eigentlich nur 25 Jahre lang – nämlich von 1781 bis 1806 – gegeben habe, besteht aus zwei nicht weniger provokanten Teilthesen: der These, dass die Philosophie – in einem bestimmten, genauer zu spezifizierenden Sinne – erst mit Kants *Kritik der reinen Vernunft* angefangen habe, und der These, dass sie – ebenfalls in einem bestimmten, genauer zu spezifizierenden Sinne – mit Hegels System zur Zeit der Abfassung der *Phänomenologie des Geistes* zu einem Ende gekommen sei. Im Prolog des Buches („Ein Anfang der Philosophie") verteidigt Förster die erste dieser beiden Thesen. Er tut dies unter anderem dadurch, dass er erläutert, in welchem Sinne es Philosophie bereits vor Kants Transzendentalphilosophie gegeben habe:

Natürlich hat es in einem trivialen, umgangssprachlichen Sinn Philosophie schon seit vielen Jahrhunderten gegeben, gewissermaßen als ‚Naturanlage' [...]; aber eine Philosophie, die wirklich mit einem Wahrheitsanspruch auftreten kann und mehr ist als ein bloßes ‚Herumtappen unter Begriffen' (B xv), muss Einsicht in die Bedingungen ihrer eigenen Möglichkeit mitbringen und die Kriterien angeben können, wie sich wirkliche philosophische Erkenntnis von Scheinwissen und bloßer Meinung unterscheiden lässt. Da dies bisher nie der Fall gewesen ist, kann Kant mit gutem Grund sagen, dass es noch gar keine wirkliche (d.h. wahrheitsfähige und damit wissenschaftliche) Philosophie nicht-sinnlicher Gegenstände gegeben hat. Mehr noch, bevor dieses Problem gelöst ist, lohnt es sich gar nicht, sich weiterhin mit Metaphysik zu beschäftigen. (S. 14)[1]

Die These vom Beginn der Philosophie mit Kants *Kritik der reinen Vernunft* wird hier auf zweierlei Weise spezifiziert: Erstens handelt es sich bei der Disziplin, die es vor Kant nicht gegeben haben soll, nicht um die Philosophie im allgemeinen, sondern um die Metaphysik. Zweitens stellt Förster klar, dass es natürlich auch Metaphysik bereits vor Kant gegeben hat. Noch nicht gegeben allerdings habe es eine Metaphysik, die hinsichtlich ihrer semantischen und erkenntnistheoretischen Voraussetzungen aufgeklärt sei, d.h. die erkläre, wie die Vorstellungen, die wir von den Gegenständen der Metaphysik zu haben meinen, sich auf diese Gegenstände beziehen können, wie wir Urteile über diese Gegenstände fällen können, die einen Wahrheitswert haben, und wie wir jemals Wissen darüber erlangen können, welchen Wahrheitswert diese Urteile haben. Eine solche Erklärung liefere erstmals Kants Transzendentalphilosophie.

Wie plausibel ist diese zuletzt genannte These? Ich denke, dass sie deskriptiv verstanden klarerweise falsch ist. Denn natürlich haben auch vorkantische Metaphysiker Theorien darüber entwickelt, auf welche Weise unsere Vorstellungen metaphysische Sachverhalte repräsentieren können (man denke etwa an Platons Theorie der Anamnesis oder an Descartes Ideentheorie), und methodologische Überlegungen darüber angestellt, wie man echtes Wissen in der Philosophie von bloßen Meinungen und von Scheinwissen unterscheiden kann – nicht selten verbunden mit dem Anspruch, diese Unterscheidung zum ersten Mal in der Geschichte der Philosophie auf die richtige Weise zu machen. Man sollte Försters These deswegen besser als wertende verstehen: Kant hat die erste *überzeugende* Antwort auf die Frage nach der Möglichkeit metaphysischer Erkenntnis gegeben. Die Plausibilität dieser These zu prüfen, würde zweifellos den Rahmen dieses Beitrags sprengen.

---

[1] Alle Verweise auf Eckart Försters *Die 25 Jahre der Philosophie* werden in Klammern mit Seitenzahlen angeführt. Zitiert wird nach: *Die 25 Jahre der Philosophie. Eine systematische Rekonstruktion*, Frankfurt/M., 2011.

Ich werde im Folgenden ein sehr viel bescheideneres Ziel verfolgen. Ich möchte zeigen, dass man selbst dann, wenn man Kants Transzendentalphilosophie für die erste überzeugende Erklärung der Möglichkeit von Metaphysik hält, den Beginn der Metaphysik als ernstzunehmender Disziplin vor das Jahr 1781 datieren sollte, genauer auf das Jahr 1770, dem Jahr des Erscheinens von Kants Inauguraldissertation *De mundi sensibilis atque intelligibilis forma et principiis*.

Förster datiert Kants Einsicht, dass der Metaphysik eine Untersuchung der Bedingungen ihres Gelingens vorangehen muss, auf die Zeit nach der Abfassung der Inauguraldissertation. In seinem berühmten Brief an Marcus Herz von 1772 habe Kant erstmals die Frage gestellt, die es bei einer solchen Untersuchung zu beantworten gilt, und die man deswegen als die Grundfrage der Transzendentalphilosophie bezeichnen kann. Förster selbst formuliert sie als die Frage: „Wie können sich apriorische Vorstellungen wahrheitsfähig auf ihre Gegenstände beziehen?" (S. 18). Aus dem Wunsch nach einer systematischen Beantwortung dieser Frage ergeben sich laut Förster die beiden Hauptaufgaben für die Transzendentalphilosophie: Erstens sei für jedes der drei von Kant unterschiedenen Erkenntnisvermögen (Sinnlichkeit, Verstand und Vernunft) eine vollständige Liste der mit diesem Vermögen verbundenen apriorischen Vorstellungen zu erstellen. Zweitens sei zu zeigen, ob und wie sich die betreffenden Vorstellungen auf Gegenstände beziehen können und eine apriorische Erkenntnis möglich machen (vgl. ebd.). Diese beiden Aufgaben hätten sich als so schwierig erwiesen, dass Kant bis 1781 mit ihnen beschäftigt gewesen sei. Förster gesteht zu, dass Kant dabei auf Einsichten aus seiner Inauguraldissertation von 1770 zurückgreifen konnte, nämlich erstens die Einsicht, dass Sinnlichkeit und Verstand zwei grundlegende und nicht aufeinander zurückführbare Vermögen sind,[2] und zweitens die Einsicht, dass Raum und Zeit keine objektiv bestehenden Strukturen oder Dinge, sondern Formen unserer Anschauung sind. Die im Brief an Marcus Herz formulierte Grundfrage der Transzendentalphilosophie ist laut

---

[2] Förster zeigt, wie sich diese Annahme Kants Einsicht in die Möglichkeit inkongruenter Gegenstücke verdankt (S. 19–21).

Förster in der Inauguraldissertation aber noch nicht beantwortet, ja noch nicht einmal gestellt.

Es ist der zuletzt genannte Punkt, zu dem ich mich im folgenden kritisch äußern möchte, wobei ich voranschicken will, dass ich Försters Charakterisierung des Kantischen Projekts durchaus zustimme und meine, dass die im Folgenden entwickelten Überlegungen nicht gegen die Grundidee seiner Interpretation sprechen. Was ich im Folgenden zeigen möchte ist, dass die Frage der Möglichkeit apriorischer Repräsentation und apriorischen Wissens in der Inauguraldissertation bereits gestellt ist und man auch die Grundidee zu ihrer Beantwortung dort in hohem Maße vorgezeichnet findet.

1. Der erste Punkt, den ich kritisch anmerken möchte, ist, dass die Frage nach der Möglichkeit apriorischer Repräsentation und apriorischen Wissens für Kant - zumindest zur Zeit der Abfassung der Inauguraldissertation und des Briefes an Marcus Herz - nicht zusammenfällt mit der Frage nach der Möglichkeit von Metaphysik. In der Inauguraldissertation charakterisiert Kant Metaphysik als diejenige Philosophie, „welche die ersten Grundsätze des Gebrauchs des reinen Verstandes enthält"[3], was bedeutet, dass die Vorstellungen, die für die Erklärung der Möglichkeit von Metaphysik relevant sind, nur die des reinen Verstandes sind. Im Brief an Marcus Herz unterscheidet er innerhalb des theoretischen Teil des Buchs, das er dort ankündigt, zwischen der Metaphysik und der „phaenomenologie überhaupt", in welcher vermutlich die künftige Lehre von Raum und Zeit zu finden gewesen wäre. Zudem beschreibt Kant in dem Brief das von ihm neu entdeckte Problem zwar zuerst allgemein als die Frage, wie sich Vorstellungen auf einen Gegenstand beziehen können, wenn diese weder durch kausalen Einfluss des Gegenstands auf das Subjekt entste-

---

[3] Ich folge in diesem Beitrag der Übersetzung der Inauguraldissertation von Norbert Hinske (*Werkausgabe* Bd.5, hg. von Wilhelm Weischedel, Frankfurt/M., 1977); die Stellenangaben beziehen sich auf die lateinische Fassung in der Akademieausgabe, die unter Angabe von Band- und Seitenzahl zitiert wird; die *Kritik der reinen Vernunft* wird im Text nach der ersten (A) und zweiten (B) Auflage zitiert.

hen, noch selbst Ursache der Existenz des Gegenstands sind. Aber in seinen Erläuterungen wird klar, dass es die „reinen Verstandesbegriffe" bzw. „intellectual Vorstellungen" (10:130) sind, für die er sich diese Frage konkret stellt, weil er meint, dass sie in diesem Fall „den Schlüßel zu dem gantzen Geheimnisse, der bis dahin sich selbst noch verborgenen Metaphys[ik]" enthalte (ebd.). Diese Spezifizierungen eröffnen die Möglichkeit, dass Kant die Erklärung apriorischer Repräsentation und apriorischen Wissens für solche apriorische Vorstellungen, die nicht dem Verstand, sondern z.b. der Sinnlichkeit entspringen, für weniger problematisch gehalten haben könnte.

Genau dies scheint nun tatsächlich hinsichtlich der Vorstellungen von Raum und Zeit der Fall gewesen zu sein. Im Brief an Herz schreibt Kant zu der Schwierigkeit, wie Vorstellungen, die „auf unsrer innern Thätigkeit beruhen", mit Gegenständen übereinstimmen können, „ohne daß diese Übereinstimmung von der Erfahrung hat dürfen Hülfe entlehnen", dass dies zwar „in der Mathematic [an]geht", aber „immer eine Dunckelheit in Ansehung unsres Verstandesvermögens" hinterlässt (10:131). Das heißt, dass er den Bezug derjenigen apriorischen Vorstellungen, die für die Mathematik eine Rolle spielen, d.h. die des Raumes, sowie naheliegenderweise auch die der Zeit, anscheinend für unproblematisch und bereits geklärt hielt. Und dies zu Recht. Die Inauguraldissertation enthält nämlich bereits eine Erklärung, wie sich unsere Vorstellungen von Raum und Zeit auf sinnlich gegebene Gegenstände beziehen können, obwohl diese Vorstellungen aus unserem Geist selbst stammen. Für die Raumvorstellung lautet seine Erklärung folgendermaßen:

Mag auch der Begriff des Raumes, als der irgendeines objektiven und realen Seienden oder einer solchen Eigenschaft, der Einbildung entstammen, so ist er doch nichtsdestoweniger, in Bezug auf alles beliebige Sensible, nicht allein ganz wahr, sondern auch die Grundlage aller Wahrheit in der äußeren Sinnlichkeit. Denn die Dinge können den Sinnen unter irgendeiner Gestalt nur mittels der Kraft des Gemüts erscheinen, das alle Empfindungen nach einem festen und seiner Natur eingepflanzten Gesetz [*lex naturae animi insita*] einander beiordnet. Da demnach den Sinnen gar nichts gegeben werden kann, wenn es nicht den angestammten Axiomen des Raumes und dessen Folgestücken (nach Vorschrift der Geometrie) entspricht, so wird es mit ihnen, mag ihr Grund auch nur subjektiv sein, doch notwendig übereinstimmen, weil es insofern mit sich selbst übereinstimmt, und die Gesetze der Sinnlichkeit werden Gesetze der Natur sein, sofern sie in die Sinne fallen kann. (§ 15.E; 2:404)[4]

Die Erklärung, die Kant hier dafür gibt, dass sich die Raumvorstellung auf gegebene Gegenstände bezieht, obwohl sie nicht durch Affektion durch diese Gegenstände in uns erzeugt worden ist, besteht aus den folgenden beiden Teilbehauptungen:

(1.a)   Die apriorische Vorstellung des Raumes hat ihren Grund in einem dem Gemüt „eingepflanzten Gesetz", dem gemäß das Gemüt Vorstellungen ordnet und verbindet.

(1.b)   Weil uns im äußeren Sinn wahrnehmbare Dinge nur dann erscheinen können, wenn das Gemüt die von ihnen hervorgerufenen Empfindungen diesem Gesetz gemäß ordnet und verbindet, bezieht sich die apriorische Vorstellung vom Raum auf alle Gegenstände des äußeren Sinns.

Diese Erklärung deckt sich mit der, die Kant in der *Kritik der reinen Vernunft* von der objektiven Gültigkeit der Raum- und Zeitanschauung gibt (vgl. A27 f./B43 f. für den Raum und A35 f./B51 f. für die Zeit). Die Frage, die Kant in der Inauguraldissertation noch nicht beantwortet hatte, lautet also nicht: „Wie können sich apriorische Vorstellungen wahrheitsfähig auf ihre Gegenstände beziehen?", sondern sie lautet: „Wie können sich apriorische Vorstellungen *des Verstandes* wahrheitsfähig auf ihre Gegenstände beziehen?" Wie die apriorischen Vorstellungen der Sinnlichkeit dies tun können, hatte Kant bereits 1770 gezeigt.

2. Ich möchte im folgenden dafür argumentieren, dass Kants Inauguraldissertation auch zur Beantwortung der zuletzt genannten, eingeschränkteren Frage bereits einen entscheidenden Schritt beigetragen hat. In gewissem Sinne enthält die zuletzt rekonstruierte Argumentation in den zwei Schritten (1.a) und (1.b) ja bereits die Grundstruktur von Kants Erklärung *jeglicher* Form apriorischen

---

[4] Eine ganz analoge Überlegung zur Vorstellung der Zeit findet sich in § 14.6 (2:401 f.).

Gegenstandbezugs. Auch bei den apriorischen Begriffen des Verstandes – den Kategorien – und bei denen der Vernunft – den transzendentalen Ideen – besteht der erste Schritt von Kants Untersuchungsverfahren darin, zu zeigen, wie diese Begriffe in bestimmten Ordnungs- und Strukturierungshandlungen des Gemüts bzw. in den Gesetzen, nach denen diese Handlungen ausgeführt werden, gegründet sind. Im Falle der Kategorien ist die Handlung diejenige des Urteilens nach bestimmten logischen Gesetzmäßigkeiten (Urteilsformen) bzw. eine dem Urteilen irgendwie verwandte Aktivität sinnlicher Synthesis. Im Falle der transzendentalen Ideen ist die Handlung diejenige des Vervollständigens einer Reihe von Prosyllogismen zu drei verschiedenen Arten von gegebenen Vernunftschlüssen, die sich durch ihre jeweilige logische Form unterscheiden. Um zu klären, ob sich die betreffenden apriorischen Begriffe auf Gegenstände beziehen, muss dann in einem zweiten Schritt untersucht werden, ob wir eine bestimmte Art von Erfahrung von den uns in der Anschauung gegebenen Gegenständen – und zwar eine, von der wir voraussetzen dürfen, dass wir sie haben – nur dann haben können, wenn die betreffende Strukturierungshandlung ausgeführt wird. Bekanntlich ist Kant der Meinung, dass dies bei denjenigen Handlungen, in denen die Kategorien fundiert sind, der Fall ist, bei der Handlung des Vervollständigens der Reihen von Prosyllogismen jedoch nicht, weswegen zwar die Kategorien, nicht aber die transzendentalen Ideen objektive Realität haben.

Es ist nun bemerkenswert, dass Kant den ersten Schritt der eben genannten Argumentation für die objektive Gültigkeit der Kategorien bereits in der Inauguraldissertation vorgezeichnet hat. Über den Ursprung der reinen Verstandesbegriffe schreibt er dort

Da man [...] in der Metaphysik keine empirischen Grundsätze antrifft: so sind die in ihr vorkommenden Begriffe nicht in den Sinnen zu suchen, sondern in der Natur selber des reinen Verstandes, nicht als angeborene Begriffe, sondern als solche, die aus den dem Geist eingepflanzten Gesetzen [*leges menti insitae*] (dadurch, daß man auf ihre Handlungen bei Gelegenheit der Erfahrung achtet) abgezogen und folglich erworben sind. Von dieser Art sind ‚Möglichkeit', ‚Dasein', ‚Notwendigkeit', ‚Substanz', ‚Ursache' usw. (§ 8; 2:395)

Auffällig ist hier zunächst die Parallelität in der Formulierung: In der oben zitierten Passage über den Raum hatte es geheißen, dass die apriorische Vorstellung vom Raum auf dem Raum als Form empirischer sinnlicher Anschauung beruhe und dass der Raum als Anschauungsform als ein „der Natur des Gemüts eingepflanztes Gesetz" („*lex naturae animi insita*") verstanden werden kann, dem gemäß Empfindungen in eine anschauliche Ordnung gebracht werden. Nun heißt es, dass die reinen Verstandesbegriffe durch Reflexion auf „dem Geist eingepflanzte Gesetze" („*leges menti insitae*") erworben werden, die die Handlungen regulieren, welche der Verstand ausführt, wenn Erfahrungen gemacht werden. Aus dem Kontext des Abschnitts, dem die zitierte Passage entstammt, wird klar, dass mit diesen Handlungen der von Kant so genannte „logische Verstandesgebrauch" („usus logicus") gemeint ist, d.h. das Über- und Unterordnen von anschaulich wahrgenommenen Bestimmungen in Urteilen (vgl. § 5; 2:393). Auffällig ist aber auch die Übereinstimmung in der Sache: Sowohl die der Sinnlichkeit zuzurechnenden apriorischen Vorstellungen, als auch diejenigen des Verstandes sind in einer Ordnungsaktivität des erkennenden Subjekts gegründet, und zwar beide in einer Aktivität, die ausgeführt wird, wenn empirische, d.h. sinnliche Erfahrung gemacht wird. In Analogie zur These (1.a), dem ersten Schritt der Argumentation für die objektive Realität der Raumvorstellung, kann man den ersten Schritt der Erklärung des Gegenstandbezugs der reinen Verstandesbegriffe also folgendermaßen formulieren:

(2.a) Die apriorischen Vorstellungen von Substanzen, Ursachen, Notwendigkeit usw. (d.h. die reinen Verstandesbegriffe) haben ihren Grund in bestimmten dem Geist „eingepflanzten Gesetzen", denen gemäß der Geist Vorstellungen ordnet und verbindet, wenn er Urteile über sinnlich Gegebenes fällt.

Wie Kant sich im Brief an Marcus Herz selbst vorwirft, hat er in der Inauguraldissertation die Erklärung der Möglichkeit des Gegenstandbezugs reiner Verstandesbegriffe nicht in Angriff genommen. Hat man sich die bemerkenswerte Parallele zwischen Kants Aussagen zur Verankerung der reinen Anschauungen und der reinen Verstandesbegriffe in Ordnungsaktivitäten des Subjekts einmal vor Augen geführt, kann man allerdings gut sehen, wie diese Erklärung prinzipiell aussehen müsste, wenn sie in Analogie zur Erklärung des Gegenstandsbezugs der reinen Anschauungen ablaufen sollte.

(2.b) Weil uns wahrnehmbare Dinge nur dann erscheinen können, wenn das Subjekt seine Anschauungen diesen Gesetzen gemäß in Urteilen (oder urteilsartigen Synthesishandlungen) ordnet und verbindet, beziehen sich die reinen Verstandesbegriffe auf alle wahrnehmbaren Dinge.

Man sieht aber auch schnell, welche beiden Probleme eine solche Argumentationsstrategie im Falle der reinen Verstandesbegriffe mit sich bringt, und kann verstehen, weshalb Kant selbst nach der Einsicht in ihre Notwendigkeit noch neun Jahre gebraucht hat, philosophisch mit ihren Konsequenzen umzugehen. Erstens kann ein Argument, das so verfährt, nur zeigen, dass die reinen Verstandesbegriffe sich auf Gegenstände unserer Sinne und also auf Erscheinungen beziehen. Die in der Inauguraldissertation unhinterfragte Annahme, dass wir durch die reinen Verstandesbegriffe die Dinge erkennen, wie sie an sich selbst beschaffen sind, muss folglich aufgegeben werden. Zweitens ist (2.b) ungleich weniger plausibel als (1.b), denn es scheint – prima facie zumindest – ohne weiteres möglich, dass uns Dinge sinnlich erscheinen, ohne dass wir sie bereits urteilend zueinander in Beziehung setzen oder die reinen Verstandesbegriffe auf sie anwenden (vgl. dazu A89/B122). Es bedarf also eines viel komplizierteren und – wie man aus der Lektüre der *Kritik* weiß – voraussetzungsreicheren Arguments, um eine Variante von Annahme (2.b) zu finden, in der ein Zusammenhang zwischen der Möglichkeit von Erfahrung und den Handlungen des Verstandes behauptet wird, der einerseits stark genug ist, um die ihm zugedachte argumentative Rolle zu spielen, andererseits aber auch der Sache nach plausibel ist. Ich möchte im abschließenden Teil dafür argumentieren, dass auch Kants letztlich gewählte Strategie, diesen Anforderungen nachzukommen, in einem Theoriestück aus der Inauguraldissertation ihren Ursprung hat, und zwar in einem, das man normalerweise ganz Kants vorkritischer Metaphysik zurechnet und dem man deswegen gemeinhin keine transzendentalphilosophische Relevanz zubilligt.

3. Kants Inauguraldissertation ist in fünf Abschnitte eingeteilt. Wenn man in der Schrift nach Vorstufen zu Kants kritischer Philosophie sucht, dann sind es in der Regel der zweite, dritte und fünfte Abschnitt, in denen man fündig wird. Der zweite Abschnitt enthält Kants Lehre von der Irreduzibilität der beiden Erkenntnisvermögen Sinnlichkeit und Verstand, seine Behauptung, dass wir durch die Sinne nur Erscheinungen erkennen und nicht die Dinge, wie sie an sich selbst beschaffen sind, sowie diejenige Konzeption der Unterscheidung zwischen Phaenomena und Noumena, die er im entsprechenden Kapitel in der ersten Auflage der *Kritik* referiert (vgl. A249 f.) und dann kritisiert (vgl. A250 ff.). Der dritte Abschnitt enthält die Lehre von Raum und Zeit als Formen der Anschauung, die Kant in der transzendentalen Ästhetik übernimmt. Und der fünfte Abschnitt enthält den Nukleus von Kants Kritik der traditionellen Metaphysik in der transzendentalen Dialektik, die Diagnose nämlich, dass die Schwierigkeiten dieser Disziplin der Tatsache geschuldet sind, dass nicht hinreichend zwischen Gegenständen der Sinne, für die die Gesetzmäßigkeiten von Raum und Zeit Geltung haben, und Gegenständen des Verstandes, für die sie keine Geltung haben, unterschieden wird. Aus kritischer Perspektive befremdlich scheinen dagegen der erste und der vierte Abschnitt, in denen Kant Themen und Thesen aufgreift, die sich bereits in früheren Kantischen Schriften (wie der *Nova dilucidatio* von 1755) finden und die einem Bereich metaphysischer Spekulation anzugehören scheinen, von der sich Kant in der *Kritik* so ausdrücklich distanziert, dass man sie auf der Suche nach den Ursprüngen von Kants transzendentalphilosophischem System leicht ignoriert. Wie ich zeigen möchte, wäre das allerdings ein Fehler.

In Abschnitt 1 führt Kant den Begriff einer Welt als mereologischen Maximalbegriff ein: Eine Welt ist ein Ganzes aus Teilen, das nicht selbst wieder Teil eines Ganzen ist (§ 1, 2:387). (Dem Weltbegriff korrespondiert deswegen der Begriff eines einfachen Teils, d.h. eines Teiles von Ganzen, das selbst kein Ganzes anderer Teile ist.) Entscheidend für die Argumentation in der Inauguraldissertation ist nun Kants mereologische Grundannahme, dass Substanzen, d.h. diejenigen Dinge, aus denen unsere Welt *de facto* besteht, nicht von sich aus, d.h. allein durch ihre Existenz, ein Ganzes und also auch nicht eine Welt bilden. Die bloße Existenz verschiedener Substanzen ist begrifflich damit verträglich, dass diese Substanzen zu verschiedenen Welten gehören (§ 2.II; 2:390 und § 21; 2:408). Substanzen bilden nur dadurch eine Welt, dass es eine Form gibt, die alle Teile – d.h. die Materie der Welt – in ein für Weltzugehörigkeit konstitutives Verhältnis zueinander setzt (§ 2.II; 2:390). Im zweiten und dritten Abschnitt der Inauguraldissertation wird der Grund dafür angegeben, dass dieses Verhältnis nicht allein durch die raum-zeitlichen Verhältnisse zwischen den Substanzen konstituiert wird. Zwar erfüllen Raum und Zeit die Anforderungen an Formen einer Welt insofern, als die Tatsache, dass es nur einen Raum und eine Zeit gibt, alles in Raum uns Zeit zum Teil eines Ganzen macht, das selbst nicht mehr Teil eines anderen Ganzen ist (vgl. § 14.7; 2:402 und § 15.E; 2:405). Da aber Raum und Zeit bloß Formen unserer Anschauung sind und Substanzen also nur insofern in Raum und Zeit sind, als sie uns sinnlich erscheinen, sind die raum-zeitlichen Beziehungen zwischen Substanzen in zweierlei Hinsicht ungeeignet dazu, die Welthaftigkeit unserer Welt zu konstituieren. Erstens werden durch die Anschauungsformen nur solche Substanzen zu einer Welt verbunden, die uns sinnlich erscheinen können, was laut Kant nicht auf alle Substanzen zutrifft (vgl. § 13; 2:398). Zweitens ist die durch Raum und Zeit gestiftete Ordnung nicht real, sondern kommt der Welt nur insofern zu, als sie einem Subjekt, das die sinnlich empfangenen Daten nach bestimmten Gesetzen ordnet, erscheint (vgl. ebd. und § 16; 2:406 f.).

Kant ist nun der Meinung, dass die durch das Subjekt gestiftete Verbindung in einer subjektunabhängigen, realen Verbindung zwischen den Substanzen fundiert sein muss. Deswegen stellt er sich zu Beginn von Abschnitt 4 die Frage, „auf welchem Grunde denn ebendieses Verhältnis aller Substanzen beruhe, das anschaulich betrachtet Raum heißt. Um diesen Punkt dreht es sich demnach bei der Frage nach dem Grund der Form der Verstandeswelt, daß ersichtlich wird: auf welche Art und Weise es denn möglich sei, daß mehrere Substanzen in wechselseitiger Gemeinschaft sind und auf diese Art zu demselben Ganzen gehören, das man Welt nennt" (§ 16; 2:407). Die genannte Frage beantwortet er dann mit der These, dass Substanzen durch die gegenseitige kausale Wechselwirkung zwischen ihnen eine Welt bilden und dass diese wechselseitige gegenseitige Abhängigkeit nur dann gegeben ist, wenn alle Substanzen einer Welt (die kontingenterweise existieren) eine gemeinsame erste Ursache haben (die notwendigerweise existiert) (§§ 18–22, 2:407–409).

An diesen metaphysischen Überlegungen ist vieles erläuterungsbedürftig, und eine genauere Interpretation würde den Rahmen dieses Beitrags bei Weitem sprengen. Mir geht es im Moment nur um die Rolle, die dem Verstand von Kant im Rahmen seiner Überlegungen zum *mundus intelligibilis* zugewiesen wird: Durch den Verstand und die Begriffe, die diesem entspringen (d.h. die reinen Verstandesbegriffe) denken wir uns diejenige Struktur, die aus dem verschiedenen Einzelnen in einer Welt erst im eigentlichen Sinne eine Welt macht. Diese These ist deswegen interessant, weil sie meines Erachtens auch Kants Überlegungen zur Rolle der reinen Verstandesbegriffe *nach* der Einsicht in die Notwendigkeit der Erklärung ihres Gegenstandsbezugs entscheidend beeinflusst. Zwar kann die durch die Verstandesbegriffe gedachte, weltkonstituierende Struktur im Rahmen von Kants Transzendentalphilosophie nicht mehr als eine subjektunabhängige Struktur eines Bereichs von Dingen an sich verstanden werden, sondern kann allein dadurch berechtigterweise für real gehalten werden, dass sie sich im Bereich der sinnlich wahrgenommenen Erscheinungen nachweisen lässt. Aber um die Strategie von Kants Argumentation, *dass* sie sich dort nachweisen lässt, zu verstehen, ist es hilfreich, sich die generelle Funktion der Verstandesbegriffe in der Inauguraldissertation vor Augen zu halten und sich zu überlegen, wie eine transzendentalphilosophische Reinterpretation dieser Funktion aussehen könnte. Eine für Kant naheliegende Idee bestünde in der Annahme, dass die durch die Verstandesbegriffe gedachten Merkmale, insbesondere das der kausalen Wechselwirkung, nun für die Erscheinungen eine ähnliche Funktion haben wie in der Inauguraldissertation für die Welt, wie sie an sich selbst beschaffen ist, die Funktion nämlich, aus den verschiedenen Teile der sinnlich wahrnehmbaren Welt erst im eigentlichen Sinne eine Welt zu formen, d.h. sie zu Teilen eines einzigen gemeinsamen Ganzen zu machen.

Meiner Ansicht nach spricht viel dafür, dass diese grundsätzliche Idee Kant bei seinem Versuch der Erklärung des Gegenstandsbezugs der reinen Verstandesbegriffe geleitet hat. Im Rahmen der oben erläuterten allgemeinen Argumentationsstrategie hieße das, die folgende Variante des zweiten Argumentationsschritts anzunehmen:

(2.b*) Weil wir wahrnehmbare Dinge nur dann als Teile einer einzigen Welt erfahren können, wenn das Subjekt seine Anschauungen den Gesetzen des Verstandes gemäß in Urteilen (oder urteilsartigen Synthesishandlungen) ordnet und verbindet, beziehen sich die reinen Verstandesbegriffe auf alle wahrnehmbaren Dinge.

Dafür, dass Kant schon früh die Strategie verfolgt haben könnte, sein Argument für die objektive Realität der reinen Verstandesbegriffe auf diese Annahme zu stützen, spricht nicht nur die Kontinuität, die sich dadurch zur Funktion der Verstandesbegriffe in der Inauguraldissertation ergibt. Es wird auch dadurch nahegelegt, dass bestimmte Elemente des Argumentationsgangs, den Kant in der *Kritik der reinen Vernunft* später dann tatsächlich präsentiert, als Reaktionen auf zwei Schwierigkeiten verstanden werden können, die sich aus der Annahme (2.b*) unmittelbar ergeben.

Die erste Schwierigkeit besteht darin, zu zeigen, dass wir verschiedene wahrgenommene Einzelheiten tatsächlich nur dadurch als Teile einer einzigen Welt erfahren können, wenn wir diese Einzelheiten als Teile einer durch den Verstand gedachten Struktur z.B. kausaler Wechselwirkung begreifen, und nicht etwa einfach schon dadurch, dass uns alles Einzelne in einer einzigen Zeit und einem einzigen Raum gegeben ist. Ich denke, dass sich der Versuch einer Antwort auf diese Schwierigkeit in Kants hochkomplexen Überlegungen dazu findet, dass die Erfahrung einer zeitlichen Mannigfaltigkeit und Ganzheit als solcher nicht allein dadurch zustande kommt, dass das Mannigfaltige durch die Anschauungsform der Zeit strukturiert ist, sondern – weil sinnliche Erfahrung selbst ein zeitlich ausgedehnter Prozess ist – zusätzlich einer Synthesishandlung des Verstandes bedarf, und dass diese Synthesishandlungen nur dann zur Erfahrung einer einzigen objektiven Zeit führt, wenn sie die Anwendung der Relationskategorien impliziert. Die zweite Schwierigkeit besteht in der Voraussetzung, dass wir tatsächlich berechtigt sind, unsere Erfahrung einzelner wahrgenommener Erscheinungen als Erfahrung der Teile einer einzigen Welt zu verstehen und nicht etwa als Einzelepisoden, die sich nicht zur Erfahrung einer einzigen Welt zusammenfügen. Auf diese Schwierigkeit reagiert Kant meines Erachtens mit seinen Überlegungen zum Zusammenhang zwischen Selbstbewusstsein und Objektivität: Da mit dem Bewusstsein unserer selbst ein Bewusstsein der Identität unserer selbst in allen möglichen Vorstellungen verbunden ist, müssen wir eine einzelne Erfahrung, die wir uns selbst zuschreiben, immer als Teil einer Gesamterfahrung von einer einzigen Welt verstehen.

Auch wenn die zuletzt gemachten Bemerkungen sicher zu skizzenhaft und tentativ waren, um wirklich überzeugen zu können, haben sie doch hoffentlich deutlich gemacht, dass sich zumindest der Versuch, in Kants Inauguraldissertation über die bekannten Parallelen in der Lehre von Raum und Zeit hinaus nach Vorstufen von Theorieelementen der Transzendentalphilosophie zu suchen, lohnen kann. Kant selbst war übrigens sehr explizit, wenn es darum ging zu erklären, mit welcher Schrift seine kritische Philosophie begonnen habe. In einem Brief an Marcus Herz vom 1. Mai 1781 schreibt er über die *Kritik der reinen Vernunft*:

Dieses Buch enthält den Ausschlag aller mannigfaltigen Untersuchungen, die von den Begriffen anfingen, welche wir zusammen, unter der Benennung des *mundi sensibilis und intelligib.*, abdisputirten und es ist mir eine wichtige Angelegenheit, demselben einsehenden Manne, der es würdig fand meine Ideen zu bearbeiten und so scharfsinnig war, darinn am tiefsten hineinzudringen, diese ganze Summe meiner Bemühungen zur Beurtheilung zu übergeben. (10:266)

Sollte Kant also wirklich der Meinung gewesen sein, dass die Philosophie im eigentlichen Sinne erst mit seiner eigenen Transzendentalphilosophie begonnen habe, dann könnte man die folgenden Worte, die er in einem Brief an J. H. Tieftrunk vom 13. Oktober 1797 über dessen Vorschlag, einer Sammlung kleiner Kantischer Schriften herauszugeben, schreibt, als seine Charakterisierung der Philosophie im allgemeinen verstehen:

[...] doch wollte ich wohl daß nicht ältere als von 1770 darin aufgenommen würden, so daß sie mit meiner Dissertation: *de mundi sensibilis et intelligibilis forma* etc. anfange. (12:208)

DINA EMUNDTS
(KONSTANZ)

Kants Grenzziehung in der *Kritik der reinen Vernunft*

Leitfaden des ersten Kapitels von *Die 25 Jahre der Philosophie* ist der schon im Prolog von Eckart Förster rekonstruierte und erörterte Plan der *Kritik der reinen Vernunft*. Dieser Plan bezieht sich auf die erste Auflage der *Kritik der reinen Vernunft*, und es gehört zu den Grundthesen Eckart Försters, dass sich die Auflagen *wesentlich* voneinander unterscheiden. Die Ausführungen zur *Kritik der reinen Vernunft* des ersten Kapitels von *Die 25 Jahre der Philosophie* beziehen sich folglich auch nur auf deren erste Auflage.

Der Plan lautet sehr kurz zusammengefasst so: Kant geht es um die Frage, wie sich apriorische Vorstellungen auf Gegenstände beziehen können. Zur Beantwortung dieser Frage isoliert er unsere drei Erkenntnisstämme, um die mit ihnen gegebenen apriorischen Vorstellungen herauszustellen und die leitende Frage nach deren Gegenstandsbezug zu beantworten. Das heißt, wie ich ergänzend zu Eckart Försters Ausführungen erwähnen möchte, dass sich wenigstens im Prinzip in der Untersuchung der *Kritik der reinen Vernunft* alle apriorischen Vorstellungen ergeben, über die der Mensch überhaupt verfügt: Apriorische physikalische Begriffe müssen als von den Kategorien abgeleitete Begriffe betrachtet werden, geometrische Begriffe ergeben sich aus der Transzendentalen Ästhetik (und den mathematischen Grundsätzen) und Begriffe wie der der *Zweckmäßigkeit* oder des *Zwecks* sind in der ein oder anderen Weise als Begriffe der Vernunft anzusehen. Dieser hier nur skizzierte Plan erlaubt es Eckart Förster in bewundernswerter Weise, den komplexen Stoff der *Kritik der reinen Vernunft* kurz und übersichtlich darzustellen. Da ich mich nur auf das erste Kapitel von *Die 25 Jahre der Philosophie* beziehen möchte, werde ich den Plan selbst sowie Eckart Försters Thesen zu den dann für die zweite Auflage relevanten Änderungen des Plans nicht diskutieren.

Ich werde zwei Fragen diskutieren, die sich mir im Zusammenhang mit Eckart Försters Ausführungen zu den drei Teilen der

Kritik der reinen Vernunft – Ästhetik, Logik und Dialektik als den Bereichen von Sinnlichkeit, Verstand und Vernunft – gestellt haben. Hierfür werde ich jeweils so vorgehen, dass ich die Thesen zusammenfasse und dann meine Frage zu erläutern versuche. Schon meine Zusammenfassung der Thesen bedarf möglicherweise einer Korrektur, insofern Eckart Förster diese Thesen vielleicht nicht so verstanden wissen wollte. Die erste Frage bezieht sich auf die Grenzziehung der Erkenntnis und adressiert die *Transzendentale Ästhetik* und die *Transzendentale Deduktion*. Die zweite Frage richtet sich an die Dialektik und die Funktion, die den Ideen zukommen soll, obwohl sie direkt keinen erkennenden Gegenstandsbezug ermöglichen.

I. Kants Thesen zur Grenzziehung in Ästhetik und Analytik

Gemäß Försters rekonstruiertem Plan für die erste Auflage der *Kritik der reinen Vernunft* muss Kant nach dem Gegenstandsbezug apriorischer Vorstellungen fragen. Er muss hierfür untersuchen, welche apriorischen Vorstellungen es überhaupt gibt. Dies tut er, indem er die Erkenntnisvermögen isoliert betrachtet. Während Verstand und Vernunft sich nach Eckart Förster ohne Probleme als eigenständige Erkenntnisstämme ergeben, muss Kants These, dass die Sinnlichkeit ein eigenes Erkenntnisvermögen ist, gerechtfertigt werden. Dies ist aber nach Förster in Kants Dissertation geschehen und kann daher in der *Kritik der reinen Vernunft* vorausgesetzt werden. In der *Transzendentalen Ästhetik* werden Raum und Zeit als Kandidaten für apriorische Vorstellungen untersucht. Es wird dort gezeigt, dass sie tatsächlich apriorische Anschauungen sind und dass es keine weiteren apriorischen Vorstellungen der Sinnlichkeit gibt. Weiterhin wird deutlich gemacht, wie aus dieser These der Apriorität von Raum und Zeit der Gegenstandsbezug der Geometrie (und Arithmetik) resultiert.

Mit Blick auf den Gegenstandsbezug besteht beim Vermögen der Sinnlichkeit eine Besonderheit: Zeit und Raum beziehen sich auf Dinge, die in ihnen gegeben sind. Dass Raum und Zeit Gegenstandsbezug haben, ist daher nicht wirklich problematisch.

Allerdings ist die Frage nach dem Gegenstandsbezug von Raum und Zeit dennoch nicht trivial. Denn raum-zeitliche Begriffe können auf Begriffe von Gegenständen bezogen werden, denen kein Gegenstand der Erfahrung entspricht. Dies geschieht, wenn man beispielsweise sagt, Gott sei *allgegenwärtig*. Die *Transzendentale Deduktion* wird daher die Frage nach dem Gegenstandsbezug von Raum und Zeit in dieser kritischen Hinsicht noch ergänzen. Dies alles führt Eckart Förster anhand des Leitfadens der ersten Auflage aus, den er im Prolog entwickelt hat. An dieser Stelle kann er auch eine Erklärung dafür einfügen, warum der Plan von Kant selbst nicht explizit zum Leitfaden gemacht wurde: Da beim ersten Teil der *Kritik der reinen Vernunft* über die Ästhetik die Frage nach dem Gegenstandsbezug aus den soeben dargelegten Gründen komplex ist, würde der Leitfaden beim Gang der *Kritik der reinen Vernunft* nicht fraglos und nicht uneingeschränkt dienlich sein.

Es gibt nach Förster noch einen weiteren Aspekt, mit Blick auf den das Thema der Anschauung nicht durch die Ästhetik abgeschlossen, sondern noch einmal in der Deduktion behandelt werden muss. Dieser Aspekt ergibt sich im Zusammenhang der Frage nach der *Aufgabe* der Deduktion. Nach Förster ergeben sich nämlich für die Deduktion zwei Aufgaben, deren eine zentral auf Anschauungen Bezug nehmen muss. Die erste Aufgabe besteht in der Kritik und Zurückweisung der Erkenntnisansprüche des dogmatischen Metaphysikers. Die zweite, von der ersten zu unterscheidende Aufgabe besteht darin, eine Antwort für den Skeptiker zu finden.

Mit dieser These der zwei Aufgaben werde ich mich im Folgenden ausführlicher beschäftigen. Die These lautet, dass Kant gegen den Metaphysiker behauptet, dass die Kategorien notwendige Bedingungen für Gegenstände der Erfahrung sind. Dies reicht aber gegen den Skeptiker nicht aus. Denn damit wird vorausgesetzt, dass es Gegenstände der Erfahrung und damit Erkenntnis von Gegenständen gibt. Der Metaphysiker bestreitet dies auch nicht, wohl aber der Skeptiker. Gegen ihn muss Kant daher ein stärkeres Beweisziel verfolgen. Denn, so Förster, „es ist nicht undenkbar, dass etwas in Raum und Zeit erscheint, das wir nicht unter Kategorien bringen können und das deshalb kein Gegenstand der Erfahrung werden kann. Das Ergebnis der Deduktion der Verstandesbegriffe, falls gültig, wäre dann nur von bedingter oder hypothetischer Gültigkeit – unter der Voraussetzung nämlich, dass wir tatsächlich gegenständliche Erfahrung haben. Es wird bei dieser Beweisstrategie Erfahrung und damit Erkenntnis im kantischen Sinn bereits vorausgesetzt." (S. 32)[1] Das stärkere Beweisziel gegenüber dem Skeptiker muss nach Förster in dem Nachweis bestehen, dass alles, was uns in Raum und Zeit gegeben ist, unter den Kategorien steht. Die Gültigkeit der Kategorien ist dadurch auch gegenüber jemandem bewiesen, der die Voraussetzung nicht akzeptiert, dass es Gegenstände der Erfahrung gibt.

Die von Förster vorgenommene Unterscheidung dieser zwei Aufgaben der Deduktion kann so verstanden werden, dass sie ihre Wurzeln schon in der Entstehungsgeschichte der Konzeption der *Kritik der reinen Vernunft* hatte. Wie Förster unter Rückgriff auf Wolfgang Carls Studien zum Duisburg Nachlass behauptet,[2] dachte Kant zunächst, die Deduktion der Kategorien so leisten zu können, dass er die Kategorien als Bedingungen der Gegenstände der Erfahrung nachweist. Erst ab 1775 spielt die Synthesis des Mannigfaltigen in diesem Nachweis eine entscheidende Rolle. Kant muss offenbar zu dem Ergebnis gekommen sein, dass er gegen den Skeptiker ein stärkeres Beweisziel anstreben muss. Die These Försters ist, dass Kant hier nicht einfach umdisponiert, sondern die Strategie einer doppelten Beweisführung wählt. Das heißt, dass trotz des neuen Ergebnisses an die Anforderungen an eine gelingende Deduktion Kant die bisherigen Überlegungen zu den Kategorien als Bedingungen der Gegenstände der Erfahrung als Teil des Deduktionsprojekts beibehält und ihnen ergänzende Überlegungen an die Seite stellt. Diese doppelte Beweisführung drückt sich in der ersten Auflage in der Unterscheidung zwischen der subjektiven und objektiven Deduktion aus. Denn, so die Interpretation von Förster, der Nachweis gegen den Metaphysiker wird in der *objektiven* Deduktion geleistet, der gegen den Skeptiker in der *subjektiven* Deduktion.

---

[1] Alle Verweise auf Eckart Försters *Die 25 Jahre der Philosophie* werden in Klammern mit Seitenzahlen angeführt. Zitiert wird nach: *Die 25 Jahre der Philosophie. Eine systematische Rekonstruktion*, Frankfurt/M., 2011.
[2] Wolfgang Carl, *Der schweigende Kant*, Göttingen, 1989.

Diese These Försters enthält eine Reihe von Behauptungen, die man lohnend diskutieren könnte. Ein erster Punkt betrifft die Frage der *Zuordnung* von subjektiver und objektiver Deduktion, die ja bekanntlich eine der Schwierigkeiten der Interpreten der ersten Auflage der Kritik darstellt. Aber das will ich hier beiseitelassen und mich bei der Zuordnung an Försters Darstellung orientieren. In der Vorrede zur ersten Auflage hat Kant seine Deduktion kommentiert und hierbei zwischen subjektiver und objektiver Deduktion unterschieden. Über die objektive Deduktion sagt Kant, dass sie die wesentliche Aufgabe der *Kritik der reinen Vernunft* ausmache, weil sie die Frage beantworte, was Verstand und Vernunft frei von aller Erfahrung erkennen können. Die subjektive Deduktion dagegen würde sich, so Kant, mit der Frage beschäftigen, wie das Vermögen zu denken selbst möglich sei.[3]

Das Argument der objektiven Deduktion besteht nach Förster in dem gegen den Metaphysiker gerichteten Nachweis, dass nicht nur die Sinnlichkeit, sondern auch Kategorien eine Bedingung dafür sind, dass etwas für uns ein Objekt der Erfahrung werden kann. Im Sinne Försters könnte man hinzufügen: Dies ist ein Argument, das auf das *Objekt* der Erkenntnis bezogen ist und schon insofern scheint die Bezeichnung „objektive Deduktion" passend. Eine Zusammenfassung dieses Arguments findet sich, so Förster, in der Passage, auf die Kant in der Vorrede als diejenige verweist, die das *Wesentliche* seiner Deduktion zusammenfassen würde. Dies passt zu Försters Interpretation, dass Kant hier dem Metaphysiker begegne, weil Kant gerade in der Vorrede zur ersten Auflage betont, das Hauptanliegen der Kritik bestehe in der Metaphysikkritik. Demgegenüber kann die Entgegnung auf den Skeptiker zwar als wichtig, aber eben auch als die Leitfrage der Kritik ergänzend angesehen werden.

Mir ist nicht ganz klar, was für Eckart Förster noch genau unter die objektive Deduktion fällt, aber es scheint, dass dies neben der Zusammenfassung A92–93 (Der Übergang) nur A95–97 sein soll (vgl. S. 38). Unter die subjektive Deduktion fallen nach Förs-

---

[3] Axvi f. – Kants *Kritik der reinen Vernunft* wird im Text nach der ersten (A) und zweiten (B) Auflage zitiert.

ter der Nachweis des Zusammenhangs von Selbstbewusstsein und Objektbewusstsein sowie die Ausführungen zu den verschiedenen Arten von Synthesis.

Ich möchte meine Aufmerksamkeit zunächst auf den Metaphysiker richten. Die Antwort gegen den Metaphysiker kann, so Förster, wie gesagt, erbracht werden, indem Kant zeigt, dass Kategorien Bedingungen für Gegenstände der Erfahrung sind. Mir stellt sich hier allerdings eine Frage, die ich im Folgenden zum Anlass nehmen werde, die Unterscheidung zwischen dem Metaphysiker und dem Skeptiker in Kants Strategie der Deduktion infrage zu stellen: Warum könnte der Metaphysiker nicht zugestehen, dass die Kategorien Bedingungen für Objekte der Erfahrung sind, aber gleichzeitig sagen, dass anhand ihrer auch nicht-sinnliche Gegenstände erkannt werden können?

Förster unterscheidet zwei Aufgaben voneinander: Zu zeigen, dass die Kategorien Bedingungen für Gegenstände der Erfahrung sind, ist eine Aufgabe. Zu zeigen, dass sie Bedingungen der Erscheinungen sind, eine zweite. Wenn man so vorgeht, scheint mir aber eine dritte Aufgabe dringlich zu werden, die meines Erachtens durch die ersten beiden noch nicht ausreichend abgedeckt ist: Man muss zeigen, dass die Kategorien *nur* dann zur Erkenntnis führen können, wenn sie auf sinnlich Mannigfaltiges angewendet werden. Die Aufgaben würden also folgendermaßen lauten: Es muss gezeigt werden, (1) dass der Gegenstand der Erfahrung Kategorien voraussetzt, (2) dass raum-zeitliche Erscheinungen Kategorien voraussetzen und (3) dass Kategorien nur bei der Anwendung auf sinnlich Mannigfaltiges gültig sind. Meine Frage lautet nun: Wie wird die dritte Aufgabe erfüllt?

Diese Frage ist nicht nur an Eckart Förster, sondern auch an Kant selbst adressiert. Kant macht an verschiedenen Stellen deutlich, dass er die Grenzziehung der Erkenntnis als etwas ansieht, das sich aus der Deduktion ergibt. Förster folgt Kant in dieser Einschätzung. Aber meines Erachtens ist nicht klar, wo und wie das eigentlich genau aus etwas folgen soll, das in der Deduktion gesagt wird.

Förster beschreibt den Metaphysiker an vielen Stellen als jemanden, gegen den Kant zeigt, dass Kategorien Bedingungen für Gegenstände der Erfahrung sind. An manchen Stellen sagt Förster aber auch, dass die Kategorien *nur* für Gegenstände der Erfahrung

Gültigkeit haben. Letzteres muss tatsächlich Kants Beweisziel sein, will er die Grenzen der Erkenntnis in der Deduktion aufzeigen. Dies wäre dann die dritte Aufgabe, nach der ich oben gefragt habe. Eckart Förster gibt für dieses Beweisziel von Kant auch ein Argument. Dieses lautet:

Da die Sinnlichkeit selbst nur unverbundene Eindrücke liefert, so muss, soll daraus ein Gegenstand werden, ein Begriff zugrunde liegen, mittels dessen die einem Gegenstand notwendig zukommende Einheit verschiedener Prädikate gedacht werden kann. Sind die Kategorien solche Begriffe, dann sind sie zwar Begriffe von Gegenständen überhaupt, aber als solche auch nur reine Regeln der Synthesis. Das heißt, ohne irgendein Material einer Anschauung, das sie zusammenfassen können, sind sie nur ‚die logische Form zu einem Begriff' (A95), durch den nichts erkannt wird. (S. 38)

Förster charakterisiert die hier skizzierte Antwort auf den Metaphysiker als eine, mit der Kant seine Aufgabe gegenüber dem Metaphysiker relativ leicht erfüllen könnte (während die Aufgabe, dem Skeptiker zu antworten, schwieriger ist). Mir ist die Antwort aber nicht klar. Zunächst stellt sich mir hier folgende Frage: (1) Wenn das, was Förster hier behauptet, zutrifft, wieso ist dann der Skeptiker nicht auch schon widerlegt, insofern doch hier gesagt wird, dass Sinnlichkeit (allein, also ohne Begriffe) nur *unverbundene* Eindrücke liefere? Daraus scheint doch zu folgen, dass ohne Begriffe nicht einmal raum-zeitliche Einheiten möglich sind, und wenn dies so wäre, ließe sich das doch in der Argumentation gegen den Skeptiker geltend machen, denn dass es raum-zeitliche Einheiten gibt, will ja auch der Skeptiker nicht leugnen. (2) Vor allem aber ist für mich fraglich, ob das genannte Argument überzeugend ist. Sind Begriffe als etwas, mit dem Material als eine Einheit gedacht werden kann, notwendigerweise bloß reine Regeln der Synthesis, die nur mit Material zusammen Erkenntnisse ergeben? Das mag noch überzeugen. Aber auch wenn sie bloße Regeln der Synthesis sind: Könnten sie nicht auch auf anderes und andersartiges Material angewandt werden? Wäre es dann nicht möglich, dass wir den Begriff der Substanz brauchen, um uns erkennend auf einen sinnlichen Gegenstand zu beziehen, dass wir aber auch unsere Seele als eine Substanz denken und unter bestimmten Bedingungen auch erkennen können? Muss nicht noch gezeigt werden, dass das Material, auf das wir die Begriffe erfolgreich beziehen können, in Raum und Zeit gegebenes Material sein muss?

Ich denke, dass Förster Recht hat, dass Kant ein Argument wie das von Förster genannte gegen den Metaphysiker vorbringt. Jedoch glaube ich auch, dass Kant für die These gegen den Metaphysiker, dass wir für Erkenntnis auf *sinnliche* Anschauungen angewiesen sind, noch ein anderes stärkeres Argument haben muss und tatsächlich auch hat. Dieses stärkere Argument soll also zeigen, dass für uns Menschen das Material der Synthesis raumzeitlich sein muss. Nach Förster ist für Kant, wie gesagt, die Antwort auf den Metaphysiker eher leicht und nicht mit größeren Anstrengungen verbunden. Dies gilt aber nicht für das von mir gemeinte stärkere Argument gegen den Metaphysiker. Dieses ist vielmehr Teil desjenigen Arguments, das Förster der subjektiven Deduktion und daher als Teil des Arguments gegen den Skeptiker zuordnet.

Die Frage, die ich nun beantworten will, um zu erläutern, was Kant auf den Metaphysiker außer dem, was Förster annimmt, noch antworten muss, lautet also: Was genau ist der Beitrag der Deduktion zur Grenzziehung der Erkenntnis?

Der *Transzendentale Idealismus* folgt, wie Kant (etwa im Zusammenhang mit den Antinomien) deutlich sagt, aus der transzendentalen Ästhetik. Die Grenzziehung der Erkenntnis ist jedoch durch die Deduktion entscheidend mitbegründet. Daher folgt auf sie in der *Kritik der reinen Vernunft* auch die Unterscheidung von Phenomena und Noumena. In der ersten, aber vielleicht noch deutlicher in der zweiten Auflage, macht Kant auch innerhalb der Deduktion verschiedentlich deutlich, dass die Grenzziehung (zumindest auch) ein Ergebnis der Deduktion ist (in der zweiten Auflage besonders § 22). Als Erklärung für die Grenze der Erkenntnis kann man also nicht einfach die These anführen, dass für Erkenntnis Begriffe und Anschauung zusammenkommen müssen (wie Kant es A92 f. tut). Dass für Erkenntnis Begriffe und Anschauungen erforderlich sind, bedarf einer Begründung, die in der Deduktion gegeben werden soll.

Die Grenzziehung für Erkenntnis ergibt sich meines Erachtens auf folgende Weise: In der Ästhetik wird gezeigt, dass Raum und Zeit reine Anschauungsformen sind. In der transzendentalen

Deduktion wird gezeigt, dass das Selbstbewusstsein sich nur dann a priori seiner Identität bewusst sein kann, wenn es das, was es synthetisiert, *a priori als Einheit denken kann*. Dies ist nur mit Blick auf Raum-Zeitliches der Fall. Hier ist es deshalb der Fall, weil Raum und Zeit subjektive Anschauungen a priori sind und weil es die einzigen Anschauungen a priori sind. An dieser Stelle wird also die Richtigkeit der Kantischen Raum-Zeitlehre vorausgesetzt, aber die Grenze möglicher Erkenntnis wird aufgrund der Bedingungen für Selbstbewusstsein behauptet. Wenn Objektbezug die Identität des Selbstbewusstseins voraussetzt und wenn die Identität des Selbstbewusstseins voraussetzt, dass das Selbstbewusstsein sich der Einheit der Synthesis a priori versichern kann, so kann Synthesis nur bei raum-zeitlichen Gegenständen Objektbezug und das heißt Erkenntnis bewirken. Dieser Gedanke findet sich beispielsweise in § 24 der zweiten Auflage der *Kritik der reinen Vernunft*, wenn Kant schreibt:

Weil in uns aber eine gewisse Form der sinnlichen Anschauung a priori zum Grunde liegt, welche auf der Rezeptivität der Vorstellungsfähigkeit (Sinnlichkeit) beruht, so kann der Verstand, als Spontaneität, den inneren Sinn durch das Mannigfaltige gegebener Vorstellungen der synthetischen Einheit der Apperzeption gemäß bestimmen, und so synthetische Einheit der Apperzeption des Mannigfaltigen der sinnlichen Anschauung a priori denken, als die Bedingung, unter welcher Gegenstände unserer (der menschlichen) Anschauung notwendig stehen müssen, dadurch denn die Kategorien, als bloßen Gedankenformen, objektive Realität, d.i. Anwendung auf Gegenstände, die uns in der Anschauung gegeben werden können, aber nur als Erscheinungen bekommen, denn nur von diesen sind wir der Anschauung a priori fähig.

Dies ist eine Passage aus der zweiten Auflage. Ich denke, es finden sich ähnliche Überlegungen auch schon in der ersten Auflage. Eckart Förster führt als Schritte der subjektiven Deduktion, die sich ihm zufolge gegen den Skeptiker und nicht gegen den Metaphysiker richtet, genauer mit Blick auf A108 Folgendes aus: Nach Kant muss es für die Identität meiner selbst ein apriorisches Wissen meiner Identität geben. Dies ist nur möglich, wenn die Formen des Übergangs von einer Vorstellung zur anderen allgemein und unveränderlich sind, so dass ich von einer zu anderen übergehen kann (S. 41). Förster meint, dieser Übergang sei möglich, weil ich mit immer gleichen Urteilsformen und Begriffen urteilen kann. Das ist richtig. Meines Erachtens will Kant aber auch hier sagen, dass die Möglichkeit des *apriorischen* Wissens von meiner Identität und damit der möglichen Übergänge, nur dadurch geben ist, dass Raum und Zeit subjektive Anschauungsformen sind. Eine Einheit a priori zu denken, ist möglich, weil ich mich mit Begriffen auf die Formen der Anschauung beziehen kann. Weil Kant schon in der A-Auflage den Bezug auf Raum und Zeit für apriorisches Wissen von meiner Identität für notwendig erachtet, endet dieser Absatz ganz ausdrücklich mit der Bemerkung zu Raum und Zeit als den formalen Bedingungen der Erkenntnis. Bereits in A99 f. sagt Kant, dass die Synthesis der Apprehension a priori, das heißt in Ansehung der Vorstellungen, die nicht empirisch sind, ausgeübt werden müsse. Diese Synthesis setzt Begriffe und daher, wie wir wissen, letztlich Selbstbewusstsein voraus. Selbstbewusstsein ist umgekehrt auf die Möglichkeit der Ausübung der Synthesis a priori – das heißt unter Bedingungen der apriorischen Anschauungsformen von Raum-Zeit – angewiesen.

Folgt man meiner These, was sagt das für die Darstellung des ersten Kapitels von *Die 25 Jahre der Philosophie*? Wenn das, was ich ausgeführt habe, zutrifft, so ist dasjenige, was Förster als Beweisgang gegen den Skeptiker anführt, Teil des Projektes der Grenzziehung von Erkenntnis, die gegen den Metaphysiker geltend gemacht werden muss.

Dann stellt sich weiterhin folgende Frage: Was ist mit der Aufgabe, die Förster als Antwort auf den Skeptiker betrachtet, nämlich zu zeigen, dass Erscheinungen schon unter den Kategorien stehen? Auch hier könnte man so weit gehen zu sagen, dies sei auch Teil der Antwort auf den Metaphysiker. Dies könnte man durch folgende Überlegung stützen: Wenn ich mich auf Vorstellungen als *meine* nur dann beziehen kann, wenn ich ein Objektbewusstsein habe – und dies muss Kant nach meiner Interpretation im Rahmen der Argumentation gegen den Metaphysiker sagen, damit er zu dem eben erläuterten Punkt des notwendigen Bezugs auf sinnliche Anschauungen kommt – so muss es Objekte geben, wenn ich Vorstellungen überhaupt als *meine* bezeichne. Damit hätte die Auseinandersetzung mit dem Metaphysiker Implikationen, die auch gegen den Skeptiker vorgebracht werden könnten. Die Überlegung zu Selbstbewusstsein und die These, dass schon

Erscheinungen unter Kategorien stehen, wären aber Teil des Arguments gegen den Metaphysiker.

Folgt man dieser Überlegung, ergeben sich damit Zweifel an der Unterscheidung von den zwei Aufgaben von Kants Deduktion, die in einer Erwiderung auf den Metaphysiker und einer auf den Skeptiker bestehen sollten. Dass Kant den Skeptiker überhaupt mit einem anderen Programm als den Metaphysiker adressiert, wird dann fraglich. Der Vorschlag, dass Kant den Skeptiker nicht noch neben dem Metaphysiker adressiert, hat auch einen anderen Vorteil für sich: Man kann sich nämlich bei der Interpretation Försters auch fragen, ob es überhaupt eine gute und erfolgreiche Strategie gegen einen Skeptiker sein kann, wenn man, wie Kant dies in der subjektiven Deduktion auch nach Förster Meinung tut, die Möglichkeit von Selbstbewusstsein voraussetzt.

Für die leitende These des ganzen Buches von Eckart Förster ist unter anderem entscheidend, dass nach Kant die Möglichkeit der Kritik der traditionellen Metaphysik von seiner Raum-Zeit-Lehre abhängt. Denn zufolge der leitenden These Försters gilt: Ohne die Raum-Zeit-Lehre kann man keine Philosophie als Wissenschaft betreiben. Da die Raum-Zeit-Lehre Kants ohne Vorläufer ist, kann die eigentliche Geschichte der Philosophie als Wissenschaft erst mit der *Kritik der reinen Vernunft* beginnen. Mit Blick auf diese These haben sich durch meine Ausführungen keine Änderungen ergeben. Denn auch wenn Kant, wie ich behauptet habe, auf die von mir behauptete Weise in der Deduktion die Grenze unserer Erkenntnis begründet, so steht diese Begründung nur jemandem zur Verfügung, der Raum und Zeit als subjektive Formen der Anschauung betrachtet. Daher kann ohne diese Raum-Zeit-Lehre auch nicht diese Grenzziehung geleistet werden und so die Kriterien für eine Philosophie als Wissenschaft gesetzt werden.

II. Die Ideen in der Dialektik

Mit Blick auf die Dialektik gibt der von Eckart Förster angegebene Plan der ersten Auflage der *Kritik der reinen Vernunft*, wonach Kant apriorische Vorstellungen aufsuchen muss, um sie auf ihren möglichen Gegenstandsbezug hin zu untersuchen, ebenfalls einen guten Leitfaden. Denn Thema und Aufbau der Dialektik ist das Auffinden apriorischer Vorstellungen der Vernunft und die Untersuchung ihres möglichen Gegenstandsbezugs. Bei den Vernunftideen wird der Erkenntnisanspruch zurückgewiesen. Hierbei spielt für Förster eine wichtige Rolle,[4] dass Kant die Besonderheit der Dialektik der *Kritik der reinen Vernunft* darin sieht, erklären zu können, wie die Vernunft *mit sich* in Widerspruch geraten kann. Vor der Entwicklung des Plans der *Kritik der reinen Vernunft* hatte Kant, so Förster, alternativ dazu versucht, alle Probleme auf eine Verwechslung von Prinzipien der Sinnlichkeit und des Verstandes zurückzuführen. Die Erklärung des Selbstwiderspruchs der Vernunft ist erst dadurch möglich, dass man verschiedene apriorische Vorstellungen und ihren Gegenstandsbezug unterscheidet, wie es dann dem Plan zufolge gemacht werden muss. Die Entwicklung hin zur Konzeption der Dialektik kann daher als weiteres Indiz für die These Försters bezüglich des Plans für die *Kritik der reinen Vernunft* verstanden werden.

Trotz Kants Zurückweisung der Annahme eines Gegenstandsbezugs von Ideen und damit auch der Zurückweisung einer möglichen Erkenntnis durch Ideen, will Kant den Ideen eine Funktion für Erkenntnis und deshalb (in gewisser Weise) auch eine Deduktion zugestehen. Dies geschieht in dem Abschnitt „Anhang zur transzendentalen Dialektik". Wie Kant die Funktion der Ideen rechtfertigt, hält Eckart Förster für wenig überzeugend. Das hängt vor allem damit zusammen, dass Kant nach Förster die Vernunftideen Seele, Welt, Gott vermittels der Prinzipien der Gleichartigkeit, der Varietät und der Affinität als einen Nutzen für Erkenntnis habend erweisen will.[5] So heißt es bei Förster: „Es sind diese Ideen [Seele, Welt, Gott] in ihrer regulativen Funktion, für die er

---

[4] Dies wird im Exkurs in dem ersten Kapitel von *Die 25 Jahre der Philosophie* deutlich.
[5] Auch unabhängig davon gibt es natürlich einige Probleme in diesem Abschnitt. Vgl. Rolf-Peter Horstmann, „Die Idee der systematischen Einheit. Der Anhang zur transzendentalen Dialektik in Kants *Kritik der reinen Vernunft*', in: ders., *Bausteine kritischer Philosophie*, Bodenheim, 1997, 109–130.

die transzendentale Deduktion zu geben sucht, und zwar vermittels der Prinzipien von Gleichartigkeit, Varietät und Affinität." (S. 50) Bei der sehr kurzen Zusammenfassung dieses Punktes geht Förster nicht mehr weiter darauf ein, wie Kant sich das genauer gedacht haben soll. Meine Frage lautet in diesem Zusammenhang daher: Welches Verhältnis haben die Vernunftideen Seele, Welt, Gott zu den Ideen (oder Prinzipien) über die Einheitlichkeit der Natur, die wir nach Kant für Erkenntnis voraussetzen müssen?

Die von Förster vertretene Interpretation, dass die Ideen nach Kant ihre Funktion dadurch haben sollen, dass sie für systematische Naturerkenntnis erforderlich sind, ist weitverbreitet. Für sie scheint der Text zu sprechen, wenn Kant etwa sagt „die transzendentalen Ideen" hätten einen „unentbehrlich notwendigen regulativen Gebrauch, nämlich den Verstand zu einem gewissen Ziele zu richten, in Aussicht auf welches die Richtlinien aller seiner Regeln in einem Punkt zusammenlaufen..." (A644/B672). Ich finde diese und andere, ähnlich klingende Passagen, auf die sich auch Eckart Förster stützt, allerdings nicht eindeutig. Die Interpretation von Förster wird außerdem durch den Aufbau der zwei Abschnitte im Anhang zur Dialektik nahegelegt. Denn es ist naheliegend, dass Kant zunächst im Abschnitt „Von dem regulativen Gebrauch der Ideen" die Funktion der Ideen erklärt und dann diese Funktion im Abschnitt „Von der Endabsicht der natürlichen Dialektik" anhand der Ideen von der Seele, von der Welt und von Gott erläutert. Jedoch sollte man sich von dieser Gliederung nicht in die Irre führen lassen. Der Aufbau der Abschnitte ist auch sinnvoll, wenn Kant erst ein Beispiel der Funktion von Ideen anführt, das besonders einschlägig ist, und dann auf die davon zu unterscheidende Funktion von Gott, Welt und Seele Bezug nimmt. Der Zusammenhang zwischen den drei letztgenannten Vernunftideen und der Idee oder den Ideen, die man für eine systematische Naturerkenntnis braucht, ist jedenfalls unklar. Kant selbst scheint diese Funktion, wenn überhaupt, nur der Idee Gottes zuzusprechen (hierauf werde ich später noch Bezug nehmen). Im Folgenden möchte ich den Vorschlag machen, die Annahme aufzugeben, dass die Ideen von Seele, Welt und Gott die Funktion haben, unsere systematische Naturforschung zu ermöglichen. Die Auffassung von Ideen ist zu erweitern, indem man verschiedene Arten von Ideen unterscheidet. Die Funktion von Ideen besteht insgesamt darin, uns Orientierungen zu geben. Spezifischer kann dies die Funktion sein, eine Anleitung für die systematische Naturforschung zu geben. Aber im Fall der Ideen von Seele, Welt und Gott ist die Funktion eine andere, unten noch näher zu erläuternde Art von Orientierung. Ich denke, dass man diesen Vorschlag mit den Mitteln von Försters Interpretation zur Dialektik sehr gut nachvollziehen kann, auch wenn er selbst diesen Vorschlag nicht gemacht hat, sondern annimmt, dass die Funktion der drei Vernunftideen darin besteht, in der Naturforschung anzuleiten. Aber gerade aus diesem Grund hält Förster die Rechtfertigung der Funktion der Ideen für unplausibel, und an dieser Stelle kann man daher gut einen anderen Interpretationsvorschlag verfolgen. Ich kann hier meinen Vorschlag nicht ausführlich präsentieren, sondern möchte nur zwei Überlegungen zu seiner Plausibilisierung anführen. Die erste bezieht sich auf den ersten, die zweite auf den zweiten Abschnitt des Anhangs zur Dialektik:[6]

(1) Im ersten Abschnitt des Anhangs zur Dialektik argumentiert Kant dafür, dass wir die Idee der Systematizität der Natur brauchen, um systematisch empirische Naturwissenschaft betreiben zu können. Der Gedanke ist kompliziert und viel diskutiert, aber der Sache nach läuft er darauf hinaus, dass wir annehmen müssen, dass die Natur als Ganze systematisch und für unser Vermögen zweckmäßig verfasst ist, damit wir zum Beispiel Begriffshierarchien bilden und Gesetze extrapolieren können und auch, damit wir die Integration eines empirischen Gesetzes in ein System von Gesetzen als ein Kriterium dafür haben, ob ein empirisches Gesetz wahr ist.[7] Dieser Gedanke kann mit der Idee Gottes so verbunden werden, dass man sagt, die Natur sei zu betrach-

---

[6] Bei einer ausführlicheren Darstellung wäre insbesondere auf Kants Überlegungen zur Unmöglichkeit des physikotheologischen Gottesbeweises vor dem Anhang zur Dialektik einzugehen.

[7] Zur Rolle der regulativen Ideen vgl. jüngst Jochen Briesen, „Is Kant (W)right? – On Kant's Regulative Ideas and Wright's Entitlements" (Manuskript).

ten, als ob sie von einem Gott erschaffen worden sei. Mir scheint diese Verbindung aber sehr locker.[8]

Erstens sehe ich nicht, warum man die Idee Gottes braucht, um sich die Natur als Ganze zweckmäßig für uns verfasst vorstellen zu können. Es scheint, als sei für eine systematische Forschung die Annahme ausreichend, dass sich alle Beobachtungen und Daten systematisch vereinheitlichen lassen. Dafür muss man nach Kant (und dies ist ja auch nicht unplausibel) annehmen, dass die Natur eine systematisch verfasste (und für uns einsehbare) Einheit darstellt. Diese Einheit kann nicht Gegenstand der Erfahrung sein, weil unsere Erkenntnis ein unendlicher Prozess der Herstellung von Bedingungsverhältnissen ist. Die Idee der Einheit bezieht sich also tatsächlich nicht auf einen möglichen Gegenstand der Erfahrung. Kant redet von ihr daher zu Recht als einer transzendentalen Idee (vgl. S. 115). Aber diese Idee der Einheit ist nicht mit der Idee Gottes zu identifizieren, und die Einheit ist auch nicht nur dann möglich, wenn es Gott gibt. Die Idee Gottes mag zu dieser Idee der Einheit passen, sie ist aber streng genommen unnötig für diese.

Die Idee Gottes ist aber nicht nur unnötig: Zweitens würde sich Kant durch die Annahme, wir müssten die Existenz Gottes annehmen, um systematische Naturforschung zu betreiben, auch in Schwierigkeiten bringen. Denn dann würde er sich dem Verdacht aussetzen, die Möglichkeit empirischer Gesetze von der Theologie abhängig zu machen. Und wenn er annehmen würde, die Idee der Fasslichkeit der Natur sei mit der Annahme der Existenz Gottes identisch, dann müsste er alles, was er (vielleicht ohnehin Problematisches) von der Annahme über Zweckmäßigkeit der Natur als Bedingung für deren Erkennbarkeit sagt, so verstehen, dass es direkt die Annahme der Existenz Gottes rechtfertigt. Dies scheint mir aber Kants anderen Ausführungen zum Naturbegriff sowie auch zu Gottesbeweisen zu widersprechen. Was durchaus die Annahme der Existenz Gottes nahelegt, ist das Auftreten bestimmter, als zweckmäßig anzusehender Naturprodukte – also Organismen. Aber die Überlegungen dazu sind mit denen zur

---

[8] Dies gilt meines Erachtens auch im Fall der Wiederaufnahme der Thematik in den Einleitungen der *Kritik der Urteilskraft*.

Fasslichkeit der Natur nicht zu verwechseln (hierauf werde ich noch zurückkommen). Es ist daher naheliegender, die Idee der Zweckmäßigkeit der Natur von der Idee Gottes unabhängig zu denken. Mit „unabhängig" meine ich: Es folgt nicht aus der Annahme der Existenz Gottes, dass die Natur zweckmäßig verfasst ist. Dies wäre aber vielleicht noch eine unproblematische Implikationsbeziehung. Sie ist hier jedenfalls nicht Thema. Vor allem folgt nicht aus der Annahme, dass die Natur zweckmäßig für uns verfasst ist, dass Gott existiert. Die Vorstellung der zweckmäßigen Natur kann man auch bilden, ohne dass Gott hierbei eine Rolle spielt. Obwohl die Idee sich auf keinen möglichen Gegenstand der Erfahrung bezieht, kann man die Idee der Zweckmäßigkeit der Natur als der Naturvorstellung immanent ansehen, insofern sie nicht über die Vorstellung der Natur hinausgeht, sondern unsere Vorstellung der Natur als etwas einheitliches Ganzes betrachtet und in diesem Sinne die Erfahrungsgrenzen überschreitet. Die Natur als einheitliches Ganzes wird als gesetzmäßig, vollständig systematisch verfasst und durch uns auch erkennbar vorgestellt.[9] Man kann und sollte also meines Erachtens versuchen, Kants Text über die Systematizität der Natur zu interpretieren, ohne dabei die Funktion der Ideen Seele, Welt und Gott im Spiel zu sehen.

(2) Diese Interpretation wird durch die Lektüre des zweiten Abschnitts des Anhangs zur Dialektik gestützt. Hier behandelt Kant die transzendentalen Ideen in Psychologie, Kosmologie und Theologie. Zunächst nimmt er die in dem vorangegangen Abschnitt angestellten Überlegung zur Funktion von Ideen auf. Dies tut er in einer Weise, die man so verstehen kann, dass er nun in allgemeiner Form über das Verfahren reden möchte, Ideen eine Funktion zuzusprechen. Man kann ihnen demnach eine Funktion zusprechen, wenn man zeigen kann, dass sie dazu dienen, „größte systematische Einheit im empirischen Gebrauche unserer Vernunft zu erhalten" (A670/B698). Sodann bespricht Kant die

---

[9] Die Frage, ob es hier eigentlich nur um die *Fasslichkeit für uns* geht, weil die Systematizität der Natur schon durch die Analytik herausgestellt worden ist, kann hier offen bleiben.

Ideen der Psychologie, der Kosmologie und der Theologie. Mit Blick auf die Psychologie lautet der entscheidende Passus:

Wir wollen den genannten Ideen als Prinzipien zufolge erstlich (in der Psychologie) alle Erscheinungen, Handlungen und Empfänglichkeit unseres Gemüts an dem Leitfaden der inneren Erfahrung so verknüpfen, als ob dasselbe eine einfache Substanz wäre, die mit persönlicher Identität, beharrlich (wenigstens im Leben) existiert, indessen dass ihre Zustände, zu welcher die des Körpers als äußere Bedingungen gehören, kontinuierlich wechseln. (A672/B700).

Mit Blick auf die Idee der Kosmologie scheint der Gedanke zu sein, dass uns die Idee die Orientierung gibt, uns als frei zu verstehen. Die Orientierung besteht in diesem Fall darin, dass wir dies tun können, dabei aber diese Idee „niemals in den Zusammenhang der Naturerklärung bringen dürfen" (A672/B700).[10]

Was Kant in diesen beiden Fällen zur Orientierung ausführt, bei der die Ideen eine maßgebliche Rolle spielen, ist in verschiedenen Hinsichten interessant. Erstens erlauben die Ideen eine Verbindung von den bei Kant ansonsten philosophisch getrennten Bereichen der theoretischen und der praktischen Philosophie. Sie betreffen die Fragen zur personalen Identität (A682/B710) und das gelebte Selbstverständnis als freie Wesen. Zweitens sind die hier gegebenen Prinzipien ihrem Charakter nach Lebensprinzipien, sie dienen also der Orientierung im Leben. Drittens, und dies ist in unserem Zusammenhang besonders wichtig, ist die größte Systematisierung, von der hier jeweils die Rede ist, nicht auf Naturerkenntnisse bezogen, sondern auf innere Erfahrungen und auf Erfahrungen in einem weiteren Sinn. Die Funktion, die den Ideen zukommt, ist eine ganz andere als die im Abschnitt über die Naturerkenntnisse ausgeführte Systematisierung der Erkenntnisse der Natur.

Was die Idee der Theologie angeht, so heißt es bei Kant, dass wir eine schöpferische Vernunft annehmen müssen „in Beziehung auf welche wir *allen* empirischen Gebrauch unserer Vernunft in seiner größten Erweiterung so richten, als ob die Gegenstände

---

[10] Vgl. auch die spätere Stelle A685/B713.

selbst aus jenem Urbilde aller Vernunft entsprungen wären" (A670/B698). Im Vergleich mit den Ideen der Psychologie und Kosmologie hat die Idee Gottes zweifellos am ehesten etwas mit Naturerkenntnis zu tun. Allerdings ist die Funktion dieser Idee komplex. Das hängt meines Erachtens damit zusammen, dass diese Idee quasi für eine Einheit *aller* Erfahrungen steht und insofern auch noch die verschiedenen Orientierungsleistungen koordiniert. Dies ist es vielleicht auch, was dem ganzen Abschnitt die Überschrift „Von der Endabsicht der natürlichen Dialektik der menschlichen Vernunft" eingebracht hat – es geht um die Möglichkeit der Vereinheitlichung aller Vorstellungen des Menschen. Wenn man die Funktionen der Ideen der Psychologie und der Kosmologie bedenkt, ist klar, dass eine Idee der Einheit aller Erfahrung nicht dasselbe meinen kann wie die Systematisierung von Naturerkenntnissen, von der im ersten Abschnitt des Anhangs zur Dialektik die Rede war. Zwar könnte man dennoch annehmen, dass auch für die Idee der Fasslichkeit der Natur die Idee von Gott eine Bedingung sein soll, aber der Zusammenhang von der Idee Gottes und der Idee der Fasslichkeit der Natur scheint dann als ein eher loser angesehen werden zu können. Auch jenseits der Naturerkenntnisse hätte die Idee Gottes eine orientierende Funktion. Wie ich oben bereits argumentiert habe, scheint in dem Abschnitt über den regulativen Gebrauch der Ideen die Idee Gottes für die Idee der Fasslichkeit keine notwendige Bedingung zu sein. Und da Kant bei der Idee Gottes die Einheit *aller* verschiedenen Erfahrungen betont, scheint er dies auch in dem Abschnitt über die Endabsicht der natürlichen Dialektik nicht behaupten zu wollen.[11]

Welchen Zusammenhang der Idee Gottes und der Naturvorstellung behauptet Kant in dem Abschnitt über die Endabsicht der natürlichen Dialektik? Positiv findet sich hierzu nur die Aussage an späterer Stelle des Abschnitts, der zufolge uns die Idee, dass die Welt „aus der Absicht einer allerhöchsten Vernunft entsprossen wäre" dazu veranlasse, die Dinge der Welt „nach teleologischen Gesetzen" zu verknüpfen (A687/B715). Mir scheint, dass Kant in

---

[11] Vgl. die Einführung dieser Idee A674/B702 sowie A680/B708.

den Passagen eine ähnliche Idee hat wie im zweiten Teil der *Kritik der Urteilskraft*: Teleologische Gesetze helfen uns erstens, die Organismen systematisch nach Prinzipien zu betrachten (vgl. hierzu A688/B716) und zweitens eine zweckmäßige Ordnung in allem zu sehen, indem alle Vorkommnisse der Natur als zweckmäßig für den Endzweck Mensch betrachtet werden. Beides ist von der Idee der Fasslichkeit der Natur für unser Erkenntnisvermögen, von dem im ersten Abschnitt des Anhangs die Rede war, klar zu unterscheiden.

Insgesamt möchte ich also für den Vorschlag plädieren, dass Kant allen Ideen die Funktion der Systematisierung und Orientierung zuspricht, dass er aber nicht die Vernunftideen Seele, Welt, Gott für die Systematisierung unserer Naturerkenntnisse für erforderlich hält, sondern deren Orientierungsfunktion (jeweils) mit Blick auf andere Bereiche ausführt. Dies passt zu Eckarts Försters Leitfaden für die *Kritik der reinen Vernunft* in folgender Weise: Der Plan der ersten Auflage der *Kritik der reinen Vernunft* besteht darin, die apriorischen Vorstellungen aller Vermögen herauszustellen und ihren Gegenstandsbezug zu prüfen. Im Falle der Vernunft gibt es verschiedene Arten von Ideen. Die Ideen beziehen sich nicht auf einen ihnen entsprechenden Gegenstand, sie können aber indirekt Gegenstandsbezug haben, indem sie für einen bestimmten Umgang mit Gegenständen eine Bedingung darstellen. Dies ist für die verschiedenartigen Ideen auszuführen, was Kant im Anhang zur Transzendentalen Dialektik unternimmt. Försters These, dass die Rechtfertigung der drei Ideen nicht überzeugend ist, wäre unter diesen Bedingungen erneut zu prüfen. An der These zu Leitfaden und Aufbau der ersten Auflage der *Kritik der reinen Vernunft* muss sich dadurch nichts ändern.

KARL AMERIKS
(NOTRE DAME)

On "Kritik und Moral"

I.

Die 25 Jahre der Philosophie is a *tour de force* of philosophical mereology in an historical key, inspired by the Idealist thought that "eine Idee [wird] als dasjenige ideelle Ganze erfahrbar, dem die sinnliche Teile ihr Dasein und ihr Sosein verdanken" (p. 369).[1] More specifically, the explicit aim of the volume is to reconstruct the classical phase of German Idealism in terms of its relation to what I would call an Ambitious – and in fact too ambitious – Conception of philosophy, one that weds it tightly to the notions of strict science and complete development.[2] From this perspective, the Critical philosophy, which defines the starting point of the period, is characterized in terms of Kant's boldest programmatic pronouncements, his incautious claims that philosophy must take the form of a rigorously unified scientific system that is, all at once, certain, substantive, and all-inconclusive. Förster then argues that "immanent" (p. 8) inadequacies in carrying out such a program in the discursive framework of Kant's own system are what led to understandable modifications of the Idealist project in the early systems of Fichte, Schelling, and Hegel.

---

[1] All page numbers without further reference are to Eckart Förster, *Die 25 Jahre der Philosophie: eine systematische Rekonstruktion,* Frankfurt/M., 2011. English edition: *The Twenty-Five Years of Philosophy. A Systematic Reconstruction* (trans. Brady Bowman), Cambridg/Mass., 2012.

[2] "Da es mir nicht um einen philosophiegeschichtlichen Überblick geht, sondern um die Darstellung der Entwicklung eines Gedankens, interessieren mich in folgenden nur diejenigen Rezeptionen, die mit Kant darin übereinstimmen, daß Philosophie endlich eine Wissenschaft werden könne und müsse, aber das Werk von Kant für noch nicht vollendet ansahen" (p. 161).

This revision can be called an "immanent correction" in part because it is guided basically by the methodological notions of either intellectual intuition or intuitive understanding, and these are notions already broached in Kant's own work (KdU, §77). Kant excludes them from use within Critical Idealism, however, because he insists that our knowledge is limited to discursive understanding, which is rooted in sensible intuition that is finite and merely phenomenal. On Förster's interpretation, when "the 25 years of philosophy" end, the only way forward is not, as Kant had supposed, his "Critical path" (A856), nor the high road of intellectual intuition, but rather two post-Kantian types of intuitive understanding. One type starts from the whole, "der Weg *von oben*, also Hegels Weg von der absoluten Idee zum realphilosophischen System der Wirklichkeit", and the other type starts from particulars, "der Weg *von unten*, d.h. der Weg von konkreten Phänomenen zu den entsprechenden Ideen" (p. 362). Förster illustrates the latter approach through the *scientia intuitiva* of Goethe's experimental study of *Urformen*, which aimed at disclosing fundamental kinds of natural phenomena in fields such as color vision and plant morphology. Förster then argues that Goethe's procedure was an inspiration for the reconstruction of the fundamental *Übergänge* of experience that Hegel was working on at the very same time in Jena, where he was building the *Phenomenology*'s philosophical ladder from "sense certainty" toward the *Idee* of philosophy as an objective and all-inclusive science of reason.

II.

Before examining the Idealists' notions of philosophy, science, and development, one should always pause to consider the remarkable fact that they tie these three notions together at all. The notion of development, as Förster stresses in a later chapter, can seem especially out of place here, and in fact at one point even Hegel appeared to banish the notion from a proper conception of philosophy – only to reverse himself before long (pp. 285, 295). Leaving aside for now the complex relationship between philosophy and development,[3] the first question that needs to be raised here concerns the perplexing fact that all these Idealists claim that what they are doing is "science", that is, *strenge Wissenschaft*. This point is especially worth pausing over given that, for the most part, they speak in terms that are not merely ambitious but even amount to what I would call an Imperial Version of the Ambitious Conception of philosophy. This version goes so far as to regard philosophy as a systematic science in the exceptionally strong sense of requiring an absolutely certain base, an absolutely necessary sequence of derivations, and the determination of an absolutely exhaustive domain.[4]

In trying to realize the "spirit" of this kind of demanding ideal, the post-Kantians quickly understood that they would need to go far beyond the "letter" of the *Critique*. Förster's book is divided in terms of Schelling's influential two-part claim, "Kant hat die Resultate gegeben, die Prämissen fehlen noch".[5] The leaders of the next generation of German philosophy immediately stressed this problem when insisting, as Reinhold and Fichte did, on a new and more 'Cartesian' foundation. In doing so, however, they not only diverged from Kant's own starting point but they also substantially altered the end point of Idealist philosophy, since for the most part they insisted on a non-transcendent theoretical notion of the thing in itself, and a not rigorously "pure" practical notion of the highest good. Moreover, their work led to a new view of the very notion of a "result" in philosophy, one that emphasizes development and history far more than Kant's system does.

If one keeps to the letter of the arguments of the *Critiques*, however, there is a significantly more "modest" way to characterize what the mature – that is, post-1763 – Kant was all along most concerned with in his starting points, derivations, and ultimate conclusions, despite his bolder methodological pronouncements.[6] This conception of Critical philosophy eschews an absolutely certain basis, an absolutely necessary path of development, and an

---

[3] See my July 4, 2012 Tübingen presentation, "Hegel and Förster", and Michael Rosen's contribution in this volume.

[4] For a critique, see my *Kant and the Fate of Autonomy,* Cambridge, 2000.

[5] F. W. J. Schelling, January 6, 1795, *Briefe von und an Hegel,* ed. K. Hegel, Leipzig, 1887, I: 14, cited at 162.

[6] See my *Interpreting Kant's Critiques*, Oxford, 2003.

absolutely exhaustive domain of determination. Such a more modest conception can not, of course, refute radical skepticism, but it has a much better chance of remaining persuasive in a contemporary context than does the Imperial ideal, and it is textually closer, I believe, to the arguments that Kant actually worked out in his *Critiques*.

Post-Kantians typically object that the Critical system, especially if understood as intended in such a modest form, remains riddled by non-apodicticity, contingency, and overly subjective disunity. They are dissatisfied with deductions that (a) begin with a merely given "fact" of "experience", "pure practical reason", or "reflective judgment", (b) proceed by means of a merely given and non-sequentially developed set of categories or formulae, and (c) end with a restriction of our determinate theoretical knowledge to merely given appearances, that is, to what is not "in itself". For many post-Kantians these common worries are decisive – and yet none of them has established a persuasive scientific system in taking the alternative path of the Ambitious Conception. Although Förster lays out in exemplary fashion how Kant's successors in fact understood themselves to have been working rigorously in terms of such a bold project, it is very difficult to find significant contemporary philosophers who believe that any of these Idealists succeeded on their own terms.

This point is not meant as a radical objection to the Idealists' work, for the goals that they set for themselves are extremely high. Even if their premises, inferences, and conclusions have not commanded universal assent and direct productive imitation (which are, after all, the mark of genuine science) there still is much to be gained from their work, especially as reconstructed in Förster's volume. Nonetheless, it is still useful to step back and raise radical questions about the obsessions of the Imperial Conception. Heidegger, Dewey, Wittgenstein, Foucault, Rorty, and MacIntyre are only a few of the many insightful later figures that have productively reminded us of the peculiarity of the ideal of philosophy as rigorous science. Inspired by Descartes, modern philosophers repeatedly attempted not merely to imitate but to outdo the exact sciences, for they each typically claimed that they had discovered the "first philosophy" that alone provides the genuine "foundations" for all knowledge. The tenor of these claims is to some extent understandable, given the radical nature of the Scientific Revolution, its close connection to leading philosophical figures, and its need and potential for establishing itself as a dominant authority in a multi-front struggle against other powerful traditions. Taken literally, however, this bold notion of philosophy continues to become more and more suspect, now that not even the most advanced versions of logic, mathematics, and physics have lived up, in their own fields, to all the rigorous demands of an Imperial Conception.

As Hans Friedrich Fulda observed in a hermeneutical context several decades ago, instead of claiming to have, or to need, Imperial foundations, German Idealists might have paid more attention to the pragmatic and probabilistic orientation of the actual practice of scientists and the more open-minded strands of the empiricist tradition.[7] As we now know, there are other effective ways, short of the Imperial project, to counteract the extremes of radical empiricist, materialist, or spiritualist dogmatism. One could wish, for example, that the Idealists had come closer to anticipating the quasi-Kantian and anti-Imperial proposals of William Whewell (1794-1866), a remarkable Cambridge philosopher, divine translator of Goethe, teacher of Darwin, path-breaking historian of science, and inventor of the English term "scientist". Whewell's main philosophical achievement was his introduction of a perceptive moderate version of scientific intuitionism that effectively challenged the reigning Millian empiricism of his era. His *The Philosophy of the Inductive Sciences, Founded Upon Their History* (1840) shows how an historically informed philosophy of science, precisely by relying on the notion of original Ideas discovered by what could be called the intuitive understanding of great scientific pathfinders, can take on a productive developmental and realist form, albeit in only a very loosely systematic way.[8]

---

[7] Hans Friedrich Fulda, "Theoretische Erkenntnis und pragmatische Gewißheit", in *Hermeneutik und Dialektik*, ed. R. Bubner, K. Cramer, R. Wiehl, Tübingen, 1970, vol. 1, 145-165.

[8] An Idea whose use Whewell especially emphasizes is that of the ellipse, as employed by Kepler and then Newton. This example plays a huge role in Kant's work too, and its ancient background is also discussed by Förster (p. 264). See also my *Kant's Elliptical Path*, Oxford, 2012, and *The Significance of the Hypothetical in the Natural Sciences*, ed. M. Heidelberger and G. Schiemann, Berlin/New York, 2009.

Kant himself did not have such a detailed historical perspective and broad range, but his actual working relationship to particular Ideas in natural science has some analogues to Whewell's proposals and is much more nuanced than his programmatic pronouncements suggest.[9] Furthermore, the overall pattern of the mature development of Kant's thought might be better characterized in terms of the sequence "Moral und Kritik" than "Kritik und Moral". This is because, despite Kant's appreciation for modern science (especially as evidenced by the many significant works that he devoted to it in his early career), his detailed "Bemerkungen"[10] reveal that in the mid-1760s – and thus even prior to his 1770s development of the Critical project – he went through the crisis of a fundamental revision in his conception of the prospects and relative priorities of science, life, morality, and philosophy.[11] This point connects with, but goes beyond, a crucial fact that Förster reminds us of (p. 54) by pointing to a passage at A807, which expresses Kant's acceptance of the "honest belief" of Rousseau's Savoyard Vicar that morality is not only certain in principle, but even possesses a kind of immediate and universal popular certainty.

Because of the limitations set by his project of an "immanent" history, Förster does not go into the details of this pre-1781 development - and yet, such a step back appears necessary to begin to do justice to the conceptions of science and development that are central to the era of *Die 25 Jahre der Philosophie*. The overall project of Critical philosophy did not just fall from heaven; it had to be motivated from somewhere. Here my hypothesis is the same as that of Karl Reinhold, who was praised by Kant for seeing (in his *Briefe über die Kantische Philosophie*, 1786-7) that the first edition *Critique*'s primary goal and motivation comes not from an Imperial Conception of its theoretical arguments but from the sense of a

---

[9] On Kant's theory of science, see e.g., work by Philip Kitcher and Michael Friedman.

[10] See the new edition, *Kant, Immanuel: Bemerkungen in den "Beobachtungen über das Gefühl des Schönen und Erhabenen"*, ed. M. Rischmüller, Hamburg, 1991.

[11] See my "Kant, Human Nature, and History after Rousseau", in *Kant's 'Observations' and 'Remarks': A Critical Guide*, ed. S. Shell and R. Velkley, Cambridge, 2012, 247-265.

deep instrumental need to lay out a metaphysical framework that would limit science and theoretical philosophy in order to leave room for the moral Rousseauian claims discussed relatively briefly near the very the end of the book.[12] Förster, in contrast, defines the *Critique*'s distinctive aim simply in terms of the familiar post-1770 theoretical issue of explaining objective reference for pure concepts of the understanding (pp. 13, 59; see 10:130[13]).

III.

Förster distinguishes the project of securing objective reference for pure representations from what he takes to be a later and more general characterization of the Critical project, first stressed in the *Prolegomena*, namely, that of explaining how synthetic a priori judgments are possible (p. 59). The *Prolegomena* is unlike other Critical works in that it does not focus on how a synthetic proposition is needed for something else that is more basic and is not originally characterized as involving the synthetic a priori. Instead, the *Prolegomena* always already assumes that there is accepted synthetic a priori knowledge, and then it focuses on "explaining" this phenomenon by recourse to the doctrine of transcendental idealism – the defense of which especially concerned Kant at this time because of the harsh first reviews of his work. Writings other than the *Prolegomena* also carry out this latter step, but they are distinctive because of how, first, they set out and stress transcendental deductions that argue toward specific synthetic a priori principles. Elsewhere I have called these arguments "regressive" with the intention (admittedly not directly in line with Kant's own terminology) of signifying not the method of the *Prolegomena* but instead Kant's procedure elsewhere, which uses arguments that "regress" to a priori claims from a relatively elementary and given philosophical "fact", most notably the first *Critique*'s fact of experience in general (A737; cf. the second *Critique*'s "Faktum der Vernunft",

---

[12] See my *Kant and the Historical Turn*, Oxford, 2006.
[13] References to Kant's works are indicated by volume and page number of the Academy edition.

5:31).[14] This precisely does not mean that they rely on particular facts tied to some contingent experiences as opposed to others that we have, or that they are "regressive" in a strong sense that starts only from the thick presumption of already accepted synthetic a priori scientific propositions.

Confusions have repeatedly arisen on this point because of a passage in the *Prolegomena* that influences many commentators, including Förster (p. 58), where Kant contrasts its merely "analytic" procedure with the *Critique*'s so-called "synthetic" method, which is said to proceed "ohne sich auf irgendein Faktum zu stützen" (4:274). This passage should be read in context, and it need not be taken to entail that the *Critique* never makes use of anything that could in a way be characterized as a "Faktum" – for example, the general and ultimately contingent and non-deducible matters that Kant constantly relies on, such as the elementary truths that we exist with a finite intellect, distinct faculties, and the common intuitive forms of space and time. Given Kant's actual procedure, this passage can be read as basically a reminder that Kant's transcendental arguments, unlike those of the *Prolegomena*, not only do not rely on the specific facts of particular sciences but also, positively, are meant to disclose "original seeds" (4:274) – and thus to uncover within the mind itself transcendentally universal and "necessary" features that no mere empiricist, historicist, or dogmatic theological accounts could disclose and warrant.

Förster characterizes the method of the *Prolegomena* as one that provides "nur ein bedingt gültiges Resultat" and is thus "weniger erfolgreich gegen den Skeptizismus" (p. 59). This claim is perfectly correct, but if that is all that is said then the misleading impression can be generated that the *Critique* itself, in contrast, is supposed to present a result that is in no way conditioned and provides a refutation against skepticism altogether (in contrast to skepticism specifically about the a priori). Such an impression is misleading because even Kant's most ambitious arguments, in the transcendental deduction of the categories and, later, the "Refutation of Idealism", begin from some kind of condition that a truly radical skeptic might not accept, namely, that there is genuine time de-

---

[14] See my "Kant's Transcendental Deduction as a Regressive Argument", *Kant-Studien* 69 (1978), 273-285.

termination, or that one has an objective unity of self-consciousness (apperception) and not a merely subjective sum of inner sense. Similarly, although Förster states that

> das erste Prinzip der Moralität durchaus nicht so klar und offensichtlich war, wie er [*Kant*] in der Kritik im Anschluss an Rousseau angenommen hatte (p. 63),

and there also are many other points Kant had to work out to improve on Rousseau's position, it is still true that, in all of Kant's mature philosophy, there remains the condition of a basically Rousseauian premise. Kant starts from the phenomenon of a pure respect for morality that is available to all persons, and he always holds on to the thought that philosophers have simply to clarify details, misunderstandings, and presuppositions concerning this fact, rather than to deduce it from an absolute standpoint that would defeat the moral skepticism of a merely prudential position.

Kant's pure moral interests determine both the beginning point and the final concern of all his mature work. Despite the extensive focus on the reference of pure theoretical terms in the first half of the *Critique*, Kant had, for an even longer time, been exploring broader issues that implicitly involve synthetic a priori truths concerning the "vocation of humanity"[15] and the overall limits of human reason in ways that combine practical and theoretical issues. Given ample evidence from the 1760s that by then Kant was already committed to the view that the pure moral ends of reason define its basic goal, it can be argued that these ends also provide the key motivation for Kant's move in the 1770s toward a Critical limitation of our theoretical knowledge to the realm of appearances.[16] This point explains a key passage from the very beginning of the Canon (A795), cited by Förster (p. 54):

> Es ist demütigend für die menschliche Vernunft, daß sie in ihrem (reinen) theoretischen Gebrauche nichts ausrichtet und sogar noch einer Disciplin bedarf.

---

[15] See Eckart Förster, "The Hidden Plan of Nature", in *Kant's 'Idea for a Universal History with a Cosmopolitan Aim'*, ed. A. Rorty and J. Schmidt, Cambridge, 2009, 187-199.

[16] See my *Kant's Elliptical Path*, Oxford, 2012, Introduction.

Kant argues for "humility" and "discipline" here because he holds that the primacy of the practical in his sense can be confidently expressed in a philosophical form only after the fundamental concepts of morality have been protected from being possibly undermined by dogmatic misconceptions and, in particular, the broadly naturalistic claims of modern intellectuals who hastily absolutize the results of modern science and/or theoretical philosophy.

IV.

The main misconception that Kant's mature philosophy aims to overcome is the presumption that, after Newton, there can be no room for the human power of absolute free choice. After his turn in the 1760s, Kant constantly regarded this power as the most essential precondition for maintaining a broadly Rousseauian conception of morality as rational and absolutely responsible lawfulness, and yet he also came to realize that this conception cannot be based on the naive notions of transparent self-knowledge found throughout modern philosophy, including his own early work. Kant was also long familiar with the threat to belief in our absolute freedom that could come from traditional theological (Calvinist and naive Pietist) or rationalist (Spinozist, Leibnizian) camps, as well as from radical empiricist forms of naturalism espoused by figures such as Hobbes and Hume. I believe it was these threats that were Kant's major concern throughout his mature career. Nevertheless, to account for Kant's work at this time, Förster chooses to focus on another kind of opponent, one surfacing first in the 1782 Göttingen review of the first *Critique*, which Kant saw soon thereafter in its original version as drafted by Christian Garve.

A major hypothesis of the second chapter of Förster's book, "Kritik und Moral", is that Kant was especially influenced by the challenge of Garve's review, which takes the *Critique* to be a theoretical version of subjective idealism and to involve an analogously unrealistic conception of morality not based on a naturalistic notion of happiness. The main target of the latter objection (which will be the main concern here) is a set of dense passages from the

Critique's Canon. Garve focuses on Kant's insistence there on a close connection between commitment to the moral law, hope for the possible realization of the highest good connecting happiness with pure morality, and belief in the existence of God as a necessary facilitator of this realization. Kant's main point here is that, if the only way for us to think that following the moral commands issued by pure practical reason would not have to lead to fundamentally frustrating results is to postulate a future life due to a being with personal divine powers that can arrange for us eventually to be able to approach the highest good, then it is rationally necessary for us to postulate the existence of such a being (A811). All this is standard Kantian doctrine, explained at greater length in later publications. What is odd about the formulation of these points in the Canon, though, is that some of its passages can seem to connect the idea of ultimate happiness, and God as its enabler, directly rather than only indirectly with the validity of morality, as for example at A809 (cited at p. 55): "daß also das System der Sittlichkeit mit dem der Glückseligkeit unzertrennlich, aber nur in der Idee der reinen Vernunft verbunden sei." Kant goes on to characterize his result here in provocative terms implying that he takes himself to have outdone Leibniz, for he concludes that the *Critique*'s conception of the highest good provides the ideal philosophical way for envisioning ourselves in the "Kingdom of Grace" as well as the "Kingdom of Nature" (A812). Garve summarizes his double objection to Kant by trying to turn the *Critique*'s language against itself:

daß man in dem Reich der Gnaden wohnen und leben könne, nachdem vorher das Reich der Natur vor unseren Augen verschwunden ist: das, glaube ich, wird in den Kopf und das Herz, nur sehr wenige Menschen Eingang finden.[17]

Garve's worries anticipate in a myriad of ways the influential concerns of many later post-Kantians. The reason why Kant presumably cannot be expected to satisfy the "Kopf" is that his theoretical philosophy appears, to Garve, to reduce the world to sensations and thus to undermine the external status of physical nature

---

[17] Christian Garve, [Review] "Kritik der reinen Vernunft", *Allgemeine Deutsche Bibliothek* 1783, 854-855, cited at 62-63.

in general. And the additional reason why Kant presumably cannot be expected to satisfy the "Herz" is that his practical philosophy rests on a conception of moral satisfaction that is not based, as Garve presumes it should be, on our natural concern with happiness.

Förster gives considerable weight to these criticisms, and he argues that, although Garve's first complaint involves some basic misconceptions, the objections are appropriately paired, for they point to some analogous and genuine weaknesses in the first edition *Critique*. He thus gives Garve credit for being the key catalyst in moving Kant to modify his 1781 *Critique* by immediately drafting two brief and unexpected metaphysical supplementary works, rather than the full system he had promised earlier. The *Groundwork of the Metaphysics of Morals* (1785) is said to respond to Garve's practical worries about the relation of nature to Critical ethics, while the *Metaphysical Foundations of Natural Science* (1786) responds to the theoretical worries about nature by introducing a spatial schematization of the categories.

Although Förster regards these supplements as bringing significant immediate improvements, it appears that his drawing attention to them together is also intended as an indirect indication of the book's argument as a whole that there is an unresolved underlying problem in Kant's basic approach. In contrast to the positions of Förster's heroes, Goethe and Hegel, the Critical philosophy is faulted for retaining a supposedly much too limited, divided, and "subjective" conception of our intellectual and practical nature. From this retrospective post-Kantian position, Kant gets some credit for proposing a system of philosophical science, but the credit is only partial at best because of the contention that the foundation of his system has cracks that are too serious to be fixed by any post-1781 patchwork supplements. Such an assessment is common and understandable given typical post-Kantian presumptions, but from a somewhat more modest conception of Kant's most important strategies and goals, it can be argued that the Critical philosophy is not in quite as much trouble as "Kritik und Moral" implies.

V.

Let us take the practical concerns first before returning briefly to worries about the *Critique's* theoretical position. Despite his overall antipathy to Kant's project, it is a striking fact that Garve pays considerable attention to the relatively brief remarks on practical philosophy that come only near the very end of Kant's extremely long and difficult book. His focus on them, surprising as it may be for English readers, is neither inappropriate nor a mere reflection of the fact that Garve himself was very involved with a different approach to practical philosophy connected with Cicero. That there truly is an overall practical intention to the *Critique,* despite its quantitatively overwhelming attention to theoretical issues, is clear on a close reading of even the very beginning of the book.[18] This pure moral-religious intention was brought out at length in the much more sympathetic and influential interpretation that Reinhold offered even before the revisions of the first *Critique* and the publication of the second.

It is also a striking fact of Kant's situation in the early 1780s that although he had been regularly working on practical philosophy for decades, he still had not gotten to the point of publishing his views on this basic area. Kant's early reflections show that his most fundamental moral ideas – about the primacy of humanity's practical end, the purity of the moral law, the overriding significance of proper free intentions, and the priority of a moral to an independent theological notion of God – were clear to him by the time that he immediately reacted to reading Rousseau. These ideas are already expressed in Kant's courses then, and they are repeated in their fundamentals throughout his later lectures and reflections.[19]

---

[18] See the motto and the dedication of the *Critique*, which already address the issues of "human dignity" and "enlightenment", as well as A1, which contrasts the difficulties of speculative reason with an appeal to "common human reason".

[19] Especially important is the evidence from the 1762-4 "Moral Herder", 27:3-78, and the 1770s "Moral Kaehler", in *Immanuel Kant: Vorlesung zur Moralphilosophie*, ed. W. Stark, Berlin, 2004; cf. 27:243-441. This material predates the *Critique* and cannot have been influenced by a reaction to Garve.

This point is worth reiterating because one picture of the Canon that the chapter "Kritik und Moral" suggests is that Kant's practical views at that time were not only underdeveloped but also extremely naive and even confused, and that it was only the specific challenges of Garve's review that led Kant to develop, for the first time in the *Groundwork*, an even somewhat promising systematic treatment of the basic issues of practical philosophy. Förster's interpretation along these lines has some antecedents but is controversial. Others have argued that if one takes a broader perspective on Kant's work it is unlikely that Garve's specific concerns really were, or needed to be, taken especially seriously by Kant (even though for a while Kant did plan an immediate response to the review).[20] The fact is that Kant had in any case long planned to say a lot more in print about practical philosophy. Whatever Garve's immediate effect was, his influence cannot have been fundamental, for although there were many developments in the details of Kant's thought when he began to publish a series of works in this area, the general orientation of Kant's views on practical philosophy, including his conceptions of the most basic relations of philosophy and science to naturalism, religion, and morality, remained pretty much the same from at least the mid-1760s into the early 1790s. Furthermore, there are other ways to explain the genesis of the most striking feature of the *Groundwork*, for there are other even more likely candidates here, namely J. H. Schulz and J. G. Herder, for the main honor of having pressed Kant into suddenly writing what turned out to be his most influential book.[21] This is because Kant's most basic difference with these authors turns on the central issue of freedom, and this is the topic that became the distinctive focus of the *Groundwork* (cf. 74-6, 123). It is obviously the most important issue that Kant realized he needed to clarify at some length in print to counteract the manifold metaphysical objections of writers challenging the "real possibility" of his strict moral viewpoint.

At the same time, Kant continued in the *Groundwork* and later work to explain that in another sense of real possibility – namely,

[20] See Jens Timmerman, *Kant's 'Groundwork of the Metaphysics of Morals', A Commentary*, Cambridge, 2007, xxv-xxviii.

[21] See my "Das Schicksal von Kants Rezensionen zu Herders Ideen", in *Immanuel Kant. Geschichtsphilosophie*, ed. O. Höffe, Berlin, 2011, 119-136.

the plausibility and likelihood of an actual execution of morality's demanding principles by sensible agents like us, who see themselves in a world that does not show signs of likely and genuinely moral progress – there is a way that morality's "reality" (with regard to our "ganzer Lebenswende", A817) can be said to be "tied" to the postulates, even though it remains true that the validity of the moral law itself does not depend on this relation. Thus, a passage in the *Groundwork* (4:439) repeats a theme that is very similar to what the Canon says about "Natur" and "Gnade":

Obgleich auch das Naturreich sowohl als auch das Reich der Zwecke als unter einem Oberhaupte vereinigt [NB] gedacht würde und dadurch das letztere nicht mehr bloße Idee bliebe, sondern wahre Realität [NB] erhielte, so würde hierdurch zwar jener der Zuwachs einen starken Triebfeder, niemals aber Vermehrung ihres inneren Werts zustatten kommen.

All the key terms in this passage, as well as its overall point, are worth keeping in mind for anyone trying to evaluate objections concerning the Canon.

VI.

The key question about the Canon is whether Kant must be read at this time, as Garve and Förster say, in a way that takes the issue of the inner validity of the moral law to be undermined by additional concerns that arise from the external issue of the way the postulates are posited to make the actualization of a moral world understandable. Förster's reading of Garve's objection concerning the highest good goes so far as to contend that the Canon commits a *petitio principii* because it makes an argument to God's existence on the supposition of the validity of the moral law, but then, in its discussion of the role of the notion of the highest good, it supposedly makes our acceptance of the very validity of that law depend in turn on a prior acceptance by us of God's existence, as the guarantor of the possibility of the highest good (p. 63). This is a radical challenge, and surely it is preferable to save the *Critique* from such a devastating reading, and from ascribing to Kant a position that appears blatantly inconsistent with basic points that he is clear about throughout the decades of the 60s, 70s, 80s, and 90s. It would be very odd indeed for the mature Kant ever to hold that our respect for the moral law is directly dependent on a commitment to God rather than the reverse (as he repeatedly insists elsewhere), let alone, as this chapter also suggests, that our interest in the highest good rests ultimately on a mere desire for happiness.

There are admittedly considerable complications in Kant's formulations, but whatever the complications are here, they should not be expressed, as Hegelians sometimes do, in terms of the extremely radical charge that there is a kind of hypocrisy in Kant's position, such that he is implying we should talk piously all the while that we are actually introducing the notions of the highest good and God only to assuage our egoistic interests. Förster (p. 56) comes close to this thought, when he summarizes the Canon as reasoning this way:

Denn es ist ja 'diessselbe Vernunft', die einerseits das Sittengesetz aufstellt, die andererseits den ebenso unabweisbaren Auftrag hat, unter Namen der 'Klugheit' (A800, A806) meine [NB] empirische Glückseligkeit zu befördern, [und dann] moralisch zu sein wäre unter solchen Umständen im höchsten Maß unklug, weil bar jeden eigenen [NB] Vorteils.

These formulations are worrisome because they can make Kant's argument for the highest good look as if it were based specifically on a concern with "my" happiness, or even with an unrestricted promotion of happiness as such. But this would be to overlook Kant's actual concern in two basic ways. First of all, there need be nothing especially first-personal about Kant's point, for he is not concerned here with a desire to satisfy "my" happiness as such but rather, as Förster (p. 57) also goes on to note, with reason's idea of a just general "System der Sittlichkeit" (A811, A810) wherein happiness – or unhappiness – would eventually be proportionate to what all agents deserve. Kant is clear all along that if I am an egoistic immoralist, concerned simply with preserving my happiness, then there is nothing to be gained from, and no rational way to get to, the general situation of the highest good. The relevant tension in "one and the same" reason that leads to postulates regarding the highest good is thus not only not between (a) morality and (b) simply my desire for happiness, but is also not even between (a) morality and (b) happiness *simpliciter*. The tension lies rather in the thought that our practical reason as such requires an interest in both (a) moral intentions in general and (b) just results in general, that is, happiness as a proper reward for good agents and unhappiness for evil agents, whatever our own individual fate may be.[22]

A related complicating issue here is that Kant dramatically describes the expectation of a situation without just results as one in which moral laws would seem to be a "Hirngespinste" (A811), and this is why he goes on to argue, in admittedly perplexing terms, that God must be postulated "als die Bedingung der Möglichkeit ihrer *verbindenden* Kraft" (A634, cited at 56f; cf. A815, cited at 63: "für uns verbindenen Kraft"). Confusion can arise because the root term here is "verbinden" (note: not "verbindlich"), and this is often translated as "that which makes obligatory" (English edition, 45). Such a translation is understandable but it can be misleading for a couple reasons. One reason is that the English term "obligation" totally obscures the fact that the phrase "verbindende Kraft", even today, most literally means "binding" in the sense of "unifying power", and, at least at A816 ("aus dem Gesichtspunkt der sittlichen Einheit, als einem notwendigen Gesetze ... so muß es ein einiger oberster Wille sein"; cf. A817, 818), it is this purposive unifying aspect that is foremost in Kant's mind - which is quite appropriate in this context where there is a worry about a conflict in reason's demands.

Another complication here is the fact that the very notion of obligation, especially in the Anglophone tradition, is anything but unambiguous. For contemporary non-Kantian philosophers,[23] its allegedly pure, as opposed to religious or merely legal or customary sense, has been taken to be seriously opaque or worse. In contrast, Kant himself, from the very beginning of his practical reflections on Wolff and Baumgarten, contended it is their use of the term "obligation" that is ambiguous in a deeply problematic way. It is improperly employed by them to signify things simply

---

[22] Cf. A813: "Selbst die von aller Privatabsicht freie Vernunft", and R 6454 (1790s) 18:725, "...wird ein jeder wollen, daß tugend glücklich und Laster bestraft werde. Dieser Wunsch ist allein rein moralisch, nichts im mindesten selbstsüchtig und für den vernünftigen Menschen unvermeidlich".

[23] See especially G. E. M. Anscombe, "Modern Moral Philosophy", *Philosophy* 33 (1958), 1-19.

desired and serving our happiness, whereas on his view its strict and proper use is to designate that which is obligatory because based on the valid categorical demands of pure moral law:

> Der Autors Ethik blandiens ist, da er stets den weiten Begrif der Verbindlichkeit falsch voraus sezt, dem er blos Beweggründe des Nutzens, zuschreibt, im uneigentlichen Verstand Ethik...durch sensitive iucunda kann ich wohl *bewegen*, als durch Praktische Mittel, aber nicht obligiren, als durch moralische Beweggründe.[24]

The distinction here between "broad" motivating feelings and "moral motivating grounds" is a very important and constant feature of Kant's work. It implies that if one reserves the strict sense of obligation for Kant's own primary understanding of the term, and one realizes that it is this sense that must be relevant in any context such as the Canon, where it is being assumed (A807, 810) that agents are beginning from an acknowledgment of the strict validity of morality — as "Gegenstände des Beifalls und der Bewunderung" (A813)[25] — then it should not be said that when there arises a specific worry about whether moral intentions will bring about just effects, this should be regarded as undermining what for Kant would be understood as their basic obligatoriness, that is, their designating practical principles that are "approved" as strictly valid. Hence when Kant says, in the troublesome passage cited earlier, that if we did not assume something like the active power of a supportive God, then morality could seem to be without "verbindende Kraft" (A634), this passage can be read in such a way that the term "verbindend" concerns only what Kant repeatedly calls the issue of [the lack of] morality's *Verbindlichkeit* in

---

[24] "Moral Herder", 27:14; cf. A807. For other instances of the ambiguity that Kant recognizes in the term, see e.g., "Moral Kaehler", 27:259, in Stark 33: "Nicht alle Gründe der Verbindlichkeit sind verbindende Gründe ... Es gibt also moralische Regel der Verbindlichkeit, die aber nicht verbinden, z.E. Einen in der Noth zu helfen".

[25] Although Kemp Smith understandably translates this as "objects of approval and admiration", the casual connotation of the English term "admiration" does not do justice to the deep German meaning of *Bewunderung* for Kant. He uses it repeatedly to designate the pure attitude of acceptance of morality as such, and it is a keystone of his rejection of basing religion on *Wunder* (miracles).

the mere "external" sense concerning "das principium der Execution oder Leistung", or "Triebfeder", which is not the same thing as [a lack of] *Verbindlichkeit* in the strict or "internal" sense concerning "das principium der Diiudication" or "Richtschnur".[26]

In other words, Kant's perplexing use of "verbindend" here should not be taken to mean that, in the supposed non-theistic situation, we would lack what in English can be called a proper objective ground of motivation ("Bewegungsgrund") and thus a genuine obligation after all. What Kant must mean when he speaks about how one might worry about such an unfortunate situation then is simply that the moral law could lack a clear "incentive", that is, inner motivation, or stable subjective ground (for a "ganzer Lebenswende"), and to that extent it could, as in the phrase cited earlier from the *Groundwork* as well, even be said to lack a kind of "reality". That is, it does not by itself provide, as the *Critique* says in language that mirrors Kant's earlier as well as later lectures, "Triebfeder des Vorsatzes und der Ausübung" (A813), and would not appear as literally "commanded" in the sense of being perceived as having attached "promises and threats" (A811). But this is not to say that the reason why the moral law should be approved and respected is ever rooted in a mere promise or threat. On the contrary, promises and/or threats would be expected here only on the condition that they are already thought to be morally appropriate.[27]

It is true that in later work[28] Kant goes into more detail in making explicit the point that an obligation to respect the moral law as such remains even for those who do not go so far as to postulate God, but this does not mean that we have to think Kant is denying that point here in the Canon (A819), especially since his references to God continue to presuppose independent respect for the moral law as such:

---

[26] "Moral Kaehler", 27:274, in Stark 55-6.

[27] See "Moral Kaehler", 27:1426, in Stark 64: "Denn die vis obligandi kann nicht in der Gewalt bestehn, wer da drohet, der obligirt nicht, sondern der extorquirt".

[28] See especially Kant, *Religion*, 6:6 n.

wir werden... Handlungen nicht darum für verbindlich halten, weil sie Gebote Gottes sind, sondern sie als göttliche Gebote ansehen, [weil] wir dazu innerlich [NB] verbindlich [sind].[29]

Nevertheless, confusion can understandably arise from the fact that Kant concludes a paragraph in the Canon (A811, cited at 48) by saying simply,

Gott also und ein künftiges Leben, sind zwei von der Verbindlichkeit, die uns reine Vernunft auferlegt, nach Prinzipizen eben derselben Vernunft nicht zu trennende Voraussetzungen.

Such a sentence by itself might make it look as if the postulates are, after all, oddly being regarded as directly "inseparable" presuppositions of the validity of the moral law itself. But the sentence can be read more charitably as repeating a point made earlier, to the effect that the postulates are inseparable "presuppositions" in an external sense (see above on the ambiguity of "Verbindlichkeit") and are in accord with ("nach") the faculty of reason that, in its idea, first imposes moral principles on us that are internally binding. The way in which they are "presuppositions", then, is with respect to a premise about the "complete end" ("den ganzen Zweck", A813) of reason. This end is "external" because it goes beyond any particular moral commitment up to now, but it is "necessary" – that is, normatively just and appropriate – because otherwise its consequences could not be hoped for in a rational way.

---

[29] This passage is modified slightly in the B edition. See numerous notes from Kant's earlier lectures discussed in my *Kant's Elliptical Path*, chapter 2. See also e.g., "Moral Kaehler", 27:309, in Stark 121: "Der eigentliche BewegungsGrund zur Handlung muß aber die Tugend selber seyn. Denn deswegen verbindet uns Gott wozu, weil es an sich innerlich gut ist"; and "Moral Kaehler", 27:277-278, Stark 62: "Allein zur Beurtheilung der Moralitaet brauchen wir kein drittes Wesen. Alle moralischen Gesetzen können richtig seyn ohne ein drittes Wesen. Aber in der Ausübung wären sir leer, wenn kein drittes Wesen uns dazu nicht nöthigen möchte".

VII.

A somewhat similar apologetic response can be offered, albeit only very briefly, with respect to the theoretical problems that Garve and Förster raise for Kant's *Critique*. Förster rightly points out that Garve was wrong to imply that Kant's idealism was very like Berkeley's, for Garve misses the full significance of the Kantian doctrines of the a priori, of the antinomies, and of the distinction between formal and material idealism. Förster also stresses, however, that Garve was on to something with respect to the more general point that Kant needed to say more about the role of space in particular as providing schemata for the categories that would be truly sufficient for objective experience (p. 66). This is a significant point, but it should be noted that, quite independently of Garve's observations, there were other factors then that also occasioned the many emendations along this line in the second edition of the *Critique*. Even before the *Critiques*, Kant had come to sense that there are significant problems with beliefs that even he had previously held about the possibility of "inner" and non-spatial knowledge of a theoretical kind, and this led him to introduce already in the first edition Paralogisms an extensive critique of rational psychology. When the first edition *Critique* was met on all sides by resistance to the thought that even inner knowledge can be only transcendentally ideal, and when several early readings of his transcendental idealism in general made his position seem all too Cartesian, it only made sense that Kant would consider clarifying and supplementing the Paralogisms in a second edition by showing how our self-perception is not as transparent as it might seem and is definitely not meant as an independent basis for the Critical philosophy, either methodologically or ontologically. In addition, there is the obvious fact that while it was relatively easy for Kant to illustrate with respect to space his thought that there are synthetic a priori principles requiring an idealistic explanation, he never had much to say about any such principles for time alone. Hence for Kant it was a very understandable move, and one inspired by many catalysts in addition to Garve, to supplement the *Critique* in its second edition primarily with changes that sharpen the distinction between inner sense and apperception and insist that the determinate functioning of the latter has to rely on spatial schematizations.[30]

On balance, as long as one has a relatively modest conception of what the Critical philosophy really can and needs to do, the problems that Garve raises do not, by themselves, seem so crucial after all. Furthermore, even if we are not compelled to take the literal Critical path on all issues, this does not yet mean that we are compelled to find a radically non-Critical path either. For now, we might settle for a kind of compromise between Kant's path and Förster's, that is, for the recognition that something like intuitive understanding may well be useful, but in a relatively non-systematic way and perhaps merely to supplement our understanding of natural scientific progress – as was proposed, for example, in 1840 in the perceptive and moderate quasi-Kantianism of William Whewell. Such progress may or may not have deep philosophical significance. To resolve that point it is still necessary to consider in much more detail the other Idealist alternatives that are systematically reconstructed in *Die 25 Jahre der Philosophie*.

---

[30] This point is a major theme of my *Kant's Theory of Mind*, Oxford, 1982 (2000²).

ERIC WATKINS
(SAN DIEGO)

Shifts and Incompleteness in Kant's *Critique of Pure Reason*?

On Förster's *The Twenty-Five Years of Philosophy*

Eckart Förster's *Twenty-Five Years of Philosophy* offers a masterful new narrative describing the series of fascinating philosophical developments that began in Germany with the publication of Kant's *Critique of Pure Reason* in 1781 and concluded twenty-five years later when Hegel's *Phenomenology of Spirit* appeared in 1806 and announced the end of all philosophy. Though Förster's account focuses on well-known figures from the period, such as Kant, Jacobi, Reinhold, Fichte, Schelling, and Hegel, and must compete with the views of established scholars, including Dieter Henrich, Rolf-Peter Horstmann, Manfred Frank, Karl Ameriks, and Frederick Beiser, his narrative is distinctive along several highly significant dimensions.

First, while providing a scholarly account that is also immediately accessible to non-specialists, Förster is particularly attentive to various shifts that occur both within Kant's own philosophical project and among the different figures who were attempting to make good on the philosophical promise that Kant's revolutionary new way of doing philosophy opened up. This results from Förster focusing not primarily on what each figure ought to have said, all things considered, which is the desideratum for many scholars, but rather on what they did in fact hold at different times, which is often much more interesting, since this focus draws out subtle differences that arise and are easily missed, and reveals their significance instead of covering them over.

Second, Förster places special emphasis on Goethe's philosophical importance to the period, which other scholars have largely passed over, by arguing that Goethe not only was intimately aware of the rich set of developments that were occurring at this time, but also attempted to develop a philosophical (or scientific) methodology and apply it to what will become his distinctive theory of colors and to systematic issues in botany.

Third, Förster provides a highly original general narrative that is at once historically sensitive and philosophically sophisticated. For present purposes, I single out a few particularly novel major points, and want to stress that Förster advances more than I am able to discuss here. For one, Förster argues that when Kant wrote the first *Critique*, he had no idea that a second or a third would be required for the completion of his project, and that the very conception of his project would change from being about a priori reference, which is an issue that is treated only in theoretical philosophy, to being about synthetic a priori cognition, which extends beyond theoretical philosophy to involve practical philosophy, aesthetics, and teleology. For another, Förster argues that Kant distinguishes between intellectual intuition, which is not sensible or passive, as our intuition is, but is active and productive of the object, and an intuitive understanding, which proceeds (akin to Spinoza's third kind of knowledge) from the whole to its parts as opposed to the way in which our discursive understanding starts with parts and moves to the whole. Armed with this distinction, Förster then maintains that one strand within German Idealism, represented by Fichte and Schelling, takes its departure from the former notion, while another, which Goethe advances, draws on the latter. Finally, Förster argues that Hegel attempted to bring these two strands back together and thereby to complete the philosophical project that Kant had initiated a mere two and a half decades earlier. In this way Förster provides a robust account of the period that is innovative, based on a thorough reading of a broad range of texts, and advances an interesting historical and systematic perspective on issues that go to the very foundations of philosophy itself.

Given the richness of Förster's account, it is tempting to react to the broad themes and most provocative theses that he argues for throughout his book. For reasons of space, however, I must resist this temptation and focus primarily on the third chapter of his book, "From A to B," which discusses Kant's works from 1784 to 1786. In a first section, I summarize Förster's main claims about the *Groundwork of the Metaphysics of Morals*, which was published in 1784, and the *Metaphysical Foundations of Natural Science*, which appeared two years later in 1786. I then provide more detailed discussions of several of his main claims in the second and third sections of the paper. Specifically, I consider the metaphysical foundation that is required to account for the obligatoriness (or normativity) of the moral law and the proper explanation of the synthetic status of the Categorical Imperative, and then present an alternative reading of one central issue concerning the relation between the first *Critique* and the *Metaphysical Foundations*.

I. *Shifts and Incompleteness:* Förster on the Groundwork *and the* Metaphysical Foundations

In "From A to B," Förster provides an explanation of the historical context and philosophical significance of Kant's philosophical thought in the transitional period from 1784 to 1786. That is, it considers the crucial years that fall between the publication of the *Prolegomena* and the second edition of the first *Critique*, which see the publication of Kant's *Groundwork for the Metaphysics of Morals* and *Metaphysical Foundations of Natural Science*. These years are, Förster argues, particularly intriguing, since Kant's very conception of what transcendental philosophy is and of how he hopes to work out the different elements of that conception in specific publications underwent significant development and expansion at this time. For neither the *Critique of Pure Reason* nor the *Prolegomena* suggests that either the *Groundwork* or the *Metaphysical Foundations* would be the *next* items on his overall philosophical agenda or even, for that matter, *required* components of his overall project. Kant does explicitly envision a system of pure reason, a metaphysics of nature, and a metaphysics of freedom, but neither of these works undertakes these projects as such. As a result, we stand in need of an explanation of the development of Kant's thought in these works that makes good historical and philosophical sense, and Förster's chapter proposes to offer exactly what we need.

Förster's explanation of the origin and purpose of the *Groundwork* appeals to Kant's projects in the first *Critique* and the *Prolegomena*. The first edition of the first *Critique*, Förster argues, is an extended reaction to the question that Kant had raised in his famous letter to Herz in 1772, and is designed to account for a priori reference of our intellectual representations (via a synthetic method that does not, for the most part, presuppose particular cases of synthetic a priori cognition), whereas the *Prolegomena* attempts to explain the conditions on the possibility of synthetic a priori cognition (via an analytic method that presupposes certain kinds of synthetic a priori cognition, such as mathematics and the pure principles of physics, and then uses these analyses to determine whether the synthetic a priori judgments of metaphysics satisfy the relevant conditions). Now the express purpose of the *Groundwork* (along with its first two sections) is not to establish a priori reference as such, as it is for the first *Critique*, but neither does it constitute a metaphysics of freedom proper, which would require systematic organization, that is precluded by the kind of popular mode of presentation that we find in the *Groundwork*. Further, Kant explicitly distinguishes his project in it from the task of providing a critique of *practical* reason (4:391, 4:445).[1] As a result, it would be incorrect to think of it as simply an extension of the first *Critique*'s basic idea into the practical domain.

Instead, Förster suggests, the *Groundwork*'s aim of establishing the supreme principle of morality is best made sense of as (1) a response to Garve's position and (2) an attempt to establish the possibility of a categorical imperative as a synthetic a priori proposition that underlies our common sense conception of morality, thus setting the stage for the second *Critique*. Förster argues that Kant was deeply dissatisfied with Garve's attempt to derive moral obligations from four cardinal virtues along Ciceronian lines (e.g., from a certain conception of human nature), and thus conceived of his own project as one that would clarify the ultimate nature of the moral law as it emerges from an analysis of our common beliefs about morality. It is thus in the context of such an analysis that he discovered that under certain subjective limitations, the good will, which alone is unconditionally good, involves the Categorical Imperative.[2] The *Groundwork* also attempts to establish that the moral law actually applies to or is normatively binding for us, where the central task is to show how freedom as autonomy makes the categorical imperative possible for us as a genuinely

---

[1] References to Kant's works are indicated by volume and page number of the Academy edition. All translations are my own.

[2] See Karl Ameriks' contribution to this volume for discussion of whether Garve in fact played such a decisive role in Kant's decision to write the *Groundwork*.

synthetic a priori principle.³ In this way, one can see, Förster claims, that it is picking up on and extending the conception of synthetic a priori cognition that the *Prolegomena* had made a central pillar of Kant's project.

The *Metaphysical Foundations of Natural Science* arises, according to Förster, from the first *Critique*'s failure to complete one of its most fundamental tasks, namely that of establishing the objective reality of the categories. The Transcendental Deduction aims to demonstrate the objective validity of the categories, but the Schematism is required as well insofar as it explains how the categories as *purely logical* functions of the understanding can be applied to *sensible* objects by means of schemata, or time-determinations. However, even if the arguments of the Transcendental Deduction and Schematism chapters were completely successful, the problem arises, according to Förster, that if

> no temporal determination is possible without spatial determination, then neither is the applicability of the categories possible solely on the basis of a transcendental determination of time as Kant had written in the *Critique* (p. 66).⁴

Accordingly, the *Metaphysical Foundations* comes to the rescue by

> furnishing examples (instances *in concreto*) in which to realize the concepts and propositions of [...] transcendental philosophy, that is to give sense and meaning to a mere form of thought (4:478).

In short, the *Metaphysical Foundations* contributes to a demonstration of the objective validity of the categories, Förster maintains, by providing *actual reference* to bodies, which it can do only by developing schemata for objects of outer sense in particular because of the necessity of spatial determination for temporal de-

---

³ Förster suggests that there is a connection with the first *Critique*, albeit an indirect one, insofar Kant is implicitly responding to three of Garve's criticisms of his position in the Canon of Pure Reason.
⁴ All references to Eckart Förster's *The Twenty-Five Years of Philosophy* will indicate the page number in parentheses from the English edition: *The Twenty-Five Years of Philosophy. A Systematic Reconstruction* (trans. Brady Bowman), Cambridge/Mass., 2012.

termination. At the same time, it also accomplishes another major task by providing physics with the kind of a priori metaphysical foundation that is required for it to qualify as science properly so-called, that is, to constitute a body of cognitions that are organized according to a single principle and with consciousness of their necessity, which is possible only via construction in pure intuition. In this way, Förster argues that the *Metaphysical Foundations* carries out two substantive philosophical tasks that go well beyond what Kant had actually accomplished in the first *Critique*, while still not amounting to a full-fledged metaphysics of nature.

II. Normativity, Grounding, and Laws in the Third Section of *the* Groundwork

One issue that Förster discusses with great sophistication in "From A to B" concerns Kant's argument in the third section of the *Groundwork* that aims i) to justify the Categorical Imperative as a synthetic a priori proposition, and ii) to show that it necessarily applies to us. With respect to the first task, it is clear that the Categorical Imperative is a *synthetic* proposition that as such cannot be fully justified merely on the basis of analysis. In the course of explaining the synthetic status of the Categorical Imperative, Förster picks up on a remark Kant makes near the beginning of the Third Section of the *Groundwork* (4:447), suggesting that freedom

is the 'third term' which would connect the will with the deed without having recourse to something heteronomous as a source of motivation (p. 62).[5]

---

[5] In an earlier chapter, Förster suggests that in Canon of Pure Reason in the first edition of the first *Critique*, Kant thinks that it is the idea of a possible highest good that serves as the third term that makes the synthetic connection possible (p. 51). Förster goes on to suggest that Garve found this claim "wholly unconvincing," and charged Kant, though only in the unpublished version of his review, with a *petitio principii*, which led Kant to rethink his position in the *Groundwork*. For discussion of these claims, see Ameriks' contribution to this volume.

Now the crucial question, as I see it, is not whether the *concept* of freedom is related to the *concept* of the moral law, since those concepts are analytically related, as Kant shows in the first and second sections of the *Groundwork*. Rather, the question is whether *we* are free and subject to the moral law in the form of the Categorical Imperative, that is, whether the relevant concepts represent properties that are instantiated in us, since it is our existence as beings endowed with freedom that is responsible for the synthetic status of the Categorical Imperative. So, the crucial question is whether we are free, and if so, how that contributes to a satisfying explanation of the synthetic status of the Categorical Imperative.

On this question, Förster considers Kant's claim that freedom is a presupposition of our conception of judgment (whether theoretical or practical). This claim is often considered problematic and it has been argued, with Förster apparently agreeing, that Kant quickly came to recognize the weakness of the force of this argument such that, by the time of the second *Critique*, he had given up on its basic strategy, and appealed, instead, to the '*Faktum der Vernunft*'.[6] Whatever one thinks of the argument of the *Groundwork*, however, in explaining how we are to understand how freedom could bind us, Förster appeals to the distinction, first drawn in a comprehensive way in the first *Critique*, between appearances and things in themselves. As Förster interprets the distinction, appearances and things in themselves

are not simply juxtaposed without further relation. [Rather,] ontologically speaking, appearances are dependent on there being something that appears (p. 65).

This distinction is then relevant to the issue at hand in several ways. First, although the self, or the 'I', is an appearance insofar as it is given in inner (and outer) sense, there must, given this doctrine, also be an "I as it may be constituted in itself" (4:451). That is, in some sense, I belong to both the sensible and the intelligible worlds. Second, and crucially, the sensible self must depend in

---

[6] This interpretation received its classic articulation in Karl Ameriks, "Kant's Deduction of Freedom and Morality," *Journal of the History of Philosophy* 19 (1981), 53-79.

some way on the intelligible self. But just how is this dependence relation to be understood?

Förster claims that "the laws of the intelligible world must also find expression in the sensible world" (p. 65). Lest one thinks that Förster understands this claim along minimalist lines, he quotes a crucial passage from the *Groundwork* that reveals that Kant is committed to much more than a generic expression relation:

> But because the *intelligible world contains the ground of the sensible world and so too of its laws*, and is therefore immediately lawgiving with respect to my will [...], it follows that I shall cognize myself as intelligence, though on the other hand, as a being belonging to the sensible world, as nevertheless subject to the law of the intelligible world [...]; consequently, the laws of the intelligible world must be regarded as imperatives for me, and actions in conformity with these as duties. (4:453-4)

Here Kant is clearly drawing the validity of the Categorical Imperative as a conclusion, but from what premises and by means of what argumentative steps? One might have thought that Kant holds simply that the phenomenal self depends on the noumenal self for its existence, just as is the case for all appearances; there must be some self that underlies the self that appears to us, with its phenomenal properties deriving, in part, from subjective formal features of space and time and, in part, from some more fundamental reality. However, here Kant is asserting that the grounding relation also pertains to the *laws* of the intelligible and sensible worlds, which clearly indicates that more is involved than the generic grounding relation that obtains between any appearance and its intelligible ground.

Again, one might still try to interpret this point conservatively such that whatever laws obtain for the intelligible world must find *some* kind of expression in the sensible world. For example, whatever intelligible law I act according to must be expressed in some way at the level of my particular spatio-temporal actions, since otherwise, if there were no causal or quasi-causal connection at all between my noumenal self along with its free actions and my spatio-temporal actions, I could not then be held morally responsible for the spatio-temporal actions I perform. However, what is striking about the passage Förster draws our attention to is that Kant specifically refers not only to the laws of the intelligible world, but also to the laws of the sensible world, and he does so in the context of trying to explain how the moral law is obligatory for the actions that occur in the spatio-temporal world. The crucial question is thus to understand exactly how the dependence of the laws of the sensible world on the laws of the intelligible world contributes to the normativity of the moral law as expressed in the Categorical Imperative.

One interpretive option is to think of the moral law as the law of the intelligible world and the Categorical Imperative as the law of the sensible world. Kant clearly maintains that the Categorical Imperative is not a principle that would be valid for fully rational beings, such as God, who necessarily act morally if they act at all, but rather only for beings who also somehow inhabit the sensible world. However, this option does not seem to be satisfactory, since the Categorical Imperative appears to address us not as sensible beings *per se*, but rather as beings that are *both* sensible and intelligible and, what's more, as beings who *ought* to give precedence to our rational or intelligible sides, even though, or precisely because, that does not happen as a matter of course. And the crucial issue, namely the priority that our rational side commands, simply does not pertain to the sensibility side *per se*. As a result, it would be highly misleading to call the Categorical Imperative a law of the sensible world as such, as this first option does.

A second interpretive option, which I find more appealing, even if not completely satisfying, would have it that the laws of the sensible world that Kant mentions in the passage in question are nothing other than the empirical laws that govern appearances, whether they be mechanical and constitutive of experience or teleological and regulative. The moral law is the law that governs rational beings in the intelligible world. The Categorical Imperative would then be an expression of the priority of certain appearances over others that is based on i) the priority of certain laws of the intelligible world (namely those that are rational, e.g., the moral law) over other laws in the intelligible world (namely those that are to some degree irrational, e.g., the law of self-love), and ii) a grounding relation that gives rise to the priority that certain sensible laws and appearances have over other potential sensible laws and appearances in the sensible world on the basis of the priority that rational laws have over other laws in the intelligible world.

The basic framework of this second option can be spelled out in more detail as follows. The priority of the moral law over the law of self-love is, it would seem, a rational priority. The moral law is, for Kant, simply prior to self-love in the space of reasons (contra Hume). One line of justification that could be used to support this claim—if it requires support at all—is that insofar as the moral law involves a good will and the good will is unconditionally good, the moral law expresses unconditional goodness better or more adequately than does any principle of self-love, which is reflective of at best conditional goodness.[7] The grounding relation that obtains between the intelligible world and the sensible world is multifaceted and requires especially careful treatment. At times, Kant seems to think that the existence of the sensible world is grounded in the intelligible world (of things in themselves), as when he wants to explain the existence of sensations and requires a cause that is not in itself an appearance. At other times, Kant seems to think that my adopting a fundamental maxim, which underlies my intelligible character, is the ground of my empirical character and the empirical actions that follow from it in whatever external circumstances then obtain. However, neither of these grounding relations involves the kind of normativity that the Categorical Imperative expresses, since they do not concern who we *ought* to be (and how we *ought* to act, morally speaking). Instead, the grounding relation in question is more aptly described by noting that the priority that the moral law has over other potential laws concerning what is unconditionally good, which is due to its greater intrinsic intelligibility, is the ground for (or reason) why certain sensible laws and events ought to be instantiated instead of others.

One aspect of this grounding relation lies in Kant's well-known insistence on the consistency of the empirical laws in the sensible world with what the moral law commands. For if the empirical laws were inconsistent with what the moral law demands, then the "ought implies can" principle, which Kant explicitly accepted (a few years later), would rule out the possibility of acting according to the moral law and thus destroy its obligatory force for us. But the grounding relation is stronger than mere consistency in the sense that it actually gives rise to the obligatoriness of the moral law for us rather than merely being consistent with it. It is an

---

[7] The claim that the moral law is prior to the principle of self-love might either be itself analytic or at least be based in part on analytic claims.

essential feature of autonomy not only that we are not obligated by something external to ourselves, but also that we are ourselves literally "*gesetzgebend*" or law-*giving*. In other words, not only do we create ourselves (metaphysically speaking), but we also give rise to how we ought to act, though not through some contingent empirical act, but rather through the greater intelligibility and priority of the moral law that governs us in the intelligible world.

If this account of the normativity that the Categorical Imperative has for us is correct, it also provides an answer to the systematic question with which we started, namely, how are we to explain the synthetic status of the Categorical Imperative? Its synthetic status is not explained through purely conceptual relations or even through the mere existence of us as free beings, but rather through the existence of the specific kind of grounding relation described above, though it is also true that the grounding relation is not possible without our existence as free and rational beings, since the grounding relation itself is grounded in the priority of our rationality over a principle of self-love and in our existence as free beings.

Admittedly, what I have just described is only a rough sketch of an thesis that would need to be developed more fully to be a satisfactory interpretation of Kant's understanding of the obligatory force of the moral law. Further, I should note that Förster does not commit himself to this model, though it is open to him to accept it as a friendly amendment to his interpretation. Either way, by drawing our attention to a crucial passage in the *Groundwork* that many before him have passed over in silence or at least not fully appreciated, Förster has made it possible to begin to make significant progress on a particularly fundamental issue in Kant's practical philosophy.

III. The Metaphysical Foundations *and the Completion of the* Critique of Pure Reason

Förster's overall historical approach to the *Metaphysical Foundations* is undoubtedly correct, or at least productive and thus fundamentally right-headed. Specifically, it is crucial to attend to what Kant published when and why he did so, as well as to keep in mind what one might reasonably expect him to be working on, given what he had accomplished earlier and promised to undertake later. Judged in this light, the *Metaphysical Foundations* must have come as at least a bit of a surprise when it arrived at the Easter book fair in 1786. For it is neither the system of pure reason Kant mentioned in the A-edition preface, which would present the basic content of the critique of reason in a more comprehensive way, nor is it the metaphysics of nature that he referred to at the start of the *Groundwork* (4:388), even if it might be thought an essential element thereof. Though Förster does not highlight the point in this book, it is also useful to be aware of what one ought to understand by "Newtonian" physics in particular, especially in light of the fact that almost a full century had passed since the initial publication of the *Principia*.[8]

Now what is most distinctive about Förster's interpretation in this context are two main claims. First, Förster claims that the first *Critique* had failed to accomplish the goals it set for itself, because i) temporal determination is not possible without spatial determination and ii) the first *Critique*'s Schematism does not provide the conditions for spatial determination. Second, Förster claims that the *Metaphysical Foundations* makes up for this failure by providing schemata that apply to objects of outer sense. I have no objection to the idea expressed in the second claim that the *Metaphysical Foundations* provides schemata that apply to spatial objects, but I am not convinced that such schemata are needed for the completion of the first *Critique*. Thus, what is at issue is the first claim, namely that the first *Critique* is essentially incomplete for the reasons that Förster specifies. Whether the incompleteness claim is true naturally depends in part on what the fundamental goals of the first *Critique* are supposed to be. For current purposes we can limit our attention to two questions. First, what are the Transcendental Deduction and Schematism meant to accomplish? Second, how should one understand the claim that temporal determination is not possible without spatial determination? With respect to the first question, though many difficult interpretive and philosophical issues arise here, it is clear that, at a very general level, the Tran-

---

[8] For a partial treatment of these issues, see my "The Laws of Motion from Newton to Kant," *Perspectives on Science* 5 (1997), 311-348, and "Kant's Justification of the Laws of Mechanics," *Studies in History and Philosophy of Science* 29 (1998), 539-560.

scendental Deduction is supposed to establish the objective validity of the categories. By the term "objective validity of the categories" Kant means that the categories are applicable to, or purport to refer to, objects in cognition. However, even if Kant's complicated, and poorly understood argument in the Transcendental Deduction were somehow successful, the Schematism is still required because without schemata the categories are merely logical forms of thought that are "empty", or devoid of "sense" and "meaning", and thus "inapplicable" to objects.[9] Now one way of establishing that the categories *can* refer to objects is by showing that they *do* in fact refer to objects, and insofar as the *Metaphysical Foundations* shows that the categories actually refer to objects of outer sense, it would accomplish the task at hand, just as Förster maintains.

However, it is possible to adopt a different approach here. One could hold, somewhat more minimally, that Kant attempts to establish that the categories can have purported reference to objects *under the condition* that those objects be given in intuition. In other words, what is required is not that one shows that the categories successfully refer to actual objects, but rather that some of the most basic necessary conditions for the *possibility* of their application are satisfied. If one such condition is that objects to which the categories are able to be applied must be given and that condition is satisfied for objects that are given to us in sensible intuition, then the Transcendental Deduction will be complete even without showing that the categories actually refer to particular objects, since it establishes the conditional claim that if objects are given in sensible intuition, then the categories can be applied to them.

One could then take a similar line on the Schematism chapter. To be able to apply the categories to all the objects that could be given to us, it is necessary that all such objects have features that the categories could, in principle, apply to. The temporal meanings that are attributed to the categories in the Schematism chapter are then relevant because they have precisely the kind of scope that is

---

[9] As a cautionary note, I would add that the meaning of these terms is by no means straightforward, and represent one occasion (among many) where importing contemporary interpretations of these terms back into Kant's texts represents a significant danger.

required to establish the possibility of the application of the categories to all objects given in sensible intuition, since all such objects must be temporal. If one understands Kant's project in the first *Critique*'s Transcendental Analytic as one that seeks to identify certain substantive necessary conditions on the possibility of experience (or of a priori reference) and the Transcendental Deduction and Schematism in particular as establishing specific kinds of representations, namely categories and their temporal schemata, as such necessary conditions, then the argument of the first *Critique* is not incomplete, even if Kant has not provided an exhaustive account. Though I will not argue for such an interpretive thesis here, I believe that one can find considerable textual support for it in the first *Critique*.

At the same time, Förster is quite right to put pressure on such an interpretation by pointing to a passage in the Preface to the *Metaphysical Foundations* where Kant holds that the special metaphysics of the *Metaphysical Foundations* provide "indispensible service" to the first *Critique*'s transcendental concepts and principles by "realizing" ("*realisiren*") them in concrete cases (4:478). In light of this further claim, it is tempting to read Kant as having shifted his conception of what transcendental philosophy requires between 1781 and 1786. One could attempt to draw further support for this interpretation by appealing to one of the first claims identified above, namely that all temporal determination requires spatial determination. For if this assertion were true, it would provide evidence for the incompleteness of the first *Critique*, given that Kant does not provide spatial schemata in the kind of systematic fashion that would be required for temporal determination.

However, this assertion is ambiguous, and the ambiguity directly affects whether it is true that the argument of the first *Critique* is incomplete in a way that would undercut its fundamental aims. To see how this is the case, we first need to clarify the ambiguity by distinguishing two different possible readings of the claim. One reading, call it the ambitious reading, maintains that every instance of temporal determination is simultaneously an instance of spatial determination as well. For example, if we take an ordinary case of the communication of motion of two billiard balls in a collision, there is no way to determine the temporal features of the states of the billiard balls without at the same time, *and by means of the very same act*, determining the spatial features of the states of these billiard balls. For determining the acceleration and deceleration of the billiard balls in impact depends on determining their states of motion before and after the collision, but that kind of determination is possible only by determining both their temporal and spatial locations. If one has this kind of example in mind, as Kant surely does at times (in both the *Metaphysical Foundations* and the first *Critique*), it can seem to support the more general claim that there is no way to determine the temporal states of bodies in isolation from their spatial states, and thus that temporal determination requires spatial determination in a very strong sense.

However, there is a more modest reading of the claim in question. One could read it as asserting simply that temporal determination must occur by way of substances that are in fact spatial. That is, it allows that the existence of spatial substance is necessary for temporal determination, but maintains that such an assertion is consistent with temporal determination occurring without any determination that is itself explicitly spatial. Though the Refutation of Idealism is complex and no general consensus has been reached about it in the literature, I interpret it as supporting the more modest reading, since it claims that the temporal determination of my own mental states requires the existence of some spatial substance, but that i) the spatial substance that is required for such determination is necessarily distinct from me and ii) it is not necessary that the temporal ordering of my own mental states is, or necessarily involves, a spatial determination of my own states, since that is precisely why a substance distinct from me is required. According to the more modest reading, Kant would still be making a substantive, non-trivial claim in the Refutation of Idealism, but one that is not quite as strong as the ambitious claim would have it.

Now the difference between the modest and ambitious readings is important because only the ambitious reading could provide any support for the idea that the first *Critique* is incomplete without the contribution made by the *Metaphysical Foundations*. For if temporal determination requires spatial determination and the first *Critique* clarifies the necessary conditions of the possibility only of temporal determination, then something quite significant would be missing, namely an explanation of the possibility of spatial determination. However, the more modest reading does not have this consequence. It can assert simply that temporal determination, the possibility of which has been explained, requires that there be spatial substances, but that requirement does not itself stand in need of further explanation. It could be treated analogously to the condition that objects be given to us in intuition.

Now in "Critique and Morals", chapter two of *The Twenty-Five Years of Philosophy*, Förster presents an explicit argument for the more ambitious reading. He argues for this reading on the basis of Kant's reaction in the *Prolegomena* to Garve's Berkleyan objection that Kant's principles cannot provide a basis for distinguishing between experience (i.e., objective knowledge) and dreams or fantasies. Specifically, Kant argues, according to Förster, that space cannot have an empirical origin (as, e.g., Berkeley holds) because it is not possible to distinguish between representation and external object on the basis of inner sense alone.[10] But, he argues further, since space itself cannot be perceived, "it must be represented by way of the simultaneity of objects within it", and thus

there must also be something like an 'a priori spatial determination in accord with rules' which can explain how we are able a priori to distinguish something, which is supposed to be an object of outer sense, from the space which it occupies (p. 56).

As a result, there can be no temporal determination, he argues, without spatial determination.

Förster is clearly right that Kant rejects Berkeley's claim that our representation of space is empirical, since Kant is firmly committed to the view that our most fundamental intuition of space is a priori. So far, so good. The question, however, is what it means to say that space cannot be perceived and how that claim supports the conclusion that we must have spatial determinations in order to have temporal determinations. In light of the more

---

[10] Depending on how one understands the relevant terms, one might think that it is trivially true that inner sense alone does not allow one to distinguish between the representations given in it and *external* objects (since inner sense might, by definition, be taken to entail that all of its 'objects' are internal). However, if one takes 'external' to mean 'distinct', then the claim is no longer trivially true, and thus stands in need of a different kind of representation, namely outer sense and the representation of space.

modest interpretation it is clear that one can simply reject the inference from the necessity of objects that exist in space to the necessity of their spatial determination. That is, even if one grants that one needs not only space, but also the existence of objects in space for temporal determination to be possible, one might still think that requiring the existence of spatial objects falls short of requiring the spatial determination of those objects. However, one might also question a second step in the argument Förster presents. Though Kant is clearly committed to the claim that space itself cannot be (directly) perceived, the notion of space that Kant typically has in mind when he makes that claim is that of objective space (akin to Newton's absolute space), which is distinct from the kind of a priori intuition of space that is at issue in, e.g., the Transcendental Aesthetic. Kant similarly claims that time itself cannot be perceived, but once again, that does not entail that we do not have an a priori intuition of time that can be used in temporal determination, but rather simply that we cannot literally see the objective flow of time or objective time-line that would allow us to immediately see the temporal properties of objects. Analogously, then, even if we do not perceive space itself, the fact that we have an a priori intuition of space could suffice to allow us to distinguish between representation and external object because it is through this space that existent objects are given to us. As a result, Förster's argument in favor of the more ambitious reading is not forced on us, and the more modest interpretation remains standing as an interesting interpretive option.

Though Förster cannot accept the more modest interpretation as a friendly amendment to his position, he could still acknowledge that the contrast between these two competing interpretations brings out what is at stake in a work, the *Metaphysical Foundations*, which many Kant scholars have neglected. Once they consider this work in greater detail, they will find much of considerable interest, for example, what Kant understands by a construction of a concept (which is important in mathematics and science), how the concept of an object of outer sense can be constructed according to various rules, and the problem of circularity that Förster describes as afflicting Kant's position and as having a further systematic importance for German Idealism and its overall development.

IV. Conclusion

What the above discussion of "From A to B" has, I hope, offered is a brief, yet still informative glimpse of the rich and stimulating insights that Eckart Förster's *The Twenty-Five Years of Philosophy* provides on a grander scale throughout the entire book. Förster's historical scholarship brings to life the central philosophical issues of Kant and German Idealism and a clearer picture of the complex intellectual interactions that took place between the major figures of this period. For as we have seen, Förster suggests that Garve's significance for several different aspects of the development of Kant's project could be much greater than has been appreciated. Further, Förster's systematic reflections open up new possibilities for understanding the underlying philosophical options that were being explored at the time. For as we have seen, even if it was clear that space and time are, for Kant, both a priori intuitions, Förster offers interesting suggestions about the possibility that some aspects of time might depend on space for us to be able to exercise some of our most fundamental epistemic capacities, such as distinguishing between ourselves and objects that are in some sense distinct from us. And Förster also points us in the direction of a more satisfying understanding of the metaphysical grounds of the normativity of our moral obligations. These are significant accomplishments and bode well for the oft entertained, but seldom entirely fulfilled hope that by exploring our historical and philosophical options clearly and carefully we might eventually be capable of making genuine progress in philosophy.[11]

---

[11] I thank Eckart Förster, Peter Thielke, Clinton Tolley, Peter Yong, and audience members at the conference held at the Humboldt Universität in Berlin, June 2012 for helpful discussion of an earlier version of this paper.

YITZHAK Y. MELAMED
(BALTIMORE)

Mapping the Labyrinth of Spinoza's *Scientia Intuitiva*

On May 5th, 1786, Goethe wrote to Jacobi:

I hold faith with the atheist's [*i.e. Spinoza's*] worship of God and leave to you what you have no choice but to call religion. If you say that one can only believe in God, then I reply that I place stock in *seeing*, and when Spinoza says of *scientia intuitiva*: "*hoc cognoscendi genus procedit ab adaequata idea essentiae formalis quorundam Dei attributorum ad adaequatam cognitionem essentiae rerum*" (E2p40s2[1])—those few words give me the courage to devote my whole life to the contemplation of things... of whose *essentia formalis* I can

---

[1] Passages in Spinoza's *Ethics* will be referred to by means of the following abbreviations: a(-xiom), c(-orollary), p(-roposition), s(-cholium) and app(-endix); 'd' stands for either 'definition' (when it appears immediately to the right of the part of the book), or 'demonstration' (in all other cases). Hence, E1d3 is the third definition of part 1 and E1p16d is the demonstration of proposition 16 of part 1. Unless otherwise marked, all references to the *Ethics*, the early works of Spinoza, and Letters 1-29 are to Curley's translation: *The Collected Works of Spinoza*, vol. 1, ed. and trans. Edwin Curley, Princeton: Princeton University Press, 1985. In references to the other letters of Spinoza I have used Shirley's translation: *Complete Works*, trans. Samuel Shirley, Indianapolis: Hackett, 2002. For the Latin and Dutch originals I have relied on Gebhardt's critical edition: *Spinoza Opera*, ed. Carl Gebhardt, 4 vols., Heidelberg: Carl Winter Verlag, 1925. I cite the original texts according to the volume and page number of this edition (for example, G III/17). I use the following standard abbreviations for Spinoza's works: TIE, *Treatise on the Emendation of the Intellect* [*Tractatus de Intellectus Emendatione*]; CM, *Metaphysical Thoughts* [*Cogitata Metaphysica*]; KV, *Short Treatise on God, Man, and his Well-Being* [*Korte Verhandeling van God de Mensch en deszelfs Welstand*]; Ep., *Letters*. I would like to thank Nick Kauffman for their helpful comments on earlier versions of this paper.

hope to conceive an adequate idea without in the least worrying about how far I'll get and how much is tailored to my mind.[2]

This bold announcement by the distinctive hero of Eckart Förster's marvelous *The Twenty-Five Years of Philosophy* may strike the reader for a variety of reasons. I was astonished by its expression of unlimited devotion to a doctrine that is highly technical and enigmatic. In order to unpack Spinoza's doctrine of *scientia intuitiva* as the highest and best kind of cognition,[3] one must work through many of the most intricate details of Spinoza's metaphysics as well as his theories of knowledge, ethics, and the affects. For quite a few years I have been trying to avoid a confrontation with this doctrine. I have done so not because I thought it was unimportant, or because I considered it to be merely a momentary, mystical lapse that could be forgiven and ignored. On the contrary. There is no doubt in my mind that this is one of the most important doctrines of the book—perhaps even the most important—as Spinoza clearly associates it with human *summum bonum* and blessedness. I have seen, however, many *great* Spinozist heads broken against it, making some valuable progress, but eventually leaving much of the riddle unsolved.

The issue of *scientia intuitiva* surfaced more than once in the two joint seminars I have taught with Eckart at Johns Hopkins over the past few years. These seminars were two of the most intellectually fulfilling experiences I have ever had, and in the course of them I learned a tremendous amount from Eckart not only about the German Idealists but also about Spinoza. Unfortunately, my ability to return Eckart's generosity was limited. Just like his hero, Goethe, Eckart cherished most Spinoza's doctrine of *scientia intuitiva*, but of all things Spinozist this was (and is) the issue on which I felt the least secure. Not wishing to make fool of myself, I had to answer Eckart's queries by claiming that despite my conviction

---

[2] *Goethes Briefe*, Hamburger Ausgabe, ed. Karl Robert Mankelow, 3rd ed. 4 vols., München: C.H. Beck 1989, 1:753. The English translation is quoted from Eckart Förster, *The Twenty-Five Years of Philosophy: A Systematic Reconstruction*, trans. Brady Bowman, Cambridge, MA: Harvard University Press, 2012, 94.

[3] I translate *cognitio* as cognition, rather than knowledge, since for Spinoza *cognitio* may well be inadequate and false.

about the importance and centrality of this doctrine, I had only a vague understanding of it, since virtually every aspect of the doctrine is surrounded with unresolved problems and questions. And so I kept postponing writing on the issue "till I have a better grasp."

As one can expect from this introduction, I am not going to solve in this paper the plethora of problems and riddles surrounding Spinoza's *scientia intuitiva*, but I do hope to break some new ground and help make this key doctrine more readily understandable. I will proceed in the following order (keep in mind the word 'proceed'). I will first provide a close preliminary analysis of the content and development of Spinoza's discussion of *scientia intuitiva* in the *Treatise on the Emendation of the Intellect* and the *Ethics*. In the second part, I will address two closely related questions which have drawn the attention of many readers: (i) Is *scientia intuitiva* a cognition that is *inferential*? and (ii) Is *scientia intuitiva* a kind of cognition that is closely tied to causation? To the surprise of many, I will argue that Spinoza's *intuitive* knowledge is both inferential and causal (in a certain rigid sense of 'inferential' and 'causal' to be explained below). In the third and final part, I will explain Spinoza's preference for *scientia intuitiva* and his frequent use of mathematical examples, and then attempt to map the major remaining questions and problems surrounding the doctrine.

I. Scientia intuitiva *in the* Ethics *and the* Treatise on the Emendation of the Intellect

Spinoza develops his theory of *scientia intuitiva* as part of his threefold taxonomy of the kinds of cognition, the lower kinds being imagination [*imaginatio*] and reason [*ratio*]. Spinoza discusses this taxonomy in some detail in the *Ethics*, as well as in two of his earliest works: the *Treatise on the Emendation of the Intellect* (TIE), and the *Short Treatise on God, Man, and His Well-Being* (KV). In the following I will concentrate on the first two texts, since the KV discussion—though interesting and highly important for understanding Spinoza's philosophical development—is both dispersed over several chapters (chapters one, two, five, and twenty-two of the second part of KV), and strongly tied to views Spinoza no longer adhered to in his late period.[4] I will quote the *Ethics* (E) and TIE passages *in extenso*, since it is precisely the small details and nuances of these texts that may help us clarify many of the problems at stake.

Spinoza's main discussion of the three kinds of cognition in the *Ethics* appears in E2p40s2, following an explication of the nature and genesis of universals (E2p40s1). For Spinoza, universals are highly confused ideas (G II/121/13) we form in our mind to compensate for the limitedness of our cognitive capacities, i.e., our inability to perceive, store, and recollect individual items in their complete manifold of characteristics. For example, instead of perceiving and recording distinctly three items I have just perceived in their intricate details, I use the universal "man" and store the experience of these three items as "three men." This enormous zipping of data helps me function in the world, but it obviously does not reflect reality as it is. Moreover, my concept of "man" will be quite different from yours, since we have perceived different individuals from which we have abstracted the universal term (G II/121/30). It is noteworthy that for Spinoza God does not perceive things through universals.[5] God's cognitive capacities are unlimited, so he has no need for compensation mechanisms. Thus, Spinoza claims, God knows universals "only insofar as he understands the human mind,"[6] i.e., insofar as he understands the cognitive structure of the human mind and its compensation mechanisms. This view is an almost total inversion of medieval Aristotelian claims that God knows *only* universals.[7] Having made this clarification, let us now have a look at Spinoza's lengthy text:

From what has been said above, it is clear that we perceive many things and form universal notions [*notiones universales formare*]:

---

[4] Such as a Cartesian conception of love, an explanation of the mind-body union as grounded in the mind's love of the body, and mind-body causal interactionism.

[5] See CM II 7 (G I/263/8) and Ep. 19 (G IV/92/1).

[6] CM II 7 (G I/263/8).

[7] Spinoza explicitly describes his stand as such an inversion at CM II 7 (G I/263/1-9). Gersonides seems to be at least part of the target of this critique.

I. from singular things which have been represented to us through the senses in a way that is mutilated, confused, and without order for the intellect (see P29C); for that reason I have been accustomed to call such perceptions cognition from random experience;

II. from signs, e.g., from the fact that, having heard or read certain words, we recollect things, and form certain ideas of them, which are like them, and through which we imagine the things (P18S). These two ways of regarding things I shall henceforth call cognition of the first kind, opinion or imagination.

III. Finally, from the fact that we have common notions and adequate ideas of the properties of things (see P38C, P39, P39C, and P40). This I shall call reason and the second kind of cognition.

[IV.] In addition to these two kinds of cognition, there is (as I shall show in what follows) another, third kind, which we shall call intuitive knowledge [*quod scientiam intuitivam vocabimus*]. And this kind of cognition proceeds from an adequate idea of the formal essence of certain attributes of God to the adequate cognition of the [NS: formal] essence of things [*Atque hoc cognoscendi genus procedit ab adaequata idea essentiae formalis quorundam Dei attributorum ad adaequatam cognitionem essentiae rerum*].

I shall explain all these with one example. Suppose there are three numbers, and the problem is to find a fourth which is to the third as the second is to the first. Merchants do not hesitate to multiply the second by the third, and divide the product by the first, because they have not yet forgotten what they heard from their teacher without any demonstration, or because they have often found this in the simplest numbers, or from the force of the Demonstration of P7 in Bk. VII of Euclid, viz. from the common property of proportionals. But in the simplest numbers none of this is necessary. Given the numbers 1, 2, and 3, no one fails to see that the fourth proportional number is 6 - and we see this much more clearly because we infer the fourth number from the ratio which, in one glance [*uno intuitu*], we see the first number to have the second. (E2p40s2 | G II/122/1-30)

Let us begin with a few general observations. (1) The Latin text of this scholium, which stems from Spinoza's 1677 *Opera Posthuma*, is virtually identical to the text of the recently discovered Vatican manuscript of Spinoza's *Ethica* (which predates the *Opera Posthuma*).[8] The few variations are completely marginal, and thus we may infer that the *Opera Posthuma* editors did not interfere with this

---

[8] *The Vatican Manuscript of Spinoza's* Ethica, eds. Leen Spruit and Pina Totaro, Leiden: Brill, 2011, 154-5. On the dating of the manuscript, see page 2.

text. (2) Notice that the explication of the sources from which "we perceive many things and form universal notions" (122/2) ends with the presentation of the second kind of cognition. The paragraph which begins the explanation of *scientia intuitiva* ("In addition to these two kinds of cognition...") does not begin with "from," and is *not* dealing with the formation of universal notions. (3) *Scientia intuitiva* exemplifies Spinoza's claim in E2p40 itself: "Whatever ideas follow in the Mind from ideas that are adequate in the Mind are also adequate." Cognition through *scientia intuitiva* of the essence of things follows in the mind from an adequate idea (of the formal essence of an attribute). (4) Spinoza's reflective talk about the first kind of cognition ("I have been accustomed to call such perceptions...") indicates that he has been working on this taxonomy for quite a while. (5) Spinoza does not seem to limit the scope of 'things' that can be known by *scientia intuitiva*. The third kind of cognition is knowledge of *essentiae rerum*. For Spinoza *rerum* refers to everything that is real. (6) Cognition of the first kind is inadequate and confused (122/4), while cognitions of the second (122/13) and third kind (122/18) are adequate.[9] In E2p41, Spinoza argues that cognitions of the second and third kind are necessarily true, and that cognition of the first is the only cause of falsity. (7) The mathematical example at the end of the scholium seems to show that for Spinoza the very same content can be cognized through each of the three kinds of cognition. (8) In the mathematical example Spinoza describes *scientia intuitiva* as being "in one intuition/glance." In other words, it is *not* a process that *takes time*.[10]

Let us turn now to Spinoza's discussion of *scientia intuitiva* and the other kinds of cognition in the TIE. Having concluded that the most urgent task, which must precede everything else, is the emendation of the intellect, Spinoza turns to examine "the modes of perceiving which I have had up to now for affirming or denying something without doubt" (TIE §18). These modes of perceiving can be reduced to the following four:

---

[9] Cf. KV II 1 (G I/54/15): "The first is commonly subject to error. The second and third, though they differ from one another, cannot err."

[10] Cf. KV II, 1 (G I/55/12): "...through his penetration he *immediately* sees the proportionality in all he calculations." (Italics added.)

§19, 1. There is the Perception we have from report or from some conventional sign.

2. There is the Perception we have from random experience, that is, from experience that is not determined by the intellect. But it has this name only because it comes to us by chance, and we have no other experiment that opposes it. So it remains with us unshaken.

3. There is the Perception that we have when the essence of a thing is inferred [*concluditur*] from another thing, but not adequately. This happens—[Note F: When this happens, we understand nothing about the cause except what we consider in the effect. This is sufficiently evident from the fact that then the cause is explained only in very general terms, e.g., *Therefore there is something, Therefore there is some power, etc.* Or also from the fact that the terms express the cause negatively. *Therefore it is not this, or that, etc.* In the second case something clearly conceived is attributed to the cause on account of the effect, as we shall show in an example; but nothing is attributed to it except *propria*, not the essence of a particular thing]—either when we infer the cause from some effect, or when something is inferred from some universal, which some property always accompanies.

4. Finally, there is the Perception we have when a thing is perceived through its essence alone, or through cognition of its proximate cause [*Denique perceptio est, ubi res percipitur per solam suam essentiam, vel per cognitionem suae proximae causae*].

§20 I shall illustrate all of these with examples. I know only from report my date of birth, and who my parents were, and similar things, which I have never doubted. By random experience I know that I shall die, for I affirm this because I have seen others like me die, even though they had not all lived the same length of time and did not all die of the same illness. Again, I also know by random experience that oil is capable of feeding fire, and that water is capable of putting it out. I know also that the dog is a barking animal, and man a rational one. And in this way I know almost all the things that are useful in life.

§21 But we infer [one thing] from another in this way: after we clearly perceive that we feel such a body, and no other, then, I say, we infer clearly that the soul is united to the body, which union is the cause of such a sensation; but we cannot understand absolutely from this what that sensation and union are. Or after we have come to know [*novimus*] the nature of vision, and that it has the property that we see one and the same thing as smaller when we look at it from a great distance than when we look at it from close up, we infer that the sun is larger than it appears to be, and other things of the same kind.

§22 Finally, a thing is perceived through its essence alone when, from the fact that I know [*novi*] something, I know what it is to know something [*scio, quid hoc sit aliquid nosse*], or from the fact that I know [*novi*] the essence of the soul, I know [*scio*] that it is united to the body. By the same kind of cognition, we know [*novimus*] that two and three are five, and that if two lines are parallel to a third line, they are also parallel to each other, etc. But the things I have so far been able to know [*intelligere*] by this kind of cognition have been very few.

§23 That you may understand all these things better, I shall use only one example. Suppose there are three numbers. Someone is seeking a fourth, which is to the third as the second is to the first. Here merchants will usually say that they know what to do to find the fourth number, because they have not yet forgotten that procedure which they simply heard from their teachers, without any demonstration.

Others will construct a universal axiom from an experience with simple numbers, where the fourth number is evident through itself—as in the numbers 2, 4, 3, and 6. Here they find by trial that if the second is multiplied by the third, and the product then divided by the first, the result is 6. Since they see that this produces the same number which they knew to be the proportional number without this procedure, they infer that the procedure is always a good way to find the fourth number in the proportion.

§24 But Mathematicians know, by the force of the demonstration of Proposition 19 in Book VII of Euclid, which numbers are proportional to one another, from the nature of proportion, and its property, viz. that the product of the first and fourth numbers is equal to the product of the second and third. Nevertheless, they do not see the adequate proportionality of the given numbers. And if they do, they see it not by the force of that Proposition, but intuitively, [NS: or] without going through any procedure [*sed intuitive, nullam operationem facientes*].

Looking closely at this passage and comparing it with Spinoza's discussion of *scientia intuitiva* in E2p40s2, we can register the following observations. (9) The first two kinds of cognition in the TIE are considered as two subspecies of the first kind of cognition in the *Ethics*. (10) Unlike the discussion in the *Ethics*, in the TIE Spinoza does not claim that the first three kinds of cognition are the sources from which we form universals. This can be explained by the context of the *Ethics* passage (E2p40s1) which addresses the issue of universals. (11) The TIE's third kind of cognition refers to an *inadequate* inference of an essence, but the corresponding kind of cognition in the *Ethics* is said to be "an *adequate* idea of the properties of things." Did Spinoza change his mind about the adequacy of this kind of cognition (*ratio*), or is it perhaps the case that, as Don Garrett suggests,[11] the idea of the essence that is *inadequately inferred* is still an adequate idea, even in the TIE? (12) The notion of inadequate *inference* is not frequent in Spinoza's writings. Normally, 'adequate/inadequate' modifies 'cause', 'idea', or 'cognition.' Spinoza's Note F seems crucial for understanding what constitutes an inadequate inference. In such an inference, we infer that the properties of the effect must come from the cause (relying on *ex nihilo nihil fit*), and thus ascribe to the cause *only* the qualities of the effect.[12] Spinoza would not deny that the qualities of the effect must come from the cause, but he would deny that these qualities constitute the essence of the cause, rather than its *propria* (i.e., qualities which follow necessarily from the essence of a thing, but do not constitute the essence).[13] This kind of inference is especially problematic since it leads to anthropomorphism, i.e., conceiving the infinite (i.e., God) in the image of its finite effects.[14] (13) The third kind of cognition in the TIE appears to be split into two disjuncts, though, as far as I can see, the difference between them is quite minimal. The two disjuncts are "inferring the cause from some effect," and inferring "something" from the *propria* of a thing. This something is most probably the *essence* of the thing (since this is the general feature of the TIE's third kind of cognition). Now, given Spinoza's explicit claim in other texts that "cognition of an effect through its cause is

---

[11] Don Garrett, "Spinoza's Theory of *Scientia Intuitiva*," in *Scientia in Early Modern Philosophy*, eds. T. Sorell et al., *Studies in History and Philosophy of Science* 24, New York: Springer, 2010, 109. According to Garrett Spinoza "presumably means only that the inference fails to show exactly what the essence of the cause is" (109). I wonder, however, how can one have an adequate idea of a thing without having an adequate and exact idea of its essence.

[12] Cf. Spencer Carr, "Spinoza's Distinction between Rational and Intuitive Knowledge", *Philosophical Review* 87 (1978), 245.

[13] See *Theological Political Treatise*, ch. 4 (G III/60): "Cognition of an effect through its cause, is nothing but knowledge of some property of the cause."

[14] See Spinoza's discussion of the "proper order of philosophizing" in E2p10s2. I discuss this issue in some detail in Yitzhak Y. Melamed, review of *Rationalism, Platonism, and God*, ed. Michael Ayers, *Notre Dame Philosophical Reviews* (February 24, 2009).

nothing but knowledge of some property of the cause,"[15] it seems that both disjuncts refer to an inference of the cause[16] (or essence) from an effect (i.e., *proprium*). (14) The phrase Spinoza employs at the end of his description of the TIE's third kind of cognition ("... inferred from some universal which some property always accompanies") is far from clear. What does the universal have to do with what is at stake? How is it related to the inference of the *essence* of a thing (which is the general characterization of the TIE's third kind of cognition)? I suspect (though I am not sure) that what Spinoza has in mind here is that we occasionally perceive a *proprium* which follows from the essence of a thing (such as God) as a universal. This perception may be an unconfused idea (if its content is "what is equal in the part and in the whole" (E2p37)), but we wrongly assume that this quality is a *universal* (instantiated by several individuals), rather than a *proprium* of *one* all-embracing entity (which includes all the individuals exemplifying the *proprium*). (15) The TIE's fourth and highest kind of cognition is also split into two exclusive disjuncts: perceiving the essence of a thing directly (and not inferring it from a *proprium*), or perceiving the proximate cause of the thing. The split between the two disjuncts fits Spinoza's discussion of the criteria for a proper definition in TIE §§96-97. There Spinoza distinguishes between the proper definition of an "uncreated thing," which "should exclude every cause, i.e., that the object should require nothing else except its own being [*esse*[17]] for its explanation," and the proper definition of a created thing, which has "to include the proximate cause." Both kinds of definition are supposed to capture "the inmost essence of a thing" (TIE §95). Thus, if I am not mistaken, both disjuncts of the fourth kind of cognition in the TIE refer to the essence of thing. The split is really about whether the essence must refer to the proximate cause of the thing or not. In the TIE Spinoza allows for the existence of an uncreated, or *uncaused*, thing, i.e., God. In the TIE the fourth kind of cognition whose object is God

---

[15] *Theological Political Treatise*, ch. 4 (G III/60). Cf. KV II 26 (G I/111).

[16] Indeed the NS has here "cause" instead of "something."

[17] *Esse* denotes the relationship (identity or not) between a thing's essence and existence. In the case of God (the "uncreated thing"), essence and existence are identical (see E1p20), and this identity suffices to explain God's existence.

cannot refer to God's cause, since God is uncreated. Instead, it captures God's essence qua pure existence.[18] In his late period, Spinoza would reject the conception of God as an uncaused or uncreated thing (describing God instead as *causa sui*). In Ep. 60 he stipulates that the proper definition of God must "express God's efficient cause."[19] God's efficient cause is God himself, or more precisely, his essence (see E1p16c1). For this reason, Spinoza does not distinguish between *scientia intuitiva* of God and *scientia intuitiva* of other things in the *Ethics*, though he did in the TIE. In both cases we conceive a thing adequately by tracing the causal ancestry of its essence to the essence of God, the ultimate cause of all things (God himself included). (16) Following the presentation of the four kinds of cognition in §19, Spinoza turns to provide examples of each in §§20-24. The examples of *experientia vaga* in §20 (including a tongue-in-cheek one directed toward the Aristotelians) are mostly clear. The two examples of the TIE's third kind of cognition in §21 are quite important. In both cases we infer causes (or essences) from effects (or *propria*). In the first case, we infer from our sensation of the body (an effect), the nature of the mind-body union (the cause). But, of course, all we ascribe to the cause are the characteristics we find in the effect. This is not likely to give us an adequate and complete conception of the cause. Similarly, in the second example, we infer from our perception of the sun and our knowledge of vision (the effect), the nature of the sun (the cause). (17) In §22 Spinoza provides three examples of the fourth and highest kind of cognition. The second example ("from the fact that I know [*novi*] the essence of the soul, I know [*scio*] that it is united to the body") is a precise inversion of the example we have just examined of the third kind of cognition. While the TIE's third kind of cognition infers the essence (cause) from a *proprium* (effect), the fourth kind of cognition proceeds from the essence to the *proprium*. In the fourth kind of cognition the essence itself is perceived directly and not through any mediation. Once the essence is perceived, the intellect follows the causal

---

[18] For a detailed discussion of the identity of God's essence and existence, see my article, "Spinoza's Deification of Existence," *Oxford Studies in Early Modern Philosophy* 6 (2012), 75-104.

[19] In another work I argue that for Spinoza all causation is efficient, but I cannot enter this issue here.

order and proceeds to the effects of the essence, the *propria*. The two other examples of the fourth kind of cognition make the very same point. In the first example Spinoza points out that second-order knowledge is a *proprium* following from the essence of knowledge, and in the third example he shows that transitivity is a proprium that follows from the essence of the relation of parallelity. (18) In §§23-24 Spinoza provides the example of the proportionality of numbers, which shows how the same thing can be cognized through all four kinds of cognition. We have already seen that the very same example appears in the *Ethics*, and Spinoza employs it in the *Short Treatise* too.[20] In §23 Spinoza explains how merchants and commoners perceive the fourth proportional through the first two kinds of cognition. In §24 Spinoza claims that *mathematicians*, i.e., people that have a good grasp of the nature of numbers and their properties, perceive the fourth number through either the third or the fourth kind of cognition. Here again the mathematician may infer the number (cause/essence) from one of its properties (TIE's third kind of cognition), or he may conceive the essence of that number directly (TIE's fourth kind of cognition), and have this intuition confirmed by the *proprium* of the number (the proportion it maintains with other numbers).

II. Is scientia intuitiva *causal/inferential?*

Following our exploration of Spinoza's discussions of *scientia intuitiva* in E2p40s2 and the TIE, we are now ready to approach the questions of the inferential and causal nature of this kind of cognition. I will discuss the issues of inferentiality and causal nature together, since the view I am about to suggest is that the inference at stake is from cause to effect (or from essence to proprium).

Next to E2p40s2, the other major discussion of *scientia intuitiva* in the *Ethics*, appears in the second half of the fifth and last part of the book. In this part, Spinoza demonstrates that the greatest striving and virtue of the human mind is to understand things

[20] KV II 1 (G I/54/17-55/13).

through *scientia intuitiva* (E5p25), that the Intellectual Love of God arises from *scientia intuitiva* (E5p33), and that the more we know things through *scientia intuitiva* the less harmful is death to us (E5p38 and E5p38s). Of particular importance for us is E5p36s. The scholium begins with characterization of the Intellectual Love of God and *scientia intuitiva* in terms that are almost eschatological (G II/303/1-11).[21] It argues that the human mind follows from, and depends on, God's nature, and then notes:

I thought this worth the trouble of noting here, in order to show by this example how much the cognition of singular things [*rerum singularium cognitio*] I have called intuitive, or cognition of the third kind (see E2p40s2), can accomplish, and how much more powerful it is than the universal cognition [*cognitione universali*] I have called cognition of the second kind. For although I have shown generally in Part I that all things (and consequently [*consequenter*] the human Mind also) depend on God both for their essence and their existence, nevertheless, that demonstration, though legitimate and put beyond all chance of doubt, still does not affect our Mind as much as when this is *inferred* [*concluditur*] from the very essence of any singular thing which we say depends on God (E5p36s| G II/303/17-25. Italics added).

The passage makes several important points. It provides an important example of the distinction between *ratio* and *scientia intuitiva*.[22] Most crucial for our purposes is the depiction of *scientia intuitiva* as *inference* from the essence of the human mind. What is inferred from the essence of the singular thing (i.e., the human mind) is its dependence on God.

Before turning to provide further support for the claim that *scientia intuitiva* is inferential, let me make one crucial reservation. The inference involved in *scientia intuitiva* is clearly *not in time*. In the fifth part of the *Ethics* Spinoza stresses time and again that the third kind of cognition (and the ensuing *Amor Dei Intellectualis*) is

[21] For helpful discussions of these aspects of the fifth part of the *Ethics*, see Warren Zev Harvey, "The Term Gloria in Spinoza's *Ethics*" [in Hebrew], *Iyyun* 48 (1999), 447-449, and "`Ishq, Hesheq, and *Amor Dei Intellectualis*," in Steven Nadler (ed.), *Spinoza and Medieval Jewish Philosophy*, Cambridge: Cambridge University Press (forthcoming).
[22] Cf. Garrett, "Spinoza's Theory of *Scientia Intuitiva*," 108.

eternal.[23] As far I can see, *scientia intuitiva* is cognition *in one glance* – just like a map - of the complete causal ancestry of a certain thing.[24]

We should notice that inference is also involved in *ratio*. In the passage just quoted Spinoza refers to the second kind of cognition as "demonstration," and in the KV he qualifies this kind of cognition as an "art of reasoning."[25] The question of course arises what is then the difference between the inference involved in *ratio* and that of *scientia intuitiva*? Spinoza's claims in E2p40s2 suggest that the inference of *scientia intuitiva* "proceeds from an adequate idea of the formal essence of certain attributes of God to the adequate cognition of the essence of things," while the inference of *ratio* begins from universals. In other words, *scientia intuitiva* infers the effects from the essence of God (i.e., the attributes), while *ratio* infers cognitions[26] from universals.

Another crucial element in the depiction of *scientia intuitiva* in E2p40s2 which we have not scrutinized so far is the term '*procedit*' (proceeds). The word appears five times in the *Ethics*, and in all cases it refers to the manner in which either a demonstration (E3p39d, E3p44d, and E5p40d), or the third kind of cognition (E2p40s2 and E5p25d), proceeds.[27] This use of the term provides some support for my claim that the third kind of cognition is a certain kind of inference. Similarly, in §85 of the TIE Spinoza

---

[23] See, for example, E5p31. On the nature of eternity in Spinoza, see my article, "Spinoza's Deification of Existence."

[24] In the *Cogitata Metaphysica*, one of Spinoza's earliest works, Spinoza makes a closely related point while discussing God's intellect and his omniscience. In this context, Spinoza stresses that "God does not conclude anything by reasoning," since he does not acquire any *new* knowledge of which he would have to have been ignorant *before* reasoning (CM II 7| G I/261/21). Obviously, this claim does not prevent God from perceiving the entire causal-inferential map of nature in one glance.

[25] KV II 1| G I/55/11. Spinoza's description of *ratio* as inadequate inference in TIE §19 seems also to suggest that another kind of cognition involves adequate inference.

[26] Either cognition of the particulars that fall under the universals, or cognition of the essence from the *propria* which accompany the universals (as the TIE suggests).

[27] In Spinoza's book, *Descartes' Principles of Philosophy*, '*procedit*' is used almost exclusively in the context of demonstrations.

notes that in the case of true idea "its objective effects proceed in the soul according to the formal nature of its object. This is the same as what the ancients said, i.e., that true knowledge [*veram scientiam*] proceeds [*procedere*] from cause to effect." Employing the scholastic distinction between formal and objective features, Spinoza claims in this passage that a true idea maps and reflects the causal structure of its objects. Thus, it is clear I believe that for Spinoza an intuition – being a true idea – is not an isolated perception that is unrelated to any other cognition, but rather it must be imbed in the true reflection, in the intellect, of the causal structure of nature.

III. Tentative conclusions

The notion of intuition has a long and twisted history in western philosophy, to the extent that it is questionable whether any two philosophers used the term in the very same sense.[28] The nature and epistemological value of intuition are subjects of major debates in contemporary philosophy.[29] In this paper I have argued that Spinoza's *scientia intuitiva* is not a mystical illumination detached from any other cognition, bur rather an inference from the essence of God (i.e., the attributes), through the immediate effects of the essence of God,[30] to the essence of all things.[31]

---

[28] Thus, in his *Regulae*, Descartes stresses that his use of 'intuition' is unlike any of his predecessors (AT X 369). Descartes' use is significantly different from Spinoza's. See Frédéric Manzini, "D'ou vient la conniassance intuitive? Spinoza devant l'aporie de la connaissance des singulaires," in F. Manzini (ed.) *Spinoza et les scolastiques*, Paris: PUPS, 2011, 46-48.

[29] See, for example, Timothy Williamson, *The Philosophy of Philosophy*, Oxford: Blackwell, 2007, 1-9 and 214-220.

[30] For a detailed discussion of the infinite modes, see the fourth chapter of my book, *Spinoza's Metaphysics: Substance and Thought*, Oxford: Oxford University Press, 2013.

[31] Thus, I believe, cognition of the attributes themselves is the most trivial and accessible case of *scientia intuitiva* which requires merely the perception of the attributes as self-conceived. On the triviality of this cognition, see E2p47s: "God's infinite essence and his eternity are known to all."

At this point we may address two major questions raised by previous studies of the issues: (1) Since in the *Ethics*, Spinoza insists that both *ratio* and *scientia intuitiva* are adequate, why does he prefers the latter over the former?[32] and (2) Why does Spinoza frequently use mathematical examples to illustrate *scientia intuitiva*?[33]

The answer to the first question is rather simple. To conceive things through *scientia intuitiva* is to think like God, or, more precisely, to take part in God's infinite intellect.[34] As we have already seen,[35] Spinoza's God does not conceive things through universals which are of hardly any use for him.[36] God does not conceive things through the second kind of cognition. Hence, if we wish to take part in divine knowledge, we must turn to *scientia intuitiva*.

Turning now to the second question, let me point out that in E5p36d and TIE §22 Spinoza employs quite a few non-mathematical examples. Still, the frequent use of mathematical examples for illustrating *scientia intuitiva* (as well as many other issues in Spinoza's philosophy) demands an explanation. For Spinoza, mathematical entities – both numbers and geometrical figures – are *entia rationis*.[37] We form concepts of numbers by *abstraction* from equinumerical classes.[38] I may form the concept of five from observing give chimpanzees, while you may form the same concept by observing five elephants. After the abstraction,

---

[32] Garrett, "Spinoza's Theory of *Scientia Intuitiva*," 101.

[33] Förster, *Twenty Five Years of Philosophy*, 97.

[34] The elaboration of this last point will require a detailed study of part five of the *Ethics* and hence cannot be done here.

[35] See the beginning of Part I above.

[36] See note 6 above. Spinoza's God knows universals only insofar as he knows the human mind, its limitations, and compensation mechanisms.

[37] See TIE §95 (G II/35/5) and Ep. 12 (G IV/57-58). I discuss these issues in some detail in Yitzhak Melamed, "On the Exact Science of Non-Beings: Spinoza's View of Mathematics," *Iyyun: The Jerusalem Philosophical Quarterly 49* (2000), 3–22.

[38] See Ep. 50 and Ep. 12 (G IV/57/4). For two important discussions of Spinoza's claims in Ep. 50, see Peter Geach, "Spinoza and the Divine Attributes," *Royal Institute of Philosophy Lectures 5* (1971), 15–27 (p. 23), and Gottlob Frege, *The Foundation of Arithmetic*, ed. J. L. Austin, Evanston: Northwestern University Press, 1996, §49.

we disregard the causal ancestry of our number concepts (neither elephants nor chimpanzees enter into our calculations of 5!). It is precisely for this reason that Spinoza degrades mathematical entities to the low ontological level of *entia rationis* (or even *entia imaginationis*[39]); the very notion of number assumes an abstraction from its cause. But this abstraction has a positive side as well. Being abstracted and isolated from the causal network of real beings, numbers and figures provide perfect methodological tools for illustrating things *in vitro*. Through the test tube of numbers we can easily demonstrate the relationship between essence and proprium, since after we conceived the essence of a certain number, we are not required to further trace the causes of this essence; numbers (qua abstractions) do not refer to causes.[40] Thus, unlike the study of real beings where knowledge of the first cause and its immediate effects is a sine qua non condition for having an adequate understanding of anything, in the case of numbers we are not looking for any unifying first cause. Of course, achieving *scientia intuitiva in vivo* (i.e., in the real and infinite network of causes and effects) is far more difficult than demonstrating the same cognition in the isolated surrounding of mathematical entities.

There are quite a few significant questions regarding *scientia intuitiva* that has not been discussed in this paper. Of such a kind is the issue of the proper historical context and background of this doctrine.[41] Similarly, the precise wording of Spinoza's description of *scientia intuitiva* in E2p40s2 – "this kind of cognition proceeds from an adequate idea of the formal essence of certain attributes of God to the adequate cognition of the [*NS: formal*] essence of

---

[39] Ep. 12| G IV/57/8.

[40] Once I start tracing the causes of my concept of seven I leave the domain of mathematics and enter the study of real beings of my psychology. I stress that I leave the domain of mathematics, since once I trace the cause of my concepts of numbers it would longer by generally true that '5=5.'

[41] For three alternative suggestions, see Warren Zev Harvey, "A Portrait of Spinoza as Maimonidean," *Journal of the History of Philosophy* 20 (1981), 156, 161, Frédéric Manzini, "D'ou vient la conniassance intuitive?," and Leen Spruit, "Cognitio," in Wiep van Bunge, Henri Krop, Piet Steenbakkers, Jeroen van de Ven (eds.), *The Continuum Companion to Spinoza*, London, Continuum, 2011, 183-186.

things" – raises quite a few questions. What does Spinoza mean by "the formal essence of certain attributes of God." Since the attributes themselves are said to "constitute the essence of God" (E1d4),[42] what could be *their* formal essence?[43] Furthermore, it is not clear whether we should accept the NS version of this description ("to the adequate cognition of the *formal* essence of things")?[44] Finally, we may wonder about the precise nature of the inference from essence to propria – what makes an intellect capable of this inference, and how can we *not* know any effects of God's essence, if we have an adequate cognition of God's essence (as E2p47 states)? As I have warned you at the beginning of this paper, in spite of my best efforts, many of the riddles surrounding this doctrine still remain.

---

[42] I take what "the intellect perceives" in E1d4 as true. For a defense of this reading and explanation of the "constitute" relation, see part two of my article, "The Building Blocks of Spinoza's Metaphysics: Substance, Attributes, and Modes" in Michael Della Rocca (ed.), *The Oxford Handbook of Spinoza*, Oxford: Oxford University Press (forthcoming).

[43] This could, of course, be just a loose talk on Spinoza's side by which simply meant the attributes in their unmodified form, or what he calls in E1p21 "the absolute nature" of an attribute.

[44] Garrett rejects the NS in his "Spinoza's Theory of *Scientia Intuitiva*," 111.

ULRICH SCHLÖSSER
(TÜBINGEN)

Kants Begriff des Transzendentalen und die Grenzen der intelligiblen und der sinnlichen Welt

Das fünfte Kapitel in Eckart Försters *Die 25 Jahre der Philosophie*

Blickt man von heute aus auf die abgeschlossene Systematik von Kants kritischer Philosophie, so läuft man leicht Gefahr, sie als ein statisches Ganzes aufzufassen. Eckart Förster will demgegenüber neue Perspektiven darauf gewinnen, welche Veränderungen und welche Revisionen Kant im Zuge der Ausarbeitung seiner kritischen Philosophie vornimmt. Im fünften Kapitel setzt Förster an bei einem Begriff, der zwar grundlegend für sein Projekt ist, in einer detailgenauen Analyse aber Rätsel aufgibt, nämlich den Begriff des Transzendentalen. Bei ihm diagnostiziert Förster eine folgenreiche Verschiebung; mit einer Erwiderung auf diese These werde auch ich meine kritische Diskussion im zweiten bis vierten Abschnitt einleiten. Försters Diagnose vollzieht sich in zwei Schritten. Zunächst – und d. h.: in der ersten Auflage der *Kritik der reinen Vernunft* von 1781 – wird die Transzendentalphilosophie durch die apriorische Referenzproblematik definiert. In den *Prolegomena* sowie in der Einleitung in der zweiten Auflage der *Kritik der reinen Vernunft* von 1787 verlagert sich der Akzent dann hin zu der Möglichkeit synthetischer Urteile a priori. Förster spekuliert, dass bei dieser Verschiebung der Versuch der Einbeziehung der praktischen Philosophie in die Transzendentalphilosophie im Hintergrund stehen könnte. Dass Kant eine Erweiterung der *Kritik* in diesem Sinne zumindest zwischenzeitlich erwogen hat, zeigt sich in einer Mitteilung Kants an den Herausgeber der *Jenaischen Allge-*

meinen Literaturzeitung, die zu einer Ankündigung eines solchen zweiteiligen Buches führt (S. 112).[1]

Dies ist aber nur der erste der zwei Schritte in Försters Diagnose. Denn nach Förster erfolgt mit dieser Verschiebung des Begriffs zugleich eine zweite Änderung, die die Implikationen des Begriffs betrifft. Zunächst wird mit dem Begriff ‚transzendental' dasjenige belegt, was in einer das Empirische ausschließenden Weise über dessen Bereich hinausreicht. Dies erfolgt, ohne dass es als Bedingung für diesen empirischen Bereich spezifiziert wird. In der zweiten Phase hingegen wird das Transzendentale bestimmt als dasjenige, was nur ‚immanent' fungiert. Damit wird es als stets auf die empirische Domäne bezogen verstanden. Das verlangt Förster zufolge einen tiefgreifenden Wandel in der Präsentation der *Kritik*. Dies ist nun nicht alles. Denn mit der zuletzt genannten Überlegung stößt Förster zu einer Themenstellung vor, die viele andere Problemfelder des in der Entwicklung begriffenen kritischen Projekts berührt: Das Thema der Einschränkung des Verstandesgebrauchs auf den empirischen Bereich einerseits und die Abgrenzung des nur intelligiblen Bereichs gegen den empirischen andererseits. Es bildet für Förster den Leitfaden dafür, ausgehend von dem Begriff des Transzendentalen, zwei weitere Problemfelder in den Blick zu bringen: Das erste ist Jacobis bekannte Kritik an dem zweideutigen Status der Dinge. Liegt die von Jacobi konstatierte Spannung doch darin, dass einerseits ein der Erkenntnis zugrunde liegendes und damit über sie uneinholbar hinausragendes Ding an sich selbst, das uns affiziert, angenommen wird, während wir uns andererseits doch nur auf das immanente Objekt der Erfahrung gesichert beziehen können; auch der legitime Gebrauch der Kausalkategorie (wie der Einwirkung auf mich) wird auf den empirischen Bereich beschränkt. Förster sieht Jacobi hier aufgrund der zuvor diagnostizierten Verschiebung in Kants Verständnis von Transzendentalphilosophie verwirrt und glaubt, dass sich Jacobis Vorbehalt auf einer disambiguierten sachlichen Ebene leicht zurückweisen lässt.

---

[1] Alle Verweise auf Eckart Försters *Die 25 Jahre der Philosophie* werden in Klammern mit Seitenzahlen angeführt. Zitiert wird nach: *Die 25 Jahre der Philosophie. Eine systematische Rekonstruktion*, Frankfurt/M., 2011.

Das zweite Feld, auf das sich Förster bezieht, ist die praktische Philosophie. In ihr wird der intelligible Bereich in seiner Funktion bestimmt, so dass die Unterscheidung der beiden Bereiche, die schon bei der Bestimmung des Begriffs ‚transzendental' eine Rolle spielte, ihren positiven Sinn erhält. Dabei denkt Förster nicht nur an den Ort der Freiheit, die uns unsere Überzeugung von der Gültigkeit des Sittengesetzes anzunehmen nötigt; er denkt auch an den Grund der Möglichkeit, dass das höchste Gut überhaupt realisiert werden kann. Eine solche Realisierung würde die Umsetzung des Sittengesetzes wie das Erzielen der eudaimonia verlangen. Da in der empirischen Welt zwischen beidem kein Zusammenhang erkennbar ist, muss erneut auf die schon in der theoretischen Philosophie zugestandene intelligible Welt zurückgegriffen werden, um dort die Basis für die Möglichkeit eines solchen Zusammenhangs zu lokalisieren. So schlägt Förster einen Bogen von dem Begriff ‚transzendental' zu den Abschlussbestimmungen des kritischen Projekts.

In meiner kritischen Analyse gehe ich zunächst auf Försters Annahme einer Verschiebung des Begriffs ‚transzendental' ein, nehme dann aber auch die zwei weiteren Themenkomplexe auf. Entgegen Förster möchte ich (1) die These vertreten, dass die Ausarbeitung der praktischen Philosophie zwar eine Erweiterung und Veränderung des kritischen Projekts darstellt, aber keine Veränderung des Begriffs ‚transzendental' zur Folge hat oder haben kann.

Zweitens (2) denke ich, dass die Spannung in dem Begriff, die Förster in dem Übergang von der A-Auflage der *Kritik* zu den *Prolegomena* und der B-Auflage diagnostiziert, entschärft werden kann. Dies kann dann geschehen, wenn man in Bezug auf Vorstellungen a priori deutlich genug zwischen ihrem Status bzw. den Überlegungen, die zur Klärung ihres Status führen, einerseits und ihrem Gebrauch andererseits unterscheidet. Letzterer kann auch bei Vorstellungen a priori auf den empirischen Bereich eingeschränkt und damit immanent sein. Zudem muss die Differenz zwischen einem ‚transzendentalen Gebrauch' und einem ‚transzendentalen Mißbrauch' beachtet werden. Lässt sich mit Hilfe dieser Unterscheidungen die von Förster hervorgehobene Spannung beseitigen, so heißt dies auch: Die B-Auflage der *Kritik* muss nicht, wie Förster annimmt, als ein in einem halbfertigen Umbau stehen gebliebenes Gebäude betrachtet werden; Förster zufolge ist ihr Aufbau immer noch an einem Begriff des Transzendentalen orientiert, den sie schon aufgegeben hat.

Mit meiner Kritik an Försters Diagnose einer Spannung im Begriff des Transzendentalen wird auch die Brücke zu Jacobis Kritik am Ding an sich brüchig. Dies betrifft aber nur den Grund, der Jacobi zu seiner Kritik geführt haben mag, nicht Försters Erwiderung auf eben diese Kritik, die auch auf andere Ressourcen zurückgreift. Deshalb kann ich (3) Försters Erwiderung unbesehen meiner Vorbehalte gegen seine Deutung des Transzendentalen positiv berücksichtigen: Ich werde sie im Lichte von Alternativen verteidigen und dabei auch versuchen, sie zu präzisieren.

Viertens (4) möchte ich in Bezug auf die praktische Philosophie darauf hinweisen, wie durch Försters Darstellung hindurch Kants Projekt der wechselseitigen Begrenzung von Sinnenwelt und intelligibler Welt als ein Vorhaben hervortritt, eine komplexe Balance zwischen unterschiedlichen Bereichen bzw. den ihnen zugrunde liegenden geistigen Vermögen herzustellen, ohne eine Vereinheitlichung oder eine Reduktion anzustreben. Dieses Projekt findet in den 25 Jahren der Philosophie allerdings gerade keinen Nachfolger.

I. Gibt es Verschiebungen in Kants Begriff ‚transzendental'?

Ich gehe zunächst auf den ersten Schritt in Försters Rekonstruktion des Begriffs ‚transzendental' ein. Er besteht (wie gesagt) in der Vermutung, dass sich die Bestimmung des Begriffs im Übergang von der A-Auflage der ersten *Kritik* zu den *Prolegomena* und der B-Auflage von der Problematik der apriorischen Referenz zu den synthetischen Urteilen a priori verlagert. Dies erfolge vor dem Hintergrund der Zielsetzung, auch die in dieser Zeit ausgearbeitete praktische Philosophie mit einzubeziehen. Um Försters Schritt zu verstehen, muss man sich vergegenwärtigen, dass wir es vorher und nachher nicht einfach mit derselben Konzeption zu tun hätten, an der lediglich unterschiedliche Aspekte hervorgehoben werden. Vielmehr hätte sich die Konzeption selbst gewandelt. Denn es ist zwar so, dass sich eine Theorie über Referenz a priori unvermeidlich in synthetischen Urteilen a priori artikulieren muss; sie könnte sich nicht auf analytische Sätze gründen, weil Letztere uns nur eine Auskunft darüber geben könnten, was wir mit einer apriorischen Referenzbeziehung meinen, nicht aber, ob sie besteht. Es stellt sich aber umgekehrt die Frage, ob legitime synthetische Urteile weiterhin darin bestehen müssten, eine apriorische Referenzbeziehung zu thematisieren oder zumindest zu implizieren. Und dies ist bei praktischen Urteilen nicht länger der Fall. Sollten sie in den Begriff der Transzendentalphilosophie einbezogen werden, so wäre die enge Verbindung zur Referenzproblematik also tatsächlich aufzugeben. Der Punkt, auf den es hier ankommt, ist subtil: Denn natürlich liegt auch bei praktischen Urteilen ein Gegenstandsbezug vor, sofern diese sich auf Handlungen beziehen, die in die Welt der Gegenstände eingreifen oder Gegenstände herstellen. Dieser Gegenstandsbezug liegt im Handeln allgemein. Er betrifft nicht nur jenen Spezialfall eines Herstellens eines Gegenstands aufgrund der Einsicht in die physikalische Natur, dessen Grundsätze Kant ohnehin zur theoretischen Philosophie rechnet.[2] Denn Kant nennt ohne Bedenken in der Vorrede zur *Kritik der reinen Vernunft* solche Vorstellungen, die der Vernunft selbst, sofern sie praktisch ist, zugehören, ‚Erkenntnisse' (BX). Und Erkenntnisse sind nach B376 solche Vorstellungen, die über Gegenstandsbezug verfügen. In diesem Sinn haben wir es auch in der praktischen Philosophie im engeren Sinn mit synthetischen Grundsätzen a priori wie mit Gegenstandsbezug zu tun. Aber beide sind nicht auf die richtige Weise verknüpft. Die apriorische Geltung des Grundsatzes fällt nicht zusammen mit der Tatsache, dass der Gegenstandsbezug besteht. Denn auch solche Handlungen, die allein von empirisch gegebenen Neigungen bestimmt werden, bei denen die praktischen Grundsätze a priori also gar nicht wirksam werden, verfügen über Gegenstandsbezug. (Etwas Entsprechendes ist bei den Vorstellungen der bloß theoretischen Einstellung nicht möglich.) Auf was es in der praktischen Einstellung ankommt, ist denn auch gar nicht der Gegenstandsbezug in

---

[2] *Erste Einleitung in die Kritik der Urteilskraft*, 20:199. Ab der Ersten Einleitung nennt er diese Grundsätze nicht mehr praktisch, sondern technisch.

unserer Handlungsorientierung, sondern wodurch der Wille bestimmt wird; und dies kann entweder durch Vernunft und ihre Grundsätze a priori oder auch nicht durch Vernunft erfolgen. Den Kontrast zur theoretischen Einstellung hebt Kant in der Einleitung zur *Kritik der praktischen Vernunft* hervor, wenn er schreibt, „daß wir jetzt mit einem Willen zu tun haben und die Vernunft nicht im Verhältnis auf Gegenstände, sondern auf diesen Willen und dessen Causalität zu erwägen haben" (5:16).[3]

Was das synthetische Apriori der Vernunft leistet, betrifft also die Orientierung unseres Willens und nicht das Faktum des Gegenstandsbezugs. Wenn das synthetische Apriori und die Gegenstandsthematik auseinanderfallen, so folgt, wie Förster sagt, dass sich die Erweiterung der kritische Philosophie nicht gut unter dem Titel der Problematik der apriorischen Referenz zusammenfassen lässt. Es fragt sich aber: Was ergibt sich daraus für die Transzendentalphilosophie und den ihr zugrunde liegenden Begriff des Transzendentalen? Ich denke, im Ergebnis nicht viel; denn auch die Einleitung der B-Auflage hält daran fest, dass die praktische Philosophie nicht in die Transzendentalphilosophie aufzunehmen ist:

... obzwar die obersten Grundsätze der Moralität und die Grundbegriffe derselben Erkenntnisse *a priori* sind, so gehören sie doch nicht in die Transscendental-Philosophie, weil sie die Begriffe der Lust und Unlust, der Begierden und Neigungen etc., die insgesammt empirischen Ursprungs sind, zwar selbst nicht zum Grunde ihrer Vorschriften legen, aber doch im Begriffe der Pflicht als Hinderniß, das überwunden, oder als Anreiz, der nicht zum Bewegungsgrunde gemacht werden soll, nothwendig in die Abfassung des Systems der reinen Sittlichkeit mit hineinziehen müssen. (B28-29; vgl. auch 5:15-16)

Dies legt nahe, dass weder die Ausarbeitung des Gesamtprojekts der kritischen Philosophie noch das zeitweise Erwägen eines einheitlichen Buchprojekts zur Folge haben, dass sich auch der Begriff des Transzendentalen wandelt.

---

[3] Kants *Kritik der reinen Vernunft* wird im Text nach der ersten (A) und zweiten (B) Auflage zitiert, alle anderen Werke Kants nach der Akademieausgabe unter Angabe von Band- und Seitenzahl.

Wenn nun die praktische Philosophie gar nicht zur Transzendentalphilosophie gehören soll, so müssen wir uns jetzt an die mutmaßlichen Verschiebungen im Begriff des Transzendentalen halten, die schon innerhalb des Bereichs der theoretischen Philosophie auffällig werden. Damit sind wir bei dem zweiten Schritt in Försters Interpretation angekommen.

Förster zufolge verändern sich von der A-Auflage der *Kritik* zu den *Prolegomena* und der B-Auflage auch innerhalb des theoretischen Bereichs die Implikationen des Begriffs. Auch auf diese These Försters habe ich schon eingangs hingewiesen. Der ersten Position zufolge ist das Transzendentale das, was über die Erfahrungsgrenze hinausreicht. Dazu gehört die reine Referenz a priori. Dieser Zugang ermöglicht aber auch eine ‚transzendentale Dialektik', werden wir doch in sie hineingezogen, weil wir mit Begriffen Bestimmungen vornehmen wollen, denen in der Erfahrung nichts entsprechen kann. Nach dem Positionswandel soll das Transzendentale hingegen mit dem Immanenten zusammenfallen, also mit demjenigen, das eine auf den Erfahrungsbereich eingeschränkte Domäne hat. Auch dies hat weitere Folgen für den Sprachgebrauch: Die geläufige Formulierung, die das ‚Transzendentale' auf die Bedingungen der Möglichkeit der Erfahrung bezieht, wäre Förster zufolge überhaupt erst in Bezug auf die B-Auflage sinnvoll, weil dieser Bezug zuvor nicht in dem Begriff enthalten war.

Als zentrale Belege führt Förster zwei Textstellen an, deren erste aus der A-Auflage der *Kritik* stammt, die zweite hingegen aus den *Prolegomena*.

Wir wollen die Grundsätze, deren Anwendung sich ganz und gar in den Schranken möglicher Erfahrung hält, *immanente*, diejenigen aber, welche diese Grenzen überfliegen sollen, *transscendente* Grundsätze nennen. (...) Daher sind *transscendental* und *transscendent* nicht einerlei. Die Grundsätze des reinen Verstandes, die wir oben vortrugen, sollen bloß von empirischem und nicht von <u>transscendentalem, d.i. über die Erfahrungsgrenze hinausreichendem</u>, Gebrauche sein. Ein Grundsatz aber, der diese Schranken wegnimmt, ja gar sie zu überschreiten gebietet, heißt *transscendent*. Kann unsere Kritik dahin gelangen, den Schein dieser angemaßten Grundsätze aufzudecken, so werden jene Grundsätze des bloß empirischen Gebrauchs im Gegensatz mit den letztern *immanente* Grundsätze des reinen Verstandes genannt werden können. (A295-96)[4]

...das Wort transscendental, dessen so vielfältig von mir angezeigte Bedeutung vom Recensenten nicht einmal gefaßt worden (so flüchtig hat er alles angesehen), bedeutet <u>nicht etwas, das über alle Erfahrung hinausgeht</u>, sondern was vor ihr (*a priori*) zwar vorhergeht, aber doch zu nichts mehrerem bestimmt ist, als lediglich Erfahrungserkenntniß möglich zu machen. Wenn diese Begriffe die Erfahrung überschreiten, dann heißt ihr Gebrauch transscendent, welcher von dem immanenten, d.i. auf Erfahrung eingeschränkten, Gebrauch unterschieden wird. (*Prolegomena*, 4: 373-374; Unterstreichungen nach Eckart Förster)

Hier ist Förster mit seiner sehr genauen Beobachtungsgabe im Zentrum der Diskussion dieses komplexen Begriffs angelangt. Um auf seine Verschiebungsthese zu entgegnen, werde ich einen Vorschlag zu dem Aufbau des Begriffs ‚transzendental' machen. Auch dies geschieht dem Schwerpunkt nach in Perspektive auf die genannten zwei Textstellen – es ist keine vollständige Definition beabsichtigt. Der Vorschlag soll aber hinreichen, um entgegen Förster geltend zu machen, dass keine fundamentale Verschiebung im Begriff angenommen werden muss.

a) Der ersten Begriffskomponente zufolge ist ‚transzendental' das Merkmal einer meta-theoretischen Betrachtung. In diesem Sinn sind transzendental Erkenntnisse – und das heißt hier wohl: Urteile – zweiter Stufe, deren Gegenstände selbst wieder Erkenntnisse (oder allgemeiner: Erkenntnisarten) sind. Transzendental ist die Betrachtung zweiter Stufe aber nur insofern, als die Erkenntnisse, die ihr Gegenstand sind, a priori gelten können. In diesem Sinn führt Kant den Begriff schon in der A-Auflage ein: „Ich nenne alle Erkenntniß transscendental, die sich nicht sowohl mit Gegenständen, sondern mit unsern Begriffen *a priori* von Gegenständen überhaupt beschäftigt" (A12). Der entsprechende Passus in der B-Auflage nimmt die Erweiterung von dem Bezug auf Begriffe zu dem Bezug auf Erkenntnisarten ausdrücklich vor.

---

[4] Dieser Text bleibt in der B-Auflage erhalten. Es stellt sich also die Frage, ob er nach Förster zu jenen Texten gehört, bei denen die Änderungen nicht vollständig eingearbeitet wurden.

Damit ist hervorgehoben, dass auch Betrachtungen über die Anschauungsformen a priori unter den Begriff des Transzendentalen fallen, wie Kant selbst schon in der A-Auflage annimmt. Diese Veränderung stellt also nur eine innere Konsistenz her. So formuliert die B-Auflage: „Ich nenne alle Erkenntniß transscendental, die sich nicht sowohl mit Gegenständen, sondern mit unserer Erkenntnißart von Gegenständen, so fern diese *a priori* möglich sein soll, überhaupt beschäftigt" (B25). Weiter ist zu beachten, dass der Status, a priori zu sein, sich vermutlich nicht in einer empirischen Untersuchung erweisen lässt. Wir können die Frage, ob ein Begriff oder ein Urteil a priori ist, nicht z. B. durch eine empirische Umfrage entscheiden, die Auskunft gibt, was Philosophen für a priori halten. Entsprechend wird auch die meta-theoretische Betrachtung selber a priori sein. Der apriorische Status der Betrachtung, ihre meta-theoretische Ausrichtung, der Bezug auf Anschauungen und Begriffe, sowie der apriorische Status dieser Gegenstände der Betrachtung findet sich schließlich in einer dritten Bemerkung Kants, die sowohl der A- wie der B-Auflage der *Kritik* zugehört:

Und hier mache ich eine Anmerkung, die ihren Einfluß auf alle nachfolgende Betrachtungen erstreckt, und die man wohl vor Augen haben muß, nämlich: daß nicht eine jede Erkenntniß *a priori*, sondern nur die, dadurch wir erkennen, daß und wie gewisse Vorstellungen (Anschauungen oder Begriffe) lediglich *a priori* angewandt werden oder möglich sind, transscendental (d.i. die Möglichkeit der Erkenntniß oder der Gebrauch derselben *a priori*) heißen müsse. Daher ist weder der Raum, noch irgend eine geometrische Bestimmung desselben *a priori* eine transscendentale Vorstellung, sondern nur die Erkenntniß, daß diese Vorstellungen gar nicht empirischen Ursprungs sind, und die Möglichkeit, wie sie sich gleichwohl *a priori* auf Gegenstände der Erfahrung beziehen können, kann transscendental heißen. (B80-81/A56)

Auf die Differenz zwischen ‚Möglichkeit' und ‚Gebrauch' werde ich weiter unten noch näher eingehen.

b) Zweitens – und dies führt eine Ambivalenz ein – wendet Kant den Begriff ‚transzendental' offensichtlich auch auf die Gegenstände der meta-theoretischen Betrachtung an, und zwar gerade, insofern sie Gegenstände dieser Betrachtung sind. Dieses Zulassen der Ambivalenz ist auf den ersten Blick erstaunlich; ein entsprechender doppelter Gebrauch findet sich bei Kant aber auch bei anderen Begriffen. Ein bekanntes Beispiel kann aus dem vierten Paralogismus gewonnen werden. Dort sagt Kant, dass auch die Erscheinungen nichts anderes als Vorstellungen seien (A370 f.). Damit meint Kant aber nicht, es handele sich um mentale Repräsentationen; vielmehr sind die Erscheinungen der Gegenstand dieser Repräsentationen. Der Begriff der Vorstellung wird also ebenfalls auf die Repräsentation wie auf den Gegenstand derselben, insofern er repräsentiert wird, angewendet.

Kehren wir zu dem Begriff ‚transzendental' zurück, so zeigt sich dieser zweite Aspekt etwa, wenn Kant in dem von Förster angeführten Zitat aus der A-Auflage der *Kritik* von dem ‚transzendentalen Gebrauch' einer Vorstellung spricht, denn bei den in Frage stehenden Vorstellungen – den Grundsätzen – handelt es sich offensichtlich um solche Vorstellungen a priori, die Objekt der transzendentalen Betrachtung sind. Dasselbe gilt für die ‚transzendentalen Ideen' und den ‚transzendentalen Schein' (z.B. B331/A293). Und schließlich gibt es sogar einen ‚transzendentalen Gegenstand' – er betrifft die Objektseite jener Vorstellung, die selbst schon in einer transzendentalen Betrachtung zum Gegenstand gemacht wurde.

c) Insbesondere solange wir uns noch im vorbereitenden, kritisch auf das Ziehen von Grenzen der Erkenntnis bezogenen Teil der Philosophie bewegen, sind Gegenstand der meta-theoretischen Betrachtung sowohl solche Vorstellungen, die innerhalb dieser Grenzen gebraucht werden, wie solche, die darüber hinausreichen. So sagt auch Eckart Förster: „Die transzendentale Untersuchung, die diese Grenzziehung erforderlich macht, ist selbst nicht an sie gebunden" (S. 114). Nun sind jene Vorstellungen, die innerhalb der Erkenntnisgrenzen operieren, objektiv gültig und ihre Verwendung damit legitim, während dies bei Vorstellungen, die die Grenzen klar überschreiten, nicht der Fall ist. Deshalb gibt es auf der Objektseite einen „transzendentalen Gebrauch oder Mißbrauch der Kategorien" (A296/B352) oder Grundsätze – dieser Missbrauch führt in die ‚transzendentale Dialektik'.

Die ersten zwei Aspekte geben vor allem Auskunft, auf welcher Ebene und in welchem Kontext der Begriff ‚transzendental' verwendet wird. Der dritte Aspekt ist jedoch bereits ein wichtiger Baustein für einen ersten Ansatz zur Auflösung der Spannung zwischen Försters Zitat aus der A-Auflage der *Kritik* und dem der *Prolegomena* - ein Ansatz, der, wie wir sehen werden, noch nicht erfolgreich ist. Dieser Ansatz beginnt damit, dass er eine wesentliche Modifikation in den Sachgehalt der These der A-Auflage einführt. Kant sagt dort, dass etwas von „transzendentalem, d.i. über die Erfahrungsgränze hinausreichendem, Gebrauch" (B353/A296) sein könne. Sein Verständnis des Begriffs sei aber im Ganzen besser so aufzufassen, dass ‚transzendental' dasjenige meine, was <u>auch</u> einen über die Erfahrungsgrenzen hinausreichenden Gebrauch haben könne. Diese Modifikation hätte die gravierende wie erwünschte Konsequenz, dass etwa die Grundsätze oder Kategorien, sofern sie auf die Sphäre der Erfahrungsgegenstände so bezogen sind, dass sie sie notwendig bestimmen, ebenfalls transzendental gebraucht würden. In dieser Fluchtlinie liegt auch die Fortsetzung des Zitats auf Seite B80/A56, das ich oben angeführt habe. Dort sagt Kant, dass auch „die Möglichkeit, wie sie (d.i. Vorstellungen, die nicht empirischen Ursprungs sind, wie hier z. B. der Raum – U.S.) sich gleichwohl a priori auf Gegenstände der Erfahrung beziehen könne(n)", transzendental heißen kann. Die Umsetzung dieser Möglichkeit wäre als der transzendentale Gebrauch der Vorstellung zu fassen. Rückt der Gebrauch hingegen ausschließlich über die Erfahrungsgrenze hinaus, ohne auf Erfahrung überhaupt bezogen zu sein, wie Försters erstes Zitat aus der A-Auflage nahe legt, so hätten wir es sicherlich mit einem ‚transzendentalen Mißbrauch' zu tun. Gerade dies ist nun der Ansatzpunkt, den Text der A-Auflage und den der *Prolegomena* zu entflechten. Denn die *Prolegomena* handeln ja davon, wozu eine Anschauungsform oder ein Grundsatz ‚bestimmt' ist, und dies wird kein Missbrauch sein.

Hat der Passus der A-Auflage es mit dem transzendentalen Missbrauch zu tun, die *Prolegomena* hingegen mit dem transzendentalen Gebrauch, so stehen sich beide Textstellen nicht mehr unvereinbar gegenüber. Wiewohl das Ergebnis das Gewünschte ist, kann dieser erste Ansatz jedoch nicht überzeugen; und zwar deshalb, weil er nicht einfach eine Ergänzung an einer These im kantischen Text vornimmt; indem er dies tut, gerät er vielmehr in einen Widerspruch zum Text. Denn dort, wo Kant das Transzendentale im Verhältnis zu dem Empirischen bestimmt, hält er doch daran fest, dass ein Ausschlussverhältnis zwischen beiden besteht, wie es auch schon in der Passage der A-Auflage der Fall war. Diese besagte ja, dass die Grundsätze „bloß von empirischem und nicht von transzendentalem, d. i. über die Erfahrungsgrenze hinausreichenden Gebrauche" sind. Und dies ist nicht die einzige Textstelle. Ganz entsprechend formuliert Kant in der Passage B81/A56 aus der Einleitung in die transzendentale Logik rückblickend über den Raum: „Im gleichen würde der Gebrauch des Raumes von Gegenständen überhaupt auch transzendental sein: aber ist er lediglich auf Gegenstände der Sinne eingeschränkt, so heißt er empirisch." In diesem Zusammenhang kann weiter daran erinnert werden, dass Kant – wie wir zuvor gesehen haben - ja die praktische Philosophie zuletzt nicht zu der Transzendentalphilosophie rechnet und zwar deshalb, weil sie auch empirische Bestandteile enthält. Wiederum scheint das Ausschlussverhältnis zwischen transzendental und empirisch im Hintergrund zu stehen. Es verleiht der Spannung ihre eigentümliche Schärfe.

Zugleich entsteht der Eindruck, dass noch ein wesentlicher Baustein in Kants Konzeption fehlt; es ist noch bei Weitem zu wenig von der Komplexität der kantischen Texte aufgenommen worden. Ich schlage daher vor, neben den Aspekten a – c noch eine weitere Differenzierung aufzunehmen, die ebenfalls schon in dem langen Zitat B80/A56 angelegt ist. Ich denke nämlich, man sollte zwischen dem transzendentalen Charakter von Vorstellungen, sofern sie Gegenstand von Untersuchungen sind, die den Ursprung von Erkenntnissen („dass diese Vorstellungen gar nicht empirischen Ursprungs seien" A56) bzw. die „Möglichkeit der Erkenntnis" (ebd.) betreffen und dem transzendentalen bzw. empirischen Gebrauch dieser Vorstellungen unterscheiden.[5] Bei empirischen Begriffen fallen die Frage nach dem Ursprung eines Begriffs und damit seiner Möglichkeit und die Frage nach seinem legitimen Gebrauch nicht prinzipiell auseinander. Die Begriffe

---

[5] Gemäß dieser Einteilung würde „die Möglichkeit, wie sie (die Vorstellung – U.S.) sich gleichwohl a priori auf Gegenstände der Erfahrung beziehen könne" (B80/A56), ebenfalls als ein (fakultativer) Bestandteil zum Status der Vorstellung gehören – anders als es der vorige Lösungsansatz erwarten lässt. Der Gebrauch meint die tatsächliche Anwendung zum Zweck der Erkenntnis.

werden einerseits durch unsere Fähigkeit, die Aktivitäten der Reflexion sowie der Komparation und Abstraktion auszuführen, und andererseits eine spezifische Erfahrungssituation ermöglicht (B117/A85), aufgrund derer wir sie erwerben. Der Gebrauch ist legitim, wenn der Anwendungskontext der empirischen Erfahrungssituation des ursprünglichen Erwerbs in relevanter Hinsicht entspricht.

Nun sind empirische Begriffe aber eben auch nicht Gegenstand einer transzendentalen Untersuchung; diese richtet sich auf Vorstellungen a priori wie etwa die Kategorienbegriffe und Grundsätze. Bei Vorstellungen a priori können aber die Frage nach dem Ursprung bzw. ihrer Möglichkeit und die Frage nach dem Gebrauch, und hier insbesondere dem legitimen Gebrauch, durchaus auseinanderfallen. Ihr Ursprung und damit der Grund ihrer Möglichkeit ist nicht empirisch. Gerade diese Fragen nach dem Status der Vorstellung klärt die transzendentale Untersuchung auf. Sofern die Vorstellungen Gegenstand der Untersuchung sind, sind sie und ihre Rolle selbst transzendental.

Dies ist es, wovon die Passage in den *Prolegomena* spricht. Daraus folgt aber nicht, dass auch der Gebrauch dieser Begriffe transzendental ist, d. h., nicht auf empirische Gegenstände bezogen, sondern, wie die Stelle der A-Auflage hervorhebt, über die Erfahrungsgrenze hinausreichend. Denn es ist ja gerade der Witz der kritischen Untersuchung, dass wir es mit Vorstellungen a priori zu tun haben, deren Gebrauch aber dennoch auf die Gegenstände der Erfahrung einzuschränken ist. Dabei ist zu beachten: Obwohl der Status der Vorstellung transzendental sein kann, ohne dass der Gebrauch es ist, bleiben doch die zentralen Bedeutungskomponenten im Begriff des Transzendentalen, etwa der Bezug auf das Apriori, dieselben, gleichgültig, ob die Rede vom Transzendentalen auf die Vorstellung oder den Gebrauch bezogen ist. Mit dieser vierten Annahme (d) kann man den Gegensatz zwischen den Textstellen aus der A-Auflage und den *Prolegomena* nun tatsächlich entschärfen und damit als markanteste Folgen die These eines Positionswandels und die Annahme der Unfertigkeit der Revision der B-Auflage zurückweisen.

Denn jetzt können wir die zwei Textstellen wie folgt zuordnen: Die Textstelle aus der A-Auflage hat es – so Kant ausdrücklich – mit dem transzendentalen Gebrauch zu tun. So, wie der transzendentale Gebrauch im Gegensatz zu dem empirischen Gebrauch bestimmt ist, handelt es sich um einen Missbrauch. Deshalb sagt Kant ja auch, dass die Grundsätze, von denen die Rede ist, empirisch zu gebrauchen seien.[6] Die *Prolegomena* verwenden den Terminus ‚transzendental' hingegen in einem Kontext, der auf den apriorischen Status einer Vorstellung Bezug nimmt, und erinnern damit an Überlegungen, die den Ursprung und die Möglichkeit einer Vorstellung mit diesem Status betreffen. Zum anderen spricht die Passage der Prolegomena davon, wozu eine Vorstellung bestimmt ist. Dies ist die Anwendung, also der Gebrauch. Genauer betrachtet, handelt es sich hier um den rechtmäßigen Gebrauch und nicht um den nur ‚transzendentalen', illegitimen Gebrauch. Der rechtmäßige Gebrauch ist aber unvermeidlich auf die empirische Sphäre bezogen und damit immanent. Dies heißt aber nicht, dass die Vorstellung selbst, sofern sie Gegenstand einer Untersuchung ist, die auf den ihr eigenen apriorischen Status bezogen ist, nicht transzendental wäre.

Kants Terminologie kann jetzt also noch genauer gefasst werden: Ist der Status der Vorstellung apriorisch (und damit transzendental), ihr Gebrauch hingegen nur empirisch, so geht sie der Erfahrung vorher. Wird der Status wie der Gebrauch als transzendental ausgezeichnet, so haben wir es mit etwas zu tun, „das über alle Erfahrung hinausreicht" (4:373).

Das Transzendentale der *Prolegomena* ist also etwas, das (seinem Gebrauch nach) zugleich ein Immanentes ist; es fällt aber nicht begrifflich mit ihm zusammen noch wird es mit ihm identifiziert, wie Förster sagt. Insofern kann es – entgegen Förster – auch weiterhin (dem Status nach) ‚transzendentale Ideen' geben, obwohl sie nicht im genannten Sinn der Erfahrung vorhergehen. Da die hier vorgeschlagene Terminologie zudem einen ‚transzendentalen Gebrauch/Missbrauch' zulässt, gibt es auch keinen Grund anzunehmen, dass die Rede von einer transzendentalen Dialektik nicht mehr passend sein sollte.

---

[6] Dies macht noch einmal deutlich, dass der mutmaßliche Wandel, den Förster diagnostiziert, nicht Kants Position, sondern nur die Bedeutung des Begriffs ‚transzendental' betrifft.

Abschließend möchte ich noch auf einen Aspekt eingehen, der für ein umfassendes Verständnis beider Textstellen von Bedeutung ist, bisher aber noch nicht angesprochen wurde. Es geht in beiden Textstellen ja auch darum, den Unterschied zwischen transzendental und transzendent zu verdeutlichen. Streng genommen steht in Kants eigenem begrifflichen Apparat das Immanente dem Tanszendenten als sein Gegenbegriff gegenüber. Weil aber dort zugleich der transzendentale Gebrauch, der über die Erfahrung hinausreicht, in den Vordergrund gestellt wird, rücken das Transzendentale und das Transzendente eng aneinander. Um den Gegensatz in der A-Auflage zu verstehen, müssen wir die von Förster ausgelassene Passage aus der Textstelle A295/B351 ff. hinzunehmen:

Wir wollen die Grundsätze, deren Anwendung sich ganz und gar in den Schranken möglicher Erfahrung hält, immanente, diejenigen aber, welche diese Grenzen überfliegen sollen, transscendente Grundsätze nennen. Ich verstehe aber unter diesen nicht den transscendentalen Gebrauch oder Mißbrauch der Kategorien, welcher ein bloßer Fehler der nicht gehörig durch Kritik gezügelten Urtheilskraft ist, die auf die Grenze des Bodens, worauf allein dem reinen Verstande sein Spiel erlaubt ist, nicht genug Acht hat; sondern wirkliche Grundsätze, die uns zumuthen, alle jene Grenzpfähle niederzureißen und sich einen ganz neuen Boden, der überall keine Demarcation erkennt, anzumaßen.

Die Unterscheidung zwischen dem transzendentalen Missbrauch und dem, was transzendent ist, ist hier sehr subtil. Erkennt der transzendentale Missbrauch die Erkenntnisgrenzen im Prinzip an, begeht aber einen Fehler im Anwenden der Urteilskraft, so leugnet der Vertreter transzendenter Grundsätze die Erkenntnisgrenze direkt. Dieser Aspekt kann auf die zuvor geführte Diskussion zurückbezogen werden. Man hätte zugunsten von Försters These einer Bedeutungsverschiebung im Begriff ‚transzendental' anführen können, dass in der Textstelle der *Prolegomena* von der Bestimmung eines transzendentalen Gebrauchs als über die Erfahrung hinausreichend nicht mehr die Rede sei. Ich denke hingegen, dass sich Kant in der genannten Textstelle, die ja um eine kurze und plakative Zurückweisung einer kritischen Rezension bemüht ist, auf die subtile Differenz zwischen einem transzendentalen Missbrauch von Grundsätzen vs. einem transzendenten Verständnis derselben schon aus taktischen Gründen gar nicht einlassen wollte.

II. Jacobi und die Diskussion des Dinges an sich

Ich gehe an dieser Stelle zu dem nächsten Thema, das Förster im 5. Kapitel seines Buches aufnimmt, über. Dabei nehme ich meine zu Försters Lesart alternative Skizze der Architektur des Begriffs ‚transzendental' nicht wieder auf, sondern gehe vielmehr zu Försters eigener anfänglicher Beobachtung zurück, da diese gerade die Brücke zum Folgethema darstellen soll: Die Verschiebung im Begriff des Transzendentalen und die Spannungen, die resultieren, wenn man sie nicht hinreichend wahrnimmt, stehen Förster zufolge auch im Hintergrund von Jacobis prominenter Diskussion des Dinges an sich. Damit weicht Förster von einer verbreiteten Einschätzung des Stellenwerts der kantischen Texte für Jacobi ab. Häufig wird davon ausgegangen, dass Jacobi primär auf die A-Auflage der *Kritik der reinen Vernunft* fokussiert ist. Dies soll einerseits daran liegen, dass in der A-Auflage die problematisch subjektivistischen Formulierungen Kants deutlicher hervorträten. (Dies ist etwa in den oben schon angeführten Passagen des vierten Paralogismus' der Fall, die Erscheinungen als bloße Vorstellungen bezeichnen.) Andererseits entwickelt natürlich auch die A-Auflage Kants Lehre von der Affektion und hebt sogar deutlicher die Existenz der nicht-sinnlichen Dinge hervor, so etwa in dem Abschnitt über Phaenomena und Noumena (A252). Diese sehr zugespitzte Polarität in der Bestimmung des Status' der Dinge, so wird angenommen, lädt in besonderem Maße zu der von Jacobi anvisierten Kritik ein. Dass er in der sehr viel späteren Einleitung zu der Gesamtausgabe seiner Werke das Verschwinden der A-Ausgabe der *Kritik* aus den Bibliotheken bedauert, passt zu der Einschätzung, dass Jacobi sich ganz an dieser Ausgabe orientiert. Förster hingegen denkt, dass sich Jacobi nicht zuletzt deshalb in Kants Konzeption verwirrt, weil er die A-Auflage unter Zuhilfenahme der *Prolegomena* interpretiert, in denen sich schon eine gewandelte Position dokumentiert. Denn wird nicht eine Konzeption, der zufolge das Transzendentale gerade über die Erfahrung hinausreicht und die (so die A-Variante des Phaenomena/Noumena-Abschnitts) die Erscheinung deutlicher an etwas, das erscheint, bindet, nicht auch bei dem zugrunde liegenden Ding an sich mehr Raum für affirmative Äußerungen einräumen als eine Konzeption, die das Transzendentale auf die Bedingungen der Erfahrung einschränkt?

Nun ist die Genese einer Kritik nicht schon dasselbe wie eine Erwiderung auf diese Kritik. Förster zielt auch auf eine solche Erwiderung. Dabei stützt er sich auf weitere Ressourcen als nur darauf, dass Jacobi eine begriffliche Verschiebung nicht hinreichend rezipieren konnte. Vielmehr sieht er die Grundlagen für eine Antwort in einer präzisierten kantischen Position. Dies heißt aber auch, dass ich Försters Replik auf Jacobi unabhängig von meiner Zurückweisung seiner Verschiebungsthese analysieren kann. Ich knüpfe hier an seine Position an und versuche, sie in einer Abgrenzung gegen Alternativen fortzuentwickeln und zu präzisieren. Dabei möchte ich zunächst an die zwei zentralen Aspekte erinnern, die Förster aus Jacobis vielschichtiger Kantkritik hervorhebt.

Erstens (1) geht Kant von dem rezeptiven Charakter unserer Sinnlichkeit aus. Dies legt nahe, dass das Auftreten und der Charakter empirischer Vorstellungen als Effekt von zugrunde liegenden Gegenständen an sich zu denken ist. Diese können aber nicht dieselben Gegenstände sein wie die Erfahrungsdinge, da Letztere erst auf der Basis unserer sinnlichen Eindrücke und unseres Erkenntnisapparates konstituiert werden. Zweitens (2) gilt: Kant muss auf dieses der Erfahrung vorgelagerte Einwirkungsverhältnis „Causalität und Dependenz, als reale und objektive Bestimmungen"[7] anwenden. Das widerspricht seiner Forderung nach einem ausschließlich immanenten, erfahrungsbezogenen Gebrauch der kategorialen Grundbegriffe. Förster teilt mit Jacobi die Annahme, dass Kant zufolge die zugrunde liegenden Dinge an sich existieren. Er macht dann aber geltend, dass Kants Darstellung von deren Verhältnis zu den Erscheinungen ein Grund-Folge-

---

[7] Friedrich Heinrich Jacobi, *Werke 2*, Hamburg, 1998 ff., 109.

Verhältnis zugrunde liegt, das analytisch ist. Daraus ergibt sich, dass sich Kants Darstellung nicht auf die Einsicht in die Gültigkeit eines synthetischen Verhältnisses der kausalen Verursachung stützen muss. Wie ist Försters These einzuschätzen?

a) Hierzu zunächst eine Vorbemerkung: Grund-Folge-Beziehungen fallen mit Kausalbeziehungen durchaus nicht von vornherein zusammen. Dies zeigt Försters Beispiel: Die Tatsache, dass eine Figur ein Dreieck ist, ist der Grund dafür, dass die Summe der Innenwinkel gleich 180 Grad ist. Nun könnte man versucht sein, diese Differenz auszunutzen und den Zusammenhang zwischen dem rezeptiven Charakter unserer Sinnlichkeit und den Dingen an sich oder auch den konstituierten Erscheinungen und den Dingen an sich als bloße Verhältnisse von Grund und Folge zu bestimmen – und zwar in der Absicht, die von Jacobi in diesem Kontext beanstandete Verwendung der Kausalkategorie ganz zu vermeiden. Es ist jedoch fraglich, ob diese Strategie überzeugen kann, denn die Bestimmung der Rezeptivität, die in den Begriff der Sinnlichkeit eingeht, legt doch nahe, dass von ihr entsprechenden Einwirkungen ausgegangen wird. Und es ist auch nicht sinnvoll anzunehmen, dass die Einwirkung, die empirische Vorstellungen hervorruft, etwas ganz anderes als ein Kausalverhältnis ist oder ein solches nicht impliziert; denn dann wird der Charakter der Einwirkung mysteriös.

b) Dies führt in einem nächsten Schritt zu der Annahme, dass auch im Denken der Rezeptivität die Kategorie der Kausalität involviert ist. Hierbei steht die Annahme im Hintergrund, dass die Kategorien stets unser Denken bestimmen. Sofern wir über die ursprüngliche Rezeptivität nachdenken, hätten wir es aber nicht mit einem realen Gebrauch eines kategorialen Begriffes zu tun. Dieser Position ist letztendlich auch Försters Ansatz zuzurechnen. Sein Ansatz muss aber noch gegen eine subtile Variante abgegrenzt werden. Der Variante zufolge würden wir bei dem Nachdenken über die ursprüngliche Affektion zunächst ebenfalls keinen realen Gebrauch der Kausalitätskategorie machen. Diese Einschränkung ist der Variante zufolge jedoch allein davon abhängig, dass man den transzendentalen Blickpunkt einnimmt. Es gibt keinen Grund anzunehmen, dass der betrachtete Zusammenhang selbst ein anderer sei als jener, den wir post factum auf der Basis des bereitgestellten empirischen Materials unter Anwendung der Kausalkategorie rekonstruieren. Damit würde der Zusammenhang trotz der Einschränkung von dem transzendentalen Standpunkt aus auf die empirische Perspektive und den dort erfolgenden immanenten und d.h. realen Gebrauch der Kausalitätskategorie doch zumindest bezogen.

Will man eine solche Strategie vom kantischen Text her entwickeln, so wird man dies mit Hilfe des Begriffs vom transzendentalen Gegenstand tun, den die A-Auflage verwendet. Jacobi selbst nimmt den Begriff auf, identifiziert ihn aber (anders als die heutige Literatur) ohne Umstände mit dem Ding an sich. Dieser Gegenstand, d.i. der Gegenstand in seiner transzendentalen Rolle, wäre das, was unterstellt ist, wenn wir davon sprechen, dass etwas unserer Sinnlichkeit korrespondiert. In dieser Rolle, d.h. sofern er nur transzendentaler Gegenstand ist, könnte er grundsätzlich nicht erschlossen werden. Was sollte uns aber hindern anzunehmen, dass der Gegenstand derselbe ist wie jener, den wir vom empirischen Blickpunkt stets nach der Affektion mit Hilfe der sinnlichen Vorstellungen bestimmen? Kant selbst scheint auf einen möglichen Übergang zwischen dem transzendentalen und empirischen Blickpunkt anzuspielen, wenn er auf B523/A494-95 den transzendentalen Gegenstand zugleich als das Residuum fasst, dem wir Merkmale in der Vergangenheit zuschreiben, d.h. solche, die vor dem Zeitpunkt liegen, an dem die Affektion in Sinneseindrücken resultiert.

Um diese Variante von Försters Ansatz zu unterscheiden, möchte ich anführen, welche Vorsichtsmaßnahmen nötig sind, um sie zu vertreten, und welche Vorbehalte dennoch bleiben. So macht Kant auf B522/A494 geltend, dass die ursprüngliche Affektion nicht sinnlich und entsprechend die zugrunde liegenden Dinge nicht in Raum und Zeit seien. Dies müsste abschwächend so gelesen werden, dass sie vom transzendentalen Standpunkt aus nicht als in Raum und Zeit bestehend repräsentiert werden – eine Lesart, die z.B. Allison tatsächlich wählt.[8] Weiterhin ist zu beachten, dass, weil der ursprüngliche Gegenstand nicht in Raum und

---

[8] Henry Allison, *Kant's Transcendental Idealism,* New Haven, 2004, 68-70. Allisons komplexer Ansatz kann in diesem Rahmen nicht diskutiert werden.

Zeit repräsentiert wird, auch die Frage, ob der Gegenstand, der uns affiziert, tatsächlich derselbe ist wie der rekonstruierte Gegenstand, ohnehin nie beantwortet werden kann. Selbst wenn man in Bezug auf die beiden genannten Punkte die Variante vorsichtig formuliert, bleibt noch ein weiterer Vorbehalt – und zwar unabhängig davon, wie man das Verhältnis von Ding an sich und transzendentalem Gegenstand genau bestimmt. Denn die Variante übersieht, dass Kant mit der begrifflichen Beziehung zwischen der rezeptiven Sinnlichkeit und dem ihr zugrunde liegenden Gegenstand eine ebensolche begriffliche Beziehung zwischen konstituierter Erscheinung und dem von ihr unterschiedenen Etwas, das erscheint, annimmt. Dies legt aber eine Identifizierung des zugrunde liegenden Etwas, das uns affiziert, mit dem Erscheinungsgegenstand von vornherein nicht nahe. Försters auf analytische und damit begriffliche Beziehungen abhebender Ansatz kann diesem Aspekt besser Rechnung tragen.

c) Mit der Abgrenzung gegen diese alternative Variante sind wir schließlich bei Försters Ansatz angekommen. Dieser hebt die begriffliche Beziehung zwischen dem rezeptiven Charakter unserer Sinnlichkeit und dem Ding an sich hervor. Zugleich aber, so denke ich in Anschluss an a), sollte dies nicht heißen, dass die Kausalitätskategorie aus dem Ansatz ausgeschlossen wird, bewegt sich unser Denken doch stets in den kategorialen Begriffen. Das weist darauf hin, dass die kausale Komponente in die begriffliche Beziehung hineinzuverlagern ist. Damit ist die resultierende Beziehung sehr subtil. Wir schließen nicht aufgrund eines realen Verhältnisses der Verursachung, sondern aufgrund einer begrifflichen Beziehung von der Sinnlichkeit oder der Erscheinung auf den zugrunde liegenden Gegenstand. Diese begriffliche Beziehung ist aber so verfasst, dass sie – etwa in der Rede von der Rezeptivität – einen korrespondierenden kausalen Bestandteil schon als eines ihrer Bedeutungselemente enthält. Damit sind wir aber noch nicht in der Lage, Fälle von Verursachung, die zudem Fälle von noumenaler Kausalität wären, mit Hilfe von synthetischen Urteilen zu spezifizieren.

Für ein Verständnis dieses Ansatzes ist noch ein Weiteres zu bedenken: Zwar haben wir es mit der begrifflichen Analyse unserer Sinnlichkeit, ihres rezeptiven Charakters und den Bedingungen unseres Verständnisses, dass sie Grenzen hat, zu tun. Dies bildet einen Ausgangspunkt für das Erschließen der Beziehung, in der die Dinge an sich selbst eine Rolle spielen. Aber die begriffliche Beziehung ist natürlich nicht der alleinige Ausgangspunkt für ein solches Erschließen. Es gilt hier also nicht der Vorbehalt, dass wir es nur mit einem analytischen und damit linguistischen Wissen zu tun haben. (Eine solche analytische Beziehung alleine würde auch nicht die Annahme der Existenz von Dingen an sich stützen können.) Der andere Ausgangspunkt ist, dass wir tatsächlich über eine rezeptive Sinnlichkeit verfügen und uns kraft dieses Vermögens auch Erscheinungen gegeben sind. In anderen Worten: Kraft unseres Vermögens und vermittels der rezeptiv-sinnlichen Vorstellungen beziehen wir uns auf Erscheinungen – und diesen ganzen Zusammenhang können wir uns nicht anders denken als so, dass wir von außen affiziert werden, wobei wir die Affektion und ihren Ursprung selbst wiederum nur denken, nicht aber erkennen können.

Dieser Vorschlag verdient es, noch weiter ausgearbeitet zu werden. So stellt sich etwa die Frage, wie man in einer gegen Skepsis resistenten Weise absichern kann, dass unsere Vorstellungen tatsächlich unvermeidlich auf den Begriff einer nach außen rezeptiven Sinnlichkeit zu beziehen sind und nicht auch von innen, etwa durch andere, vorangehende Vorstellungen verursacht sein könnten. Zudem muss der Ansatz Auskunft darüber geben, wie wir überhaupt _diesen_ spezifischen Begriff von unserer Sinnlichkeit bilden konnten, wiewohl uns eine Erkenntnis in das Einwirkungsverhältnis stets verschlossen bleibt.

III. Die Grenzen von intelligibler Welt und Sinnenwelt und die Rolle der praktischen Philosophie

Die Themen, die zuvor schon bestimmend waren – die Grenzen unserer sinnvollen Geltungsansprüche, die mögliche Überschreitung des sinnlichen Bereiches zur Sphäre des An-sich und der Status des Intelligiblen – werden bei dem dritten Thema in Försters Kapitel – dem Übergang zu Kants Ethik – zum Mittelpunkt der Darstellung. Denn es ist nicht nur so, dass Kant den Begriff der Freiheit, dessen Realität durch das Sittengesetz erwiesen wird, als „Schlußstein" des ganzen Systems bezeichnet. Der Freiraum, der durch das Zugestehen eines nicht-sinnlichen Bereichs gegeben ist, erhält mit der Annahme der Freiheit auch eine weitere zentrale Funktion. Hier lenkt das Hauptthema, das sich durch das fünfte Kapitel von Försters Darstellung hindurchzieht, schließlich die Aufmerksamkeit auf einen grundlegenden Aspekt von Kants gesamtem Projekt. Es kann bildlich mit dem Erstellen einer Landkarte verglichen werden, in der Grenzen gezogen und damit zugleich unterschiedliche Herrschaftsbereiche bestimmt werden. Dieser Aspekt tritt schon bei der ersten Ankündigung von Kants Vorhaben in dem bekannten Brief an Markus Herz vom 21.2 1772 deutlich hervor, denn er schreibt dort ja: „... nun machte ich mir den Plan zu einem Werke, welches etwa den Titel haben könte: Die Grenzen der Sinnlichkeit und der Vernunft." (10:129) Dasselbe zeigt sich später im theoretischen Bereich darin, dass der Anspruch der Vernunft auf Gegenstandserkenntnis zurückgewiesen wird, weil sie nicht auf die Sinnlichkeit Bezug nimmt. Insofern werden der Vernunft Grenzen gesetzt. Die Grenzen der Sinnlichkeit liegen im praktischen Bereich und erlauben, dass, entgegen dem Anspruch sinnlicher Neigungen, die Vernunft für sich motivierende Kraft hat. Dadurch verstehen wir uns als Wesen, die frei handeln können, und setzen uns in einer der Sinnlichkeit zugrunde liegenden Sphäre. Sehr viel später, in der Einleitung zur *Kritik der Urteilskraft*, bedient Kant sich einer dem gegenüber noch stärker ausgearbeitete territorialen Terminologie: Er spricht von unterschiedlichen Gesetzgebungen und dem ihnen jeweils korrespondierenden Gebiet. So bedeutet die Tatsache, dass nicht die Vernunft, sondern der Verstand uns Gegenstandserkenntnis schafft, dass er über den Naturbegriff gesetzgebend ist in dem Gebiet möglicher sinnlicher Erfahrung. Dieses Gebiet ist mit dem, in dem die Vernunft über den Freiheitsbegriff gesetzgebend regiert, nicht identisch (wiewohl Kant einräumt, dass die in dem Sinnlichen manifesten Folgen praktischer Gesetzgebung, etwa die manifeste Handlung, durchaus mit dem durch Verstandeseinsicht zu erwartenden Zusammenhang des Sinnlichen konkurrieren können).

Ein solches, durch die Bestimmung von Grenzen und Territorien definiertes Projekt zeitigt einen eigenen Typ von Aufgaben. So muss stets bedacht werden, in Bezug auf welche Gesetzgebung und welches Gebiet eine philosophische Frage überhaupt zu beantworten ist. Zudem muss der zugrunde liegenden Architektur des Geistes und den in ihr vorgenommenen Einteilungen eine besondere Aufmerksamkeit gewidmet werden. Es wird häufig übersehen, dass nicht alleine den ‚Deduktionen' oder transzendentalen Argumenten, sondern gerade dieser Art einer Geografie von Grenzen, Zuständigkeiten und Verbindungen sowie der ihr zugrunde liegenden komplexen Vermögenspsychologie eine wichtige Beweislast in Kants Darstellung zukommt.

Selten zeigt sich das deutlicher als in der *Kritik der praktischen Vernunft*. In der *Kritik der reinen Vernunft* geht die These, dass der Verstandesgebrauch auf Erscheinungen beschränkt und mithin die zugrunde gelegten Dinge an sich unerkennbar sind, der eigentlichen Rechtfertigung der Begriffe a priori voraus. Findet sich in der *Grundlegung* zu Beginn des dritten Abschnittes noch eine Parallele zu diesem Rechtfertigungsargument, so fällt ein solches Argument in der *Kritik der praktischen Vernunft*, die von dem Sittengesetz als ein Faktum der Vernunft ausgeht, ganz weg. Die schon in der *Grundlegung* herangezogene Grenzziehung zwischen verschiedenen Bereichen – dem des Sinnlichen und dem des Intelligiblen – übernimmt hier die ganze Last abzusichern, dass die Imperative als synthetisch-apriorische Gesetze unseres Willens möglich sind. Damit erweist sich abschließend noch einmal die Bedeutung des Themas, das sich durch Försters ganzes Kapitel hindurchzieht.

Wenn nun eine solche Geografie der Grenzen, Zuständigkeiten und fragilen Brücken zwischen den verschiedenen Territorien sowie die dieser Geografie zugrunde liegende Konzeption verschiedener Vermögen im Zentrum von Kants kritischer Philosophie stehen, dann gibt es zwar eine Philosophie nach Kant, aber in diesem Sinn nicht eigentlich eine nachkantische Philosophie. Denn Fichte, Schelling und Hegel ist die Konstruktion einer solchen komplexen Balance, die der Reduktion auf eine grundlegendere Einheit widersteht, durchweg fremd geblieben. Es stellt sich aber die Frage, inwiefern wir an dieses kantische Projekt anknüpfen können; nicht zuletzt deshalb, weil uns ein Rückgriff auf die mit Kants Projekt verbundene Psychologie unterschiedlicher Vermögen verschlossen bleibt.

JOHANNES HAAG
(POTSDAM)

Grenzbegriffe und die Antinomie der teleologischen Urteilskraft

Ich will mich im Folgenden mit der Thematik beschäftigen, die ich für den philosophiehistorischen und systematischen Dreh- und Angelpunkt von Eckart Försters wegweisender Studie über die *25 Jahre der Philosophie* halte: Försters Interpretation von Kants *Kritik der Urteilskraft (KU)*, insbesondere die Deutung der für die weitere Entwicklung der Philosophie, so seine zentrale These, so entscheidenden Paragraphen 76 und 77.[1]

Warum sind diese Texte so wichtig? Erstens, weil Kant hier sein eigenes philosophisches Projekt zu einem (vorläufigen) Abschluss bringt, indem er theoretische und praktische Philosophie, Verstand und Vernunft, durch ein synthetisch apriorisches Prinzip der Urteilskraft so ergänzt, dass das Gebäude der kritischen Philosophie nur in der Einheit aller drei Teile der kritischen Philosophie bestehen kann. Zweitens, weil Kant dies nur mit dem – bereits in den ersten beiden Kritiken eingesetzten, nun aber methodologisch präzisierten – Mittel der Abgrenzung der Natur unserer eigenen Erkenntnisvermögen von denkbaren Vermögen gelingt, die in wesentlicher Hinsicht von diesen abweichen. Drittens, weil die so bloß ‚problematisch', d.h. als bloße, uns letztlich unbegreifliche, mithin nicht bestimmt denkbare Denkmöglichkeiten eingeführten Vermögen für Kants Nachfolger zumindest teilweise nicht bloße Grenzbegriffe blieben, sondern diese vielmehr ihre Aufgabe gerade darin sahen, die Realität dieser Vermögen und damit die Erkennbarkeit des Übersinnlichen nachzuweisen. Und schließlich, viertens, weil dieser Nachweis aus Försters Sicht keineswegs nur

---

[1] Dies ist die stark erweiterte und überarbeitete Version eines Textes, der ursprünglich unter dem Titel „Die Funktion von Grenzbegriffen" in der *Deutschen Zeitschrift für Philosophie* 60 (2012), S. 993-1001 erschien. Ich danke den Herausgebern für die Erlaubnis, Passagen aus diesem früheren Aufsatz zu übernehmen.

von historisch-exegetischem Interesse ist, sondern in dem systematisch motivierten Plädoyer für eine Methodologie des intuitiven Verstandes eine wichtige Rolle spielt, in das das Werk mündet: Die Methodologie des intuitiven Verstandes, die Goethe entwickelt und der Hegel ein philosophisches Fundament gegeben hat (vgl. S. 365/6), wird am Ende für Förster nämlich selbst der Weg, der „allein noch offen" (S. 366) ist.[2] Die Darstellung der 25 Jahre der Philosophie wird so zugleich zum programmatischen Auftakt für die Fortführung des Projekts, das vorläufig mit Hegel endete, das wir aber mit Goethe fortführen können.

Die Analyse dieser beiden Paragraphen – insbesondere von §77, in dem die Grundlage für die Methodologie des intuitiven Verstandes eigentlich zu finden ist – stellt also einen Schlüssel zum Verständnis der Idee desjenigen Ganzen dar, das Förster in den notwendigen Entwicklungsschritten nachzeichnet und das auf diese Weise selbst Gegenstand der Methodologie des intuitiven Verstandes wird, mit der er uns im Verlauf seiner Abhandlung erst vertraut macht.

Ich werde im Folgenden zunächst Försters Unterscheidungen der vier kantischen Grenzbegriffe und seine Beschreibung ihrer Herkunft aus Kants vorkritischer Philosophie skizzieren (I). Darauf aufbauend will ich einige allgemeine Beobachtungen zur Methodologie der Grenzbegriffe machen (II), die dann – ganz analog zum Vorgehen Eckart Försters im 6. Kapitel seines Buches – im weiteren Verlauf des Aufsatzes anhand einer genauen Analyse ihrer Funktion in der Auflösung der Antinomie der teleologischen Urteilskraft weiter vertieft werden. Zunächst wird diese Antinomie vorgestellt, die wesentlichen Schritte ihrer Auflösung werden beschrieben und im Text der §§70-5 in erster Andeutung verortet (III). Vor der Vertiefung dieser Analyse wird die Auflösung in aller Kürze in Kants *Kritik der Urteilskraft* systematisch verortet und seine Bedeutung für das kritische Projekt angesprochen (IV). Die eigentliche Realisierung der Argumentation beginnt dann, wie bei Kant auch (in §76 und im ersten Teil von §77), mit einer Abgrenzung verschiedener Funktionen möglicher Grenz-

---

[2] Alle Verweise auf Eckart Försters *Die 25 Jahre der Philosophie* werden in Klammern mit Seitenzahlen angeführt. Zitiert wird nach: *Die 25 Jahre der Philosophie. Eine systematische Rekonstruktion*, Frankfurt/M., 2011.

be.griffe (V). Mit diesen Vorarbeiten kann dann (in VI) die Funktion von §76 in den Blick genommen werden sowie die Exposition der Problemstellung in §77. Es folgt (in VII) – nach einer kurzen Übersicht über die Struktur der weiteren Überlegungen in §77 – eine Auseinandersetzung mit Kants Einführung des Grenzbegriffs des intuitiven Verstandes noch im ersten Teil von §77, bevor ich mit einer Analyse des Schlüsselbegriffs des intuitiven Verstandes, der zur synthetisch-allgemeinen Anschauung eines Ganzen als eines solchen in der Lage ist, und seiner Rolle in der Rekonstruktion der eigentlichen Auflösung der Antinomie der teleologischen Urteilskraft in §77 schließe.

I.

Förster weist im sechsten Kapitel der *25 Jahre* nach[3], dass für Kants Argumentation im Rahmen der Auflösung der Antinomie der teleologischen Urteilskraft nicht etwa nur einen Grenzbegriff verwendet, den er wahlweise intuitiven Verstand oder intellektuelle Anschauung nennt, sondern dass es insgesamt nicht weniger als vier Grenzbegriffe sind, die mit diesen Ausdrücken bezeichnet werden:
(1) die intellektuelle Anschauung als nicht-sinnliche Anschauung von Dingen an sich;
(2) die intellektuelle Anschauung als produktive Einheit von Denken und Wirklichkeit;
(3) der intuitive Verstand als Grund aller Möglichkeiten;
(4) der intuitive Verstand, der zur synthetisch-allgemeinen Anschauung eines Ganzen als eines solchen in der Lage ist und von dort übergehen kann zu dessen Teilen.
(Vgl. S. 160)
Letztlich erweisen sich alle vier Begriffe als zentral für die Analyse dieser Schlüsseltexte.

---

[3] Diese Unterscheidungen finden sich bereits in Försters grundlegendem Aufsatz „Die Bedeutung von §§ 76, 77 der Kritik der Urteilskraft für die Entwicklung der nachkantischen Philosophie", *Zeitschrift für philosophische Forschung* 56 (2002), S. 169-190. Die dortigen Überlegungen thematisieren allerdings nur einen kleinen Ausschnitt der Entwicklung des Gedankens, der mit den *25 Jahren* nun vollständig vorliegt.

Die Unterscheidung zwischen einer göttlichen intellektuellen Anschauung und einem göttlichen intuitiven Verstand wird von Förster ein einem seiner „Historischen Exkurse" hinsichtlich ihrer physikotheologischen Wurzeln untersucht. Dieser Exkurs ist ein repräsentatives Beispiel für diese Einschübe, von denen jeweils einer in jedes der vierzehn Kapitel eingewoben ist: Diese Exkurse liefern nie bloß historisches Hintergrundmaterial, sondern dienen immer dazu ein wichtiges Puzzlestück zur Klärung beizutragen, weshalb sich die Idee, die Förster in seinem Buch nachzeichnet, an einer bestimmten Stelle der Entwicklung genau so entwickeln musste, wie sie es tatsächlich tat.

In diesem konkreten Fall dient der Exkurs dazu, die spezifische Konzeption des Begriffs eines göttlichen Verstands, wie wir sie bei Kant finden, als Ergebnis einer vorkritischen Auseinandersetzung mit der Philosophie Leibniz' aufzuweisen.[4] Kant, so führt Förster aus, entwickelte noch im Rahmen metaphysischer Theoriebildung in vorkritischer Zeit die begrifflichen Voraussetzungen für die Unterscheidung zwischen zwei aufeinander bezogenen Arten, Gott zu denken: Einerseits als Verstand, der gleichsam die Realität darstellt, in der alle *Möglichkeiten* vereinigt sind, die dann „limitando" (28:328)[5] die *Wirklichkeit* bestimmt. In diesem Verstand sind Sein und Erkennen eins – und zwar als Erkenntnis der Möglichkeiten im Akt der Selbstanschauung. Demgegenüber steht die Erkenntnis der Wirklichkeit in der Selbstanschauung, die auf den Akt zielt, der aus allen diesen Möglichkeiten einige wenige realisiert.

In beiden Fällen fällt in Gott als Grund von Möglichkeit und Wirklichkeit die ontische Dimension (Sein von Möglichkeit, Hervorbringung von Wirklichkeit) mit der epistemischen Dimension

---

[4] S. 154-158. Förster rekonstruiert diese Auseinandersetzung anhand der nachgelassenen Bemerkungen zum Optimismus, 17:229-239 – Vorbereitungen zu einer nicht fertiggestellten Beantwortung der Preisaufgabe der Preußischen Akademie der Wissenschaften aus dem Jahr 1753 – und deren Weiterentwicklung in der *Allgemeinen Naturgeschichte* und der *Nova Dilucidatio* (beide 1755).

[5] Kants Werke werden nach der Akademie-Ausgabe von *Kants gesammelte Schriften* in der üblichen Weise zitiert. Die Zitate aus der *Kritik der Urteilskraft* versehe ich zusätzlich mit der Zeilennummerierung der Akademieausgabe.

(Selbstanschauung von Möglichkeit und Wirklichkeit) zusammen. Die Erkenntnisleistung ist damit gleichursprünglich mit ihren Gegenständen und nicht diesen nachgeordnet, wie im Falle eines endlichen Verstandes. In der Selbstanschauung der Möglichkeiten steht Gott unmittelbar die Erkenntnis eines Ganzen zur Verfügung, von dem aus er dann durch Einschränkung zu dessen Teilen übergehen kann. In der Selbstanschauung der Wirklichkeit sind Anschauung und angeschaute Wirklichkeit gleichursprünglich.

Die Selbstanschauung der Möglichkeiten wird für Kant später der intuitive Verstand (3), die Selbstanschauung der Wirklichkeit die intellektuelle Anschauung (2). (Die Grenzbegriffe (1) und (4) sind demgegenüber eher zu verstehen als Konzentration auf (Teile der) epistemischen Dimension der beiden: Die nicht-sinnliche Anschauung von Dingen an sich (1) korrespondiert der intellektuellen Anschauung (2), der Begriff des synthetisch-allgemein anschauenden Verstand greift dagegen einen epistemischen Aspekt des intuitiven Verstandes heraus: nämlich die mit dessen Begriff verbundene Fähigkeit, ein Ganzes unmittelbar als ein solches zu erkennen – und sei es auch nur ein als Erscheinung gegebenes Ganzes.

Demgegenüber muss der endliche (diskursive) Verstand Kants Ansicht nach notwendig ausgehen von einzelnen Vorstellungen, die er gemäß allgemeinen Begriffen erst zu einem Ganzen verknüpft. Zur Erkenntnis ist er nur fähig, indem er anschaulich Gegebenes – das er gemäß Begriffen synthetisiert hat – unter Begriffe subsumiert. Diese Art der Erkenntnis nennt Kant *analytisch-allgemeine* Erkenntnis. Sie ist allgemein, weil sie ein Allgemeines vorstellt, unter das Vieles subsumiert wird. Demgegenüber nennt Kant eine Erkenntnis *synthetisch-allgemein*, wenn sie ausgeht von der „Anschauung eines Ganzen als eines solchen" (5:407) von dem sie dann (limitando) zum Besonderen bzw. zu den Teilen dieses Ganzen übergeht. Die synthetisch-allgemeine Erkenntnis ist nach Kant allgemein, weil sie ein Ganzes unmittelbar als Ganzes vorstellt, von dem dann die Teile durch Einschränkung abstrahiert werden – gleichsam in umgekehrter Richtung wie der diskursive Verstand, der die Teile zusammensetzen muss.

Es ist vor diesem Hintergrund klar, dass ein göttlicher Verstand, der Möglichkeit und Wirklichkeit erkennend hervorbringt und deshalb vom Ganzen zu den Teilen übergehen kann, auf die diskursive Form der Erkenntnis nicht angewiesen sein kann. Doch die Charakterisierung der Fähigkeit zur synthetisch-allgemeinen

Erkenntnis lässt, wie Förster bemerkt, „offen ... ob er [d.i. der synthetisch-allgemeine Verstand] das Ganze verursacht hat oder nicht" (S. 153).

II.

In seiner kritischen Philosophie verwendet Kant diese Begriffe dann nur noch als *Grenzbegriffe* – und vernachlässigt dabei zunächst einige der feineren Differenzierungen des vorkritischen metaphysischen begrifflichen Instrumentariums.[6] Das ändert sich erst mit der zweiten Auflage der *Kritik der reinen Vernunft* 1787 (insbesondere der B-Deduktion; vgl. S. 158) und kulminiert 1790 in der *Kritik der Urteilskraft*, in der Kant die vorkritischen Formen der göttlichen Selbstanschauung mit intuitivem Verstand (erkennender Grund der Möglichkeiten) und intellektueller Anschauung (erkennender Grund der Wirklichkeit) identifiziert – und sie weiter differenziert. Denn, so diagnostiziert Förster, erst mit

dem Maße ..., wie sich die kritische Philosophie weiterentwickelte und immer mehr an Komplexität zunahm, mußte auch die Frage, was alles genau mit diesen Begriffen abgegrenzt werden soll, akuter werden (S. 158).

Um diese wichtige Beobachtung richtig einordnen zu können, ist es notwendig, sich darüber klar zu werden, was die Funktion solcher Grenzbegriffe ist. Grenzbegriffe von Vermögen sind Konstrukte, die lediglich die methodologische Funktion haben, unsere eigenen Erkenntnisgrenzen genauer zu bestimmen. Als solche sind sie selbstverständlich den Gesetzen der Logik unterworfen: So etwas wie ‚unlogische' Grenzbegriffe wären für uns als endliche Vernunftwesen nutzlos, da wir sie zu unserem Denken in keine sinnvolle Beziehung bringen könnten.

Weiterhin unterliegen sie den Einschränkungen, die nötig sind, um ihren jeweiligen methodologischen Zweck zu erfüllen: Denn Grenzbegriffe erfüllen ihre methodologische Funktion durch ihre Analogie zu unseren faktischen Vermögen. Das heißt, dass wir

---

[6] Vgl. S. 158.

nicht nur jeweils darauf achten müssen, in welcher Hinsicht die so von Kant konstruierten Vermögen von unseren eigenen abweichen, sondern eben auch in welcher Hinsicht sie mit diesen übereinstimmen.

Diese Beschreibung muss nicht vollständig sein, sondern unterliegt den Relevanzkriterien, die durch den jeweiligen methodologischen Zweck vorgegeben werden. Mehr zu verlangen, hieße, diese Vermögen bereits wieder inhaltlich in einer Weise zu bestimmen, die die Beschränkungen ignoriert, denen wir gerade deshalb unterworfen sind, weil unsere Vermögen so beschaffen sind, wie sie es nun einmal sind: Es hieße zu versuchen, diese Vermögen nicht nur aus methodologischen Zwecken zu konstruieren, sondern eine klare Vorstellung ihrer Funktionsweise zu entwickeln; sie also, in Kantischem Vokabular, nicht nur zu *denken*, sondern sie zu *erkennen*.

Dieser Versuch aber muss, so die Einsicht des kritischen Kant, scheitern, da er die Grenzen unserer Erkenntnis überschreitet. Grenzbegriffe dienen gerade der Bestimmung dieser Erkenntnisgrenzen – und können daher nicht selbst Erkenntnis sein. Im Hinblick auf den intuitiven Verstand kann Förster deshalb festhalten:

Vom Standpunkt der kritischen Philosophie brauchen wir diesen Verstand ... nicht zu begreifen, da er jetzt nur noch als Grenzbegriff dient, als mögliche Alternative, um unsere Erkenntnisvermögen nicht für die einzig möglichen zu halten. (S. 158)

III.

Diese methodologischen Beobachtungen sind von großer Bedeutung für die Charakterisierung der Grenzbegriffe in Kants Argumentation für die Auflösung der Antinomie der teleologischen Urteilskraft in §77. Betrachten wir in aller Kürze Kants Weg dorthin. Die Antinomie formuliert Kant in § 70 folgendermaßen:

Satz: Alle Erzeugung materieller Dinge ist nach bloß mechanischen Gesetzen möglich.

Gegensatz: Einige Erzeugung derselben ist nach bloß mechanischen Gesetzen nicht möglich. (5:387.13-16)[7]

Dieser „Widerstreit in der Gesetzgebung der Vernunft" (5:387.20/1) muss dadurch aufgelöst werden, dass – wie Kant bereits in §70 deutlich macht – beide Sätze nicht als Vernunftgesetze aufgefasst werden, sondern als Reflexionsmaximen der Urteilskraft oder „regulative Grundsätze für die Nachforschung" (5:387.10) reformuliert werden können, die „in der That gar keinen Widerspruch" (5:387.26) enthalten, wie Kant in den anschließenden Überlegungen ausführt.[8] In §70 hat die Rechtfertigung dieser Reformulierung, die die Antinomie zum Verschwinden bringen kann, allerdings lediglich den Status einer Behauptung, die erst in den folgenden Paragraphen nach und nach argumentativ gestützt wird.

Kant leitet die unmittelbar anschließende Auflistung der für eine echte Auflösung der Antinomie nötigen Bestandteile, mit denen die Exposition der Antinomie in §70 schließt, deshalb auch mit den Worten „Nun wird behauptet..." (5:388.6) ein. Schon hier wird klar, dass die Auflösung zweierlei beweisen muss:

(1) Die teleologische Betrachtungsweise ist objektiv notwendig *für uns* („die menschliche Vernunft [wird] ... auf diese Art [d.i. vermittels der Befolgung der mechanistischen Erklärungsmaxime] niemals von dem, was das Specifische eines Naturzwecks ausmacht, den mindesten Grund ... auffinden können" (5:388.6-10)).

---

[7] Vgl. S. 149. Anders z.B. Eric Watkins, „Die Antinomie der teleologischen Urteilskraft und Kants Ablehnung alternativer Teleologien (§§69-71 und §§72-73)" in *Imanuel Kant – Kritik der Urteilskraft* hg. von O. Höffe, Berlin 2008, S. 241-258, hier S. 247, der die Antinomie als Widerstreit der Maximen auffasst. Sein wesentliches Argument gegen die Identifikation mit Sätzen scheint zu sein, dass andernfalls unerklärbar bliebe, weshalb die Auflösung der Antinomie nicht schon in §70 zu finden ist. Die vorliegende, an Förster angelehnte Interpretation soll unter anderem zeigen, wie das möglich ist.
[8] Genauer: in 5.387.27-388.6. Vgl. für die explizite Formulierung der Maximen 5:387.3-9.

(2) Die teleologische Betrachtung ist objektiv notwendig *bloß für (Wesen wie) uns* („nur unsere Vernunft sie in einem solchen [d.i. uns unbekannten inneren Grunde der Natur] nicht zu vereinigen im Stande ist" (5:388.13/4)).

Also ist die teleologische Betrachtungsweise nur der reflektierenden, nicht der bestimmenden Urteilskraft zuzuordnen.

Bemerkenswert ist, dass an dieser Stelle – ebenso wie unmittelbar darauf am Beginn von §71 und wieder am Ende von §73 und §75 – noch die Unerkennbarkeit des ‚inneren Grundes der Natur', der für Kant immer im Bereich des Übersinnlichen zu suchen ist[9], dafür verantwortlich gemacht wird, dass es sich um ein bloß regulatives Prinzip der reflektierenden Urteilskraft handelt. Für uns ist diese Verknüpfung von Mechanismus und Teleologie in einem intentional gedachten übersinnlichen inneren Prinzip auch in der Tat die einzige Möglichkeit, diese zu denken. Uns ist dabei jedoch bewusst, dass dieses innere Prinzip auch von einer Art sein könnte, dass „physisch-mechanische und die Zweckverbindung in einem Princip zusammenhängen mögen" (5:388.12/3), welches diesen Zusammenhang gerade *nicht* intentional hervorgebracht haben könnte. Die Schranken unserer Erkenntnis sind allerdings so beschaffen, dass wir das Prinzip nicht erkennen und nicht anders als intentional denken können.[10] Sofern Naturzweck und Mechanismus also beide in der Natur vorkommen, bleibt nur dieser innere Grund als alternative Möglichkeit.

Doch diese Argumentation, so sei schon an dieser Stelle angemerkt, wäre nicht überzeugend, sofern sie dazu dienen soll, die Konstitutivität des Begriffs des Naturzwecks auszuschließen und seine bloße Regulativität zu etablieren. Denn mit derselben Überlegung können wir für die bloße Regulativität praktisch jedes objektiv notwendigen, konstitutiven Prinzips argumentieren: Gilt ähnliches nicht auch für den Gegenstandsbegriff, der in der ersten *Kritik* definiert wird? Inwiefern verhält sich die Notwendigkeit, etwas als Naturzweck zu synthetisieren, hier anders? Wir werden sehen, dass Kant in §77 seine Argumentation dahingehend verstärkt, dass er diese Alternative mit der Einführung des Begriffs

---

[9] Vgl. 5:388.27/8.
[10] Vgl. auch 5:395.14-19.

des intuitiven Verstands, der zur synthetisch-allgemeinen Anschauung in der Lage ist, innerhalb der empirischen Realität konstruiert.

Die §§71 bis 73 haben dann vorbereitenden Charakter: Während §71 nochmals die verschiedenen Teilschritte einer möglichen Auflösung der Antinomie näher erläutert, haben die folgenden beiden Paragraphen 72 und 73 vor allem die Funktion zu illustrieren, wohin es führt, wenn regulative Prinzipien als konstitutive aufgefasst werden – und zwar sowohl wenn man sich der Naturteleologie verweigert, als auch wenn man sie als bestimmendes Prinzip auffasst. In § 74 und §75 werden die beiden entscheidenden Teile der Argumentation weiter vorbereitet: in §74 die Behauptung (2), in §75 die Behauptung (1). Beide können allerdings erst in §77 – nach der Digression in die Methodologie der Grenzbegriff in §76 – zu einem umfassenden Argument zusammengefasst werden.

IV.

Dass die endgültige Auflösung dieser Antinomie nirgends anders als in §77 ihren argumentativen Ort hat, ist ein wichtiges Ergebnis von Förster Rekonstruktion.[11] Wie bereits angedeutet möchte ich dazu Försters Charakterisierung des intuitiven Verstands als Vermögen der Anschauung des Synthetisch-Allgemeinen als eines solchen aufgreifen und hinsichtlich der Analogien und Disanalogien zu unserem diskursiven Vermögen näher betrachten. Denn eine solche nähere Analyse, so möchte ich zeigen, ist geboten, um das Argument in § 77 adäquat zu rekonstruieren.

Ich werde dabei von den begrifflichen Mitteln Gebrauch machen, die Förster zur Verfügung stellt, aber gleichzeitig in einigen Punkten von seiner Deutung abweichen. Den Rahmen für diese Analyse bildet im Folgenden, wie bei Förster, eine Interpretation der Antinomie der teleologischen Urteilskraft und ihrer Auflösung. Diese Interpretation muss hier notgedrungen skizzenhaft

---

[11] S. 151-3. Vgl. dazu auch Eckart Förster, „Von der Eigentümlichkeit unseres Verstandes in Ansehung der Urteilskraft (§§74-78)", in: *Immanuel Kant – Kritik der Urteilskraft*, hg. von O. Höffe, Berlin, 2008, S. 259-274.

bleiben. Ich verstehe sie als einen Änderungsvorschlag der Darstellung der Idee der *25 Jahre*, genauer: der Darstellung des spezifischen Übergangs (in Försters Sinne), der zeigt, dass „die Transzendentalphilosophie ... im Gegenstand des äußeren Sinnes ihr Fundament, im Übersinnlichen die Bedingung ihrer inneren Einheit" (S. 368) hat. Die vollständige Darstellung der notwendigen Übergänge innerhalb der Entwicklung einer Idee macht diese Idee selbst erst erkennbar – das ist der Grundsatz der *scientia intuitiva*, für die Försters Darstellung der Übergänge von Kants erster *Kritik* zu Hegels *Phänomenologie* selbst ein Beispiel gibt. Wenn ein Übergang in einer solchen Darstellung nicht überzeugt, die Überzeugungskraft der anderen Übergänge – oder auch nur „einige[r] der *anderen* Übergänge" (S. 370) – aber außer Zweifel steht, „folgt daraus nur, dass [dieser Übergang] noch nicht hinreichend gefasst und dargestellt" (ebd.) ist. In diesem Sinne ist die folgende Skizze ein Vorschlag zur Änderung der Darstellung innerhalb eines Übergangs in einem aus meiner Sicht überzeugenden Ganzen. Sie zielt darauf ab, die dem Ganzen zugrundeliegende Idee in diesem Punkt noch überzeugender und so die Notwendigkeit dieses spezifischen Übergangs noch sinnfälliger zu machen.

Man kann sich zunächst leicht überlegen, dass von der Überzeugungskraft der Auflösung der Antinomie der teleologischen Urteilskraft abhängt, dass die Urteilskraft in der Tat als verbindendes Mittelglied zwischen Verstand und Vernunft dienen kann, wie Kant in der Einleitung zur *Kritik der Urteilskraft* behauptet (vgl. 5:196): Die Auflösung der Antinomie ist, wie wir gesehen haben, abhängig davon, dass die teleologische Erklärung der Natur in der Tat der reflektierenden Urteilskraft zugeordnet werden kann und so nicht mit dem Anspruch in Konflikt gerät, den die Urteilskraft mit ihrer auf Vollständigkeit abzielenden mechanistischen Erklärung erhebt. Nur durch diese Zuordnung aber kann die Urteilskraft ihrerseits einen Vollständigkeitsanspruch ihrer teleologischen Erklärungsweise erheben. Dass sie diesen Anspruch erheben kann, wird ausgehend von der für unseren diskursiven Verstand notwendigen Klassifizierung von Organismen als Naturzwecken (§ 65) bereits in § 67 der *Kritik der Urteilskraft* erklärt, wo die daraus resultierende Möglichkeit in den Blick genommen wird, die Natur als Ganzes als ein ‚System der Zwecke' zu beschreiben:

Aber dieser Begriff [d.i. des Naturzwecks; JH] führt nun nothwendig auf die Idee der gesammten Natur als eines Systems nach der Regel der Zwecke, welcher Idee nun aller Mechanism der Natur nach Principien der Vernunft ... untergeordnet werden muß. (5:378/9)

Der Grund dafür ist, dass bereits der Begriff des Naturzwecks „was [seinen] Grund betrifft, über die Sinnenwelt hinausführt" (5:381.4/5). Diese vollständige Beschreibung verlangt aber ihrerseits, den (End-)Zweck der Natur als Idee der Natur als Ganzes *außer ihr* zu suchen, da andernfalls nicht das Natur*ganze* ein System der Zwecke wäre. Durch den „Begriff einer Zweckmäßigkeit der Natur" (5:196.8/9) aber, so führt Kant bereits in der *Einleitung* aus, verweist die Urteilskraft auf das Übersinnliche, weil „dadurch die Möglichkeit eines Endzwecks" (5:196.10/1) erkannt wird. Zugleich impliziert ihr Prinzip der Zweckmäßigkeit die „Bestimmbarkeit durch das intellectuelle Vermögen" (5.196.18/9), die in der Folge von der Vernunft „durch ihr praktisches Gesetz" (5:196.19/20) bestimmt werden kann.

Wenden wir uns also Kants Auflösung der Antinomie der teleologischen Urteilskraft zu. Damit diese Antinomie überhaupt eine Antinomie ist, müssen in diesem Fall, wie Förster festhält, „These und Antithese in Gesetzgebungen der Erkenntnisvermögen selbst gegründet" (S. 149) sein: Denn „wenn jede von zwei einander widerstreitenden Maximen in der Natur der Erkenntnisvermögen ihren Grund hat" (5:386.6/7), entsteht „eine natürliche Dialektik" (5:386.8), ein „unvermeidlicher Schein, den man in der Kritik entblößen und auflösen muß, damit er nicht betrüge" (5:386.9/10).

Und tatsächlich zeigt sich für Kant, dass hier

die Beschaffenheit unserer Erkenntnisvermögen ... und zu bestimmten Betrachtungsweisen der Welt [nötigt], ohne dass wir eine Entsprechung in ihren Gegenständen anzunehmen berechtigt wären (ebd. 150):

Was als „Widerstreit in der Gesetzgebung der Vernunft" (5:387.20/1) eine Antinomie herbeiführt, erweist sich in der Auflösung der Antinomie dabei letztlich als Kompatibilität von Reflexionsmaximen, die unserer Urteilskraft notwendig sind.

Ausgelöst wird diese Antinomie durch eine Klassifikation, zu der wir uns im Rahmen der Naturbeobachtung gezwungen sehen: In Organismen beobachten wir eine Simultaneität von Ganzem und Teilen, eine wechselseitige Abhängigkeit bereits in der Hervorbringung, die „genau zu reden, ... nichts Analogisches mit irgend einer Causalität, die wir kennen" (5:375.6) hat. Wir kennen nur die mechanistische Kausalität, die entweder in der Natur als Folge von Ursache und Wirkung auftritt oder in der Verwirklichung von Absichten oder Zwecken als Realisierung einer *Vorstellung*, der entsprechend wir einen Gegenstand (den Zweck) erzeugen, wie etwa im Falle von Artefakten. Organismen werden, anders als Artefakte, nicht organisiert – sie organisieren sich selbst. Und nur deshalb „wird ein solches Product, als *organisirtes* und *sich selbst organisirendes* Wesen, ein *Naturzweck* genannt werden können" (5:374.6/7).

Organismen zwingen uns also diese Übertragung der Anwendung der teleologischen Erklärungsart auf: Wir sind, im Rahmen unserer naturwissenschaftlichen „Beobachtung" (5:376) der Natur[12], konfrontiert mit anschaulichen Darstellungen dieser Phänomene durch unsere Einbildungskraft – dem „Vermögen der Darstellung" (5:232) – und reagieren nun begrifflich einigermaßen hilflos dadurch, dass wir auf „eine entfernte Analogie mit unserer Analogie nach Zwecken überhaupt" (5:375) zurückgreifen, um auch nur versuchen zu können, selbstorganisierenden, lebendigen Dingen in der Natur gerecht zu werden.

Da es sich bei ihnen um Dinge in der *Natur* handelt, die wir zugleich als *Zwecke* auffassen müssen, unterstellen wir der Natur unseren Begriff des *Zwecks*, um diese Naturprodukte überhaupt beurteilen zu können, und reagieren mit der Bildung des Begriffs *Naturzweck*: Wir betrachten den lebendigen Organismus so, *als ob* er absichtlich erzeugt wäre – und gehen damit zu einer teleologischen Betrachtungsweise über.[13]

Wir müssen auf die Beobachtung von Organismen allerdings nur deshalb mit der Klassifikation als Naturzweck reagieren, so behauptet Kant, weil unser Erkenntnisvermögen genau so beschaffen ist wie es ist: Unser Erkenntnisvermögen ist wesentlich diskursiv, d.h. es geht immer vom Einzelnen über zum (zusam-

---

[12] Beobachtung ist hier näher bestimmt als „Erfahrung ... welche methodisch angestellt wird" (ebd.)
[13] Eine Verlegenheitslösung, wie Kant deutlich macht, da dieser Begriff gerade durch seine objektive Bestimmung (die, wie wir sehen werden, aus anderen Gründen ausgeschlossen werden kann) widersprüchlich würde. Sie funktioniert nur solange, wie wir nicht auf den Urheber dieser Zwecke bestimmend schließen. Vgl. 5:397.23-6.

mengesetzten) Komplexen, auf dessen Basis es wiederum analytisch-allgemeine Begriffe bilden kann. (Wir haben oben bereits gesehen, dass der vorkritische Kant dem endlichen Verstand ein derartiges Vermögen zuschreibt.)

Diese Abhängigkeit von der zufälligen Beschaffenheit unserer Erkenntnisvermögen dient Kant nun, wie ich bereits ausgeführt habe, als Grund für die Klassifikation der resultierenden Urteile als reflexiv. Worin aber, so wird man ihn fragen müssen, liegt hinsichtlich der Abhängigkeit von der kontingenten Beschaffenheit unserer Erkenntnisvermögen der Unterschied zu konstitutiven Urteilen über Gegenstände der Erfahrung? Immerhin gilt auch für in der Natur gegebene lebendige Gegenstände der Beobachtung, dass „selbst der Gedanke von ihnen als organisirten Dingen, ohne den Gedanken einer Erzeugung mit Absicht damit zu verbinden, unmöglich ist" (5:398.29-31). Doch denken müssen wir diesen Gedanken unweigerlich, sobald wir im Rahmen der Naturbeobachtung mit den Eigenschaften von Organismen konfrontiert sind. Was berechtigt uns also dazu, mechanistische Naturbeschreibung als bestimmend zu klassifizieren, teleologische Beschreibung hingegen als reflexiv, wie es Kants Auflösung der Antinomie verlangt? Beobachtung ist, so Kant, nichts anderes als „Erfahrung ... welche methodisch angestellt wird" (5:376.15/6). Sofern die teleologische Beschreibung im Rahmen von Beobachtung also tatsächlich für alle endlichen Vernunftwesen zwingend notwendig wäre, wenn diese im Rahmen systematischer Naturerfahrung auf Organismen als Organismen (und nicht nur als irgendwelche Gegenstände der Erfahrung) Bezug nehmen wollen, – so wie für alle endlichen Vernunftwesen notwendig gilt, dass sie Erfahrung gemäß der auf ihre Sinnlichkeitsbedingungen hin schematisierten Kategorien synthetisieren müssen – scheint die Klassifikation dieser Beschreibung als bloß reflexiv nicht ausreichend begründet. Die Begründung für diese Klassifikation steht also noch aus – und sie wird erst in § 77 der dritten *Kritik* geliefert. Die dortige kunstvolle und komplexe Verwendung von Grenzbegriffen leistet dazu den wesentlichen Beitrag.

V.

Beginnen möchte ich meine Rekonstruktion des Gedankengangs von §77 mit der Unterscheidung dreier Arten, einen Begriff von einem Verstandesvermögen (im weitesten Sinne) als Grenzbegriff einzuführen:

(a) Ein Verstand „*aus dem* sich die Besonderheit von Natur*zwecken* gesetzmäßig ableiten ließe" (S. 153; Herv. JH.)
(b) Ein Verstand, *für den* sich die Besonderheit von Natur*zwecken* gesetzmäßig ableiten ließe.
(c) Ein Verstand, *für den* sich die Besonderheit von Natur*gesetzen* gesetzmäßig ableiten ließe.

Diese drei Charakterisierungen lassen sich nicht ohne Weiteres den vier Grenzbegriffen zuordnen, die ich oben mit Förster unterschieden habe, da nicht auszuschließen ist, dass eine oder mehrere dieser Funktionen letztlich ein und demselben Grenzbegriff eines Vermögens zugeordnet werden sollten oder umgekehrt verschiedene Grenzbegriffe hinsichtlich einer dieser Charakterisierungen übereinstimmen. Alle haben jedoch, wie ich plausibel machen möchte, eine Funktion in Kants Argumentation zur Auflösung der Antinomie der teleologischen Urteilskraft.

Während in (a) ein Verstand im Spiel sein muss, der sozusagen ontologisch produktiv ist, beschreiben (b) und (c) spezifische epistemische Fähigkeiten. Ein Verstand wie (a) aus dem sich „die Besonderheit von Naturzwecken gesetzmäßig ableiten ließe" (S. 153) wäre ein architektonischer Verstand, d.h. ein „ursprünglicher Verstand" (5:410.11), der als „Welturscache" (ebd.)[14] gedacht würde, ein „Substrat" (5:409.11) nunmehr versehen mit einer „corresponirende[n] intellektuelle[n] Anschauung" (5:409.11/2), das dadurch „ein unerkennbarer, übersinnlicher Realgrund für die Natur" (5:409.13/4) wäre. Er wäre dementsprechend zu identifizieren mit Försters intellektueller Anschauung als produktive

---

[14] Denselben Begriff verwendet Kant bezeichnender Weise auch im Kontext von §71, in dem der begriffliche Gegensatz von architektonischem Verstand und intelligiblem Substrat formuliert wird. Vgl. 5:389.

Einheit von Denken und Wirklichkeit bzw. deren Grundlage, d.i. dem intuitiven Verstand als Grund aller Möglichkeiten.

So einen Verstand müssen wir denken, da wir nur auf diese Weise mit Organismen als Naturzwecken beobachtend umgehen können: Andernfalls könnten wir die Begriffe des Naturprodukts und des Zwecks nicht ohne Widerspruch denken. Der Grenzbegriff eines solchen Verstandes als Welturascache ist also notwendig um den Begriff des Naturzwecks – von Beginn an eine Verlegenheitslösung im Umgang mit organischen Phänomenen – überhaupt kohärent denken zu können. Er konkretisiert damit einen Aspekt der Auflösung der Antinomie, den Kant in §74 bereits als Desiderat ausmacht:[15] Der Begriff des Naturzwecks, so argumentiert er dort, fasst

als Begriff von einem Naturproduct Naturnothwendigkeit und doch zugleich eine Zufälligkeit der Form des Objects (in Beziehung auf bloße Gesetze der Natur) an eben demselben Dinge als Zweck in sich ...; folglich, wenn hierin kein Widerspruch sein soll, einen Grund für die Möglichkeit des Dinges in der Natur und doch auch einen Grund der Möglichkeit dieser Natur selbst und ihrer Beziehung auf etwas, das nicht empirisch erkennbare Natur (übersinnlich), mithin für uns gar nicht erkennbar ist, enthalten muß, um nach einer anderen Art Causalität als der des Naturmechanismus beurtheilt zu werden, wenn man seine Möglichkeit ausmachen will (5:396.25-34).

Für uns kann es aus diesem Grund keinen ‚Newton des Grashalms'[16] geben. Doch für sich genommen kann dieses Puzzlestück der Auflösung der Antinomie nicht verhindern, dass die Vernunft hier dogmatisch bzw. der Begriff des Naturzwecks „überschwenglich" (5:396) wird. Dazu bedarf es der weitergehenden Argumentation, dass diese Auflösung des drohenden Widerspruchs im Begriff des Naturzwecks nur „für uns Menschen" (5:399/400) nötig ist – was uns eben nicht dazu berechtigt, deshalb „für jedes denkende und erkennende Wesen" (5:399.25) dasselbe anzunehmen.

Durch die Einschränkung auf ‚uns Menschen' ebenso wie die Abgrenzung von anderen ‚erkennenden und denkenden Wesen'

---

[15] Es handelt sich um den Schritt (1) oben in *III*.
[16] Vgl. 5:400.18/9.

deutet Kant an dieser Stelle in §75 erstmals an, dass die Erkenntnis nicht eine Erkenntnis einer an sich seienden Realität einschließen muss, sondern auch andere endliche, und damit zumindest *auch* passiv-sinnliche Vernunftwesen für die Auflösung der Antinomie relevant sein könnten. Wie hier angedeutet und in §77 explizit wird, ist ein *weiterer* Grenzbegriff notwendig, um diesen Teil der Argumentation überzeugend zu machen: diesmal der Begriff eines anderen *endlichen* Verstandes, *für den* sich die Besonderheit von Naturzwecken gesetzmäßig ableiten ließe – was der oben unter (b) eingeführten Fähigkeit entspricht.

Die Argumentation, die in ihrem Zusammenhang erst in §77 ausgeführt wird, ist also einerseits wesentlich abhängig von der Möglichkeit, einen Verstand als Welturache zu denken (um Naturzwecke widerspruchsfrei denken zu können), andererseits ist sie nur erfolgreich, sofern wir diese Denknotwendigkeit als verankert in der zufälligen Beschaffenheit *unseres* endlichen Verstandes erkennen – nicht notwendig *jedes* endlichen Verstandes. Andernfalls haben wir keinen guten Grund dafür, für das Denken von Naturzwecken die reflektierende und nicht etwa die bestimmende Urteilskraft verantwortlich zu machen. Ein anderer endlicher Verstand, der sich nicht bloß „dem Grade" (5:409.35), sondern „der Qualität nach" (5:409.34) von unserem unterschiede, muss als Grenzbegriff denkbar sein und eröffnet so die Möglichkeit zur friedlichen Koexistenz von bestimmenden und reflektierenden Urteilen in der Welterklärung. Der offensichtliche Kandidat für diesen Verstand ist der bei Förster unter (4) aufgeführte intuitive Verstand, der zur synthethisch-allgemeinen Anschauung eines Ganzen als eines solchen in der Lage ist und von dort übergehen kann zu dessen Teilen.

Zu guter Letzt benötigen wir drittens den Grenzbegriff eines Verstandes, der intellektuell anschaut im Sinne des *Phaenomena und Noumena*-Kapitels der ersten *Kritik*, d.h. eines Verstandes, der in der Lage ist, die an sich seiende Realität, das ‚intelligible Substrat' so zu erfassen, wie es ist, und nicht nur so, wie es erscheint. Denn ohne diesen Grenzbegriff – an den Kant scheinbar bloß illustrierend bereits im dritten Abschnitt von §77 erinnert[17] – haben wir keine Möglichkeit, die „materielle Welt als bloße Erscheinung zu

---

[17] Vgl. 5:405.29-32.

betrachten" (5:409.9/10). Dies ist für die Überzeugungskraft der Argumentation in §77 aber von essentieller Bedeutung.

Ist dieser Grenzbegriff aber mit einer nicht-produktiven intelligiblen Anschauung zu identifizieren? Unter (c) finden wir den Verstand, den wir denken müssen, um das Prinzip der subjektiven Zweckmäßigkeit der Natur als bloß reflexives Prinzip klassifizieren zu können. Für ihn gibt es, anders als für den unseren, keinen Unterschied „zwischen Naturmechanism und Technik der Natur, d.i. Zweckverknüpfung" (5:404.18/9), weil er nicht „vom Allgemeinen zum Besonderen gehen muß" (5:404.20/1), um die Gesetzmäßigkeit des Besonderen zu erkennen.

Für uns ist das nur möglich, wie Kant in §76 ausführt, indem wir Besonderes unter Allgemeines subsumieren – und dabei insbesondere empirische Gesetze unter die allgemeinen apriorischen Naturgesetze bringen. Den Umstand wiederum, dass die besonderen empirischen Naturgesetze mit den abstrakten allgemeinen apriorischen Naturgesetzen harmonieren, können wir, eben weil wir nur vom Allgemeinen zum Besonderen vorzugehen in der Lage sind, nur als zufällig bewerten. Hier haben wir *menschlichen* Vernunftwesen also einen für uns paradigmatischen Fall eines Zufälligen, das sich a posteriori als gesetzmäßig erweist. Kant greift hier also eine Thematik auf, die er ausführlich in Abschnitt IV und V der veröffentlichten *Einleitung* der *Kritik der Urteilskraft* behandelt. Zweckmäßigkeit wird definiert als „Gesetzlichkeit des Zufälligen" (5:404.27).[18] Diese „Zweckmäßigkeit der Natur in ihren Producten" (5:404.31) hat für uns (genauer: unsere Urteilskraft) zwar den Status eines objektiven Prinzips, dieses Prinzip kann aber zugleich bloß reflexiv gültig sein, da seine objektive Gültigkeit für uns lediglich auf die zufällige Beschaffenheit unserer Erkenntniskräfte zurückzuführen ist.

Für die *Erklärung* dieser Systematizität aller mechanistischen Gesetzmäßigkeit, d.h. deren Übereinstimmung zu unserem Erkenntnisvermögen reicht ein „übersinnliche[s] Substrat" (5:196.17) oder „intelligibles Substrat" (5:345.11)[19] aus, also „etwas Übersinnliches ... als Sache an sich selbst" (5:345.10/1), ein Substrat

---

[18] Vgl. die entsprechende Stelle der *Einleitung*, 5:184.2-6.
[19] Vgl. auch für diese Verwendung des Begriffs des intelligiblen Substrats auch 5:255.

also *ohne* produktive intellektuelle Anschauung.[20] Doch dieses Substrat ist selbst nicht der denknotwendige Verstand, der in §76 als Kontrastbegriff nur indirekt angedeutet wird: Er findet *keinen* Unterschied zwischen Mechanismus und Technik in der Natur; er geht *nicht* vom Allgemeinen zum Besonderen; er ist für bestimmende Urteile in Ansehung des Besonderen *nicht* auf ein allgemeines Gesetz angewiesen, worunter das Besondere zu subsumieren ist. Welcher Grenzbegriff einer so bloß indirekt charakterisierten Verstandesfähigkeit (c) entspricht, lässt Kant hier offen.[21] Allerdings greift er in §77 (5:406.24-29) diese negative Charakterisierung wieder auf und bezeichnet den Verstand, der dazu in der Lage ist bloß „negativ, ... als nicht discursiven" (5:406.25). Nichtdiskursiv ist aber praktisch jeder der vier Grenzbegriffe, die Förster unterscheidet. Und zumindest dem intuitiven Verstand als Weltursache (3) und der intellektuelle Anschauung als produktiver Anschauung (2) wird man diese Fähigkeit nicht absprechen können. Die Bemerkungen über das übersinnliche Substrat, das diese Einheit allenfalls erklären könnte, machen aber auch die intellektuelle Anschauung als nicht-sinnliche Anschauung von Dinge an sich zu einem plausiblen Kandidaten: Die intellektuelle Anschauung als nicht-sinnliche Anschauung von Dingen an sich, die Förster unter (1) aufführt, scheint, sofern die *Erkenntnis* der Gesetzmäßigkeit des Besonderen aus diesem intelligiblen Substrat in Frage steht, tatsächlich zur epistemischen Leistung in der Lage, die in meinem Begriff einer Verstandesfähigkeit (c) thematisiert wird.

Alle drei Charakterisierungen einer Verstandesfähigkeit, die nicht die unsere ist, dienen also dazu, das „was uns einzusehen durch unsere eigene Natur vergönnt ist (nach den Bedingungen und Schranken unserer Vernunft)" (5:400) genauer zu fassen und so die Objektivität der resultierenden teleologischen Prinzipien zugleich mit ihrer Reflexivität zu etablieren. Und allen drei Charakterisierungen konnten wir in den vorangegangenen Überlegungen einen oder mehrere der Grenzbegriffe zuordnen, die Förster

---

[20] Also genau anders als an der Schlüsselstelle der Argumentation in §77, 5:409.11/2!
[21] Nicht ohne sie aber auf subtile Weise zu erweitern. Vgl. dazu unten *VII*.

in seiner Analyse der §§ 76 und 77 herausgearbeitet hat – wenn auch nicht genau so, wie er selbst diese Zuordnung vollzogen hat.

VI.

Kant setzt nicht ohne Weiteres voraus, dass klar ist, wie Grenzbegriffe diese argumentative Last tragen können, sondern fügt in seine Argumentation mit §76 eine umfangreiche *Anmerkung* ein, die dieses Vorgehen illustrieren oder, wie Kant formuliert, „episodisch erläutern" (5:401) soll. Diese episodische Erläuterung, die den mit der kritischen Philosophie bekannten Leser im Wesentlichen an die frühere argumentative Anwendung von Grenzbegriffen erinnert, führt Beispiele von für uns objektiv notwendigen Prinzipien an, die wir dennoch allesamt als bloß regulativ erkennen, weil wir Grenzbegriffe von Vermögen (die gerade nicht unsere sind) bilden können, die solche Prinzipien entbehrlich machen würden. Die *Anmerkung* mündet in der gerade skizzierten Verhandlung des aus der *Einleitung* bereits als bloß regulatives Prinzip (der Urteilskraft) vertrauten Prinzips der Zweckmäßigkeit der Natur. Der Bezugspunkt von §76 ist also das in der Deduktion des Prinzips der (subjektiven) Zweckmäßigkeit aus der Einleitung verhandelte Problem der Zusammenstimmung besonderer Naturgesetze zu einer für uns als gesetzmäßig erkennbaren Einheit.[22]

Die abschließende Auflösung der Antinomie setzt nun in §77 mit einer Anwendung dieses Verfahrens auf den Begriff des Naturzwecks ein – und verbindet damit den Hinweis auf eine entscheidende Disanalogie zu den Beispielen in §76: Nicht mehr um bloß regulative Prinzipien, die nirgends realisiert sein können[23], muss es nun gehen (anders als auch noch im Zusammenhang des Prinzips der Zweckmäßigkeit und seiner Anwendung auf den

---

[22] Anders Förster (S. 151), der diese Passage als Vorwegnahme der Überlegungen zum Umgang mit dem Begriff des Naturzwecks liest. Das ist meines Erachtens nur richtig in dem Sinne, dass die hier diskutierte Beschreibung des diskursiven Verstandes aus §76 in §77 zunächst ein subtiler Weise erweitert werden muss, um auf Naturzwecke anwendbar zu sein.

[23] „denen angemessen kein Gegenstand in der Erfahrung gegeben werden kann" (5:405.7/8)

Umgang mit besonderen empirischen Natur*gesetzes*), sondern um einen Vernunftbegriff (eine Idee also), dem ein Naturprodukt zu entsprechen scheint. Damit liegen die Dinge hier anders – nämlich problematischer – als im Fall der klarer Weise bloß regulativen Prinzipien. Denn hier droht die Verwechslung mit einem konstitutiven Prinzip, die im Falle der anderen Beispiele ausgeschlossen ist, denen nichts in der empirischen Realität entsprechen kann. Ähnliche Überlegungen finden sich bereits in §75[24]: Der Verweis auf „Eigenthümlichkeiten unseres ... Erkenntnisvermögens" (5:405.4/5) oder dessen „eigenthümliche Beschaffenheit" (5:397.34) verliert an unmittelbarer Plausibilität, wenn die Gegenstände, die wir in der empirischen Realität vorfinden, diesen angeblich bloß regulativen Begriff zu realisieren scheinen. Kant bringt dieses Problem, das letztlich der Antinomie der teleologischen Urteilskraft zu Grunde liegt, am Ende des ersten Absatzes von §77 in aller wünschenswerten Klarheit auf den Punkt:

[Die] Ursache der Möglichkeit eines solchen Prädicats [d.i. des Naturzwecks] ... [kann] nur in der Idee liegen; aber die ihr gemäße Folge (das Product selbst) ist doch in der Natur gegeben [nämlich als Organismus aufgefasst als Naturzweck; JH], und der Begriff einer Causalität der letzteren [d.i. der Natur], als eines nach Zwecken handelnden Wesens, scheint die Idee eines Naturzwecks zu einem constitutiven Princip desselben zu machen: und darin hat sie etwas von allen anderen Ideen Unterscheidendes (5:405; Herv. JH)[25]

Der entscheidende Unterschied zum Fall der offensichtlich bloß regulativen Ideen der Beispiele aus §76 besteht demnach darin, dass wir im Fall der Naturzwecke die Idee, die als solch eigentlich keine Realisierung zulässt, scheinbar in Naturprodukten (also Gegenständen unserer Erfahrung) realisiert sehen.[26] Welchen

---

[24] Vgl. 5:398.25-31
[25] Vgl. S. 151.
[26] Das scheint auf den ersten Blick dem Wortlaut von Kants Überlegungen zu widersprechen, der damit fortfährt als das „Unterscheidende" (5:405.17) gerade den Umstand zu beschreiben, dass es sich anders als in den in §76 diskutierten Fällen im Falle der Naturzwecke nicht um Vernunftprinzipien handelt, sondern um bloß reflektierende Urteile.

Grund haben wir dann noch, diesen Begriff als bloß regulativ und nicht vielmehr als konstitutiv aufzufassen? Die Antwort auf die so zugespitzte Frage kann erst die weitere Diskussion in §77 geben.

Die Beweisidee dazu wiederholt er – nunmehr unter expliziter Anwendung der Methodologie der Grenzbegriffe – kurz darauf (5.405.25-406.6): Um einerseits die objektive Notwendigkeit der Anwendung des Naturzweckbegriffs für uns und andererseits die Einschränkung dieser Notwendigkeit auf Wesen wie uns, „muß hier die Idee von einem anderen möglichen Verstande, als dem menschlichen [sic!] zum Grunde liegen" (5:405.27/8) – nämlich die Idee eines Verstandes, der

> auch im Mechanism der Natur, d.i. einer Causalverbindung, zu der nicht ausschließungsweise ein Verstand als Ursache angenommen wird, den Grund der Möglichkeit solcher Producte der Natur antreffen könne (5.406.3-6).

Wir müssen deshalb „eine gewisse Zufälligkeit der Beschaffenheit des unsrigen [Verstandes; JH] aufsuchen, um diese Eigenheit unseres Verstandes *im Unterschiede von anderen möglichen* anzumerken" (5:406.8-10; Herv. JH). Wie genau wird diese Idee nun umgesetzt?

VII.

Die Grobstruktur der Überlegungen scheint mir folgende zu sein: Kant beginnt mit allgemeinen Überlegungen zur relevanten generischen Eigentümlichkeit unseres Verstandes (5:406.7-407.4) und spezifiziert diese dann sukzessive im Hinblick auf die konkreten Erfordernisse der Argumentation (5:407.6-408.23). Erst im Anschluss daran kann das eigentliche Argument – nunmehr vergleichsweise kurz und konzise – formuliert werden (5:408.24-409.22). Die abschließenden Überlegungen von §77 (409.23-410.11) haben dann eher den Charakter von Korollaren des erzielten Ergebnisses.

> Einerseits ist das natürlich richtig, andererseits hat Kant aber zu diesem Zeitpunkt schon in aller Deutlichkeit klar gemacht, dass diese Behauptung erst argumentativ zu stützen ist.

Die allgemeine, generische Charakterisierung unseres diskursiven Verstandes nimmt ihren Ausgang von unserem Umgang mit dem *Besonderen*: Die gesuchte Eigenart unserer Erkenntnisvermögen, die relevante „Zufälligkeit ihrer Beschaffenheit ... findet sich ganz natürlich in dem *Besonderen*, welches die Urtheilskraft unter das Allgemeine der Verstandesbegriffe bringen soll" (5:406.8-13).

Die Rede vom ‚Besonderen' muss hier generisch verstanden werden: Besondere empirische Naturgesetze fallen ebenso darunter wie die Naturzwecke, um die es in §77 eigentlich geht. Kant macht das gleich im darauffolgenden Abschnitt deutlich, in dem er zunächst die Abgrenzung von einem anderen Verstand als einem nicht-diskursiven, die wir bereits aus §76 kennen, wiederholt und sie dann subtil, aber entscheidend so erweitert, dass der generische Grenzbegriff eines nicht-diskursiven Verstandes nun auch den alternativen Umgang mit Naturzwecken mit einschließt. Denn nun lesen wir, dass

man sich auch einen intuitiven Verstand (negativ, nämlich bloß als nicht discursiven) denken [kann], welcher nicht vom Allgemeinen zum Besonderen *und so zum Einzelnen* (durch Begriffe) geht, und für welchen jene Zufälligkeit der Zusammenstimmung der Natur in ihren Producten nach besondern Gesetzen zum Verstande nicht angetroffen wird (5:406.24-29; Herv. JH)

Auch hier werden – wie in der *Einleitung* und in §76 – die besonderen empirischen Gesetze und das Problem ihrer Subsumtion unter allgemeine apriorische Naturgesetze thematisiert, aber der Skopus der Überlegung wird nun um den Schritt hin zum eigentlichen Thema von §77 ergänzt: der Status des Begriffs des Naturzwecks. Denn Naturzwecke sind nicht nur *Besonderes* (wie auch die besonderen empirischen Gesetze), sondern sie sind *Einzelnes*, d.i. anschaulich gegebene Gegenstände der Erfahrung. Das Besondere muss für uns zum Allgemeinen deshalb „durch Begriffe [für Einzeldinge; JH] und Gesetze [für besondere Gesetze; JH] zusammenstimmen" (5:407.1/2).[27]

---

[27] Diese Differenzierung findet sich auch bei Rachel Zuckert, *Kant on Beauty and Biology. An Interpretation of the Critique of Judgment*, Cambridge, 2007, 160. Zuckerts Interpretation der Funktion der Differenzierung im Argument – wie auch der Struktur und Auflösung der Antinomie insge-

Die Funktion der Diskussion der Thematik des nichtdiskursiven Verstandes an dieser Stelle wäre demnach noch nicht die Einführung des für die eigentliche Argumentation erforderlichen Grenzbegriffs, sondern eher die Abgrenzung unseres diskursiven Verstandes hinsichtlich der relevanten Eigenschaft – Umgang mit Besonderem – von einem generisch konzipierten Grenzbegriff eines nicht-diskursiven Verstandes.

Erst in der darauffolgenden Spezifikation (5:407.6-408.23) werden dann die beiden Arten des Umgang mit Besonderem auch durch die Abgrenzung von jeweils zugeordneten Grenzbegriffen unterschieden, die dann die jeweils entsprechende Abhängigkeit von der bloß zufälligen Beschaffenheit unserer Erkenntnisvermögen – und damit die Reflexivität der resultierenden Urteile – untermauern können.

Die Unterordnung besonderer empirischer *Gesetze* unter allgemeine wäre kein Problem, wenn wir einen Verstand annähmen „in Beziehung auf welchen *und zwar vor allem ihm beigelegten Zweck* wir jene Zusammenstimmung der Naturgesetze mit unserer Urtheilskraft, die für unsern Verstand nur durch das Verbindungsmittel der Zwecke denkbar ist, als nothwendig vorstellen können" (5:407.9-12; Herv. JH). Dieser Verstand muss von unserem allerdings sehr verschieden gedacht werden. Zumindest muss er, wie wir gesehen haben, zur intellektuellen Anschauung der intelligiblen Natur in der Lage sein (Försters intellektuelle Anschauung (1)), vermutlich aber – so legt die nicht-epistemische Formulierung nahe – als ein Verstand, der diese Natur selbst hervorbringt, d.h. als unendlicher Verstand im Sinne von Försters (2) oder (3) aufgefasst werden.

Anders die Subsumtion von Einzeldingen unter Begriffe, die auch die Naturzwecke umfassen. Der hier relevante Grenzbegriff

samt – weicht aber erheblich von der hier vorgeschlagenen ab. Für Zuckert scheint Kants Einbeziehung von Grenzbegriffen im Zusammenhang der Auflösung der Antinomie keine wichtige argumentative Funktion zu haben – eher im Gegenteil, wie folgende Bemerkung illustriert: „Kant muddies the waters by suggesting that God would be able to explain organisms mechanically (5:406, 418)." (Ebd., 157 Fn. 37) (Kant spricht, nebenbei bemerkt, an keiner der zitieren Stellen explizit von Gott. Die Identifikation ist also zumindest voreilig – und, wenn die hier vorgetragene Interpretation in die richtige Richtung geht, falsch.)

wird von Kant erst jetzt richtig eingeführt: Es handelt sich um den Begriff eines intuitiven Verstandes, der zur synthethisch-allgemeinen Anschauung eines Ganzen als eines solchen in der Lage ist und von dort übergehen kann zu dessen Teilen (Försters (4)[28]):

Nun können wir uns aber auch einen Verstand denken, der, weil er nicht wie der unsrige discursiv, sondern intuitiv ist, vom Synthetisch-Allgemeinen (der Anschauung eines Ganzen als eines solchen) zum Besondern geht, d.i. vom Ganzen zu den Theilen; der also und dessen Vorstellung des Ganzen die Zufälligkeit der Verbindung der Theile nicht in sich enthält, um eine bestimmte Form des Ganzen möglich zu machen. (5.407.19-25)

VIII.

Förster argumentiert, dass der Verstand, für den der *Gegensatz* zwischen Mechanismus und Teleologie[29] in der Betrachtung von Naturzwecken gar nicht erst als Gegensatz auftritt, der synthetisch-allgemeine Verstand sei.[30] Zu diesem Zweck sei die Einführung des anspruchsvolleren Begriffs des intuitiven Verstandes qua Grund aller Möglichkeiten nicht nötig: „Es reicht, dass es ein Verstand ist, der vom Ganzen zu den Teilen geht, wobei offen bleiben kann, ob er das Ganze verursacht hat, oder nicht." (S. 153)

Doch die Formulierung ist vor dem Hintergrund der bisherigen Ausführungen mehrdeutig: Der Gegensatz zwischen Mechanismus und Teleologie kann nämlich auf zweierlei Weise vermieden werden: Einmal dadurch, dass dieser Gegensatz sich nur als scheinbar erweist, weil er in einem übersinnlichen Substrat der Natur – ihrem ‚inneren Grund' – aufgehoben ist (letztlich ist dann alles Mechanismus – nur ist uns dieses Substrat grundsätzlich nicht zugänglich). Das entspräche einer *Vereinigung* von Mechanismus und Teleologie in einem übersinnlichen Realgrund *ohne produktive intellektuelle Anschauung*. Zum anderen kann der Gegensatz dadurch vermieden werden, dass er gar nicht erst als Gegen-

---

[28] Vgl. S. 160.
[29] „blind und zugleich absichtlich" (S. 152)
[30] Ebd. 153.

satz auftritt – auch nicht als scheinbarer (alles ist hier Mechanismus, wenn auch nicht in unserem Sinne, d.h. mit einem alternativen, anders schematisierten Kausalitätsbegriff). Das entspräche einer mechanistischen Erklärung *innerhalb* der Welt der Phänomene und damit einer *Vermeidung* des Gegensatzes, zumindest was Einzelnes, d.i. Gegenstände der Erfahrung, angeht. Für letztere Fähigkeit ist ein unendlicher Verstand nicht nötig, für die erstere vermutlich schon.[31]

Die Vereinigung von Mechanismus und Teleologie ist nur eine Vereinigung, die diskursive Wesen, die so schematisieren wie wir, überhaupt anstreben müssen: Unsere begriffliche Reaktion auf die Konfrontation mit Organismen ist, wie wir gesehen haben, letztlich eine Verlegenheitslösung. Der Begriff des Naturzwecks – also von etwas, das gleichzeitig zweckmäßig *und* Naturprodukt sein soll – verdankt sich nur der entfernten Analogie mit einer Kausalität, die wir kennen: nämlich einer Kausalität nach Zwecken, wie sie sich in Vernunftwesen als Absichten bzw. Ideen vom zu verwirklichenden Objekt findet.

Diese Vereinigung von Mechanismus und Teleologie denken *wir Menschen* nun allerdings unwillkürlich und mit für uns begrifflicher Notwendigkeit – andernfalls könnten wir ja nichts als Naturzweck denken –, indem wir uns dem übersinnlichen Bezugspunkt als einem *architektonischen* Verstand zuwenden, von dem aus wir uns Teleologie und Mechanismus deshalb vereinigt vorstellen können, weil dieser Bezugspunkt als produktive intellektuelle

---

[31] Kant schwankt hier bisweilen zwischen epistemischen und ontologischen Formulierungen. Sofern die epistemische Zugänglichkeit ausreichend ist, kann eine intellektuelle Anschauung im Sinne von Försters (1) ausreichen. Aber auch in diesem Fall gilt: Das Wesen ist zu verschieden von uns, um die Reflexivität letztlich argumentativ stützen zu können. Ontologische Formulierungen legen für die hier erforderliche Funktion sowohl sowohl den Grenzbegriff der (göttlichen) intellektuellen Anschauung (2) als auch den Grenzbegriff des (göttlichen) intuitiven Verstandes (3). Erstere erfasst ja so etwas wie die Tätigkeitsdimension des letzteren. Das erklärt dann auch Kants Wechsel zwischen beiden Bezeichnungen in diesem Kontext (insbesondere in kurzer Folge in 5:409/10) – bei gleichzeitig klarer Abgrenzung von synthetisch-allgemein verfahrenden Verstand.

Anschauung (als absichtsvoll konzipierte!) auch Grund der Wirklichkeit (Einheit von Denken (Idee) und Wirklichkeit) ist:

Da es aber doch wenigstens möglich ist, die materielle Welt als bloße Erscheinung zu betrachten und etwas als Ding an sich selbst ..., als Substrat, zu denken, diesem aber eine correspondirende *intellektuelle Anschauung* (wenn sie gleich nicht die unsrige ist) unterzulegen: so würde ein ... übersinnlicher Realgrund für die Natur stattfinden, zu der wir selbst mitgehörten (5:409; Herv. J.H.).

Weil wir Organismen nur als Naturzwecke denken können, können wir die Welturache nur als zweckgeleitete, architektonische denken – ohne dass wir deshalb argumentieren können, dass die Welturache auch so gedacht werden muss. Die Absichtlichkeit ist unsere Zutat, wie uns der Grenzbegriff des übersinnlichen Substrats oder Urgrunds der Natur – „vor allem ihm beigelegten Zweck" (5:407.9/10) – deutlich macht, den wir alternativ bilden können und den wir bereits im Zusammenhang der Übereinstimmung besonderer empirischer mit den apriorischen Naturgesetzen als prinzipiell möglich denken mussten. Für uns ist die Welturache architektonisch, die Welt also das „Product einer verständigen Ursachen (eines Gottes)" (5:400.5), nicht aber notwendig für jedes Vernunftwesen.[32]

Die Eigenschaft unseres Verstandes, die dafür verantwortlich ist, wird auch in §77 thematisiert – dort aber nicht bezüglich der Eigenschaften eines unendlichen intuitiven Verstandes im Bereich des Intelligiblen, sondern im Hinblick auf unseren Versuch, uns das Vorgehen des endlichen synthetisch-allgemeinen Verstandes, den wir uns als Grenzbegriff denken müssen, inhaltlich bestimmt vorzustellen:

Wollen wir uns ... nach Maßgabe des intuitiven (urbildlichen) [Verstandes; JH] die Möglichkeit der Theile (ihrer Beschaffenheit und Verbindung nach) als vom Ganzen abhängend vorstellen: so kann dieses nach ebenderselben Eigenthümlichkeit unseres Verstandes nicht so geschehen, daß das Ganze den Grund der Möglichkeit der Verknüpfung der Theile (welches in dieser Erkenntnisart ein Widerspruch sein würde), sondern nur daß die Vorstellung eines Ganzen den Grund der Möglichkeit der Form

---

[32] Vgl. die Ausführungen am Beginn von §71.

desselben und der dazugehörigen Verknüpfung der Theile enthalte. (5:407.27-408.2)

Der Versuch, die Teile vom Ganzen her zu denken, endet für uns also zwangsläufig wieder im Denken von Zwecken – nach ‚Maßgabe des urbildlichen Verstandes', den wir aber eben nur als architektonischen denken können. Anders hingegen der synthetisch-allgemeine Verstand, der sich gerade dadurch auszeichnen soll, dass er gar nicht erst in diese Verlegenheit gerät.[33] Er ist ein Verstand, für den eine Erklärung von Organismen *als Naturprodukten* möglich ist und soll demgemäß die Möglichkeit einer erweiterten mechanistischen Erklärung von Organismen *innerhalb* der Natur illustrieren, die uns als diskursiv denkenden Vernunftwesen grundsätzlich verwehrt bleiben muss.

Weil dieser intuitive Verstand dazu in der Lage ist sich vorzustellen, „daß das Ganze den Grund der Möglichkeit der Verknüpfung der Theile ... enthalte" (5:407.35/6), kann er also Organismen als Naturprodukte *innerhalb* der erfahrbaren Natur verstehen, während „dieses nach eben derselben Eigenthümlichkeit unseres Verstandes nicht so geschehen [kann]" (5:407.34/5), denn das wäre „in der discursiven Erkenntnisart Widerspruch" (5:407.36/7). Wir müssen deshalb auch schon im Bereich der Phänomene zur teleologischen Beschreibung Zuflucht nehmen – der synthetisch-allgemeine Verstand muss dies nicht:

Hieraus folgt aber nicht, dass die mechanische Erzeugung eines solchen [organischen; J.H.] Körpers unmöglich sei; denn das würde soviel besagen, als, es sei eine solche Einheit in der Verknüpfung des Mannigfaltigen für *jeden Verstand* unmöglich (d.h. widersprechend) sich vorzustellen, ohne dass die Idee derselben zugleich die erzeugende Ursache derselben sei, d.i. *ohne absichtliche Hervorbringung* (5:408.32-7; Herv. JH).

[33] Zumindest gilt das für seinen Umgang mit Organismen. Eine andere Frage ist, ob dieser Verstand deshalb auch im Umgang mit besonderen empirischen Naturgesetzen auf die reflexiven Maximen verzichten kann. Ich glaube nein, da dies nur der Verstand könnte, der das innere Prinzip der Natur erkennen könnte. Das aber sollte man von einem endlichen Verstand nicht erwarten, der als endlicher auf sinnlich Gegebenes angewiesen ist. Dazu ist nur eine intellektuelle Anschauung als nicht-sinnliche Anschauung von Dingen an sich (also im Sinne von Försters (1)) in der Lage.

Die Funktion der beiden Grenzbegriffe eines Verstandes als Weltursache einerseits und eines synthetisch-allgemein anschauenden Verstandes andererseits in der abschließenden Argumentation reflektiert ihre unterschiedliche Charakterisierung in den vorbereitenden Passagen von §77: Der Grenzbegriff des intuitiven Verstandes als Welturursache ermöglicht uns überhaupt erst, den Begriff eines Naturzwecks zu denken, indem die Natur als Ganzes – und dadurch mittelbar auch ihre Produkte – *für uns* als Erzeugungen eines architektonischen Verstandes aufgefasst werden kann (*bloß* für uns, da ein archetypischer Verstand denkbar ist, im Hinblick auf den *und* für den diese Erzeugung nicht als absichtlich vorgestellt werden muss).

Der Grenzbegriff eines synthetisch-allgemeinen Verstandes hat hingegen eine ganz andere Funktion in diesem komplexen Argument: Er ist dafür verantwortlich, dass wir einsehen, dass dieses teleologische

> Princip nicht die Möglichkeit solcher Dinge [d.i. Organismen] selbst (selbst als Phänomene betrachtet) nach dieser Erzeugungsart, sondern nur die unserem Verstande mögliche Beurtheilung derselben angehe (5:408.10-13).

Andernfalls könnten wir dieses Prinzip für konstitutiv halten – und der Konflikt mit der Maxime der mechanistischen Erklärung und deren Totalitätsanspruch, der der Antinomie zu Grunde liegt, wäre nicht aufzulösen!

Der zitierte Klammerzusatz – „selbst als Phänomene betrachtet" (ebd.) – macht klar, dass der synthetisch-allgemeine Verstand in dieser Funktion nicht auch intellektuell anschauend ist, dass er mithin nicht über ein *produktives* Vermögen der Anschauung verfügen müsste. Der synthetisch-allgemeine Verstand operiert gleichsam auf demselben sinnlichen Material wie der unsere. Auch die synthetische Verknüpfung dieses Materials gemäß den nichtschematisierten Kategorien ist ihm vertraut: seine Erkenntnisse finden, wie unsere, in einer Welt der Phänomene statt. Die positive Analogie zum endlichen diskursiven Verstand ist also stark.

Allerdings ist der synthetisch-allgemeine Verstand konstruiert als ein Verstand, der über einen erweiterten Kausalitätsbegriff verfügt: ein Kausalitätsbegriff, der nicht nur eine Richtung (von der Ursache zur Wirkung) kennt, sondern eine wechselseitige

Abhängigkeit von Ursache und Wirkung, vermittels derer die wechselseitige Abhängigkeit von Teilen und Ganzem als mechanistisch erklärt werden kann. Wie das bestimmt zu denken ist, können wir nicht verstehen. Eine weitere negative Bestimmung scheint zumindest möglich: Sofern die kategoriale Struktur im Prinzip dieselbe sein soll, müssen die Kategorien anders schematisiert gedacht werden – nämlich *keinesfalls zeitlich*, da diese Schematisierung das Nacheinander von Grund und Folge zementiert.[34] Mechanistisches Denken ist hier deshalb nicht eingeschränkt auf Wirkkausalität so wie *wir* sie verstehen, sondern bloß negativ bestimmt „als Causalverbindung, zu der nicht ausschließungsweise ein Verstand als Ursache angenommen wird " (4:406).

Die zentrale Argumentation in (5:408.24-409.22) löst nun auf der Basis dieser Unterscheidungen die Antinomie endgültig auf. Ich will den dort entwickelten Gedankengang abschließend skizzieren:

(1) Die teleologische Betrachtungsweise ist objektiv notwendig *für uns*, weil wir Naturprodukte nur mechanistisch ihrer „Form nach als Product der Theile" (5:408.25) auffassen können, aber dadurch kein „Begriff von einem Ganzen als Zweck [herauskommt], ... wie wir uns doch einen organisierten Körper vorstellen müssen" (5:408.28-31).

(2) Die teleologische Betrachtung ist objektiv notwendig *bloß für (Wesen wie) uns*, d.h. wir können eine „mechanische Erzeugung eines solchen Körpers" (5:408.32/3) nicht ausschließen, denn das hieße „eine solche Einheit der Verknüpfung des Mannigfaltigen für jeden Verstand unmöglich (d.i. widersprechend) sich vorzustellen" (5:408.34/5). Ein synthetisch-allgemeiner Verstand, für den genau das möglich ist, ist aber zumindest denkbar.

(3) Wären „materielle Wesen ... Dinge an sich selbst" (5:409.1) wäre die teleologische Betrachtung allerdings objektiv notwendig. (Der Raum wäre dann der „Realgrund der Erzeugung" (5:409.4) der Naturprodukte und nicht bloß, wie

---

[34] Diesen Gedanken arbeitet Zuckert in schöner Deutlichkeit aus. Vgl. Zuckert, *Kant on Beauty and Biology*, 135-139. Der Bezug zu einem endlichen intuitiven Verstand findet sich bei ihr nicht.

es tatsächlich der Fall ist, ihre „formale Bedingung" (5:409.5), die als solche nicht als Realgrund dienen kann.[35])
(4) Wir könnten den Realgrund der Natur dann nicht im Intelligiblen verorten und unsere teleologischen Urteile wären dann notwendig bestimmend – die Antinomie wäre nicht aufzulösen: Weder wäre ein anderer Umgang mit Erscheinungen (Phänomenen) möglich (contra (2)) noch eine architektonische Deutung einer intelligiblen Realität (contra (6)).
(5) Aber es ist möglich, „die materielle Welt als bloße Erscheinung zu betrachten und etwas als Ding an sich selbst (welches nicht Erscheinung ist), als Substrat zu denken" (5:409.9-11). Damit ist klar, dass wir einen intelligiblen Realgrund denken können.
(6) Da wir „diesem aber eine correspondirende intellectuelle Anschauung (wenn sie gleich nicht die unsrige ist) unterzulegen" (5:409.11-13) zumindest als begriffliche Möglichkeit berechtigt sind, können wir diesen Realgrund als architektonischen Verstand deuten[36] – und tun dies unwillkürlich, aber bloß reflexiv, da diese intellektuelle Anschauung von uns nur deshalb architektonisch gedeutet werden muss, weil wir Organismen als Naturzwecke auffassen müssen.
(7) Da die teleologische Betrachtung also sowohl der Organismen als Naturzwecke als auch des intelligiblen Realgrunds bloß der zufälligen diskursiven Beschaffenheit unserer Erkenntnisvermögen zu verdanken ist, *weil sich jeweils Grenzbegriffe alternativ denken lassen*, sind wir dazu berechtigt, Naturprodukte ebenso wie „das Naturganze als System ... nach zweierlei Principien [zu; JH] beurtheilen ..., ohne daß die mechanische Erklärungsart durch die teleologische, als ob sie einander widersprächen, ausgeschlossen wird" (5:409.19-22).

---

[35] Vgl. Förster, „Von der Eigentümlichkeit unseres Verstandes in Ansehung der Urteilskraft (§§74-78)", 2008, S. 270.
[36] Anders Förster ebd. Er braucht hier zusätzlich einen Grund für die Annahme eines intuitiven Verstandes als Weltursache. Für meine Interpretation der Auflösung ist diese Unterscheidung nicht wichtig. Vgl. Fn. 31 oben.

Damit ist die Auflösung der Antinomie aber vollzogen, die ja aus dem prima facie unvereinbaren Erklärungsanspruch zweier scheinbarer Vernunftprinzipien resultierte, die nun endgültig als bloß reflexive Maximen der Urteilskraft etabliert sind, die nicht im Widerspruch zueinander stehen.

Der Grenzbegriff der *intellektuellen Anschauung* qua produktive Einheit von Denken und Wirklichkeit zielt in der Argumentation zur Auflösung der Antinomie der teleologischen Urteilskraft also darauf ab, dass wir den Fluchtpunkt im übersinnlichen Substrat denken können. In diese, Substrat wird unsere mechanistische Beschreibung der Natur mit der teleologischen dadurch in Einklang gebracht, dass wir uns die Natur durch einen intuitiven Verstand als Weltursache absichtlich geschaffen denken. Der Grenzbegriff des *synthetisch-allgemeinen Verstandes* dient demgegenüber dazu, die Notwendigkeit des Denkens dieses Fluchtpunktes auf die spezifische Beschaffenheit unseres diskursiven Verstandes zurückzuführen – und den Geltungsanspruch der gedachten übersinnlichen Vereinigung in angemessener Weise auf die bloß reflektierende Urteilskraft einzuschränken.

Nur gemeinsam können diese beiden Grenzbegriffe daher die Antinomie der teleologischen Urteilskraft auflösen, auf ein für das diskursive Denken unerkennbares Übersinnliches verweisen – und so letztlich den Boden bereiten für die post-kantianische Methodologie der nicht-diskursiven Erkenntnis dieses Übersinnlichen in einer *scientia intuitiva*.[37]

---

[37] Ich danke Stefanie Grüne, Till Hoeppner und Thijs Menting für wertvolle Hinweise zu früheren Versionen dieses Textes.

GUNNAR HINDRICHS
(HEIDELBERG)

Subjektivität und System oder anschauender Verstand?

Zum siebten Kapitel: Das „kritische Geschäft": unvollendet

I.

Das siebte Kapitel des Buches zieht ein vorläufiges Resümee der fünfundzwanzig Jahre der Philosophie. Deren erste Hälfte weist ein doppeltes Ergebnis auf. Kants Unternehmen, die Philosophie zur Wissenschaft zu erheben, hat in seinem Umfeld zwei Auffassungen von der Wissenschaftlichkeit philosophischen Denkens hervorgebracht: Auf der einen Seite soll die Erhebung der Philosophie zur Wissenschaft durch ihre Systemgestalt erfolgen; auf der anderen Seite soll sie durch die wissenschaftliche Erkenntnis eines Einzeldinges geschehen. Da es sich um eine systematische Rekonstruktion der Philosophie von 1781 bis 1806 handelt, identifiziert dieses vorläufige Resümee nicht nur eine historische, sondern auch eine konzeptionelle Weichenstellung. Es geht darum, zu welchen philosophischen Formen der „kritische Weg" führt, der nach Kant „allein noch offen"[1] ist – und mithin darum, wie Philosophie sich unter der Bedingung der Kritik zu vollziehen vermag. Die Alternativen sind hierbei der Komplex aus Subjektivität und System einerseits und der Entwurf eines anschauenden Verstandes anderseits.

II.

Werfen wir zunächst einen Blick auf die beiden Konzeptionen, die zur Debatte stehen. Die Systemgestalt der Philosophie wird von den frühen Kantianern und Nachkantianern als Ableitungszu-

---

[1] *KrV* A856/B884.

sammenhang aus einem obersten Prinzip verstanden. Reinholds Elementarphilosophie formuliert den Beweggrund dieses Gedankens: „Jeder bisherigen Philosophie, selbst die kantische, wenn man sie als Wissenschaft betrachtet, nicht ausgenommen, fehlt es an nichts geringerem, als an einem Fundamente."[2] Und: „Zur Grundlegung einer Wissenschaft gehört als vornehmste Bedingung und wesentlichstes Merkmal ihres vollendeten Fundamentes die Entdeckung und Aufstellung ihres ersten Grundsatzes."[3]

Fichte schließt sich dem an: „Eine Wissenschaft hat systematische Form; alle Sätze in ihr hängen in einem einzigen Grundsatze zusammen, und vereinigen sich in ihm zu einem Ganzen."[4] Und:

Dieser Grundsatz – der Wissenschaftslehre, und vermittelst ihrer aller Wissenschaften und alles Wissens – ist [...] schlechterdings keines Beweises fähig, d.h. er ist auf keinen höhern Satz zurück zu führen, aus dessen Verhältnisse zu ihm seine Gewissheit erhelle. [...] Alle anderen Sätze werden nur eine mittelbare und von ihm abgeleitete Gewißheit haben; er muss unmittelbar gewiß seyn. Auf ihn gründet sich alles Wissen, und ohne ihn wäre überhaupt kein Wissen möglich; er aber gründet sich auf kein anderes Wissen, sondern ist der Satz des Wissens schlechthin."[5]

Das heißt, in den Augen von Kants Nachfolgern garantiert die Herleitbarkeit von Gehalten aus einem ersten Prinzip die Systematizität und damit die Wissenschaftlichkeit des Denkens. Etwas aus etwas herzuleiten bedeutet wiederum, etwas in etwas zu begründen. Das Prinzip des Systems ist dementsprechend der Grund des systematischen Wissens, und das systematische Wissen ist ein in seinem Zusammenhang durchgängig begründetes Wissen. Man kann daher das erste Verständnis von der Wissenschaftlichkeit philosophischen Denkens als ein begründungstheoretisches Verständnis bezeichnen. Es bestimmt Philosophie als Wissenschaft mittels Begründetheit durch prinzipiierten Zusammenhang.

---

[2] Karl Leonhard Reinhold, *Ueber das Fundament des philosophischen Wissens nebst einigen Erläuterungen über die Theorie des Vorstellungsvermögens*, Jena 1791, 3.
[3] Ibidem, 68.
[4] Johann Gottlieb Fichte, *Ueber den Begriff der Wissenschaftslehre oder der sogenannten Philosophie*, Jena ²1798, 1.
[5] Ibidem, 23.

Hiergegen kann man das zweite Verständnis von der Wissenschaft ein gegenstandstheoretisches Verständnis nennen. Es beansprucht, daß eine wissenschaftliche Philosophie sich als die Erkenntnis von Einzeldingen durch die Herleitung von deren wesentlichen Eigenschaften aus ihren Definitionen oder nächsten Ursachen vollziehe. Im Hintergrund steht der Streit um Spinozas Idee einer *scientia intuitiva*. In der Debatte zwischen Lessing und Jacobi hatte letzter das Prinzip des Spinozismus in dem Gedanken „aus nichts wird nichts" (*a nihilo nihil fit*) ausgedrückt gesehen.[6] Diesem Gedanken zufolge steht jeder Gegenstand in einer Kausalkette von Gegenständen, innerhalb deren er entstanden ist und zu deren Fortsetzung er beiträgt. Die Erkenntnis eines Gegenstandes erfordert mithin die Erkenntnis der kausalen Bedingungen, denen der Gegenstand unterliegt. Ihr Resultat indessen ist Fatalismus, da nun alle natürlichen Dinge dem Kausalzusammenhang unterworfen sind. Jacobis Interpretation erschloß den Zeitgenossen den verfemten Spinoza in neuem Licht. Aber seine Konzentration auf das „aus nichts wird nichts" verstellte in den Augen anderer zugleich den Sinn für die besondere Erkenntnisart, die Spinoza unter dem Titel einer *scientia intuitiva* ins Auge gefaßt hatte. Diese Erkenntnisart beansprucht, aus dem Wesen eines Dinges dessen Eigenschaften einzusehen.[7] So wie man aus dem Wesen eines Dreieckes dessen Winkelsumme zu erkennen vermag, so könnte man dann aus dem Wesen eines beliebigen Gegenstandes Erkenntnisse über ihn gewinnen. Der Gegenstand ließe sich hiernach als ein Ganzes verstehen, innerhalb dessen und aus dem man seine Momente herleiten könnte. Eine solche Erkenntnis unterwürfe ihren Gegenstand keinen äußerlichen Bedingungen. Vielmehr erfolgte ihre Einsicht aus dem Inneren des Dinges selber heraus. Entsprechend wäre aus solcher Perspektive Natur kein fatalistischer Zusammenhang, der sich alles Einzelne untertan machte. Stattdessen zeigte sie sich im Wesen der Einzeldinge selber. Spinoza nannte die schaffende Natur „Gott" (*deus sive natura*). Sofern sie sich im Wesen der Einzeldinge zeigt, zeigt sich in ihnen demnach Gott. Und so heißt es: „Je mehr wir die

---

[6] Friedrich Heinrich Jacobi, *Ueber die Lehre des Spinoza in Briefen an den Herrn Moses Mendelssohn*, Breslau, 1785, 14.
[7] Baruch Spinoza, *Ethica* II, Propositio XL, Scholium II.

Einzeldinge erkennen, desto mehr erkennen wir Gott."[8] Dies wäre die *scientia intuitiva*. Sie würde den Gegenstand nicht auf eine äußere Ursache zurückführen, sondern auf seine wesentlichen Eigenschaften, die sich in seiner Definition erfassen lassen und die darum die nächsten Ursachen des Dinges bilden – das heißt: in interner, nicht externe Relation zu ihm stehen. Von Jacobis Interpretation des Spinozismus als Fatalismus scheint dies Form der Erkenntnis an den Rand gedrängt. Kants Kritik der Urteilskraft hat ihr jedoch im Zusammenhang einer Wissenschaft von Organismen neue Bedeutung verliehen und insbesondere Goethe hat an sie angeknüpft.[9] So konnte sich ein zweites Verständnis von Philosophie als Wissenschaft bilden. Ihm geht es nicht so sehr um den Begründungszusammenhang des Wissens, sondern um die angemessene Erfassung seines Gegenstandes. Diese Erfassung beruht darauf, die Teile eines Gegenstandes von dessen Ganzen her zu begreifen und dadurch ihre wechselseitige interne Verursachung zu erkennen. Ihr Modell ist die Erkenntnis von Organismen. Es bestimmt Philosophie als Wissenschaft mittels ihres Gegenstandsbegriffes.

Dieses doppelte Ergebnis, das die systematische Rekonstruktion der ersten Hälfte der 25 Jahre erbracht hat, wird nun weiterhin mit zwei Formen nicht-diskursiven Denkens verbunden. Das begründungstheoretisch genannte Verständnis von wissenschaftlicher Philosophie mündet in eine Rehabilitation der intellektuellen Anschauung; das gegenstandtheoretisch genannte Verständnis von wissenschaftlicher Philosophie mündet in eine Rehabilitation des intuitiven Verstandes. Beide Formen stammen von Kant her.[10] Sie wurden von der Kantforschung indessen bislang nicht zureichend voneinander unterschieden. Die Einführung des Kantischen Grenzbegriffes einer intellektuellen Anschauung durch die nachkantische Philosophie im Zuge einer Neuformulierung von Subjektivität ist bekannt.[11] Reinhold hatte, im kritischen Anschluß an

---

[8] Baruch Spinoza, *Ethica* V, Propositio XXIV.
[9] *KU* § 76; Goethe, Brief an Jacobi vom 5. Mai 1786.
[10] Etwa *KrV* A256/B312; *KU* § 76.
[11] Vor allem durch die Arbeiten Dieter Henrichs und Manfred Franks. Siehe Dieter Henrich, *Konstellationen. Probleme und Debatten am Ursprung der idealistischen Philosophie (1789-1795)*, Stuttgart, 1991, 250 ff.; ders., *Der Grund im Bewußtsein. Untersuchungen zu Hölderlins Denken (1794-1795)*, Stutt-

Kants Überlegungen zum Systembegriff, das oberste Prinzip der Philosophie als einen Grundsatz bezeichnet. Dieser Grundsatz soll, erstens, durch sich gerechtfertigt sein, zweitens unmittelbar einleuchten, drittens die von ihm verwendeten Begriffe nur aus ihm heraus verständlich sein lassen und, viertens, mit ihnen die allgemeinste Tatsache ausdrücken.[12] Der Satz, der nach Reinhold diesen vier Erfordernissen genügt, ist der Satz des Bewußtseins. Er lautet: „Im Bewußtsein wird die Vorstellung durch das Subject vom Subject und Object unterschieden und auf beyde bezogen."[13] Die Kritik, der dieser Satz durch Schulze-Aenesidemus unterzogen wurde, führte sodann Fichte dazu, Reinholds Grundsatz bei beibehaltenem Systemverständnis aufzugeben.[14] Das Prinzip des Systems sollte nun nicht mehr in dem Ausdruck einer Tatsache, sondern in dem Ausdruck einer Tathandlung bestehen. Diese Tathandlung besteht in der der Selbstsetzung des Ichs. Sie liegt allem intentionalen Wissen zugrunde, ohne selber intentional verfaßt zu sein. Reinholds Satz setzt sie voraus. Denn wenn man die Vorstellung, die im intentionalen Wissen auf ein Objekt bezogen wird, „durch das Subjekt" vom Subjekt und Objekt unterscheiden kann, dann geht dem ein Wissen des Subjekts von sich selbst voran, das selber nicht mehr in dem Bezug von Bewußtseinsinhalten auf Objekte besteht. Auch kann dieses Wissen nicht mehr das Ergebnis von Selbstzuschreibungen von Vorstellungen sein, sondern muß aller Zuschreibung von Vorstellungen zu sich

---

gart, 1994, zumal 40 ff.; ders., *Grundlegung aus dem Ich. Untersuchungen zur Vorgeschichte des Idealismus. Tübingen – Jena 1790-1794*, Frankfurt/M., 2004, 633 ff, 1395 ff. und 1551 ff.; Manfred Frank, *Unendliche Annäherung. Die Anfänge der philosophischen Frühromantik*, Frankfurt/M., 1997, zumal 396 ff; ders., *Auswege aus dem Idealismus*, Frankfurt/M., 2007, 415 ff. Siehe aber auch Xavier Tilliette, *Recherches sur l'intuition intellectuelle de Kant à Hegel*, Paris, 1995.

[12] Karl Leonhard Reinhold, *Beyträge zur Berichtigung bisheriger Missverständnisse der Philosophen. Erster Band[,] das Fundament der Elementarphilosophie betreffend*, Jena, 1790, 349 ff.

[13] *Ibidem*, 167.

[14] [Gottlob Ernst Schulze,] *Aenesidemus oder über die Fundamente der von dem Herrn Professor Reinhold in Jena gelieferten Elementar-Philosophie. Nebst einer Vertheidigung des Skepticismus gegen die Anmaassungen der Vernunftkritik*, o. O. 1792, zumal 58 ff.; Johann Gottlieb Fichte, „Recension des Aenesidemus", in: ders., *Sämmtliche Werke* I, Berlin, 1845, 1-26.

selbst zuvor kommen, weil ja ein Subjekt – und also eine bereits um sich selbst wissende Größe – die Selbstzuschreibung von Vorstellungen überhaupt erst vorzunehmen vermag. In diesem vorgängigen Ich-Wissen fallen Denken und Seiendes zusammen, da das nicht-intentionale Wissen des Subjekts von sich selbst sich nicht auf ein Seiendes außerhalb des Denkens richtet, sondern das Seiende, das es denkt, selber darstellt: Das Ich ist nur dann wirklich, wenn es sich selbst denkt, und es denkt nur dann sich selbst, wenn es wirklich ist. Der Name für das Ich-Wissen, das allem intentionalen Wissen von Sachverhalten vorangeht, lautet nun „intellektuelle Anschauung".[15] Er ist der angemessene Name, denn Kant hatte ihn als Bezeichnung für jenes Erkenntnisvermögen eingeführt, in dem Möglichkeit und Wirklichkeit, Denken und Sein zusammenfallen – also genau der Zusammenfall geschieht, der in dem vorgängigen Ich-Wissen vonstatten geht. Um das Prinzip des Systems zu artikulieren, wird folglich von dem begründungstheoretischen Verständnis von wissenschaftlicher Philosophie der Ausdruck des vorgängigen Ich-Wissens benötigt. Mit andern Worten: Man benötigt den Ausdruck einer intellektuellen Anschauung seiner selbst. Die Idee einer intellektuellen Anschauung, die Kant nur als illegitime Alternative zu unseren Erkenntnisvermögen ins Auge gefaßt hatte, kann daher aus Gründen der Wissenschaftlichkeit philosophischen Denkens rehabilitiert werden.

Sie darf nicht mit der anderen Form nicht-diskursiven Denkens verwechselt werden: der Idee eines intuitiven Verstandes. Die Idee eines intuitiven Verstandes wurde von Kant als eine Idee einge-

---

[15] Etwa Johann Gottlieb Fichte, „Zweite Einleitung in die Wissenschaftslehre, für Leser, die schon ein philosophisches System haben", in: ders., *op. cit.*, 451-518, hier: 463. – Die Idee einer intellektuellen Anschauung erhält im Nachkantianismus unterschiedliche Bestimmungen und Aufgaben. F. W. J. Schelling, *Vom Ich als Princip der Philosophie oder über das Unbedingte im menschlichen Wissen*, in: ders, *Sämmtliche Werke* I/1, Stuttgart 1856, 150-244, hier: 179 ff., entwirft sie als Idee vom Sein als Subjekt; bei Friedrich Hölderlin, „Seyn, Urtheil, Modalität", in: ders., *Sämtliche Werke und Briefe* II, München 1992, 49-50, wiederum steht sie im Horizont einer Versöhnung von Entzweiungen naturbeherrschender Vergegenständlichung. Dem genaueren Verhältnis dieser Konzeptionen kann ich im Rahmen dieses Kommentars nicht nachgehen.

führt, an der sich die auf Organismen reflektierende teleologische Urteilskraft zu orientieren habe.[16] Ein solcher Verstand geht vom Ganzen eines Naturgegenstandes zu dessen Teilen über und begreift diese als in dem Ganzen auf notwendige Weise zusammenhängend. Um die Struktur des Organismus, also das Lebendige, verstehen zu können, die ebenfalls die Teile des lebendigen Seienden als funktionale Zweckmäßigkeiten auf dessen Einheit bezieht und von dieser her begreift, benötigt die reflektierende Urteilskraft seine Idee. Anders als der begründungstheoretische Argumentationsstrang hat die Rehabilitation der Idee des intuitiven Verstandes weniger Aufmerksamkeit erfahren. Ihre Rekonstruktion füllt daher eine empfindliche Lücke der gängigen Konzeptionen vom Gang der klassischen deutschen Philosophie, und sie stellt vermutlich die entscheidende Bedeutung des gesamten Unternehmens des Buches über die fünfundzwanzig Jahre der Philosophie dar. Es ist Goethes Anknüpfung an Kants Idee eines intuitiven Verstandes, die hier als Weiche zu einer zweiten Einführung nicht-diskursiven Wissens in die wissenschaftliche Philosophie und damit als zweite Hauptlinie der systematischen Rekonstruktion herausgestellt wird. Sie erfolgte im Zeichen von Spinozas *scientia intuitiva*. Wie das vierte Kapitel in Försters Buch gezeigt hat, erlangte Goethe durch seine Spinozalektüre eine erste Artikulation seiner Naturerfassung, bliebt aber methodisch noch unbefriedigt. Kants dritte Kritik gab ihm nun die nötige Begrifflichkeit an die Hand, um Spinozas *scientia intuitiva* aus dessen vorkritischem System herauszuheben und in die methodische Reflexivität kritischen Denkens einzufügen. Sein Gedanke lautet: Wenn man die Anschauung einer ewig schaffenden Natur, also einer Natur, deren Gegenstände ihre Produktionen darstellen, zu erlangen vermöchte, dann sollte man sich der geistigen Teilnahme an ihren Produktionen würdig machen können. Hierzu benötigt man aber die Idee eines intuitiven Verstandes. Denn eine schaffende Natur erzeugt die Dinge als funktionale Zweckmäßigkeiten im Bezug auf eine Einheit. Um das denken zu können, kann die Idee eines intuitiven Verstandes nicht mehr bloß einen Orientierungspunkt der reflektierenden Urteilskraft bilden, der über seine projektive Funktion hinaus keine Wirklichkeit besäße. Vielmehr muß man sie in der Naturerkennt-

---

[16] *KU* § 76.

nis verwirklichen. Die Aufgabe lautet dann, ein ausweisbares Verfahren zu entwickeln, mit dem jener Weg vom Ganzen zu den Teilen tatsächlich vollzogen werden kann, den die Idee des intuitiven Verstandes vorzeichnet. Goethe hat den Vorschlag zu einem solchen Verfahren in seiner Farbenlehre dargeboten.

Das sind die beiden Stränge des nachkantischen Denkens. Demnach lautet das doppelte Ergebnis der ersten Hälfte der 25 Jahre der Philosophie wie folgt: Wissenschaftliche Philosophie gestaltet sich auf der einen Seite begründungstheoretisch in dem auf eine intellektuelle Anschauung seiner selbst gebauten System des Wissens und auf der anderen Seite gegenstandstheoretisch in der Erkenntnis der lebendigen Natur durch einen intuitiven Verstand. Diese Rekonstruktion behebt die Verengung des Blickes auf Subjektivität und System, die die Linie Reinhold-Fichte kennzeichnen, und öffnet den Horizont für ein anderes Verständnis von Gegenständlichkeit. Zudem führt sie die Thematik nichtdiskursiven Wissens aus dem Bannkreis des Selbstverhältnisses heraus und in das Feld der Verhältnisse zu Anderem hinein.

III.

Im folgenden richte ich drei Fragen an die skizzierte Rekonstruktion. Die erste Frage betrifft das Verhältnis zwischen Begründungstheorie und Gegenstandstheorie. Sind beide Herangehensweisen prinzipiell voneinander unterschieden, oder treffen sie sich an einem bestimmten Punkt?

Da die Rekonstruktion zeigt, daß die beiden Verständnisse von wissenschaftlicher Philosophie zwei unterschiedliche Vermögen rehabilitieren, scheinen sie bestenfalls parallel zu verlaufen. Anderseits enthält jedoch das gegenstandstheoretische Verständnis begründungstheoretische Implikationen. Denn Goethes Unternehmen, die lebendige Natur auf dem Weg vom Ganzen zu den Teilen eines Seienden zu erkennen, scheint die Einzelphänomene in einer bestimmbaren Totalität zu begründen. Sein Verfahren, mittels einer Reihe von Experimenten das Ganze zu errichten, von dem aus dann die Teile als in notwendiger Verbindung stehend eingesehen werden können, begründet jedes einzelne Phänomen in der Synthesis jener Versuchsreihe. Das Wissen um einzelne Sachverhalte findet so seinen Grund in dem Wissen um ihre experimentell gewonnene Totalität. In diese Richtung deutet auch ein oben bereits zitierter Brief Goethes an Friedrich Heinrich Jacobi. Wie gesehen, begreift Jacobi Gegenstandserkenntnis im Zeichen Spinozas als Erkenntnis der äußeren Bedingungen der Gegenstände. Das bedeutet indessen auf der Ebene des Wissens, daß auch das Wissen um Gegenstände immer an weiteres Wissen gebunden ist, das die Bedingungen von diesen Gegenständen erfaßt. Hier droht wiederum ein Begründungsregreß des Wissens. Ihn sucht Jacobi zu überwinden, indem er in einem Salto mortale aus den Begründungsketten des Wissens herausspringt in die unbedingte Gewißheit des Glaubens, die das bedingte Wissen zuletzt trägt.[17] Diese Überlegung beeinflußte die nachkantische Systemkonzeption, weil auch wissenschaftliche Systeme sich in Begründungsketten des Wissens verfassen. Fichtes intellektuelle Anschauung des absoluten Ichs beabsichtigte darum, die Gewißheit, die Jacobi dem Glauben zuschrieb, in einem obersten Grundsatz des Systems einzufangen, so daß der Regreß der systemischen Begründungsketten in einem durch sich selbst gewissen ersten Satz beendet zu werden vermag. Die im Grundsatz des Systems ausgedrückte Selbstsetzung des Ichs nimmt demnach die Stelle von Jacobis Glauben ein. Nun schreibt Goethe in dem erwähnten Brief an Jacobi: „Wenn du sagst, man könne an Gott nur glauben [...], so sage ich dir, ich halte viel aufs schauen."[18] In der Logik der begründungstheoretischen Diskussion kann man das dahingehend auslegen, daß das Schauen einen Grund zu erfassen vermag, dessen Gewißheit den Regreß bedingter Begründungen beendet. Das aber bedeutet, daß der anschauende Verstand eine begründungstheoretische Funktion erhält. Man hat daher wohl nicht ganz zu Unrecht Goethes Begriff des Urphänomens, der das vom anschauende Verstand Erschaute benennt, als eine Alternative zu Fichtes Idee eines obersten Grundsatzes interpretiert.[19]

Die begründungtheoretische Funktion der gegenstandstheoretischen Überlegungen reicht noch weiter. Im Vorwort zur Farbenlehre spricht Goethe davon, daß sich jedem Sinn die Natur „ganz"

---

[17] Friedrich Heinrich Jacobi, *op. cit.*, 169 ff., und genauer in der Zweitauflage 1789, vor allem 414 ff.
[18] Brief vom 5. Mai 1786.
[19] Wolf von Engelhardt, *Goethes Fichte-Studien* (= Schriften der Goethe-Gesellschaft 71) Weimar, 2004, 43.

offenbare, und daß in der bestimmten Relation von Farben und Licht die „ganze Natur" für einen Sinn, nämlich das Auge, sei.[20] Wenn das stimmt, dann erschließt die experimentelle Darstellung der Farbenlehre dem Gesicht die gesamte Natur. Die farblichen Einzelphänomene, die durch ihre Versuchsanordnung als in Notwendigkeit verbundene Teile eines Ganzen, nämlich als Taten und Leiden des Lichtes begriffen werden sollen, sind somit nicht nur in der Totalität namens „Licht" beschlossen. Sie sind zugleich auch in der ganzen Natur beschlossen, die sich in jenen Taten und Leiden des Lichtes einem Sinn offenbart. Dementsprechend findet das Wissen um die Farben in einem Wissen um die gesamte Natur seinen letzten Grund. Dieser letzte Grund ist kein Grundsatz, und das System des Wissens ist kein axiomatisches System. Vielmehr besteht er in dem besonderen Wissen um das Urphänomen, das als intuitives Wissen keine propositionale Form anzunehmen vermag. Aber das Wissen um das Urphänomen begründet das Wissen um die Einzelphänomene in einem letzten Wissen, weil erst es die Einzelphänomene in jene notwendige Verbindung bringt, die zu der wissenschaftlichen Erkenntnis der Naturgegenstände erforderlich ist. Das eigentümliche Verständnis von Naturgegenständen und ihrer Erkenntnis scheint somit ein eigentümliches Verständnis vom begründeten Wissen zu implizieren. Mit andern Worten: Grundsatzphilosophie und Naturerkenntnis treffen in ihren Intentionen an dem Punkt der Letztbegründung zusammen. Die am Ende des siebten Kapitels des Buches wiedergegebene emphatische Zustimmung Goethes zu Fichtes Grundlage der gesamten Wissenschaftslehre – „Das Übersendete enthält nichts, [...] das sich nicht an meine gewohnte Denkweise willig anschlösse. Nach meiner Überzeugung werden Sie [...] dem menschlichen Geschlechte eine unschätzbare Wohltat erweisen"[21] – könnte dafür ein Zeugnis sein.

Die zweite Frage betrifft die Rekonstruktion der Entwicklung der Grundsatzphilosophie aus Kants eigener Konzeption. Die von Eckart Förster vertretene These lautet, daß zwei Theoreme des Kantischen Denkens Reinholds Elementarphilosophie und ihre Folgen angestoßen hätten: der Systemgedanke und der Gedanke

---

[20] Johann Wolfgang Goethe, *Werke* 13, Hamburg, 1960, 315.
[21] Brief an Fichte vom 24. Juni 1794.

einer transzendentalen Apperzeption. Der erste habe die Begründung des philosophischen Wissens aus einem Prinzip hervorgebracht, der zweite habe den Satz des Bewußtseins als Ausdruck dieses Prinzips nahegelegt. In diesem Sinne sieht Försters systematische Rekonstruktion des Überganges von Kant zu Reinhold dessen Grundsatz als eine Ausformulierung der Kantischen „Vorstellung: Ich denke" an. Aber, so ist zu fragen, was mußte hinzukommen, damit die Kantische „Vorstellung: Ich denke" zu dem Satz „Im Bewußtsein wird die Vorstellung durch das Subject vom Subject und Object unterschieden und auf beyde bezogen" werden konnte? Und was mußte hinzukommen, damit Kants Systemgedanke zu der Idee einer Wissenspyramide wurde, deren auf den Kopf gestellte Spitze auf einem Grundsatz ruht?

Offenbar doch eine ganze Menge mehr, als daß es sich nur um eine Ausformulierung handeln könnte. Beginnen wir mit der Theorie der Subjektivität. Mir scheint die entscheidende Bedeutung von Reinholds Überlegungen gerade darin zu liegen, daß er statt einer Ausformulierung eine Umdeutung des Kantischen Gedankens vorgenommen hat – eine Umdeutung, die erst die Selbstbewußtseinstheorie Fichtes und anderer ermöglichte. Der springende Punkt in Reinholds Satz des Bewußtseins besteht in der Einführung des Subjektes als einer Instanz, die aller Selbstzuschreibung von Vorstellungen vorgängig ist. Die Vorstellung wird „durch das Subjekt" vom Subjekt und Objekt unterschieden und auf beide bezogen: das heißt, das Subjekt weiß von sich – sonst wäre es kein Subjekt – und vermag auf der Grundlage dieses Wissens die Vorstellung auf sich und auf das Objekt zu beziehen. Nur unter der Bedingungen dieser Interpretation der Selbstzuschreibung von Vorstellungen konnte sich Fichtes Idee eines absoluten Ichs, das allem intentionalen Wissen vorangeht, überhaupt entwickeln. Es scheint aber zweifelhaft, ob die Einführung des Subjektes als aller Selbstzuschreibung von Vorstellungen vorgängiger Instanz mit Kants Gedanken einer transzendentalen Apperzeption vereinbar ist. Die transzendentale Apperzeption besteht in der Vorstellung „Ich denke", die alle meine Vorstellungen begleiten können muß. Sie drückt folglich nichts anderes aus als die Selbstzuschreibung von Vorstellungen in dem Gedanken „Ich denke, daß p". Die *oratio obliqua* dieses Gedankens stellt die Verarbeitung von Vorstellungen zu einem Urteil dar, während die *oratio recta* „Ich denke" das Urteil als das meine bestimmt. In dem Gedanken „Ich denke, daß p" schreibe ich das Urteil und damit implizit die zu diesem verarbeiteten Vorstellungen mir selber zu. Entsprechend sagt das „Ich denke" von mir nur, daß ich bestimmte Vorstellungen habe, die ich zu einem Urteil verarbeitet habe. Sie führt daher das Subjekt nicht als eine Instanz ein, die der Selbstzuschreibung von Vorstellungen vorgängig wäre. Sie bestimmt es vielmehr als Funktion der Selbstzuschreibung. Kants transzendentales Subjekt ist dementsprechend die Selbstzuschreibungsfunktion von Vorstellungen im Urteil – das zum Urteilen nötige „Einheitsbeziehungstun"[22], wie es eine neukantianische Formulierung ausdrückte. Man kann die transzendentale Apperzeption aus diesem Grunde – auch das war eine Einsicht des Neukantianismus, freilich ebenfalls eine Einsicht seiner Gegner[23] – allein aus der Geltungslogik des Urteils verstehen. Die objektive Einheit der transzendentalen Apperzeption ist ja gar nichts anderes als die logische Form des Urteils.[24] Dann aber ist das Gefüge von Subjekt, Objekt und Vorstellung nicht in Reinholds Sinne zu verstehen. Die Begriffe Subjekt, Objekt und Vorstellung besitzen ihren Sinn nur in der Geltungslogik des Urteils: Sie benennen, erstens, den Urteilenden (Subjekt) als die Einheitsfunktion des Urteils, zweitens den Bezugspunkt des einheitlichen Urteils, für den zu gelten es beansprucht (Objekt), und drittens den informativen Zustand des Urteilenden (Vorstellung), der den Bezug des Urteils auf einen vom Urteil verschiedenen Gegenstand gewährleistet. In diesem geltungslogischen Gefüge ist ein vorgängiges Wissen des Subjektes um sich selbst nicht nötig. Subjektsein heißt hier vielmehr nur: Vorstellungen zu einem Urteil zu verbinden, um dessen Geltung zu gewährleisten, und sie mir, der Einheitsfunktion dieses Urteils, dadurch zuzuschreiben.

Vor dem Hintergrund dieser Lesart ist Reinholds Satz des Bewußtseins statt als Ausformulierung als Umdeutung der transzendentalen Apperzeption Kants zu verstehen. Ohne solche Umdeutung wäre die Philosophie der Nachkantianer nicht möglich gewe-

---

[22] Bruno Bauch, „Das transzendentale Subjekt", *Logos* 12 (1923/24), 29-49, hier: 46.

[23] Hermann Cohen, *Kants Theorie der Erfahrung*, Berlin, ³1918, 393 ff.; Julius Ebbinghaus, „Kantinterpretation und Kantkritik", in: ders., *Gesammelte Aufsätze, Vorträge und Reden*, Darmstadt, 1968, 1-23; Klaus Reich, *Die Vollständigkeit der kantischen Urteilstafel*, Berlin, ²1948, 25 ff.

[24] *KrV* B139 ff.

sen. Die systematische Rekonstruktion der fünfundzwanzig Jahre der Philosophie müßte dann aber einen stärkeren Bruch auf dem Weg von Kant zu Fichte und den Folgen berücksichtigen. Vielleicht ist dieser Bruch letztlich sogar stärker als der Bruch zwischen Kants Erwägungen in den Paragraphen 76 und 77 der Kritik der Urteilskraft und Goethes Methode der Naturerkenntnis, so daß Goethe trotz seinem so ganz anderem Verständnis von Natur ein treuerer Kantianer gewesen wäre als Reinhold oder Fichte. Zwar scheint Goethes Naturerkenntnis Kants einklammernde Kautelen hinsichtlich des intuitiven Verstandes einfach über Bord zu werfen. Aber letztlich sind sie – wie die Rekonstruktion der fünfundzwanzig Jahre zeigt – eine sehr genaue Weiterentwicklung von Kants Idee unter anderen gegenstandstheoretischen Bedingungen. Anders liegen die Dinge im Falle von Reinholds Satz des Bewußtseins. Seine begründungstheoretische Argumentation ersetzt das transzendentale Subjekt durch etwas sehr Verschiedenes: durch ein Subjekt, das über ein Selbstwissen jenseits seiner Einheitsfunktion im Urteil und daher jenseits aller Urteile der Art „Ich denke, daß p" verfügt.[25]

---

[25] Im Blick auf die Interpretation von Subjektivitätskonzeptionen der klassischen deutschen Philosophie könnte es von Interesse sein, den Schritt von Kants transzendentaler Apperzeption zu Reinholds Satz mit dem Schritt vom Neukantianismus zur ontologischen Lesart Kants zu vergleichen, wie sie Heinz Heimsoeth, „Persönlichkeitsbewußtsein und Ding an sich in der Kantischen Philosophie (1924)", in: ders., *Studien zur Philosophie I. Kants* (= Kant-Studien Ergänzungshefte 71), Köln, 1956, 227-257, oder Martin Heidegger, *Kant und das Problem der Metaphysik*, Frankfurt/M., ²1951, 76 ff., vertraten. In beiden Fällen wird das „Ich denke" seiner Funktion in der Urteilslogik entkleidet und in ein allem Urteilen vorgängiges Selbstwissen überführt. Die Auslegungen des 20. Jahrhunderts deuten das vorgängige Selbstwissen freilich als Selbstwissen endlichen personalen Daseins, während Reinholds Weg es zu Konzeptionen eines absoluten Ichs ausbaut. Vor diesem Hintergrund kann wiederum Dieter Henrichs Selbstbewußtseinstheorie als der Versuch verstanden werden, das vorgängige Selbstwissen im Widerspiel von Endlichkeit und Absolutheit zugleich zu artikulieren. Das würde seine Nähe sowohl zu Theorien der konkreten als auch zu Theorien der absoluten Subjektivität erklären. Von Kants transzendentaler Apperzeption haben sich diese Konzeptionen von Subjektivität grundlegend getrennt. Sie bewegen sich

Ähnliches gilt für die Frage nach der Systemgestalt der Philosophie. Kant hat sich hierzu deutlich geäußert:

> Die menschliche Vernunft ist ihrer Natur nach architektonisch, d. i. sie betrachtet alle Erkenntnisse als gehörig zu einem System, und verstattet daher auch nur solche Prinzipien, die eine vorhabende Erkenntnis wenigstens nicht unfähig machen, in irgend einem System mit anderen zusammen zu stehen.[26]

Nach dieser Aussage gehört die Systematizität des Wissens zum Wesen der Vernunft. Aber was ein System sei, wird von Kant ganz anders verstanden als von denen, die die Prämissen zu seinen Resultaten liefern wollten. Auch hierzu hat sich Kant deutlich geäußert:

> Ich verstehe aber unter einem Systeme die Einheit der mannigfaltigen Erkenntnisse unter einer Idee. Diese ist der Vernunftbegriff von der Form eines Ganzen, so fern durch denselben der Umfang des Mannigfaltigen so wohl, als die Stelle der Teile untereinander, a priori bestimmt wird. Der szientifische Vernunftbegriff enthält also den Zeck und die Form des Ganzen, das mit demselben kongruiert. Die Einheit des Zwecks, worauf sich alle Teile und in der Idee desselben auch untereinander beziehen, macht, daß ein jeder Teil bei Kenntnis der übrigen vermißt werden kann.[27]

Die hier ausgesprochene Verbindung von der Idee eines Systems mit dessen Zweck zeigt, daß Kant kein deduktives System ins Auge faßte, das von einem ersten Grundsatz ausginge. Vielmehr wird die Systematizität des Wissens durch dessen teleologische Gestalt verfaßt. Der in der Idee eines Systems artikulierte Zweck aller Erkenntnis verleiht deren Sätzen Notwendigkeit, indem sie sich im Blick auf diesen Zweck gegenseitig begründen. Ein erster, unbedingt gewisser Satz ist in dieser Relation von Sätzen unter einem Zweck nicht nötig. An seine Stelle tritt eine binnensystemische Wechselseitigkeit von Erkenntnissätzen, die sich in Fluchtlinien auf den Zweck aller Erkenntnis hin vollzieht. Das freilich

---

im Grunde auf Reinholds Bahnen, wenn auch mit anderen Absichten und Ergebnissen.
[26] *KrV* A474/B502.
[27] *KrV* A832 f./B860 f.

verleiht dem Kantischen System jene teleologische Struktur, die die dritte Kritik dem Organismus zusprechen wird. Ja, auf die organische Gestalt einer systemischen Binnenrelation weisen bereits die methodologischen Darlegungen zum System hin, die die erste Kritik vornimmt. Unmittelbar nach seiner Bestimmung dessen, was ein System sei, schreibt Kant:

Das Ganze ist also gegliedert (*articulatio*) und nicht gehäuft (*coacervatio*); es kann zwar innerlich (*per intus suspectionem*), aber nicht äußerlich (*per appositionem*) wachsen, wie ein tierischer Körper, dessen Wachstum kein Glied hinzusetzt, sondern, ohne Veränderung der Proportion, ein jedes zu seinen Zwecken stärker und tüchtiger macht.[28]

Anstelle der auf die Spitze des ersten Grundsatzes gestellten Pyramide des Wissens, die Reinhold und Fichte erbauen, zeigt sich bei Kant dessen systemischer Organismus. Reinholds nach einem ersten Fundament und Fichtes Fortsetzung seiner Suche drehen die teleologische Systemstruktur um. Das Prinzip ist hier kein Zweck, sondern eine Grundlage. Nicht nur im Bezug auf Subjektivität, auch im Bezug auf System ist der Schritt von Kant zu seinen Nachfolgern mithin größer, als es scheint.

Die dritte und letzte Frage betrifft die Idee einer Naturforschung im Zeichen des intuitiven Verstandes. Eine berühmte Aufzeichnung Goethes, die das siebte Kapitel heranzieht, heißt „Anschauende Urteilskraft".[29] Sie heißt nicht: „Anschauender Verstand". Welches Gewicht kann dieser alternativen Bezeichnung zugemessen werden? Andernorts habe ich dafür argumentiert, daß die Formulierung „anschauende Urteilskraft" die Eigenständigkeit von Goethes Position besonders einschlägig ausdrückt.[30] Das Wissen, das die Urteilskraft verwendet, ist kein „Wissen, daß", sondern ein „Wissen, wie". Es ist das Wissen, wie man Begriffe in Urteilen verwendet. Das Wissen der Urteilskraft

---

[28] *KrV* A833/B861.
[29] Johann Wolfgang Goethe, „Anschauende Urteilskraft", in: ders., *Werke* 13, Hamburg, 1960, 30-31.
[30] Gunnar Hindrichs, „On Goethe's Notion of an Intuitive Power of Judgment", *Goethe Yearbook* 18 (2011), 51-66.

ist demnach ein nicht-propositionales Wissen.³¹ Zugleich ist es ein diskursives Wissen. Denn zu wissen, wie man Begriffe in Urteilen verwendet, bedeutet, zwischen den Begriffen „hin und herzulaufen" und sie in der Einheit des Urteils zu verbinden. Das Substantiv „Urteilskraft" bezeichnet also ein nicht-propositionales, aber diskursives Wissen. Das Adjektiv „anschauend" hingegen bezeichnet ein nicht-propositionales und nicht-diskursives Wissen. Der Ausdruck „anschauende Urteilskraft" nimmt folglich die Bestimmung eines paradoxen Wissens vor. Er benennt das nicht-propositionale Wissen, wie man Begriffe in Urteilen verwendet, das sich zugleich diskursiv und nicht-diskursiv vollzieht. Was kann das heißen? Das Paradox ließe sich im Rückgriff auf die experimentelle Methode auflösen. Die Versuchsreihe, die das Ganze einer Naturerkenntnis zu errichten sucht, ist in Urteilen beschreibbar. Diese Urteile werden durch die diskursive Urteilskraft gebildet. Zugleich soll das Ganze jener Naturerkenntnis die notwendige Verbindung der Einzelphänomene begreifbar machen. Hierzu ist sie als Totalität zu nehmen, von der aus das Einzelne verstanden wird. Die Totalität in diesem Sinne kann nicht mit der systemischen Totalität der Urteile, die die Versuchsreihe beschreiben, identisch sein. Denn die Urteile, die die Versuchsreihe beschreiben, errichten die Totalität, machen sie also begreifbar, während die Totalität, von der aus das Einzelne verstanden wird, umgekehrt erst die Einzelphänomene der Versuche wahrhaft begreifen läßt. Diese Totalität hebt daher das Urteilswissen auf, obgleich sie durch dieses Urteilswissen überhaupt erst konstituiert wurde. Das Zugleich von Diskursivität und Nichtdiskursivität der anschauenden Urteilskraft besitzt hier seinen Sinn. Die Urteilskraft der Naturforschung muß ein diskursives Wissen davon sein, wie man Begriffe in Urteilen verwendet, um die Beschreibungen der Versuchsreihe vornehmen zu können. Zugleich muß sie aber auch ein nicht-diskursives Wissen von der Ganzheit dieser Versuchsreihe sein, um die Einzelbeschreibungen der Urteile in einem Vorgriff auf das Ganze in ihrer notwendigen Verbindung einsichtig werden zu lassen. Darum ist die Urteilskraft anschauend: Sie schaut die Ganzheit, die sie in Urteilen errichtet hat, um von ihr

---

[31] Dazu Wolfgang Wieland, *Urteil und Gefühl. Kants Theorie der Urteilskraft*, Göttingen, 2001, 344 ff.

aus die von den Urteilen beschriebenen Sachverhalte als notwendige Momente jener Ganzheit zu verstehen.

Inwiefern kann nun dieses Wissen, wie man Begriffe in Urteilen verwendet, mit dem intuitiven Verstand identifiziert werden? Ist der Verstand ein Verstand, der sich als Urteilskraft vollzieht? Oder muß der Ausdruck „anschauende Urteilskraft" als bloße unterminologische Variante des intuitiven Verstandes begriffen werden? Wenn erstes der Fall sein sollte, dann wäre der intuitive Verstand als ein „Wissen, wie" zu verstehen. Die systematische Rekonstruktion der fünfundzwanzig Jahre der Philosophie scheint dem nicht zu widersprechen. Aber sie legt auch kein besonderes Gewicht auf das besondere Wissen, das in der Urteilskraft zum Tragen kommt. Neigt sie daher zu der Annahme, es handele sich bei dem Ausdruck „anschauende Urteilskraft" nur um einen Platzhalter für den Ausdruck „intuitiver Verstand", dessen Verwendung des Ausdrucks „Urteilskraft" keine eigenständige Bedeutung habe?

Die letzten beiden Fragen betreffen die systematische Idee der Rekonstruktion der 25 Jahre direkt. Das Nachdenken über die Möglichkeiten nicht-diskursiven Wissens bildet ihren Fluchtpunkt. Einerseits scheint nun der Weg von Kant zu der intellektuellen Anschauung unserer selbst weniger leicht zu gehen, als Reinholds begründungstheoretische Argumentation das nahelegt. Der Begriff des Subjektes wird durch seinen Satz des Bewußtseins zu sehr verändert, als daß er in geltungslogischer Perspektive noch akzeptiert werden könnte. Hier stehen diskursives und nicht-diskursives Wissen einander hart gegenüber. Anderseits scheint Goethes Rehabilitation des Intuitiven Formen des nicht-diskursiven Wissens zu durchdenken, die über den Begriff des intuitiven Verstandes noch hinausgehen. Hier werden diskursives und nicht-diskursives Wissen in gegenstrebiger Fügung begriffen. Daraus ließe sich schließen, daß die Kritik des Diskursiven nicht zu dessen Ächtung führen müßte, sondern es integriert. Der Begriff einer anschauenden Urteilskraft könnte den Titel solcher Integration abgeben.

IV.

Die systematische Rekonstruktion der fünfundzwanzig Jahre der Philosophie hat eine konzeptionelle Weichenstellung der Philosophie als Wissenschaft herausgearbeitet. Entscheidend für diese Weichenstellung ist ein Unterschied im Intuitiven selbst. Wissenschaftliche Philosophie nach Kant steht vor der Frage, ob das nicht-diskursive Wissen sich als intellektuelle Anschauung oder als anschauender Verstand gestalten solle. Mit der intellektuellen Anschauung geht der Komplex aus Subjektivität und System einher. Er ist für das moderne Denken bestimmend geworden und beweist seine Geltung noch in den Einsprüchen, die seitens der Philosophie der Existenz, der Philosophie der Sprache oder der Philosophie der Praxis gegen ihn erhoben wurden.[32] Aus dem Ringen mit jenem Komplex weist indessen die zweite Gestalt des Intuitiven hinaus. So sehr sie mit begründungstheoretischen Erwägungen verwickelt sein mag, so wenig ist sie doch an die Konstruktion – oder die Therapie – von System und Subjektivität gebunden. Goethes Entwurf eines anschauenden Verstandes steht daher schräg zu dem Horizont, den der kritische Weg in seiner gängigen Darstellung zeichnet. Er fällt aus ihm nicht heraus, da er nur aus dem Kantischen Projekt – und das heißt: aus dem Projekt methodischer Naturwissenschaft – seinen Gehalt erlangt. Aber er läßt sich in die üblichen Koordinaten dieses Projektes nicht eintragen. Stattdessen zeichnet er in sie die Spur eines Wissens ein, das die Diskursivität der Gegenstandserkenntnis in intuitive Sachlichkeit aufhebt. Die systematische Rekonstruktion des kritischen Weges hat diese Spur freigelegt. Man kann beginnen, sie zu lesen.

---

[32] Dazu Reiner Wiehl, *Subjektivität und System*, Frankfurt/M., 2000.

JOHANNES HAAG
(POTSDAM)

Fichtes schwebende Einbildungskraft

Eckart Förster gibt dem ersten Kapitel, das Fichte allein gewidmet ist, die Überschrift „Fichtes ‚völlige Umkehrung der Denkungsart'". Der Titel ist in mehrfacher Weise passend: nicht nur bezieht er sich auf Fichtes Grundüberzeugung, dass das „absolute Subject, das Ich, nicht durch empirische Anschauung gegeben, sondern durch intellectuelle gesetzt" (W 1:10; vgl. S. 186)[1] werden müsse; der Titel markiert auch verbal den Wendepunkt in der Argumentation der *25 Jahre*: Der erste Teil von Eckart Försters Studie kulminiert in den Überlegungen, die Fichte zu der zitierten Behauptung veranlasst haben, und die ausführliche Auslotung ihrer Konsequenzen markiert im 8. Kapitel nun den Beginn des zweiten Teils. In den sorgfältig aufeinander abgestimmten Reflexionsreihen bildet dieser Gedanke also zugleich den Endpunkt der ersten und den Ausgangspunkt der zweiten, höheren Reflexionsreihe.

Dieser Ausgangspunkt muss dabei selbst als ein erster inhaltlicher Höhepunkt dieser neuen Reflexionsreihe gewertet werden: Zusammen mit dem darauffolgenden 9. Kapitel expliziert diese Passage des Werks nichts Geringeres als „die für Kant unerforschliche Wurzel, in der die sinnliche und die übersinnliche Welt zusammenhängt, *hinsichtlich des menschlichen Ichs*" (S. 368; Herv. J.H.). Diese Kapitel erweisen damit gleichsam die subjektive Seite dieser Wurzel, deren objektive Seite dann Gegenstand der verbleibenden Kapitel von Försters Studie sein wird.

---

[1] Alle Verweise auf Eckart Försters *Die 25 Jahre der Philosophie* werden in Klammern mit Seitenzahlen angeführt. Zitiert wird nach: *Die 25 Jahre der Philosophie. Eine systematische Rekonstruktion*, Frankfurt/M., 2011. Fichtes Werke (W) werden mit Angabe des Bandes und der Seitenzahl zitiert nach der Ausgabe des Sohnes.

Die Struktur der aufeinander abgestimmten oder besser: auseinander sich ergebenden Reflexionsreihen findet eine Entsprechung im Gegenstand dieses ersten Fichte-Kapitels – sie spiegelt sich in der Beschreibung des Gedankengangs, der ausgeht von der komplexen ursprünglichen Tathandlung, in der das Ich sich als teilbares Ich ein gleichfalls teilbares Nicht-Ich entgegensetzt, und der am Ende wieder in einer reflexiven Vergewisserung dieser Tathandlung mündet. Vor dem Hintergrund der skizzierten Rolle des Kapitels im Gesamtzusammenhang der *25 Jahre* trifft es sich vielleicht nicht schlecht, dass auch ich mich in meinen Ausführungen auf den Übergang zwischen den beiden Reflexionsreihen konzentrieren werde, die Fichte in seiner *Grundlage der gesamten Wissenschaftslehre* von 1794 untersucht.

Fichte macht dort weiter, wo Kant auf Grund der unserem Erkennen gesetzten Schranken glaubte aufhören zu müssen – und er tut dies, ironischer Weise, mit Mitteln, die letztlich Kant selbst ihm zur Verfügung stellt. Er beansprucht, eben die „Wurzel, in welcher die sinnliche und die übersinnliche Welt zusammenhängt" (W 10:104; vgl. S. 185) zu erforschen, indem er diese Wurzel im ursprünglichen Selbstsetzungsakt des Ichs verortet, der nur qua intellektuelle Anschauung bewusst zugänglich ist.

Um diese Behauptung plausibel zu machen muss Fichte zweierlei zeigen:

(1) Das Ich ist, was es ist, nur *durch sich* selbst (Selbstsetzung) ...
(2) Das Ich ist, was es ist, *für sich* (Selbstbewusstsein). (S. 187)

Förster skizziert in den Kapiteln 8 und 9 Fichtes Gedankengang in seiner theoretischen und seiner praktischen Dimension so wie wir ihn in der *Grundlage* und im ein Jahr später veröffentlichten *Grundriß des Eigenthümlichen der Wissenschaftslehre* (1795) vorfinden. Er tut dies nicht nur bewundernswert klar – eine Fähigkeit, die Fichte selbst zumindest in den fraglichen Texten nicht wirklich unter Beweis stellt –, sondern, was noch wichtiger ist, es gelingt ihm, Fichtes Gedankengang auch systematisch überzeugend darzustellen.

Ich will mich in meinen eigenen Ausführungen im Folgenden, wie auch das 8. Kapitel der *25 Jahre*, auf die *Theoretische Wissenschaftslehre* konzentrieren und mich dabei insbesondere mit der dort zu findenden Rekonstruktion der sog. *pragmatischen Geschichte des menschlichen Geistes* (W 1:222) oder auch „des Bewusstseins" (S. 207) befassen. Genauer interessiert mich der Übergang von dem synthetisch-deduktiven Verfahren, das Fichte bis zum Beginn dieser pragmatischen Geschichte des Geistes verfolgt, zu dem Verfahren, das dieser pragmatischen Geschichte selbst zu Grunde liegt. Ich werde dabei, so wie Förster selbst auch, ausschließlich textimmanent vorgehen, d.h. ich werde mich auf Försters Deutung und Fichtes Text beschränken und die Auseinandersetzung mit anderen Interpretationen vernachlässigen.

Ich will mich dabei zunächst mit eher methodologischen Fragen beschäftigen und diese mehr vertiefen, als Förster dies in seinem Text unternimmt (I. Abschnitt). Eine geringfügig modifizierte Auffassung dieser Methodologie wird dann aber, wie ich zu zeigen versuchen werde, nicht ohne Auswirkungen auf exegetische und systematische Unterscheidungen bleiben. Vor dem Hintergrund dieser Überlegungen werde ich in zweierlei Hinsicht von Försters Interpretation abweichen: Zum einen hinsichtlich der Frage, was Fichte unter dem *ursprünglich in unserem Geiste vorkommendem Faktum* (vgl. W 1:219) versteht, zum anderen mit Bezug auf Försters schematisierte Darstellung der von Fichte beschriebenen Reflexionsreihen, die letztlich in der Reflexion der Selbstsetzung münden (II. Abschnitt).

I. Synthetische Deduktion vs. pragmatische Geschichte

Das synthetisch-deduktive Verfahren geht vom Denken des ursprünglichen komplexen Setzungsakts aus und löst die im Rahmen dieses Denkens auftretenden Widersprüche sukzessiv solange auf, bis – zumindest im theoretischen Zweig der *Wissenschaftslehre* – keine neuen Widersprüche mehr auftreten. In gewisser Weise kann es aufgefasst werden als rein begriffliche Untersuchung, in der wir nicht bloß Begriffe analysieren, sondern diese im Rahmen der Untersuchung Gesetzen des Denkens gemäß erzeugen: Es ist eine philosophische Reflexion unserer reflexiven Handlungen *qua philosophisch Reflektierende*. In der Reflexion bringen wir, als Reflektierende, unseren Untersuchungsgegenstand – nämlich die reflexiven Handlungen – gleichsam selbst hervor.

Im Rahmen dieses Verfahrens begegnen uns nacheinander eine ganze Reihe scheinbarer ‚Facta', die wir im Rahmen der Auflösung von Widersprüchen selbst hervorbringen und die deshalb ‚künstliche Facta' sind: Facta also, die künstlich hervorgebracht sind. Da sie vom reflektierenden (philosophischen!) Subjekt selbst aber noch ohne Kenntnis des Ziels hervorgebracht werden, kann in ihnen nur nach und nach Richtiges von Falschem unterschieden werden. Widersprüche werden deshalb im Rahmen von Synthesen aufgelöst, die ihrerseits wieder zu neuen Widersprüchen führen und sich deshalb als instabil erweisen.

Alle im Verlauf unserer Untersuchung aufgestellten Denkmöglichkeiten, die wir uns dachten, die wir uns mit Bewusstsein unseres Denkens derselben dachten, waren auch Facta unseres Bewusstseins, inwiefern wir philosophierten; aber es waren durch die Spontaneität unseres Reflexionsvermögens nach den Regeln der Reflexion *künstlich* hervorgebrachte Facta. (W 1:219)

Solchen künstlichen Facta stellt Fichte die ‚echten Facta' gegenüber, die definiert sind als die tatsächlichen Handlungen des Ichs. Sie sind echte Facta, weil sie „ursprünglich in unserem Geist vorkommende" (W 1:219) Facta sind. Nur diese echten Facta – die tatsächlichen ursprünglichen Handlungen des Ichs (nicht nur die bilslang bloß zufälligen Handlungen qua philosophisches Subjekt also) – werden in der Geschichte des Bewusstseins nun synthetisch rekonstruiert, die damit zur *pragmatischen* Geschichte dieses Bewusstseins wird. Der Übergang zur pragmatischen Geschichte des Bewusstseins wird also erst dadurch ermöglicht, dass wir im Gang unserer Untersuchung zuerst auf ein derartiges *echtes* Factum stoßen.

Ich werde unten ausführlich auf dieses erste echte – und damit dann auch ursprüngliche – Factum zu sprechen kommen (vgl. II), will zuvor aber noch kurz die methodologische Frage ansprechen, wie wir Fichtes Ansicht nach echte Facta von bloß künstlich hervorgebrachten *unterscheiden* können. Diese Methode wird erkennbar, wenn Fichte das Vorgehen beschreibt, das zur Auffindung des ersten echten Factums führt:

Unsere Aufgabe war, zu untersuchen, ob und mit welchen Bestimmungen der problematisch aufgestellte Satz: das Ich setzt sich, als bestimmt durch das Nicht-Ich, denkbar wäre. Wir haben es mit allen möglichen durch eine systematische Deduction erschöpften Bestimmungen desselben versucht; haben durch Absonderung des unstatthaften und undenkbaren das denkbare in einen immer engeren Cirkel gebracht, und so Schritt für Schritt uns der Wahrheit immermehr genähert, bis wir endlich die einzig mögliche Art zu denken, was gedacht werden soll, aufgefunden. Ist nun jener Satz überhaupt, d.i. ohne die besonderen Bestimmungen, die er jetzt erhalten hat, wahr – dass er es sei, ist ein auf den höchsten Grundsätzen beruhendes Postulat – ist er, kraft der gegenwärtigen Deduction, nur auf diese *eine* Art wahr: so ist das aufgestellte zugleich *ein ursprünglich in unserem Geiste vorkommendes Factum*. (W 1:219)

Was Fichte hier beschreibt, ist offenbar nichts anderes als ein Verfahren, das systematisch von einem ‚auf höchsten Grundsätzen beruhenden Postulat' – eben jenem berühmten dritten, synthetischen Akt der komplexen Selbstsetzungstätigkeit: „Ich setze im Ich dem theilbaren Ich ein theilbares Nicht-Ich entgegen" (W 1:110) – ausgehend dessen *Bedingungen der Möglichkeit* aufweist: die einzig uns mögliche Art eben, das so Postulierte zu denken. (Ein solches Verfahren kann als Anwendung einer transzendentalphilosophischen Methodologie verstanden werden.)

Ein auf diese Weise entdecktes echtes Factum muss allerdings auf das engste verknüpft sein mit einem künstlich hervorgebrachten Factum: künstlich hervorgebracht ist nämlich im Rahmen der philosophischen Reflexion, d.h. im Rahmen spontaner Aktivität des Reflexionsvermögens, das Factum des *Bewusstseins* jenes echten Factums.[2] Mit anderen Worten: ein künstlich hervorgebrachte Factum ist qua künstlich Hervorgebrachtes keineswegs irgendwie schon falsch.

‚Künstlich hervorgebracht' heißt zunächst einmal nichts anderes als: ‚durch unser Reflexionsvermögen im Akt des Reflektierens als Philosophen spontan hervorgebracht'. Sofern uns ein im Rahmen dieser Reflexion auftretendes künstliches Factum unmittelbar auf ein echtes oder ursprüngliches Factum führt, bringt es seinen

[2] W 1:220.

Gegenstand nicht selbst hervor – in diesem Fall wäre das so bewusst gemachte ein scheinbares Factum – sondern macht ihn nur bewusst. Und genau dieses Vorgehen – das Bewusstmachen von echten Facta – ist Grundlage der pragmatischen Geschichte des Bewusstseins.

Allerdings darf das nicht so verstanden werden, dass wir uns nun eine Reihe von Handlungen des Ichs bewusst machen, die selbst *keine* Reflexionshandlungen sein dürfen. Im Gegenteil: die pragmatische Geschichte des Bewusstseins beschreibt gerade die Reflexionshandlungen des Ichs, die sich auf das ursprüngliche Factum richten und so aus ihm resultieren. Wir als Philosophen reflektieren hier also über die *Reflexionshandlungen* des Ichs, die sich aus diesem ursprünglichen Factum zwangsläufig ergeben, da das Ich sich dieses Factum „nicht anders erklären [kann], als nach den Gesetzen seines Wesens" (W 1:221). Unsere philosophische Reflexion ist somit eine *Metareflexion* der dem Ich wesentlichen Reflexionshandlungen, die sich aus der ursprünglich in unserem Geist vorkommenden Handlung ergeben.[3]

Vorher haben wir im Gegensatz dazu nur über unsere eigenen Reflexionshandlungen reflektiert, d.h. über unsere eigenen Denkmöglichkeiten und -akte im Rahmen der philosophischen Untersuchung. Wir haben damit den Gegenstand unserer Untersuchung selbst hervorgebracht.[4] Auch in diesem Fall war die fragliche Reflexion eine Metareflexion – sie verfuhr aber gleichsam selbstreferentiell.

Jetzt erst ist dieser Gegenstand zwar wieder eine Reflexion, aber nicht unsere Reflexion qua untersuchende Theoretiker, son-

---

[3] Förster thematisiert das in folgender Beobachtung, die genau diese Metareflexion thematisiert:

„Und so, wie z.B. beim Sehen zunächst *etwas* gesehen wird, aber nicht der Akt des Sehens selbst, so muss auch die Handlung des Setzens unterbrochen werden, damit nicht nur das Produkt, sondern die Tätigkeit als solche bewusst werden kann. Das geschieht dadurch, dass auf ihr Produkt reflektiert und dieses bestimmt wird. Dabei ist aber die Tätigkeit der Reflexion das dem Ich *nun* unbewusste Element, das in einem nächsten Schritt Gegenstand einer neuen Reflexion werden muss, um bewusst zu werden." (S. 202)

[4] W1:221

dern die Reflexion des Ichs, die vom ursprünglichen Factum ausgehend ihren Gang zurück bis zu dem Satz des Bewusstseins gehen muss, der bislang nur problematisch gilt: das Ich setzt sich selbst, als bestimmt durch das Nicht-Ich, d.i. der theoretischen Deutung des dritten, synthetischen Aktes der ursprünglichen Selbstsetzung (vgl. W 1:126; dazu S. 193/4). Fichte bringt das wie folgt auf den Punkt:

In der künftigen Reflexionsreihe [i.e. der pragmatischen Geschichte des Bewusstseins] [wird] der Gegenstand der Reflexion nicht erst durch die gleiche Reflexion selbst *hervorgebracht*, sondern bloss *zum Bewusstsein erhoben*. (W 1:222; vgl. S. 203)

Und er fährt fort:

Es geht daraus zugleich hervor, dass wir es von nun an nicht mehr mit blossen Hypothesen zu thun haben, in denen der wenige wahre Gehalt von dem leeren Zusatze erst geschieden werden muss; sondern dass allem, was von nun an aufgestellt wird, mit völligem Rechte Realität zuzuschreiben sei. (W1:222)

Die *Richtung* ist dabei dadurch vorgegeben, dass der problematische Satz, von dem die synthetisch-deduktive philosophische Reflexion ihren Ausgang nahm, nunmehr als reflexives Factum etabliert werden muss. Dieser Satz muss, mit anderen Worten, das *Ziel* des Gangs der Reflexion des Ichs über das ursprünglich in unserem Geist vorkommende Factum sein – nunmehr allerdings selbst als Factum, nicht mehr bloß als problematischer Satz. Erst wenn dieser Punkt wieder erreicht ist, schließt sich der Kreis der Untersuchung, wie Eckart Förster formuliert (vgl. 203).

Aber auch die *einzelnen Schritte* dieser Reflexion des Ichs und der ihr folgenden philosophischen Metareflexion sind vorgegeben, und zwar dadurch, dass wir als Philosophierende bereits in unserer Herleitung des ursprünglichen Factums natürlich denselben Gesetzen unterworfen waren, wie jedes menschliche Bewusstsein. Das Ich, das sich das Factum erklären will, ist dabei – wie in jedem Akt seines Bewusstseins – denselben Gesetzen unterworfen, „nach denen auch unsere bisherige [i.e. rein philosophische; JH] Reflexion angestellt worden" (W 1:221).

Es ist klar, dass derselbe menschliche Geist nach keinen anderen Gesetzen über das gegebene Factum reflectiren könne, als nach denjenigen, nach welchen es gefunden ist; mithin nach denjenigen, nach denen unsere bisherige Reflexion sich gerichtet hat. (W 1: 222).

Da uns diese Gesetze in einem systematischen Verfahren das ursprüngliche Factum geliefert haben, das nun Anlass zur Reflexion des Ichs gibt, die im Weiteren nachvollzogen werden soll, wird diese Reflexion nun den Weg schrittweise „in umgekehrter Richtung" (W 1: 223) verfolgen – und mit ihr die philosophische Metareflexion. Förster, der die so entstehende symmetrische Kreisbewegung in ihren einzelnen Schritten rekonstruiert, legt in seiner Darstellung nahe, dass die Möglichkeit der Rückkehr zum Ausgangspunkt der Reflexion im Rahmen der pragmatischen Geschichte des Bewusstseins eine Art Test für die Richtigkeit der Reflexionsbewegung darstellt:

War die Deduktion korrekt, dann muss sich aus diesem Grundvermögen und dem Faktum der Ausgangspunkt der Untersuchung wiedergewinnen lassen. ... Diese Bewusstseinsgenese muss die Wissenschaftslehre jetzt rekonstruieren, *um zu sehen, ob sie damit zum Ausgangspunkt der Untersuchung zurückkehrt und sich der Kreis schließt*. (S. 202/3; Herv. J.H.)

Ich bin mir nicht sicher, ob es eines solchen Tests überhaupt bedarf; genauer: ich sehe nicht, dass bei dieser Bewegung überhaupt etwas schiefgehen kann. Fichte scheint mir letztlich darauf festgelegt, dass der Erfolg dieser Bemühung bereits durch die Etablierung des ursprünglich im Geist vorkommenden Factums garantiert ist, das den Wendepunkt der Untersuchung darstellt. Denn woran könnte, sobald dieser Punkt erreicht ist, die Rekonstruktion noch scheitern? Von diesem Wendepunkt aus sind Richtung und einzelne Schritte des nun folgenden Prozesses der Bewusstseinsgenese vorgegeben durch ‚die Gesetze des Wesens des Ichs' (vgl. W 1:221), die wir als Philosophen nur beobachten.

Dass andererseits der ursprüngliche Ausgangspunkt der Untersuchung – der problematische Satz, dass das Ich sich selbst setzt, als bestimmt durch das Nicht-Ich – richtig gewählt war, ist mit dem Erreichen des Wendepunkts gleichfalls klar: wir hätten diesen Punkt nicht erreichen können, wäre der Ausgangspunkt falsch gewählt gewesen. Und dass wir mit diesem Wendepunkt tatsächlich ein ursprünglich im Geist vorkommendes Factum erreicht haben, ist, wie wir oben bereits gesehen haben, für Fichte auch unbezweifelbar gewiss. Mit anderen Worten: der eigentliche Erfolgstest für unsere Untersuchung ist, so scheint mir, mit der Auffindung dieses ursprünglichen Factums bereits bestanden. Es rechtfertigt rückwirkend den gewählten Ausgangspunkt und legt zugleich, vorausblickend, die Schritte der nun zu verfolgenden Bewusstseinsgenese ebenso fest wie deren Endpunkt.

Allerdings darf sich diese Umkehrung der Reflexionsrichtung und die damit verbundene schrittweise (Rück-)Verfolgung des synthetisch-deduktiven Verfahrens aus der Herleitung des ursprünglichen Factums nun nicht gleichsam so verhalten, wie die Auflösung eines äußerst komplexen Knotens, den wir zuvor mühevoll geschnürt haben. Ein solches Verfahren brächte uns offensichtlich keinen Erkenntnisgewinn. Etwas muss sich im Laufe des bisherigen Verfahrens so verändert haben, dass wir im zweiten, umgekehrten Durchlaufen der Reihe deren einzelne Glieder in einem neuen Lichte sehen können. Was hat sich verändert?

Die entgegengesetzten sind in beiden Fällen ein subjectives und ein objectives; aber sie sind es als solche, *vor* der Synthesis, und *nach* ihr auf eine sehr verschiedene Art im menschlichen Gemüthe. *Vor* der Synthesis sind sie bloss entgegengesetzte und nichts weiter; das eine ist, was das andere nicht ist, und das andere, was das eine nicht ist; sie bezeichnen ein blosses Verhältnis und weiter nichts. Sie sind etwas negatives, und schlechthin nichts positives. ... Sowie das eine eintritt, ist das andere vernichtet. ... *Nach* der Synthesis sind sie etwas, das sich im Bewusstseyn auffassen und festhalten lässt, und welches gleichsam dasselbe füllt. ... Diese Verwandlung geht mit ihnen vor, gleichsam indem sie durch die Synthesis hindurchgehen, und es muss gezeigt werden, wie und auf welche Art die Synthesis ihnen etwas mittheilen könne, das sie vorher nicht hatten. (W 1: 224/5)

Wie und auf welche Art kann nun die Synthesis den so Entgegengesetzten etwas mitteilen, das sie vorher nicht hatten? Um das besser zu verstehen, müssen wir uns nun endlich dem ersten und damit ursprünglichen Factum selbst zuwenden. Denn dieses Factum ist, wie wir sehen werden, auf das Engste verwoben mit der Synthesis, die für den Unterschied letztlich verantwortlich ist.

II. Anstoß und Einbildungskraft

Wonach suchen wir? Wir suchen, ganz im Sinne einer echten Transzendentalphilosophie, die „einzig mögliche Art zu denken, was gedacht werden soll" (W 1:219). Diese ‚Art zu denken' muss, so war das ganze synthetisch-deduktive Verfahren ja bisher angelegt, in einer Überwindung von Gegensätzen bestehen oder zumindest in einem Ansatz zu einer solchen Überwindung. Die Überwindung von Gegensätzen ist eine Synthesis – und das Vermögen der Synthesis ist auch für Fichte, wie zuvor für Kant, die *Einbildungskraft*.

> Die Aufgabe war die, die entgegengesetzten, Ich und Nicht-Ich, zu vereinigen. Durch die Einbildungskraft, welche widersprechendes vereinigt, können sie vollkommen vereinigt werden. (W 1:218)

Die erste zumindest partiell erfolgreiche und also die Kette der Widersprüche unterbrechende Synthesis verweist deshalb auch als erste auf eine der künstlich hervorgebrachten Synthesis zugrundeliegende *ursprünglich im Bewusstsein vorkommende Synthesis* – und damit als erste Synthesis überhaupt auf ein ursprünglich synthetisches Vermögen! Auf Grund dieses Verweises kann überhaupt erst eine tatsächliche ursprüngliche Handlung des Bewusstseins in den Blick kommen – vorher hatten wir es ja immer nur mit philosophischen Reflexionskonstruktionen zu tun. Nun aber haben wir in der Tätigkeit der Einbildungskraft ein echtes *Factum des Bewusstseins*. Dieses Factum muss also eine Synthesis sein, die nicht bloß konstruiert, sondern ursprünglich hervorgebracht ist, durch das synthetisierende Vermögen der Einbildungskraft: „Das Verfahren war synthetisch, und bleibt es durchgängig; das aufgestellte Factum ist selbst eine Synthesis." (W 1:223)

Gleichzeitig muss es eine Synthesis sein, die so *ausgedrückt* werden kann, dass ihre Form den problematischen Satz, der am Beginn der Untersuchung stand (also den dritten Grundsatz in der Gestalt, die Anlass für den theoretischen Zweig der Überlegung gab) in bestimmter Weise *deutet*. Mit anderen Worten, dieses ursprüngliche im Geist vorkommende Faktum ist das „Schweben der Einbildungskraft" (W 1:217) zwischen den Gegensätzen, in die das synthetisch-deduktive Verfahren abschließend mündet:

In dieser Synthesis sind zuvörderst vereinigt zwei entgegengesetzte aus der ersten Reihe; welches demnach das Verhältnis dieser Synthesis zur ersten Reihe wäre. (W 1:223)

Diese beiden Gegensätze sind, so stellt sich heraus, Wirksamkeit des Nicht-Ich auf der einen und Selbstbeschränkung des Ich auf der anderen Seite. Die fragliche Synthesis muss demnach Eckart Försters Synthesis E sein: Die Aufhebung dieser Gegensätze in einer „unabhängigen Tätigkeit" (S. 201) der Einbildungskraft.

Diese Tätigkeit ist unabhängig, weil sie eine Tätigkeit im Ich ist, der *kein* Leiden im Nicht-Ich entgegengesetzt wird, *und zugleich* eine Tätigkeit im Nicht-Ich, der *kein* Leiden im Ich entgegengesetzt wird.[5] Die Proportionalität von Tätigkeit und Leiden lag aber dem bislang universell geltenden Prinzip der Wechselbestimmung zu Grunde.[6] Die gesuchte Tätigkeit der Einbildungskraft muss also, wie Förster schreibt, „eine von der Wechselbestimmung teilweise unabhängige Tätigkeit" (S. 198) sein. Nur so können die Gegensätze „ganz, und *als* entgegengesetzte, beisammen stehen, ohne sich gegenseitig aufzuheben" (W 1: 207).

Wie soll man sich eine solche Tätigkeit vorstellen? Sie hat viel zu tun mit dem Denken von Grenzen. Für dieses Denken der Grenze ist, wie Eckart Förster herausarbeitet, zweierlei nötig: erstens, die Fähigkeit, Gegensätze überhaupt zusammen zu denken, ohne dass sie sich gegenseitig aufheben (das war das Unabhängige an der Tätigkeit); und zweitens, muss es etwas geben, was sich in dieser Weise zusammen denken lässt. Fichte bezeichnet das erstere als *Zusammenfassen*, das letztere als *Zusammentreffen*. Gegensätze, die zusammentreffen, werden demnach von der Einbildungskraft zusammengefasst. Für das Zusammentreffen gilt nun:

Zusammentreffende sind nur, inwiefern die Grenze zwischen ihnen gesetzt wird, und diese Grenze ist weder durch das Setzen des einen, noch durch das Setzen des anderen gesetzt; sie muss besonders gesetzt werden. – Aber diese Grenze ist denn auch weiter nichts, als das beiden gemeinschaftliche; mithin ihre Grenzen setzen – heißt, sie zusammenfassen ... . (W 1:213)

---

[5] W 1:149; vgl. S. 198.
[6] W 1:130/1.

Das Zusammentreffen ist also nur in Abhängigkeit von der zusammenfassenden, synthetisierenden Tätigkeit der Einbildungskraft überhaupt denkbar. Analog gilt umgekehrt für das Zusammenfassen, dass es nur in Abhängigkeit davon überhaupt möglich ist, dass etwas zusammentrifft.

Genau an dieser Stelle kommt nun der Anstoß ins Spiel. Dieser Anstoß ist, so reicht uns in diesem Zusammenhang aus mit Eckart Förster festzuhalten, zugleich „'Hemmnis' wie ,Aufforderung'" (S. 200). Er ist ein Widerstand, auf den die sich andernfalls ins Unendliche ausdehnende Selbstsetzungstätigkeit des Ichs trifft und durch den das Ich sich in dieser Tätigkeit als *begrenzt* erlebt. Erst dadurch, dass das Ich in seiner Tätigkeit auf diesen Widerstand stößt, kann überhaupt eine Grenze im andernfalls unendlichen Bewusstsein entstehen. Diese Grenze entsteht nun einfach als der Punkt, an dem das Ich in seiner Tätigkeit gehemmt wird und über den hinaus es ins Unendliche streben will. Es ist, wie Eckart Förster immer wieder betont, das eigentümliche der Grenze (im Gegensatz zur Schranke), dass wir beide Seiten denken müssen, um sie ziehen zu können. Genau dieser Gedanke findet sich nun auch bei Fichte, wenn er in aller Kürze und Prägnanz festhält: *„keine Unendlichkeit, keine Begrenzung; keine Begrenzung, keine Unendlichkeit"* (W1:214).

Wenn die ursprüngliche Grenzziehung allerdings so charakterisiert wird, dann ist auch klar, dass es sich um eine Grenzziehung *im Ich* handeln muss. Der Anstoß ist damit vermittels des Gefühls einer Hemmnis zwar der Auslöser für diese Tätigkeit der Grenzziehung im Ich, wird allerdings selbst nicht in diese Tätigkeit integriert. Der ‚Widerstreit', der von der Einbildungskraft im Akt der Synthesis überwunden wird, ohne deshalb aufgelöst zu werden, ist tatsächlich ein „Widerstreite [des Ichs] mit sich selbst" (W 1:215), wie Fichte formuliert. Gegen Ende dieses Gedankengangs in der *Grundlage* umreißt er die Beschreibung der synthetisierenden Aktivität der Einbildungskraft – sein „höchst wichtiges und End-Resultat" (212) – in folgenden Sätzen zusammenfassend folgendermaßen:

Dieser Wechsel des Ich in und mit sich selbst, da es sich endlich und unendlich zugleich setzt – ein Wechsel der gleichsam im Widerstreite mit sich selbst besteht und dadurch sich selbst reproduziert ... – ist das Vermögen der Einbildungskraft. Hierdurch wird nun vollkommen vereinigt Zusammenfassen und Zusammentreffen. Das Zusammentreffen, oder die Grenze ist selbst ein Product des Auffassenden *im* und *zum* Auffassen (absolute *Thesis der Einbildungskraft*, die insofern schlechthin *productiv* ist). Insofern das Ich und dieses Product seiner Thätigkeit entgegengesetzt werden, werden die Zusammentreffenden selbst entgegengesetzt, und es ist in der Grenze keins von beiden gesetzt (*Antithesis der Einbildungskraft*). Insofern aber beide wiederum vereinigt werden – jene productive Thätigkeit dem Ich zugeschrieben werden soll – werden die Begrenzenden selbst in der Grenze zusammengefasst. (*Synthesis der Einbildungskraft*; die in diesem ihren antithetischen und synthetischen Geschäfte *reproductiv* ist ...) Die Entgegengesetzten sollen zusammengefasst werden im Begriffe der bloßen *Bestimmbarkeit* (nicht etwa der Bestimmung). (W 1:215; Herv. J.H.)

Damit scheint mir klar, dass Fichte mit dem ursprünglichen Factum nicht den Anstoß selbst meinen kann, der die Aktivität des Ichs hemmt und so dessen Reflexion überhaupt erst in Gang setzt. Eckart Förster scheint andererseits Anstoß und ursprüngliches Factum miteinander zu identifizieren, wenn er Fichtes bereits mehrfach zitierte Bemerkung über ein „ursprünglich in unserem Geiste vorkommendes Factum" (W 1: 219) auf Fichtes Anstoß bezieht – und nicht, wie ich vorgeschlagen habe, auf die ‚schwebende' Synthesis der Einbildungskraft. Aber gerade für die Aufgabe, die Fichte hier für das hergeleitete Faktum beschreibt – nämlich die *einzige* Art zu sein, in welcher der ursprünglich problematische Satz wahr sein kann – scheint mir der Anstoß ungeeignet. Das gesuchte ursprüngliche Factum ist eine Tätigkeit des Ich, nicht das, was diese Tätigkeit auslöst:

Die Thätigkeit, als synthetische Einheit, wird am kürzesten beschrieben *durch ein absolutes Zusammenfassen und Festhalten* entgegengesetzter, eines subjectiven und objectiven, *in dem Begriffe der Bestimmbarkeit*, in welchem sie doch auch entgegengesetzt sind. (W 1:205)

In der Tat spricht Fichte zumindest in den methodologischen Überlegungen über Facta, die ich am Beginn meiner Überlegungen skizziert habe, in Bezug auf den Anstoß, sofern er überhaupt erwähnt wird, nie von einem Factum – und auch sonst nicht in der Theoretischen Wissenschaftslehre der *Grundlage*.

Ich vermute, dass Eckart Förster diese Textstellen deshalb anders liest, weil er sich in der nun folgenden Rekonstruktion der pragmatischen Geschichte des Bewusstseins vorwiegend an Fichtes ausführlichere Darstellung im *Grundriß des Eigenthümlichen der Wissenschaftslehre* von 1795 hält. Und in der Tat scheinen die Dinge dort auf den ersten Blick etwas anders zu liegen: das Factum, das dort die eigentliche Untersuchung eröffnet, ist gerade die *Empfindung* als Tätigkeit des Ichs – und in der „Deduction der Empfindung" (W 1:335) spielt der Anstoß eine erhebliche Rolle.

Allerdings gilt auch hier, dass das „aufgezeigte Factum ... gesetzt [wird]: durch Empfindung" (W 1:335) – und das Factum selbst wird gleich zu Beginn des *Grundriß* wieder als synthetisches Produkt der Einbildungskraft beschrieben. Die Empfindung ihrerseits ist nicht das Gefühl des Anstoßes und auch nicht die schwebende Tätigkeit der Einbildungskraft, sondern die Verlagerung der in der Einbildungskraft synthetisch erzeugten Grenze *in* das Ich als dessen Empfindung im Rahmen des reflektierenden Prozesses, den wir in der philosophischen Metareflexion der pragmatischen Geschichte des Geistes beobachten. Im Rahmen dieser Reflexion ‚eignen wir uns die Grenze als Empfindung zu'. (Nicht aber als Grenze, da wir dazu bereits beide Seiten der Grenze denken können müssten – und soweit sind wir in der pragmatischen Geschichte des Bewusstseins noch nicht. Konsequenter Weise bezeichnet Eckart Förster die so entstandene Empfindung entsprechend als Schranke und nicht als Grenze.) Damit setzen wir sie aber und beenden so das Schweben der Einbildungskraft. Nur so ist „die geforderte Beziehung der im Widerstreite befindlichen Tätigkeit auf das Ich, das Setzen derselben als eines etwas, das dem Ich zukommt, die Zueignung derselben möglich" (W 1:338). Die so gesetzte Empfindung wäre demnach der erste Schritt über das Factum der Synthesis der Einbildungskraft hinaus – nicht der erste Schritt über das Factum des Anstoßes hinaus. Auch der Text des *Grundrisses* spricht in dieser Interpretation also nicht für die Identifikation von Anstoß und ursprünglichem Factum.

Wenn aber die so gesetzte Empfindung nicht der erste Schritt über das Factum des Anstoßes hinaus sein soll (wie bei Eckart Förster), sondern der erste Schritt über das Factum der Synthesis der Einbildungskraft hinaus – die Beendigung ihres Schwebezustandes also –, dann hat das auch Konsequenzen für die schematisierte Darstellung der pragmatischen Geschichte des Bewusstseins. Diese Darstellung liefert eine Übersicht über die Einbettung der Produkte (vgl. W 1:335) der Tätigkeiten, die die pragmatische Geschichte des Bewusstseins ausmachen, in den Gedankengang der beiden Reflexionsreihen, die in der *Grundlage* rekonstruiert werden sollten.

Hier ist zunächst Eckart Försters Rekonstruktion (S. 207):

A Limitation	A_t Vernunft
B Wechselbestimmung	B' Verstand und Urteilskraft
C Kausalität	C' abgebildetes Ding
D Substanz, Akzidenz	D' Bild
E Einbildungskraft	E' Anschauung
(F) Anstoß	F' Empfindung

Ich schlage folgende Modifikation vor:

A Limitation	A_t Vernunft
B Wechselbestimmung	B' Verstand und Urteilskraft
C Kausalität	C' abgebildetes Ding
D Substanz, Akzidenz	D' Bild
E Einbildungskraft	E' Empfindung und Anschauung
(F) Anstoß	

Die Veränderung ist nicht groß und sie ergibt sich in der Zuordnung von E und E' unmittelbar aus dem, was ich bereits betont habe: Empfindung ist das gesetzte Produkt, das den ursprünglichen Schwebezustand der Einbildungskraft beendet.

Wie verhält sich die Empfindung aber dann zur Anschauung? Warum sollen beide auf derselben Reflexionsstuf stehen? Es gibt hier eine gewisse Spannung zwischen dem Text der *Grundlage* und dem *Grundriß*. Eckart Förster orientiert sich, wie bereits erwähnt, in seiner Rekonstruktion an der (allerdings ausführlicheren) Darstellung des *Grundriß*, während meine Übersicht für die Anschauung die Ausführungen der *Grundlage* heranzieht und die Empfindung aus dem *Grundriß* hinzufügt.

Mir scheint Försters Argumentation dafür, dass es sich um zwei zu unterscheidende Reflexionsschritte handelt einerseits plausibel; andererseits denke ich, dass man sie in ähnlicher Weise als gemeinsam aus dem ursprünglich im Geiste vorkommenden Faktum herleitbar betrachten kann, wie später auch Verstand und Urteilskraft sozusagen zwei Seiten einer Medaille sind. Ähnlich eng aufeinander bezogen und nicht zwingend in der Reihenfolge unterschieden scheint mir auch der Akt des völlig unbestimmten ‚auf sich Beziehens' (Empfindung) und der Akt des völlig unbestimmten ‚auf etwas, das Nicht-Ich ist, Beziehens' (Anschauung).

Die vorgeschlagene Änderung ist minimal, reflektiert jedoch die möglicherweise für die exegetische und systematische Rekonstruktion des Fichteschen Gedankengangs nicht unerhebliche unterschiedliche Auffassung über das Verhältnis von ursprünglichen Facta – ja, Facta überhaupt – und Fichtes Anstoß. Mit der Klassifikation als Vermögen (der Hervorbringung) des ursprünglichen Factums habe ich versucht, ein besonderes Vermögen wieder in vollem Umfang in sein Recht zu setzen: nämlich das

> wunderbare Vermögen der productiven Einbildungskraft ..., ohne welches gar nichts im menschlichen Geiste sich erklären lässt – und auf welches gar leicht der ganze Mechanismus des menschlichen Geistes sich gründen dürfte (W 1:208).

DANIEL BREAZEALE
(UNIVERSITY OF KENTUCKY)

Das Praktische in the Early *Wissenschaftslehre*

Though Ch. 8 of Eckart Förster's *The Twenty-Five Years of Philosophy* is entitled "Morals and Critique," it is largely confined to a detailed and illuminating reconstruction of Fichte's sometimes bewilderingly complex deduction of the pure moral drive from the bare feeling of force in Part III of the *Grundlage der gesammten Wissenschaftslehre*.[1] It is not my intention to evaluate or to improve upon Prof. Förster's analysis and ingenious reconstruction of this text, which I would recommend as a much needed "guide to the perplexed" reader of the *Grundlage,* but rather to address some broader issues suggested by the *title* of his chapter and by Fichte's *title* for Part III of *his* text.

Let us begin by noting something that has been overlooked by almost all commentators on the *Grundlage*: namely, the *asymmetry* between the titles of the three parts. The title of Part I, *Grundsätze der gesammten Wissenschaftslehre,* displays – if only in its formal features – Fichte's debt to his immediate predecessor at Jena, K.L. Reinhold, who stipulated that philosophy could become a science only in the form of a system developed from a single, self-evident principle. Part I establishes what Fichte calls "[die] erste synthetische Handlung, [die] Grundsynthesis (der des Ich und Nicht-Ich),"[2] a reflective analysis of which is undertaken in Parts II and

---

[1] Though the great bulk of Ch. 8 is indeed devoted exclusively to Pt. III of the 1794/95 *Grundlage der gesammten Wissenschaftslehre* [henceforth = *GWL*], the final few pages are devoted to Schelling's earliest writings and will not be discussed here. – All references to Eckart Förster's *The Twenty-Five Years of Philosophy* will indicate the author's name and the page number from the English edition: *The Twenty-Five Years of Philosophy. A Systematic Reconstruction* (trans. Brady Bowman), Cambridge/Mass., 2012.

[2] *GWL, GA,* I/2:283. Fichte's writings are here cited according to the critical edition *J. G Fichte – Gesamtausgabe der Bayerischen Akademie der Wis-

III. More specifically, Part II analyzes one of the two synthetic propositions contained in the general principle of mutual interdetermination of I and not-I with which Part I concludes: namely the proposition that "*das Ich setzt sich selbst als beschränkt durch das Nicht-Ich.*"[3] This, of course, is the general principle of cognition or of the purely "theoretical" portion of philosophy. Hence the title of Part II: *Grundlage des theoretischen Wissens.* (But there is something odd about this title: is there any kind of "knowing" *other* than the *theoretical* kind? Is theoretical reason involved in anything beyond *knowing*? We will return to these questions.)

As Prof. Förster explains in his Seventh Chapter, Part II is in turn divided into two very different parts. The first and longest portion consists of a long and tortuously dialectical "deduction" of that power of productive imagination which enables the I to "oscillate" between and thereby synthetically to unite opposites. This first or "analytic" portion also includes a deduction of the necessity of the I's encounter with its own finitude in the form of an immediate experience of being unable to extend its ostensible unlimited activity beyond a certain point. This is the celebrated or infamous *Anstoß* – a term that nicely suggests how at this point the I is both "checked" in its original activity and "impelled" along a new course of (reflective) action, in the course of which the originally ineffable *Anstoß* (which is, I believe, here best understood as that domain of raw and involuntary "feeling" or *Gefühl* through which the I becomes originally aware of its own inscrutable boundaries[4]) is explicitly posited and re-posited by and for the I, first as sensation, then as intuition in space and time, then as an image, and finally as a representation of an independently existing thing or not-I. A detailed, "genetic" account of this necessary and unconscious process of reflection is the subject of the second and much briefer portion of Part II, which Fichte describes as "eine pragmatische Geschichte des menschlichen Geistes."[5]

---

senschaften, ed. R. Lauth, H. Gliwitzky, E. Fuchs, Stuttgart-Bad Cannstatt, 1964ff., abbreviated as *GA* and cited by series, volume, and page number.

[3] *GWL, GA,* I/2: 285.

[4] For more on the notion of *Anstoß* see the Appendix at the end of this chapter.

[5] *GWL, GA,* I/2: 365. Regarding the meaning and interpretation of this phrase, see Breazeale, "Fichte's Conception of Philosophy as a

Part III begins with a reflective analysis of the second proposition contained in the principle of the mutual interdetermination of I and Not-I, namely the proposition that "*das Ich setzt sich als bestimmend das Nicht-Ich.*"[6] Like Part II, Part III begins with a preliminary "deduction" of a certain power of the I – in this case, its practical ability to be "eine Ursache die nicht Ursache ist,"[7] i.e., it's original *Streben,* which is deduced as the only means to unite the limited and the unlimited activities of the I synthetically. As with the theoretical power of imagination in Part II, this new practical power of striving presupposes – though it cannot deduce – the sheer "fact" of the *Anstoß*. Part III concludes with another "pragmatic history," this time in the form of a genetic description of how the striving I necessarily posits or reflects upon its original feeling of its own force, first as a feeling of self, then as a feeling of vague longing, then as a drive to alter its own feeling of limitation, and finally as a drive toward unconditional self-determination and harmony with itself (the pure moral drive). This entire process, which is clumsily described in the second portion of Part III is cogently and artfully reconstructed by Prof. Förster.

But what about the title of Part III, which is not *Grundlage des praktischen Wissens,* but rather, *Grundlage der Wissenschaft des Praktischen?* What can this mean? What is *das Praktischen* for Fichte, and what is meant by "the science of the practical"? Does this describe the contents of Part III, or does it describe instead another science – that is to say, another systematic division of the "entire *Wissenschaftslehre"* and not simply a practical "application" of the results of the *Grundlage* – made possible by the foundational portion of the same that concludes Part III?

The demand that everything conform to the I, or that the I determine the Not-I is, as Fichte explains, the demand of *practical reason*, and he boasts that it is only in the *Wissenschaftslehre* and

---

'Pragmatic History of the Human Mind' and the Contributions of Kant, Platner, and Maimon", *Journal of the History of Ideas* 62 (2002), 685-703 and "What is a 'Pragmatic History of the Human Mind'? Some Methodological Remarks on Fichte's Jena Project", in *Fichte: Crença, imaginaçãi e temporalidade,* ed. F. Gil, V. L. Dominguez, and L. C. Soares, Porto, 2002, 89-108.

[6] *GWL, GA,* I/2: 385.
[7] *GWL, GA,* I/2: 417.

indeed, in the *Grundlage,* that the existence of reason's practical power – i.e., the *fact* that reason is practical – is first *proven (erwiesen).* The *Wissenschaftslehre* accomplishes this by demonstrating that reason cannot be theoretical if it is not practical, that the I cannot be an intellect or cognizing subject unless it is *also* a practically striving one – indeed, unless it recognizes itself to be bound by an unconditional moral law. This is the meaning of the famous slogan: "kein Streben, kein Objekt."[8] I will refer to this doctrine below as that concerning the *constitutive* function of *das Praktische.*

But if we focus instead upon the manner in which the "foundational" portion of the entire system of transcendental idealism, as represented, first, by the *Grundlage* and then (and, I would argue, much more adequately) by the lectures on *Wissenschaftslehre nova methodo,* is supposed to furnish the *ground* or *foundation* for another distinctive philosophical "science of the practical," and interpret *das Praktische* as referring to a systematic subdivision of a larger system we then will be dealing with what I will refer to as the *architectonic* significance of *das Praktische.* Or we could instead interpret "the practical" in terms of Fichte's contrast between the standpoints of speculation and of life, in which case *das Praktische* is clearly associated with the latter, and thus the question concerning the meaning of "the practical" for the Jena *Wissenschaftslehre* becomes a question concerning how philosophy, on the one hand, *begins* with an extra-philosophical, practical decision and, on the other, *concludes* by making its own distinctive contribution to the practical interests of life. The first of these inquires concerns what I shall call the *methodological* significance of *das Praktische* and the second concerns the *practical significance* of philosophy itself.

One final point before we investigate these four topics: In the background of these investigations will be another question, this one concerning the alleged "primacy of the practical" in Fichte's Jena *Wissenschaftslehre.* One of my goals is therefore to determine how and where this familiar formula applies to Fichte's system – and how and where it distorts the meaning of the same.

---

[8] See *GWL, GA,* I/2: 397-99.

I. The Constitutive *Function of the Practical*

> Der Charakter der Vernünftigkeit besteht darin, daß das Handelnde, und das Behandelte Eins sey, und eben dasselbe; und durch diese Beschreibung ist der Umkreis der Vernunft, als solcher erschöpft.[9]

This claim, from the *Grundlage des Naturrechts*, bears an obvious resemblance to the famous description of the character of the *Ich* (or of the concept of the same: *Ichheit*) at the beginning of the *Grundlage der gesammten Wissenschaftslehre*: "Das Ich setzt sich selbst schlechthin." "I-hood" and "reason" are, in this context, simply two names for one and the same absolute, self-contained, self-sufficient, and freely self-positing *Tathandlung* or "Fact/Act."[10] To be sure, transcendental analysis will immediately introduce a distinction between the "theoretical" and "practical" *powers* and *activities* of this same I.[11] In his genetic account of the self-constitution of the I in the *Grundlage* and elsewhere Fichte sometimes employs the terms "theoretical and practical *powers* of the I" as synonyms for "theoretical and practical *reason*," whereas in the *Wissen-*

---

[9] *GA*, I/3: 313.

[10] "In der gedruckten Wissenschaftslehre ist das reine Ich zu verstehen als Vernunft überhaupt", *Wissenschaftslehre nova methodo, Halle Nachschrift* [= *WLnm(H)*], *GA*, IV/1: 240. See also the following passage from a Kollegnachschrift of Fichte's lectures on logic and metaphysics from the Summer Semester of 1797: IV/1: 248. "Vernunft heißt das ganze Vermögen, Wesen der Intelligenz, der Ichheit. Ich u. Vernunft ist ein u. daßelbe. In dieser Bedeutung ist mein Wille Äusserung der V[ernunft], irgend ein Schluß, Tugend u Laster ebenfalls. Mein ganzes Vermögen wird eingetheilt in das theoretische u. praktische *i e.* die Vernunft läßt sich ansehen als theoretische u practisch. Alles einzelne was in mir vorkommt, ist daßelbe Vermögen; ich finde mich *i e.* meine Vernunft, ich finde mich praktische *i e.* ich finde praktische Vernunft; ich finde mich denkend, theoretisch *i e.* ich finde theoretische Vernunft. Beide [,] theoretische u praktische Vernunft sind inigst vereinigt" (*GA*, IV/1: 248).

[11] "Pure reason" or "*Vernunft überhaupt*" is, according to Fichte, to be identified not with any particular cognitive or practical faculty, but with "dem schlechthin setzenden Vermögen im Ich." (*GWL*, *GA*, I/2: 373-74). See too *Wissenschaftslehre nova methodo (Krause Nachschrift)* [= *WLnm(K)*], *GA*, IV/3: 338: "Das Wesen der Vernunft [bestehe] in dem Sichselbstsezen."

schaftslehre nova methodo he replaces both of these opposed pairs with talk about the "*ideal*" and "*real*" *powers* and *activities* of the I. But though the terminology my vary, the point remains the same, though it is – as Fichte quickly recognized – obscured by the organization of the *Grundlage*: viz., that *both* powers are essential to the I, which cannot be theoretical if it is not practical, *and* cannot be practical if it is not theoretical. "No striving, no object," to be sure; but it is equally true that "no object, no striving."[12]

---

[12] No sooner has the unity and self-sufficiency of the rational subject been "absolutely posited" than it becomes clear that the I cannot posit itself at all except as something determinate and cannot posit itself as something determinate unless if simply finds itself to be limited in a manner not envisioned in the concept of its originally posited "absolute self-positing." Hence the *actual* unity of the I proves to be not analytic at all, but to be a synthetic, indeed one might say "dialectical," product of the reciprocal inter-determination of the finite and infinite aspects of the I and of the interplay of its theoretical and practical powers. Moreover, an I is an I only insofar as it is "for itself," that is, only insofar as it is aware of itself (that is, posits itself) *as* self-positing. All consciousness therefore presupposes self-consciousness. Hence there is necessarily a *theoretical* or *ideal* moment of cognition in *every* expression of reason or in every modality of I-hood. Knowing, however, is for Fichte a kind of "doing" and never a merely passive "reception" of its object. The I is a *Tathandlung*; reason is a *Tun*: "Die Vernunft schaut sich selbst an: dies kann sie, und thut sie, eben weil sie Vernunft ist; aber sie kann sich nicht anders finden, denn sie ist; als ein Thun" (*Sittenlehre, GA*, I/5: 68).

This does not simply mean that one must, following Kant, posit a certain cognitive spontaneity on the part of the intellect; it also means that the very possibility of cognition (and hence of the "theoretical" or "ideal" application of reason) always *presupposes* a real, determinate striving or willing on the part of the I (i.e., a "practical" application of reason). "Die Vernunft könne selbst nicht theoretische seyn, wenn sie nicht praktische sey" (*GWL, GA*, I/2: 399). But it is equally true that reason could not be practical were it not also theoretical. First of all, some real object (Not-I) must be cognized as resisting the striving of the I and requiring alteration, and secondly, in order to will freely one must always cognize an ideal object of one's action in the form of a determinate concept of one's goal. Without cognition of *both*, the specifically "practical" activity of power of the I would never be engaged. Any doubt on this score should be removed by the following passage from Fichte's lectures on Logic and Metaphysics, where he asserts: "Es läßt sich erweisen, daß alle Vorstellung, von einem Gefühl des subjectiven Zustandes ausgeht u. sich darauf

Fichte's transcendental-genetic account of originary I-hood thus culminates in a description of what he calls "der Kreislauf der Funktionen des Ichs" in the "primary synthesis of thinking and willing."[13] From the abstract standpoint of philosophical speculation one can – and indeed must – distinguish the theoretical (or ideal) from the practical (or real) power of the I and examine each in isolation from the other. But what such an inquiry reveals is that consciousness must *always* be understood in terms of the *original duplicity* or *Zweifachheit* of cognizing and striving (thinking and willing). The "theoretical" and the "practical" capacities and activities of the I always presuppose one another.[14] If thinking is to be *real*, it must have an object grounded in *feeling*, and hence in some hindrance to the practical power of the I; if willing is to be *rational* (i.e., if it is to be an activity of an I), this presupposes a theoretical acquaintance with that world within which striving must be realized as well as a cognition of a determinate goal of acting. Thus, whether one begins with a theoretical analysis of the bare concept of the pure I, as in the *Grundlage* or with a practical injunction to engage in a certain act of thinking, as in the *nova methodo*,[15] one inevitably arrives at the same conclusion: the theo-

---

bezieht; u. es läßt sich nachweisen, daß dazu ein Wollen gehört. Eine Aeußerung ist nicht, u[nd] kann nicht sein ohne die andere. [...] Das Vernfuftwesen wird dadurch charakterisirt, daß man einen Begriff aufstellt, in welchem alles zusammenhängt. Dieser Begriff ist nach uns der Begriff der Ichheit" (*GA*, IV/1: 200).

[13] *GWL*, *GA*, I/2: 423 and *WLnm* § 17.

[14] On the "equiprimordiality" of the functions of the I, see Günter Zöller, *Fichte's Transcendental Philosophy: The Original Duplicity of Intelligence and Will*, Cambridge, 1998 and Frederick Neuhouser, *Fichte's Theory of Subjectivity*, Cambridge, 1990.

[15] "Ideales und reales liegt neben einander und bleiben immer abgesondert; im Buche [d. h., *GWL*] ist zuförderst das erste bestimmt, und das 2te von ihm abgeleitet. Hier wird umgekehrt mit dem praktischen angefangen, und dieß wird ab[ge]sondert, so lange es abgesondert ist und nicht mit dem theoretischen in Beziehung steht; so bald aber beide zusammenfallen, werden sie beide miteinander abgehandelt; sonach fällt die in dem B[uche], in den theoretischen und praktischen Theil gemachte Eintheilung hier weg; in beiden Darstellungen wird ausgegangen von einer Wechselbestimmung des Ich und NichtIch" (*WLnm(K)*, *GA*, IV/3: 380-81).

retical and practical powers of the I presuppose and determine one another and are, in this sense, *equiprimordial*. And again, I would argue that the primary reason for Fichte's dissatisfaction with the *Grundlage* is precisely because it does not adequately emphasize nor display this equiprimordiality, and that its sharp division between a "theoretical" and "practical" part is largely responsible for this failure.[16]

In the context of the *Grundlage* Prof. Förster is surely correct that "the practical part [...] cannot be tackled until the determination of the theoretical principle has been completed" (p. 189), since before one can understand how the I is supposed to practically determine and alter the Not-I one must first provide an account of it as becoming theoretically aware of the Not-I. But what Fichte very quickly came to realize is that no adequate account of the I's (theoretical) activity of positing itself as determined by the Not-I is possible in abstraction from or in advance of an account of how it posits its own practical power of self-determination as a condition for the very possibility of experiencing any *Anstoß* or check to its activity. Hence his revised and improved strategy for expounding the foundational portion of his system *nova methodo* as a genetic account in which the theoretical and practical, or the real

---

[16] One of Fichte's main reasons for revising his foundational lectures on his system was because the original version, with its artificial division into "theoretical" and "practical" parts did not adequately convey this original duality or equiprimoridality of the I. "Die erste Darstellung [d.h., die *Grundlage der gesamten Wissenschaftslehre*] ist dadurch etwas beschwerlich worden, weil die Bedingungen der Möglichkeit der Sätze nicht in der näturlichen Ordnung, sondern in einem theoretischen und practischen Theile abgehandelt wurden, dadurch sind nun Dinge, die unmittelbar in einander eingreifen, zu weit von einander gerrißen, welches nun [d.h., in der *Wissenschaftslehre nova methodo*] nicht mehr geschehen soll" (*WLnm(K), GA*, IV/3: 329).

"In seine Vorlesungen [über *Wissenschaftslehre nova methodo*] findet aber die bisher gewöhnliche Abtheilung der ΦΦ in *theoretische* und *praktische* nicht statt. Sondern er trägt ΦΦ *überhaupt* vor – *theoretische* und *praktische* vereinigt, fängt nach einem weit natürlichern Gange vom praktischen an, oder zieht da, wo es zur Deutlickeit was beiträgt, das *praktische* ins *theoretische* herüber um aus jenem dieses zu erklären. – Eine Freiheit, die der Verfasser sich damals, als er seine *Wissenschaftslehre* in Druck gab – sich noch nicht herauszunehmen getraute" (*WLnm(H), GA*, IV/2: 17).

and ideal, powers of the I are equally engaged at each step of that process through which the I "constructs itself" as a self-consciously striving and materially embodied individual agent aware of both itself and the world and obliged to transform both.

This, however, is not to imply that the constitutive function of *das Praktische* within Fichte's foundational account of the conditions for self-positing is always clear and unproblematic. One major source of confusion is that he employs the term *das Praktische* in no less than three distinct ways in his complex account of the formal structure of the I:

(1.) *First*, he employs it to describe the I *as a whole*. "Der menschliche Geist ist Thätigkeit, u. nichts als Thätigkeit. Ihn kennen lernen, heißt seine Handlungen kennen lernen; denn weiter ist an ihm nichts zu kennen."[17] If *das Praktische* is identified with the realm of *action*, then the distinction between the theoretical and practical powers and activities of the I is just a further specification of a larger domain of *das Praktische*. Though it is true that without both practical and theoretical *activities* (in the sense in which we have just distinguished them) no actual consciousness would be possible, one can still, from the standpoint of philosophical speculation, entertain the *concept* of the I's original sheer spontaneity and hence of its original or absolute "tendency" or "demand" to "fill up all reality" – a tendency implicit in the very notion of an I that posits itself *schlechthin*. From this one might conclude that the I is *originally* practical and nothing more, and this is precisely the sense of "the practical" that is operative in Fichte's claim that

praktische Vernunft gar nicht das so wunderbare und unbegreifliche Ding sey, für welches sie zuweilen angesehen wird, gar nicht etwa eine zweite Vernunft sey, sondern dieselbe, die wir als theoretische Venunft alle gar wohl anerkennen.[18]

---

[17] "Ueber Geist u. Buchstaben in der Philosophie", *GA*, II/3: 325.

[18] *Sittenlehre*, *GA*, I/5: 67. One of Fichte's most explicit affirmations of the equiprimordiality thesis occurs in his lectures on Logic and Metaphysics, where he notes that, "Beide[,] theoretische u. praktische Vernunft sind innigst vereinigt; nur in wiefern ich auf ein Handeln ausgehe, u. mich beschränkt fühle ensteht in mir ein Gefühl, dadurch werde ich genöthigt, ein Object zu construiren durch productive Einb[ildungs] Kr[aft], u. nur

If "the practical" is understood in this broad manner as referring to the original activity of the I as such, then it follows, in Fichte's words,

daß, nicht etwa das theoretische Vermögen das praktische, sondern daß umgekehrt das praktische Vermögen erst das theoretische möglich mache (daß die Vernunft an sich blos praktisch sey, und daß sie erst in der Anwendung ihrer Gesetze auf ein sie einschränkendes Nicht-Ich theoretisch werde).[19]

When considered on its own, this original undifferentiated activity or tendency of the I might well be said to possess a certain "primacy" over the reciprocally determined concepts of the I's theoretical and practical activities. In *this* sense, therefore, Fichte is plainly committed to the "primacy of the practical" or to "die Subordination der Theorie unter das Praktische"[20] – for this is simply another way of saying that the *Wissenschaftslehre begins* with the concept of the I as a self-generated and self-generating *activity*.[21]

---

in so fern kann ich begreifen, wollen pp u. auch umgekehrt, denn ich bin nichts, was ich nicht setze, also hängt das praktische auch ab von dem theoretischen" (*GA,* IV/1: 248).

[19] *GWL, GA,* I/2: 286. See too *GA,* I/2: 397-99. Immediately after demonstrating the synthetic unity of ideality and reality in "Sehnen," Fichte adds, "Hier zeigt sich ferner, wie eine theoretische Funktion des Gemüths sich auf das praktische Vermögen zurükgeziehen könne; welches möglich seyn muste, wenn das vernünftige Wesen jemals ein vollständiges Ganzes werden sollte" (*GWL, GA,* I/2: 445).

[20] *GWL, GA,* I/2: 424.

[21] As early as 1793, in his review of Friedrich Heinrich Gebhard's *Ueber die sittliche Güte aus uninteressirtem Wohlwollen,* Fichte complains about Kant's strategy of basing his practical philosophy upon an alleged "fact of reason"; instead, insists Fichte, "es muß bewiesen werden, *daß* die Vernunft praktisch sey" (*GA,* I/2: 28).

At the time he wrote these words, he seems to have contemplated a "direct" proof of this claim: from the premise that the I is given to itself as a unified whole, one can infer the necessary presence within the I of something "schlechthin unbedigtes," and from this in turn one can infer the reality of practical reason, since the latter is, by definition, "ein solches schlechthin unbedingtes" (*GA,* I/2: 28). This claim is further elaborated in Fichte's drafts of the *Gebhard* review (*GA,* II/2: 256, 264, and 271-72).

(2.) But Fichte more frequently employs the term *das Praktische* in a *second, narrower* sense to designate what one might call the *specifically* "practical" (or, in the *nova methodo,* the "real") activity of the I, which is contrasted both with its original "pure activity" and with its ideal or theoretical activity. Understood in this way, *das Praktische* designates the I's striving to relate its finite (theoretical) activity as an intellect to its pure or infinite activity as an absolutely self-positing subject-object.[22] At least this is how Fichte expresses himself in the *Grundlage* and in the *Aenesidemus* Review, where he writes that

That Fichte here understands "practical" reason not, as in the *Grundlage*, as the compliment of theoretical reason and the original pure activity of the I, but rather as broadly *identical* to the latter, is evident in the manuscript *Eigne Meditationen über ElementarPhilosophie/Practische Philosophie*, which Fichte began immediately after finishing the *Creuzer* Review, in an effort to work out the basic strategy and conclusions of his new version of transcendental idealism. In this manuscript Fichte seems to identify "das Praktische" not merely with the I's striving to unify its finite and infinite aspects, but with the original, undifferentiated activity of the pure I itself: "Der Charakter des Ich, ist *absolute Selbsthätigkeit*." "Der Charakter dieses Strebens ist *Selbsthätigkeit* im Ganzen." In this context, Fichte distinguishes the "*ursprüngliche* Streben" of the I from the determinate striving to overcome any limits encountered by this original striving, as well as from the determinate striving to reflect upon this original striving, and he characterizes *both* as "practical" (*GA*, II/3: 187 and 192).

Fichte's use of the same term (i.e., "das Praktische") to designate, on the one hand, one of two, reciprocally related Grundvermögen of the I and, on the other, reason itself or *die Ichheit überhaupt* has been demonstrated and explored in some detail by Marek Siemek. See See Marek J. Siemek, "Praktische Vernunft und Transzendentalphilosophie bei Fichte", in *Erneuerung der Transzendentalphilosophie im Anschluß an Kant und Fichte*, ed. K. Hammacher, A. Mues, Stuttgart-Bad Cannstatt, 1979, p. 395 and "Fichtes Wissenschaftslehre und die Kantische Transzendentalphilosophie", in *Der transzendentale Gedanke*, ed. K. Hammacher, Hamburg, 1981, p. 527.

[22] "Jene Forderung, daß alles mit dem Ich übereinstimmen, alle Realität durch das Ich schlechthin gesezt seyn solle, ist die Forderung, dessen, was man praktische Vernunft nennt" (*GWL*, *GA*, I/2: 399). Though Förster at least appears to claim that striving constitutes the essence of the *absolute* I (see p. 207), Fichte clearly describes it as the activity not of the *absolute* but of the *practical* I.

dies ist die Bedeutung des Ausdrucks: *die Vernunft ist praktisch*. Im reinen Ich ist die Vernunft nicht praktisch; auch nicht im Ich als Intelligenz; sie ist es nur, insofern sie beides zu vereinigen strebt. [...] – Es ist so wenig wahr, daß die praktische Vernunft den Primat der theoretischen anerkennen müsse: daß vielmehr ihre ganze Existenz auf den *Widerstreit* des selbstbestimmenden in uns mit dem theoretisch-erkennenden sich gründet, und daß sie selbst aufgehoben würde, wenn dieser Widerstreit gehoben wäre.[23]

This second sense of the "practical" is the one encountered in Fichte's genetic account of I-hood in terms of the reciprocal interdetermination of two different powers of the I, and here one cannot speak of the "primacy" of either power over the other, inasmuch as both are essential to the very possibility of actual consciousness. This second, narrower sense of "the practical" and the former, broader sense of the same are equally crucial to Fichte's transcendental account of the I's self-constitution, but we must be careful to distinguish them, even if Fichte himself did not always do so.[24]

---

[23] *GA*, I/2: 65-66. See too *GWL, GA,* I/2: 397-99. This implicit *dependence* of the practical activity of the I upon the theoretical activity of the same is made explicit in the following passage from the manuscript on "Praktische Philosophie" upon which Fichte was working while writing the *Aenesidemus* Review, where he writes: "Aber der Begriff jenes Strebens selbst ist *abhängig* von der *Abhängigkeit* des theoretischen Ich vom Nicht-Ich. Diese bleibt. [...] Also der Weg is richtig *weil das Streben selbst aus der Abhängigkeit entsteht*" (*GA*, II/3: 186).

[24] See, for example, the following passage from *Grundlage des Naturrechts,* where Fichte seems to begin with the broader and conclude with the narrower usage: "Es wird behauptet, daß das praktische Ich das Ich des ursprünglichen Selbstbewußseyns sey; daß ein vernünftiges Wesen nur im Wollen unmittelbar sich wahrnimmt, und sich nicht, und dem zufolge auch die Welt nicht wahrnehmen würde, wenn es nicht ein praktisches Wesen wäre. Das Wollen ist der eigentliche wesentlich Charakter der Vernunft; das Vorstellen steht mit demselben der Einsicht des Philosophen nach, freilech in Wechselwirkung, aber dennoch wird es gesetz als das zufällige. Das praktische Vermögen ist die innigste Wurzel des ich, auf dieses wird erst alles andere aufgetragen, und daran angeheftet. [...] Wollen und Vorstellen stehen sonach in steter nothwendiger Wechselwirkung, und keines von beiden ist möglich, ohne daß das zweite zugleich

(3.) Fichte also uses *das Praktische* in a *third* and still narrower sense in the foundational portion of his system: namely, to refer to those specific modalities of self-consciousness associated with *rational willing*; that is, to refer to one's awareness of oneself as subject to the moral law and to one's conscious efforts to act accordingly. It is through this kind of distinctively "practical" self-awareness that one actually recognizes oneself as an I (that is, as a free, rational, finite *agent*) within everyday life.

Surely one would think that we are here entitled to speak of the "primacy of the practical" for Fichte. The manifest differences between the everyday "moral-practical"[25] function of the practical in determining the will and its transcendental function within a "pragmatic history of the human mind"[26] have led some, such as Claudio Cesa, to talk about a "double function of the practical" within the *Wissenschaftslehre*.[27] And it is certainly true that from the "moral-practical" standpoint (the standpoint of life), Fichte unequivocally affirms the primacy of the practical. We will discuss this

---

sey. [. . . .] Die blosse Intelligenz macht kein vernünftiges Wesen, denn sie ist allein nicht möglich, noch macht das bloße praktische Vermögen eins, weil es gleichfalls allein nicht möglich ist, sondern beide vereinigt vollenden erst dasselbe, und machen es zu einem Ganzen" (*GA,* I/3: 332-33).

[25] Claudio Cesa in his essay on this topic laments the fact that Fichte did not follow the terminological distinction between the "moralisch-praktisch" and the "sinnlich praktisch" parts of philosophy, which he proposed in a passing remark in his notes on *Praktische Philosophie, GA,* II/3: 247 (Cesa, "Zum Begriff des Praktischen bei Fichte", in *Zur Rekonstruktion der praktischen Philosophie: Gedenkschrift für Karl-Heinz Ilting*, ed. K.-O. Apel, in Verbindung mit R. Pozzo, Stuttgart-Bad Cannstatt, p. 469). In terms of the three senses of the practical distinguished in the present essay, the "moral-practical" would be the third and the "sensible practical" the second sense.

[26] This, of course, is how Fichte describes his own project in § 7 of *Ueber den Begriff der Wissenschaftslehre* (*GA* I/2: 146). For a discussion of the meaning of this much-misunderstood phrase, see Daniel Breazeale, "Fichte's Conception of Philosophy as a 'Pragmatic History of the Human Mind' and the Contributions of Kant, Platner, and Maimon", *Journal of the History of Ideas* 62 (2002), 685-703.

[27] Reinhard Lauth, "Genèse du *Fondement de toute la Doctrine de la science* à partir de ses *Méditationes personnelles sur l'Elementarphilosophie*", *Archives de philosophie* 54 (1971), p. 69.

in more detail when we consider the starting point and practical significance of philosophy below.

This, however, is only part of the story, for Fichte also assigns a transcendental-constitutive function to "the practical" even in this third, narrowly moral sense. This is particularly clear in the work with which the Jena system culminates, the *System der Sittenlehre,* which purports to show that some awareness, however dim and uncultivated, of the moral law is a transcendental condition for the possibility of any self-consciousness whatsoever.[28] Viewed from the speculative standpoint, this "moral-practical" capacity and activity of the I has to be thoroughly integrated into the preceding account of the interplay of "theoretical" and "practical" powers in the constitution of the I. It is true that Fichte prided himself on having demonstrated something that no previous philosopher, including Kant, had demonstrated: namely, that reason could not be theoretical if it were not practical, and thus "daß unsre Freiheit selbst *ein theoretisches Bestimmungsprincip unsrer Welt [ist]*."[29] But this determination in turn presupposes the (theoretical) determination of both the I and the world by the intellect. At this *constitutive* level "reciprocal interdetermination" among the I's powers must prevail and one therefore cannot properly speak about the "primacy" of any one over the others.

Broadly construed, of course, the "theoretical" and "pure" activities of the I are – *qua* activities – just as "practical" as the narrowly "practical" activity (whether this is construed simply as the general striving of the I to overcome its original limitations or, more specifically, as its striving to act in accordance with the moral law). In this sense, there has never been a more "practical" system of philosophy than the early *Wissenschaftslehre,* the point of which, after all, is to show how absolutely *everything* – the noumenal realm, the social realm, the material realm, every modality of being, and indeed the I itself – is all to be understood only in terms of the original *activities* of the I and the products thereof. This is a significant, indeed revolutionary philosophical thesis; but it is a far cry from what Kantians mean by "the primacy of the practical," nor is it what Fichte's expositors have in mind when

---

[28] See *Sittenlehre, GA* I/5: 60-69.
[29] *Sittenlehre, GA,* I/5: 77.

they describe the *Wissenschaftslehre* as a system of "ethical" or "practical" idealism.

II. The Architectonic *Meaning of* das Praktische

As we have noted, the title of Part III of the *Grundlage*, "Grundlage der Wissenschaft des Praktischen," is somewhat misleading in the context of the *Grundlage* itself, understood as a unified account of the constitution of the I and the a priori features of experience; but perhaps it comports somewhat better with the overall organization of the *entire system of the Wissenschaftslehre*, in the context of which *das Praktische* refers not to one element, power, or activity involved in the original constitution of self-consciousness, but rather to a distinctive *systematic subdivision* of philosophy as a whole, one that takes its name from its specifically "practical" subject matter: namely, "ethics" or *Sittenlehre*. As is evident from his correspondence, Fichte had adopted a tripartite conception of his new system well before his arrival in Jena. According to this plan, the *Wissenschaftslehre* consists of a first or foundational science ("allgemeine Philosophie" or *philosophia prima*, which presents "die ersten Grundsätze aller Philosophie"), followed by "theoretische Philosophie" and "praktische Philosophie."[30] Yet it is also evident that Fichte himself was not yet entirely clear about the relationship between, on the one hand, theoretical and practical *philosophy* understood as two distinct systematic branches of his system and, on the other, the "theoretical" and "practical" portions of *philosophia prima*. For this reason, one could interpret the previously mentioned tripartite schema not as a description of a complete philosophical system, but simply as an anticipatory sketch of the *Grundlage*, which is of course organized

---

[30] In his December 6, 1793 letter to Niethammer Fichte refers rather casually to "die allgemeine Philosophie, und die theoretische und praktische, ihre zwei Zweige" (*GA*, III/2: 21). In his letter to Lavater, February 1794, he explains the plan of his Zurich lectures as follows: "Dann werde ich die ersten Grundsätze *aller Philosophie*; dann die ersten der *theoretische* [Philosophie]" later "die höchsten Grundsätze der *praktische* Verfahrungsart" (*GA*, III/2: 61).

along similar-sounding lines.³¹ Indeed, when he arrived at Jena, Fichte still seems to have been shifting back and forth between three different conceptions of *das Praktische* and hence of "practical philosophy," sometimes using the latter term to designate the special science of ethics, sometimes using it to designate a portion of the foundational part of the system (as in Bk. III of the *Grundlage*) and sometimes appearing to use it to characterize the *Wissenschaftslehre* as a whole.

Such ambivalence concerning the meaning of the term "practical philosophy" and the systematic locus of the same was resolved as Fichte devoted himself to the task of articulating and developing his new system. This is evident from the perspicuous "Deduction der Einteilung der Wissenschaftslehre" with which he concluded his lectures on the foundations of transcendental philosophy (*Wissenschaftslehre nova methodo*), first delivered in 1796/97 and repeated each in the following two years. This makes it clear that the term "practical philosophy" (and, by implication, "science of the practical") should be reserved for a specific philosophical discipline that is the systematic counterpart to "theoretical" philosophy. Whereas the object of the latter science is nature itself, insofar as this can be determined *a priori* by transcendental reflection, the object of "practical philosophy" is not the world as it *is* but as it *ought* to be, or rather, as it ought to be constructed by free rational beings. "Practical philosophy" is thus a synonym for "ethics" or *Sittenlehre*.

Though clearly indebted to Kant, Fichte's conception of the scope of "practical philosophy" *per se* is even narrower and stricter than Kant's, inasmuch as Kant's "practical philosophy" included the postulates of practical reason along with the doctrine of natural right. In contrast, Fichte treats the "Philosophy of the Postulates" as a third major sub-division of the *Wissenschaftslehre*, a sub-division that is in turn divided into two parts, *Rechtslehre* and *Religionsphilosophie*.³² Just as he had earlier classified *Rechtslehre* and

---

³¹ And this same ambivalence pervades the "Hypothetische Eintheilung der Wissenschaftslehre" in Part III of *Ueber den Begriff der Wissenschaftslehre*.

³² Each of these philosophical sciences involves both "theoretical" and "practical" elements, which is why Fichte describes his Philosophy of the Postulates as occupying an architectonic position between purely theoret-

Philosophy of Religion as subdivisions of Practical Philosophy, so could one argue that this new "Philosophy of the Postulates" is more intimately related to Practical than to Theoretical Philosophy, inasmuch as the latter is supposedly an a priori theory of *nature*, whereas the "theoretical" aspect of both *Naturrecht* and Philosophy of Religion primarily concerns, in the former case, a freely constructed social order and, in the latter, a supersensible world order. For this reason one might want to distinguish between a wider and a narrower architectonic meaning of the realm of *das Praktische* in the context of the Jena *Wissenschaftslehre,* one that refers to all the special philosophical sciences of human freedom (including ethics, *Naturrecht*, and Philosophy of Religion) and another that designates the pure doctrine of willing (ethics). In neither case, however, is there any systematic "primacy of the practical" with respect to the overall structure of the entire *Wissenschaftslehre*.

III. The Methodological *Significance of* das Praktische

The importance of *das Praktische* for Fichte is by no means limited to the role played by "practical reason" or "practical activity" in a transcendental account of the *constitution* of subjectivity and experience nor as the object of special philosophical science. On the contrary, strictly practical considerations play a vital role with respect to the *starting-point* of the *Wissenschaftslehre*. Here I am referring to the familiar discussion of one's "choice of a philosophy" and to Fichte's frank recognition of the intimate connection be-

---

ical and purely practical philosophy. Whereas transcendental *Rechtslehre* is concerned with the demands (or "postulates") that theory addresses to the practical realm (namely, that the free efficacy of the finite, individual I be posited and realized in the sensible world in the context of a juridical community of free individuals), transcendental philosophy of religion deals with the demands that practical philosophy addresses to the realm of theory (namely, that that same sensible world be interpreted as governed by a moral world-order consistent with the final goal of reason itself). See *GA*, IV/2: 264-65 and IV/3: 521-22.

tween the kind of *philosophy* one chooses and the kind of *person* one is.[33]

If dogmatic realism and critical idealism are the only two live options, and if "in speculativer Rücksicht beide Systeme von gleichem, Werthe zu seyn scheinen," then the selection of a philosophical standpoint – i.e., the decision concerning whether to begin one's philosophizing with the representation of the independence of the I or with the representation of the independence of the thing – is one that must be based upon *extra-philosophical grounds*.[34] Controversy concerning the correct *starting-point* for philosophizing is therefore not a theoretical dispute at all, but is an essentially *practical* one: not a debate between two opposing *arguments*, but rather a conflict between two *Denkarten* – and ultimately, between two kinds of human beings.[35] People who would rather think of themselves as "ein Stück Lava im Monde" than as free and responsible agents[36] will naturally begin their philosophizing with the concept of a thing in itself, whereas those with a robust sense of their own autonomy will choose to begin with the concept of the self-positing I. Here, if nowhere else, Fichte seems to be unequivocally committed to the "primacy of the practical."

But this does *not* imply, as some have contended, that Fichte believed that the truth and validity of the *Wissenschaftslehre* are guaranteed in advance by virtue of its *practically certain* starting point. On the contrary, the task of philosophy as such is not to *assert* but to *demonstrate theoretically* that reason is practical. The *Wissenschaftslehre* can claim universal validity only if its deduction of the necessary features of ordinary experience from its abstract, albeit practically grounded starting point succeeds on purely theoretical grounds.

---

[33] "Was für eine Philosophie man wähle, hängt davon ab, was man für ein Mensch ist" ("Erste Einleitung", *GA*, I/4: 195).

[34] "Erste Einleitung", *GA*, I/4: 193-94.

[35] There is, of course, a large literature devoted to Fichte's discussion of the controversy between idealism and dogmatism. For an overview, see Daniel Breazeale, "How to Make an Idealist: Fichte's 'Refutation of Dogmatism' and the Starting Point of the *Wissenschaftslehre*", *Philosophical Forum* 19 (1987/88), 97-123.

[36] *GWL*, *GA*, I/2: 326n.

One may of course still object, as does Karl Ameriks, that Fichte is simply not *entitled* to begin his system with the concept of a freely self-positing subject-object, because, unlike Kant, he has not first "defused the threat" of thoroughgoing natural determinism.[37] Such an objection, however, fails to appreciate Fichte's innovative strategy for "defusing the threat" of dogmatic realism. Rather than beginning, like Kant, with a "critique" of theoretical reason in order to "clear a space" for practical reason, Fichte begins with the sheer assertion or positing of absolute freedom and then proceeds to further "determine" this *Grundsatz* through reflection upon it, thereby discovering and displaying the conditions that make it possible and showing that these include what Fichte calls "vom Gühle der Nothwendigkeit begleiteten Vorstellungen." If this derivation succeeds then Fichte will have demonstrated precisely what he stands accused of having failed to demonstrate: namely, his *right* to begin his system by appealing to the *practical certainty* of absolute freedom as a "fact of reason." Rather than, "undercut[ing] all theoretical grounds for making sense of [the] doctrine of absolute freedom,"[38] the *Wissenschaftslehre* in its entirety is, I would argue, nothing but a sustained "theoretical effort" to "make sense" of absolute freedom by showing how it is not only compatible with but *presupposes* radical human finitude.

IV. The "Practical" Functions of Philosophy

A recurrent theme in Fichte's Jena writings is the sharp distinction between the *Gesichtpunkt* or *Standpunkt* of "life" and that of "philosophy." Alternate names for the latter include: the standpoint of reflection, the transcendental standpoint, the standpoint of speculation, the ideal (or idealist) standpoint, and the standpoint of theory. Alternate names for the former include: the ordinary standpoint, the standpoint of the individual, the empirical standpoint, the standpoint of belief, the real (or realistic) standpoint, and, most significantly for our present purposes, "der *praktische*

---

[37] Karl Ameriks, *Kant and the Fate of Autonomy: Problems in the Appropriation of the Critical Philosophy*, Cambridge, 2000, p. 184.
[38] Ibid., p. 342.

Gesichtpunkt."[39] The "practical standpoint" or "standpoint of life" is the standpoint occupied by concrete human beings struggling to realize their purposes in the natural and social worlds in which they happen to find themselves. It is therefore the standpoint of both "commonsense realism" and of real freedom and actual striving, and as such it contains within itself at least the seeds of an existential contradiction in the soul of every person who occupies this standpoint – which is to say, *everyone*.

In order to engage in transcendental philosophizing one must deliberately and freely – albeit temporarily – raise oneself above this "practical" standpoint of life, in order to examine the genesis of the same according to pure *a priori* laws. The standpoint of philosophy is a strictly theoretical one, which takes for its object the practical standpoint, and the task of philosophy is to explain the *necessity* of the ordinary practical standpoint by deriving it from a first principle that is itself obtained by abstracting from the ordinary standpoint everything that can be abstracted therefrom. As noted above, the initial warrant for beginning in this manner is obtained not from any theoretical proof, but rather from one's morally unshakeable practical conviction of one's own autonomy and responsibility. Inasmuch as the task of philosophy is precisely to explain the genesis of the ordinary standpoint from which it begins by abstracting, one could say that the theoretical standpoint not only *arises from* but also *returns us* to the practical standpoint of everyday human life.

But why should anyone take the trouble to do this? What is the point of such a detour into the empyrean of pure reflection? What is the larger *purpose* of philosophy? Fichte's heartfelt answer to this question is already implicit in a passage from one of his early letters to Jacobi, in which he asks rhetorically, "Wozu ist dann der speculative Gesichtspunkt und mit ihm die ganze Philosophie,

---

[39] *WLnm(K), GA,* IV/3: 342 (emphasis added). For a detailed critical examination of Fichte's distinction between these two "standpoints," see Breazeale, "The 'Standpoint of Life' and 'The Standpoint of Philosophy' in the Jena *Wissenschaftslehre*", in *Transzendentalphilosophie als System: Die Auseinandersetzung zwischen 1794 und 1806*, ed. A. Mues, Hamburg, 1989, 81-104.

wenn sie nicht für's Leben ist?"[40] Philosophy's contributions to the practical domain of human life are both direct and indirect. The study of philosophy contributes directly to the development of one's intellectual powers and satisfies one's quest for pure knowledge; but more than this, it can do what no other discipline is able to do: it can have a salubrious effect upon "unsere praktische Gesinnung: auf Uebereinstimmung mit uns selbst in Denken, u. Handeln."[41] It can help one bring one's "theory," as it were, into accord with one's "practice." More specifically, it can help resolve the existential contradiction between the apparent determinism of the empirical world and the radical freedom presupposed by genuine morality and action, a contradiction that is a characteristic feature of the ordinary practical standpoint from which we began. Thus Fichte boasted in a letter to Reinhold that he had constructed a system that "mein Herz in Uebereinstimmung mit meinem Kopfe sezt."[42] From this it follows that the *practical function of philosophy* is to serve the fundamental *practical interests* of life, though it can do this only if it rigorously preserves its own separation from the practical standpoint and proceeds entirely by the laws and methods of pure theoretical speculation. "Nur das speculative Intereße ist des Philosophen würdig, das [praktische] ist unrein."[43]

---

[40] Fichte to Jacobi, August 30, 1795, *GA*, III/2: 392.

[41] "Ueber Geiste und Buchstaben in der Philosophie," *GA*, II/3: 341.

[42] Fichte to Reinhold, July 2, 1795, *GA*, III/2: 343.

[43] "Das Intereße des Philos[ophen] k[ann] auch praktisch werden; denn er kann über gewiße Puncte des Nachdenkens ins reine kommen wollen, die das Handeln betreffen; z.B. über Pflichten u. Hofnungen. Der, der bloß speculatives Intereße hat, ist dem letzten vorzuziehen; dieser hat bloß materiales Intereßes; findet dieses statt, so wird leicht daraus eine üble Folge für die Philosophie selbst entstehen; es ist nehmlich in ihm ein herrschender Wunsch etwas zu finden, u. dieß k[ann] ihn in seinen Untersuchungen irre leiten. *e. gr.* er will die Unsterblichkeit erwiesen haben, dieser geht nicht mit kaltem Blute an die Untersuchung, u. mit der Gesinnung: ich will Wahrheit; es komme da heraus was wolle; u. wenn auch Vernichtung nach diesem Leben folgte. Nur das speculative Intereße ist des Philosophen würdig, das andere ist unrein" ("Vorlesung über Logik und Metaphysik SS 1797", *GA*, IV/1: 180).

It thus appears that the *practical function* and value of philosophy for life is to be measured not by any speculative or theoretical standard, but only with reference to the fundamental, *practical interests* of human life itself, and that here, if nowhere else, Fichte unequivocally endorses the "primacy of the practical." But let us look more closely. Though the point is often overlooked, Kant's famous formula concerning the "primacy of the practical" is not a claim concerning the relationship between theoretical and practical reason or even, to use Fichtean vocabulary, between the theoretical and practical powers or activities of the I; instead, it refers to the primacy of practical over theoretical *interests*.[44] Indeed, Kant argued that all interests are ultimately "practical" ones. Fichte, however, does not follow Kant in claiming that all theoretical interests are ultimately subordinate to practical ones, nor does he insist that all our interests are ultimately practical. Instead, he develops an account of the basic human drives – and of the various "interests" based thereupon – that treats both theoretical and practical interests as expressions of a *single* higher, fundamental or original interest, which he calls the "interest of reason as such." Here again, it is plainly his intention to establish the *unity* of the theoretical and the practical, rather than to subordinate the former ruthlessly to the latter.

Fichte's dissatisfaction with previous efforts to establish the unity of theoretical and practical interests is already evident in his 1793 review of Leonhard Creuzer's *Skeptische Betrachungen über die Freyheit des Willens*, where he calls attention to Creuzer's claim that no philosophy has yet found a satisfactory way to resolve "den Streit zwischen dem Interesse der praktischen Vernunft und dem der theoretischen."[45] Though he rejected Creuzer's proposed

---

[44] Kant, *Kritik der praktischen Vernunft*, in *Gesammelte Schriften*, Bd. 5, ed. Preussische Akademie der Wissenschaften, Berlin, 1902 –, p. 121. For further discussion and an explicit comparison between Kant and Fichte on this topic, see Breazeale, "Kant, Fichte, and the 'Interests of Reason'", *Daimon* 9 (1994), 81-98.

[45] "Hn. Creuzers freylich nur uneigentlich sogenannter Skepticismus [...] hat die Theorien über Freyheit zum Gegenstande; das Resultat seiner Untersuchungen ist, daß keine der bisherigen den Streit zwischen dem Interesse der praktischen Vernunft und dem der theoretischen befriedi-

solution to this problem, Fichte accepted his challenge and immediately set about constructing a philosophy that would, he hoped, settle forever the apparent conflict between the theoretical and the practical interests of reason, though his solution is not made fully explicit until the end of the Jena period, in § 11 of the *Sittenlehre*, "Vorläufig Erörterung des Begriffs einer Interesse." Here he traces all particular interests back to what he calls our "original" interest in *unity*, and, more specifically, in the unity of our own selves. As early as the *Vorlesungen über die Bestimmung des Gelehrten*, he had interpreted the highest law of narrowly practical reason (the categorical imperative) as an expression of reason's original interest in *unity*; and in other writings of the same period he did the same for our "theoretical" interest in systematic knowledge and indeed in truth itself. He insists that

unsere Vernunft sowohl die *theoretische* und die *praktische* hat eigentlich nur Ein *Interesse*, und dieses ist *Einheit*. Wenn daher Kant von 2 spricht so ist es nur verschiedene *Modification* Eines u. eben desselben *Interesse*.[46]

This original interest of reason can be defined with equal accuracy as *self-interest in one's own freedom* or as *an interest in unifying the pure and empirical sides of one's own self*. In either case it should be clear that such an interest is conceivable only for a finite, limited being.[47] Only if freedom is *not* absolute can one take any *interest* in the unfettered exercise of the same; only if one finds oneself to be a *divided self* can one have an interest in *self-harmony*.

It is only within the context of this original drive for unity and freedom that one can *subsequently* distinguish the narrowly "practical" from the narrowly "theoretical" interests of reason, a distinction determined by the specific tasks undertaken by reason in its quest for unity and freedom – i.e., by whether the drive to unity is applied to *judgments* or to *actions*. Knowing and willing share the same ultimate aim: overcoming the difference between the I and

---

gend löse; und ihr lobenswürdiger Zweck, zu Erfindung einer neuen und genugthuendern die Veranlassung zu geben" (*GA*, I,2: 7).

[46] *WLnm(H)*, *GA*, IV/2: 23.

[47] This conclusion is anticipated in the *Versuch einer Kritik aller Offenbarung*, where Fichte notes that only a finite, empirically determinable being can take an interest in the good (*GA*, I,1: 144n).

the Not-I. In the end, all efforts to distinguish sharply between "practical" or "ethical"[48] interests on the one hand and "theoretical" or "cognitive" ones[49] on the other must fail – and they must fail for the same reason all attempts to separate the theoretical from the practical "activities" or "powers" of the I must also fail. Just as knowing presupposes acting and acting requires cognition, so does our interest in truth presuppose our interest in free self-determination and vice versa.

And this applies to philosophy itself, which must be understood and evaluated neither in narrowly theoretical nor in narrowly practical terms, but always in the context of the original drive and interest of reason, "da die Aufgabe, die Erfahrung aus ihrem Grunde zu erklären, einmal in der menschlichen Vernunft liegt."[50] Our interest in philosophizing thus stands revealed as an expression of our higher and original interest in unity and freedom, an interest that is at once theoretical and practical.[51]

---

[48] Though Fichte's major discussion of the domain of "sittliche Interesse" occurs in the 1798 *Sittenlehre*, he had already identified an "ethical interest" in his *Versuch einer Kritik aller Offenbarung* and also made a distinction between "pure" and "empirical" varieties of the same (*GA*, I/1: 144). See too the distinction, explained in the *Sittenlehre*, between "technische praktische Vernunft" and "schlechthin praktische Vernunft" (*GA*, I/5: 68), which anticipates the more recent distinction between "instrumental" and "substantive" uses of reason.

[49] For Fichte's account of the "Interesse für Wahrheit" and the related "Trieb nach Wahrheit" ("Trieb zu wissen," "Trieb nach Erkenntniß"), see "Ueber Belebung und Erhöhung des reinen Interesse für Wahrheit", *GA*, I/3: 83; "Ueber die Bestimmung des Gelehrten", *GA*, I/3: 52, and *Sittenlehre*, *GA*, I/5: 156.

[50] "Erste Einleitung", *GA*, I/4: 206. Note the implications of this claim for current debates between philosophical "foundationalists" and "anti-foundationalists." According to Fichte, the foundationalist project is, as it were, built into the nature of reason itself and is a direct expression of the latter's deepest and most "original" interest.

[51] See the remark added to the Danish edition of *Ueber die Bestimmung des Gelehrten*, where Fichte states that the demand for truth is merely a specific expression of the moral drive (*GA*, I,3: 74), as well as the many remarks to the same effect in "Ueber Belebung und Erhöhung des reinen Interesse für Wahrheit": e.g., "Wahrheitsliebe bereitet vor zur moralischen Güte, und ist selbst schon an sich eine Art derselben" (*GA*, I/3: 90).

Recalling the project alluded to in the Creuzer review, namely, the construction of a theory of freedom that could resolve the apparent struggle between the interests of theoretical and of practical reason, we can now see that Fichte's strategy for resolving this conflict was not to *eliminate* it by subordinating theoretical to practical interests, or knowing to acting, but rather, to demonstrate the systematic and reciprocal interdependence of *das Praktische* und *das Theoretische*, an interdependence suggested by the very term "the interest of *reason*."[52] When reason itself is understood in this essentially dynamic, indeed dialectical, way, there no longer remains any real question concerning the "primacy" of either practical or theoretical reason; instead, what is "primary" is their unquiet unity, a unity that expresses itself not as any kind of indifferent "absolute," but as an endless process of temporal striving in a material world – a striving both to change that world *and* to understand it.

Appendix: Fichte's notion of Anstoß

According to Prof. Förster, "all that can be said from the standpoint of the *Foundation* is that the *Anstoß* is something alien and opposed to the I which determines it to self-determination. Since however the *Anstoß* must be experienced *in the I,* it must also be in some way homogenous with the I" (pp. 210-11). It is true that

---

[52] "Hier läßt sich auch klar, wie mir es scheint, einsehen, wie die Vernunft *praktisch* seyn könne, und wie diese praktische Vernunft gar nicht das so wunderbare, und unbegreifliche Ding sey, für welches sie zuweilen angesehen wird, gar nicht etwa eine zweite Vernunft sey, sondern dieselbe, die wir als theoretische Vernunft alle gar wohl anerkennen" (*Sittenlehre*, GA, I/5: 67).

The unity of reason's "theoretical" and "practical" interests, like its original interest in unity and freedom, is, according to the *Wissenschaftslehre*, not a *fact of experience* but *a condition for the possibility thereof*. Indeed, it is only as an "Idea" or "goal" that the demand for unity and freedom can play any constitutive role in human experience – a Fichtean insight that not only stands Spinoza on his head, but also goes a long way toward erasing the boundary, erected by Kant, between "constitutive" and "regulative" principles. For a free being, regulative goals *are* constitutive.

Fichte describes the *Anstoß* as "etwas ... was nicht durch dasselbe [= das Ich] selbstst gesezt sey" (*GWL, GA,* I./2: 409), but this simply means that in order to posit itself as self-positing – and thus in order to be an *actual* I, the I cannot be absolute after all, but must be limited and *finite*. I would therefore argue that the *Anstoß* is not really "alien" to the I after all, but points to that necessary element of our original *Ichheit* that we do not posit freely but simply *discover,* i.e., to what Fichte elsewhere refers to as the "original limitations of the I" (Concerning these "incomprehensible" original limitations or *Beschränkungen/Begrenztheit* which Fichte describes as constituting the I's "ursprüngliche Einrichtung *vor aller Zeit* und *ausser aller Zeit"* and which include not only that manifold of feeling that underlies our positing of representations, but also the "summons" to limit one's own freedom in the presence of another individual and the moral command to determine one's natural drive in accordance with the determinate dictate of the pure will, see *System der Sittenlehre, GA,* I/5: 101-2, 108, and 155, and *Ueber den Grund unseres Glaubens in eine göttliche Weltregierung, GA,* I/5: 353.)

Problematic as well is Förster's interpretation of the famous "Kein Du, kein Ich" passage in Part III (*GWL, GA,* I/2: 337) as evidence that the *Anstoß* is already in the *Grundlage* meant to be interpreted in the "intersubjective" manner associated with that *Aufforderung* from one individual I to another through which one discovers to be "summoned" to limit one's own freedom out of respect for that of the other – and thereby posits oneself as an *individual.* As Klaus Hammacher has correctly pointed out, this is a direct allusion on Fichte's part to a passage in the first edition of Jacobi's *David Hume,* in which Jacobi plainly uses the term *Du* to refer not to another person but simply to anything at all existing objectively outside of the I. Moreover, according to Hammacher, "der Sprachgebrauch bis gegen Ende des vorigen Jahrhunderts bestätigt ein solches Verständnis von Du als gegenständlichem *Dasein"* (p. 254).[53]

---

[53] See Klaus Hammacher, "Fichte, Maimon und Jacobi: Tranzendentaler Idealismus und Realismus", in *Transzendentalphilosophie als System: Die Auseinandersetzung zwischen 1794 und 1806,* ed. A. Mues, Hamburg, 1989, 243-63.

Förster's observation that the term *Anstoß* is used very abstractly in the *Grundlage* is surely correct, but I think it is clear both from the text of the *Grundlage* and from the revised version of Fichte's "first philosophy" (that is, from the *Wissenschaftslehre nova methodo*), that the term is here to be understood as indicating those bare *feelings* of *inability* that underlie our representations of external *things*. In a wider sense, however, the term *Anstoß* might well be extended to cover not just the *Aufforderung* of the *Grundlage des Naturrechts,* but also the original and pre-deliberative determinacy of pure willing, the necessity of which is deduced in the *System der Sittenlehre*. Each of the latter is a constitutive element of I-hood that is never freely posited but must simply be "discovered" by the I if it is to posit itself as an I at all.[54]

---

[54] For further details see Breazeale, "Check or Checkmate? On the Finitude of the Fichtean Self", in *The Modern Subject: Conceptions of the Self in Classical German Philosophy*, ed. K. Ameriks and D. Sturma, New York, 1995, 87-114 and "De la Tathandlung à l'Anstoß – et retour: Liberté et facticité dans les Principes de la Doctrine de la Science", in *Le bicentenaire de la Doctrine de la Science de Fichte (1794 – 1994)*, ed. J.-L. Vieillard-Baron, Lille, 1995, 69-87.

DALIA NASSAR
(SYDNEY)

Intellectual Intuition and the Philosophy of Nature

An Examination of the Problem

In Chapter 10 of *The Twenty-Five Years of Philosophy*, Eckart Förster offers one of the most thorough explications of Schelling's understanding of the philosophy of nature.[1] Schelling's complicated and obscure ideas about the construction of nature – ideas which most interpreters shy away from – are the focus of Förster's systematic account. Förster shows how, on the basis of an original schema, Schelling constructs both anorganic and organic natural phenomena and illustrates their continuity.

Although Förster goes on to explain the ways in which Schelling develops the schema in various natural manifestations, what interests him above all are the foundations of this schema. "Where," he asks, "could Schelling have gotten the schema that underlies his system of *Naturphilosophie* and what are we to make of it?" (p. 238).[2] This question implicitly contains two sub-questions, both of which concern the relationship between *Naturphilosophie* and transcendental philosophy. First it asks whether Schelling's philosophy of nature is *in fact* independent of transcendental philosophy. Second it poses the more fundamental question as whether it is at all *possible* for *Naturphilosophie* (as practiced by Schelling) to achieve independence from transcendental philosophy.

Förster's answer to the two questions is negative. Both the schema that underlies Schelling's *Naturphilosophie* and its evidence

---

[1] The research and writing of this chapter were made possible through the generous support of the Australian Research Council.

[2] All references to Eckart Förster's *The Twenty-Five Years of Philosophy* will indicate the page number in parentheses from the English edition: *The Twenty-Five Years of Philosophy. A Systematic Reconstruction* (trans. Brady Bowman), Cambridge/Mass., 2012.

are, Förster contends, are imported from transcendental philosophy, such that Schelling's philosophy of nature is fundamentally dependent on transcendental philosophy. The "duplicity in identity" which Schelling locates in nature is, *more originally*, the schema of the self's intellectual intuition: it presents the diremption of self-consciousness. Thus, Förster writes,

> it is not on the basis of observation [...] that Schelling arrives at his schema, but rather through an act of Fichtean intellectual intuition, and only then does he transfer the schema to nature (ibid.).

This is a deeply problematic move, Förster explains, because Fichtean intellectual intuition is only appropriate for the I. For, as he relates in his earlier discussion of Fichte, Fichte's discovery of intellectual intuition

> is unprecedented in the history of philosophy: it is the insight that the proposition 'I am' expresses an utterly different kind of being than any existential proposition about a thing or state of affairs (p. 163).

In the conclusion to the Chapter, Förster lauds Schelling's inference that "nature must in its essence be no less accessible to cognition than the I and that a philosophy of nature, understood thus, is a *desideratum*" (p. 249). He also agrees with Schelling's claim, against Fichte, that "the origin of nature is not in the I, but that the origin of both must lie in the realm of the supersensible" (ibid.). However, Förster strongly disagrees with Schelling's methodology. Schelling's methodology, he writes,

> is wholly insufficient. And he is fundamentally mistaken when he infers that the method of cognition must be the same for both nature and the I, namely intellectual intuition, for he has clearly failed to learn the lesson of what I referred to above as Fichte's central insight [...] (ibid.).

What distinguishes the proposition "I am" is the absolute identity of the I as producer and the I as product in the act of self-consciousness. The proposition "I am" expresses a unique *productive* relationship, which is impossible in any other case. Schelling's mistake was to think that knowledge of nature functions in a similarly productive manner.

In this Chapter, Förster does not elaborate what would constitute an adequate method for the cognition of nature. Rather, he remarks that this will be the central consideration of the following Chapter, which deals with Goethe's response to the problem. Nonetheless, Förster offers a hint of what this involves: an "intuitive understanding," which, unlike Schelling's intellectual intuition, does not "create its object" (p. 249). The key difference between Schelling and Goethe's methodologies, then, rests on the creative or productive character of intuition.

Förster's critique of Schelling's methodology is significant, although it is, as Förster notes, not new. As early as 1800, A. K. A. Eschenmayer challenged Schelling's use of the notion of "construction" in the case of nature. After all, Eschnmayer asks, why does the idealist philosopher need to "construct" the tree that has been around for a century? Eschnmayer's public critique echoes Fichte's private disagreement with Schelling's distinction between transcendental philosophy and the philosophy of nature. In a letter from the 16th of November 1800, Fichte challenges this distinction and contests Schelling's claim that we can gain knowledge of nature's laws. All that we can know, Fichte argues, must be determined through the "immanent laws of intelligence." It is through these laws, he elaborates, that nature is given to us, or "found (*gefunden*)" (SFB, 176).[3]

While Förster's challenge differs from Fichte's in that he considers the philosophy of nature a "desideratum," he agrees with Fichte's critique of Schelling's methodology. The question thus is: what does Schelling mean by intellectual intuition in the philoso-

---

[3] Citations will be made in the body and refer to the following texts:

GA: Johann Gottlieb Fichte, *Gesamtausgabe der Bayerischen Akademie der Wissenschaften*, ed. R. Lauth et al., Stuttgart, 1962 ff.

AA: Immanuel Kant, *Gesammelte Schriften*, ed. Preußischen Akademie der Wissenschaft, Berlin, 1902 ff.

HKA: Friedrich Wilhelm Joseph Schelling, *Historisch-Kritische Ausgabe*, ed. H. M. Baumgartner, W. G. Jacobs, J. Jantzen and H. Krings, Stuttgart, 1976 ff..

SW: *Schelling Werke*, ed. K. F. A. Schelling, Stuttgart, 1856-1861.

SFB: *Schelling-Fichte Briefwechsel*, ed. with commentary by H. Traub, Neuried, 2001.

HA: Johann Wolfgang Goethe, *Werke* (Hamburger Ausgabe), ed. E. Trunz et al., Hamburg, 1949-1971.

MA: Johann Wolfgang Goethe, *Sämtliche Werke nach Epochen seines Schaffens* (Münchner Ausgabe), ed. K. Richter et al., Munich, 1985-98.

phy of nature, and to what extent does it differ from Goethe's intuitive understanding?

To answer this question, it is necessary to investigate Schelling's relationship to both Fichte – particularly Fichtean intellectual intuition – and Spinoza. As I will show, Schelling's conception of intellectual intuition developed out of his encounter with – and ultimate critique of – Spinoza's third kind of knowledge. It is in precisely *this* encounter that Schelling begins to elaborate a *productive* conception of intellectual intuition – and not, as Förster maintains, through an appropriation of Fichte. These insights will furnish the background necessary for distinguishing Schelling's conception of intuition and its deployment in *Naturphilosophie*. Due to lack of space, I will not offer a detailed comparison of Schelling and Goethe, but instead conclude with a few general remarks on Goethe's method.

I. Schelling and Fichte

Schelling's relationship to Fichte is complex and multifaceted, and evolved significantly from the time of their first letter exchange in 1794 to their last in 1803. The abrupt end to their correspondence came after several years of failed attempts to reconcile their differing conceptions of idealism: its goals, methods and ultimately its relation to the philosophy of nature. Although it was only after 1800 that Fichte became aware of these fundamental differences, by 1799 it had become clear that Schelling's views diverged decisively from Fichte's.[4] In turn, while these differences were *less* evident prior to 1799, they were certainly present, most distinctively in Schelling's conceptions of the self and intellectual intuition.

---

[4] The differences between Schelling and Fichte became apparent in 1799 with the publication of Schelling's *Entwurf eines System der Naturphilosophie*; however, Fichte did not read Schelling's work on the philosophy of nature and was at that time embroiled in the atheism controversy. For this reason, he did not recognize their differences until a year later, following Schelling's publication of the *System des transcendentalen Idealismus* (1800). The disagreement is most clear in their letters from that year.

Förster's claim, as noted above, is that Schelling appropriates Fichte's notion of intellectual intuition not only for his transcendental philosophy but also for the philosophy of nature. While in some instances (particularly between 1796 and 1798) Schelling did conceive of intellectual intuition along Fichtean lines, this was not always the case, especially in his earliest writings and his works on *Naturphilosophie*.

The most conspicuous reason for why Schelling's early conception of intellectual intuition could not have been adapted from Fichte's has to do with the fact that until his 1797 "First Introduction to the Wissenschaftslehre," Fichte has discussed intellectual intuition on only one occasion: his review of *"Aenesidesmus"* from 1794. In this review – with which Schelling was familiar – Fichte employs the term three times to describe the "act" of consciousness, in which the absolute I is realized. First he explains that the absolute subject is

a transcendental idea which is distinguished from all other transcendental ideas by the fact that it is realized through intellectual intuition, through the *I am*, and indeed, through the *I simply am, because I am* (GA 1/2, 57).

Then he adds that in this act of consciousness, the absolute subject is necessarily posited in contrast to an absolute object or not-I (GA 1/2, 48). Finally, Fichte connects intellectual intuition with practical activity and the moral law, explaining that pure I "is *because* it is and *is what* it is," because it is "*self-positing*, absolutely independent and autonomous" (GA 1/2, 55-56). By bringing the I and intellectual intuition into the realm of practical reason, Fichte's goal is to secure a non-empirical conception of the self. The moral self, he argues, is absolutely autonomous and does not have any relation to the natural world, or the world of (empirical) activity.

There are several things to be noted here. First, for Fichte, the absolute or pure self is the practical self – that is, the self-positing, autonomous self of practical reason.[5] Thus when he speaks of the

---

[5] In his unpublished manuscript, titled the *Eigene Meditationen* from 1793-94, the practical nature of intellectual intuition is particularly evident. Thus, he describes intellectual intuition as follows: "It is practical, self-legislating, and to that extent entirely determined through itself: it

"I," the term implies a regulative idea or an unattainable ideal that grounds the demands of practical reason.[6] Furthermore, intellectual intuition implies the reflexive structure of self-consciousness, such that it always posits both, the self and the not-self, subject and object.

While intellectual intuition was not an explicit theme in Fichte's early writings, it was a central idea for Schelling already in 1795. In *Vom Ich als Prinzip der Philosophie* (1795), intellectual intuition is the cornerstone of Schelling's epistemology and understanding of the absolute I. However, in this work, Schelling does not make any reference to Fichte, and even seems to be completely opposed to Fichte's skeletal conception.[7]

For one, Schelling conceives of the I as the constitutive ground of reality, the original and harmonious unity of being and knowing. Thus, while the practical demands of reason are at the foreground of Fichte's conception of the I, they play no role in Schelling's conception. For Schelling the I is an ontological reality that,

---

itself determines and determines itself. It is at once actor and that which is acted upon" (GA 2/3, 176).

[6] Thus Jürgen Stolzenberg writes, "This [...] shows that Kant's theory of the consciousness of the moral law as consciousness of freedom is the paradigm for Fichte's concept of the self and [...] also the paradigm for the previously developed conception of the I." See Jürgen Stolzenberg, *Fichtes Begriff der intellektuellen Anschauung. Die Entwicklung in den Wissenschaftslehren von 1793/94 bis 1801/1802*, Stuttgart, 1986, 154.

[7] More recent scholarship on Fichte and Schelling's relationship has come to agree that the early Schelling was never a straight forward disciple of Fichte – as had been previously thought. See especially Birgit Sandkaulen-Bock, *Ausgang vom Unbedingten. Über den Anfang in der Philosophie Schellings*, Göttingen, 1990, 22-23; Manfred Frank and Gerhard Kurz, eds., *Materialien zu Schellings Philosophischen Anfängen*, Frankfurt a/M., 1975, 10. For the older interpretations, see Xavier Tilliette, *Schelling. Une Philosophie de Devenir*, vol. 1, *Le System Vivant*, Vrin: Paris, 1970. Tilliette claims that in his early writings, Schelling was, "at least in intention, a Fichtean" (Tilliette, *Schelling. Une Philosophie de Devenir*, vol. 1, 115). Ingtraud Görland similarly argues that "it is actually not possible that Schelling broke through Fichtean philosophy and put forth his own; rather it is only a further development of Fichte's convoluted philosophy [...]" in Ingtraud Görland, *Die Entwicklung der Frühphilosophie Schellings in der Auseinandersetzung mit Fichte*, Frankfurt a/M., 1973, 7.

he repeatedly emphasizes, *is*. Fichte's central claim that, "I am because I am," or simply, "I am!" is interpreted by Schelling to mean "a being [*Seyn*] which precedes all thinking and imagining" (HKA 1/2, 90).

Furthermore, Schelling disagrees with Fichte's conception of the pure self. A self that is in opposition to the not-self is not – as Fichte would have it – an absolute, non-empirical self. Rather, Schelling contends, because it is conditioned by the not-self, it is necessarily contingent and empirical.[8] Only a self that is absolutely non-objective and non-objectifiable, i.e., a self that is not opposed to the not-self transcends the realm of the empirical and contingent (HKA 1/2, 90). This means that Fichte's conception of the self, and his related understanding of intellectual intuition as self-reflective, are later concepts or outcomes which presuppose a more fundamental reality, a pre-subjective and pre-objective absolute I.

This leads to further disagreement. For Schelling, the "I am" is unconditioned because it is the very act of positing itself – *das*

---

[8] For both Fichte and Schelling, it was essential to grasp the non-empirical character of the absolute I. For Fichte this was closely connected with the problems that emerged out of Reinhold's theory of representation and his first principle, which, Fichte argues, is merely a "fact" of reason, i.e., an abstraction based on and determined by empirical consciousness and representation. This means that "the very act of representing, along with all of its conditions, is given to consciousness only through the representation of representing. It is thus *empirically* given, and the empirical representations are the objects of all reflection concerning consciousness" (GA 1/2, 46). A first principle, however, cannot be abstracted or derived. Therefore, Fichte concludes that the first principle cannot be a "mere fact, but expresses an 'act'" (ibid.). The act of reason, which Fichte claims is the ultimate principle of philosophy, must be the self-positing of the self, because it is only through this original self-positing that we have consciousness and the subject-object distinction. Consciousness and representation are thus secondary to and derived from the original act of self-positing, intellectual intuition (GA 1/2, 48). The noumenal subject, or the pure I, is not given in empirical intuition, but realizes itself in intellectual intuition. Schelling, by contrast, understands "empirical" to mean anything that is or can be made into an object – i.e., anything that is contingent because it emerges only in a relation of opposition.

Setzende (HKA 1/1, 280). For Fichte, by contrast, the unconditioned nature of the I is based on immediate self-certainty.[9] Immediate certainty, Schelling argues, could not be the nature of the unconditioned because it is a *result* of the self reflecting on itself. The absolute I, however, must be prior to the act of self-reflection.

These differences in their conceptions of the self have a clear influence on their understanding of intellectual intuition. While for Fichte, intellectual intuition is an act of self-reflection that results in a self-conscious self, for Schelling intellectual intuition is the capacity to grasp the pre-subjective, pre-objective unity, the absolute I prior to its becoming a subject, opposed to an object. For this reason Schelling maintains that

> self-consciousness presupposes the danger of losing the I; it is not a *free* act of the unchanging I, but an unfree striving of the changing I, conditioned by the not-I, to maintain its identity and to reassert itself in the flux of change (HKA 1/2, 104).

However, in spite of their differences, Fichte and Schelling agree on one important point. Intellectual intuition is not intuition of empirical phenomena, of what is contingent and given to the senses, but of the ideal and necessary. Both maintain that intellectual intuition begins by abstracting from everything empirical and turning one's attention to the unconditioned. However, while for Fichte the unconditioned self is always already embroiled in the opposition that is inherent to the structure of self-consciousness, for Schelling the pure self is the pre-subjective, pre-objective reality that precedes and makes possible this structure.

From this it is clear that already in 1795 Fichte and Schelling were concerned with quite different phenomena. Fichte's aim is to grasp the structure of the autonomous self and, through synthetic thinking and imagination, deduce its conditions of possibility. In this process the self progressively *produces* newly discovered conditions. This is what he calls the "pragmatic history of the spirit" and what distinguishes his notion of intellectual intuition as *productive* (GA 1/2, 364). Although in his writings on transcendental philosophy Schelling approximates Fichte, the goal which under-

[9] See GA 1/2, 115.

lies his project as a whole is not simply to determine the structure of self-consciousness through a genetic account of its conditions. Rather, Schelling sees this as the task of only one realm or part of philosophy: transcendental philosophy. There is, however, another, *more fundamental*, part that is concerned with grasping the structure of reality as such, including unconscious reality, or nature.[10]

The question then is: what does Schelling mean by intellectual intuition, and how does it achieve knowledge of the pre-subjective, pre-objective absolute? This question can only be answered by turning to Spinoza.

II. Schelling and Spinoza

Schelling's understanding of the absolute I as an immanent cause, an "absolute power," sounds very much like Spinoza's *causa sui*. Indeed, in the Preface to *Vom Ich*, Schelling remarks that "in this essay Spinoza is spoken of very often, not (to use Lessing's expression) 'as a dead dog'" (HKA 1/2, 69). He praises Spinoza's substance as "the most sublime idea" (HKA 1/2, 123) and agrees with Spinoza's view that the absolute acts only according to the laws of its own being. It exists outside of the realm of morality, for morality and any final purpose (*Endzweck*) presuppose limitation and finitude (ibid.). The moral law, he maintains, obtains for the finite I alone, whose goal is to become "absolutely identical with [its]self" (126). For the infinite I, who is already absolutely identical with itself, there is no law higher than the law of (its) being.[11]

---

[10] In the "Allgemeine Deduction des dynamischen Proceßes" (1800), Schelling writes that "[…] the *true* direction for that which is valid for *knowledge* everywhere, is the direction which *nature itself* has taken [die *wahre* Richtung für den, dem *Wissen* über alles gilt, ist die, welche die *Natur selbst* genommen hat]" (HKA 1/8, 366).

[11] Schelling thus conclusively remarks: "From these deductions it becomes clear that the causality of the *infinite* I cannot be represented at all as morality, wisdom, and the like, but only as absolute power which fills the entire infinity […] Therefore the moral law, even in its entire bearing on the world of sense, can have meaning and significance only in its

Schelling goes on to describe Spinoza's conception of truth as unsurpassable (HKA 1/2, 111G), and distinguish Spinoza's third kind of knowledge – intuitive knowledge – from knowledge gained through sensible intuition, imagination and abstraction (i.e., discursive knowledge).[12] Intellectual intuition does not abstract from the sensibly given in order to form a concept. Rather, it has immediate insight into the idea that underlies and determines the parts. As such, it uncovers the schema of construction, i.e., the structure that underlies and relates the parts, without having to abstract from the parts.

To explain what he means by intuitive knowledge, Spinoza provides a mathematical example in which one is given three numbers and is required to find the fourth number (1, 1, 2…). The relations between the first three numbers exhibit the pattern according to which the fourth number must be related to the first three. In this case, one cannot, as would be the case with abstract concepts, proceed from the particular to the universal, from various instances to a general concept. Rather, one must decipher the idea as exhibited in the relations between the numbers.[13]

---

relation to a higher law of *being*, which in contrast to the law of freedom, can be called the law of nature" (HKA 1/2, 129).

[12] In the Scholium to Proposition 21 in the *Ethics*, Spinoza maintains that truth is its own standard and need not be grounded in something other than itself. For, he writes, "who can know that he is certain of some thing, unless he is first certain of that thing? Then, what can exist which is clearer and more certain as a standard of truth than a true idea? Clearly, just as light manifests both itself and darkness, so truth is the standard of both itself and of falsity." These remarks were favoured by Schelling: he quotes them in to his friend Pfister in a dedication (see HKA 1/1, 254) and repeats them in a note in *Vom Ich* (HKA 1/2, 111G). They provide an important insight into what Schelling saw in Spinoza's theory of knowledge, and how he attempted to employ it.

[13] I am here closely following Förster's interpretation of Spinoza's third kind of knowledge, which explains Spinoza's in the following way: "The third kind of knowledge is the highest and results when I recognize a thing's properties through knowledge of its essence or its proximate cause (e.g. when my knowledge of the nature of the essence of a plane triangle leads me to see that the sum of its angles is always equal to two right angles)" (p. 93).

Intellectual Intuition and the Philosophy of Nature 245

The mathematical problem, Spinoza notes, could be resolved in a non-intuitive, mediated or procedural way – for example, by multiplying the second and the third numbers, and then dividing them by the first. However, it could also be resolved intuitively, which means through an unmediated insight into the *relationship* of the numbers (the idea). The intuitive mathematician, in other words, sees the *idea* that underlies and determines the numbers and their relations. The idea, therefore, is not an abstraction, but is immanently realized in the numerical relations; the relations are singular manifestations of the idea. The idea, then, is nothing other than the realization or construction of this particular sequence – it cannot be separated from the sequence, but is itself the sequence. Or, put in different terms: *the concept and its object are one.* Through intuition, the numbers become meaningful and construction of the succeeding numbers in the sequence is made possible.

Thus, the mark of intuitive knowledge lies in the fact that it does not concern itself with distinguishing and delimiting (which is the method of reason[14]), but rather with seeing the underlying

---

[14] Schelling does not explicitly distinguish between imagination (first kind of knowledge), reason (second kind of knowledge) and intuition (third kind of knowledge), and instead focuses on distinguishing between imagination and intuition. Nonetheless, his claims concerning abstraction and universal concepts pertain to the second kind of knowledge as well. For Spinoza, as for Schelling, the second kind of knowledge is unable to yield insight into the connections within reality and the eternal essence of substance. While the first kind of knowledge is based on what is given to the body, and is thus highly subjective and arbitrary (the connections it reveals are based on personal experience), the second kind of knowledge provides insight into nature as lawfully connected. This knowledge, however, remains, like the imagination, on the level of abstraction. In other words, it is concerned with universals (concepts) and not with what is real or actual i.e., with existence, with substance. This means that reason does not gain insight into singular things, but only into abstract concepts. Furthermore, reason does not grasp things as a manifestations or particular expressions of reality or substance. Finally, reason conceives nature in terms of abstract connections, i.e., connections between parts, not connections within a whole, or substance, in which all the parts and events are immanently involved. It is only through intuition that insight into substance is granted, because it is only intuition that can grasp the indi-

whole or idea that is in each of the parts. In judging A = B, Schelling explains, one is not

> making a judgment regarding A insofar as it is determined by something *outside* itself but only insofar as it is determined by itself, by the unity of being posited in the I, not as a determined *object*, but as reality as such, as at all positable in the I. Thus I do not judge this or that A or that particular point of space or time, but A as such inasmuch as it is A through the very determination by which it is A [...]. (HKA 1/2, 149)

Intellectual intuition does not determine a subject in relation to an object but sees the underlying structure or idea that determines each of the parts and their relations. In other words, intuitive insight does not grasp A as a thing that exists among other things, an object in opposition to other objects, but as a being whose unity is posited in and granted through the absolute. As such, every A is an expression of itself only inasmuch as it is also an expression of the unity of the I, of reality as such.

Schelling learns from Spinoza that intuitive knowledge alone can achieve truth. This is the case for two reasons. First, it does not fall victim to the infinite regress of discursive knowledge. This means, that it does not seek to understand something in terms of something else – it does not seek the cause or reason outside of the thing. Second, intuitive knowledge does not result in an incongruence between the sensible particular and the conceptual universal that is endemic to discursive knowledge. Precisely because discursive knowledge commences with the part, and then abstracts to the concept, it necessarily results in a concept that is

---

visible unity and wholeness of substance in and through the parts (in and through the relations between the numbers). Reason, in contrast, divides, conceiving things as parts, rather than as manifestations or singular expressions of one unified and indivisible substance. This point is made especially clear in Spinoza's letter to Ludovicus Meyer (which Schelling cites), where he distinguishes between intellection (i.e., intuition) and other modes of knowledge. It is only in intuition, he maintains, that substance is grasped as "infinite, unique and indivisible." Ultimately, while intuition is able to grasp the real, singular and unique, reason remains on the level of universals and thus, like the imagination, does not achieve the level of knowledge necessary for comprehending substance and its singular manifestations.

abstract, i.e., divested of the particularity of the part. As such, it cannot truly express the part of which it is a concept.[15] By contrast, intuitive knowledge grasps the idea (the unity) and thus does not seek to abstract to it by generalization. Thus, for intuitive knowledge, the idea is *in the parts*, rather than *beyond* them.

However, in spite of his proximity to Spinoza, Schelling maintains an important distance. Repeatedly, he contends that the absolute cannot be substance because substance is an object. An object is determined by something other than itself, meaning that it cannot be absolute. For this reason, Schelling claims that the absolute can only be an "I." Furthermore, and as Förster also notes, Schelling agreed with Kant's critique of Spinozism. "Kant is quite right," Schelling writes, "when he says that Spinozism does not accomplish what Spinoza wants" (HKA 1/2, 175R). Kant's claim is that Spionzism does not achieve a true unity, "a unity of purpose," but only a "unity of basis," that is, a diffuse ontological unity in which the parts merely reflect the substance. By contrast, in a unity of purpose, the parts would actively participate in organized relations within the whole.

This insight became a turning point for Schelling – not only with regard to his understanding of the absolute, but also with regard to his conception of intellectual intuition. Schelling realized that Spinoza's diffuse ontological unity harbours an implicit dualism between the whole and its parts. Insofar as the parts are *effects* of an original cause, they remain outside of and distinct from the absolute. This dualism ultimately denies the absolute's status as absolute. However, Schelling agreed with Spinoza that there can be nothing outside the absolute. Thus, only a conception of the absolute as a dynamic reality, whose members are not mere reflections, but active *participants* within an infinite productivity, would be adequate.

This has important implications on the role and meaning of knowledge. The knowing self, after all, is a member within the absolute. As such, its act of knowledge cannot be merely reflective

---

[15] One of the key differences between intuitive knowledge and discursive knowledge, according to Kant, is precisely this chasm that results between sensible intuition and concepts on the discursive model, which proceeds by abstracting from the particular to the general and thus necessarily loses something of the particular (AA 5:402f).

of the absolute – a passive gazing onto something *other* than itself – but must *participate* in the absolute. For this reason, Schelling maintains that intellectual intuition must be active. As a member of the absolute, the self cannot be an inactive element in an active whole – that would, ultimately, imply that the self is in some way outside of or other than the absolute. Thus, the self must be active in the same way (though not to the same extent), as the absolute; like the absolute, it must achieve a degree of *self*-determination. As a conscious being, this self-determination is achieved in its conscious acts – i.e. in its acts of knowledge.

In the year following the publication of *Vom Ich*, Schelling struggled with the question of how to develop a conception of intellectual intuition which (like Spinoza's) is capable of grasping the pre-subjective, pre-objective absolute, but does not assume or imply a dualism between the part and whole, or between knowing and being. From 1796 to 1798, Schelling adopted a Fichtean conception of intellectual intuition, because it appeared to account for the productive nature of knowledge. However, by 1799 he became dissatisfied with these earlier attempts, because they seemed inadequate both for a philosophy of nature, and for philosophy in general. The goal, after all, is not to determine the products of the subjective self, but to grasp the absolute and its products. It is for this reason that after 1799 Schelling came to regard transcendental philosophy as *secondary* to the philosophy of nature.[16]

III. Intellectual Intuition and the Philosophy of Nature

In the first paragraph of the *Einleitung* to the *Entwurf* (1799), Schelling plunges into a critique of the application of transcendental methods onto the philosophy of nature. The problem with these methods, he explains, is that they seek to deduce nature from the activity of the transcendental subject. In contrast, the goal of a philosophy of nature must think nature "as independent and real" (HKA 1/8, 30). Thus, instead of seeking to derive nature from the

---

[16] See for instance his 1801 essay, "Ueber den wahren Begriff der Naturphilosophie" (HKA 1/10, 85-106, esp. 95-96), and "Allgemeine Deduction," (HKA 1/8, 366).

I, Schelling proclaims that in the philosophy of nature *"the ideal must arise out of the real and admit of explanation from it"* (HKA 1/8, 31). For this reason, he goes on, "there is no place in this science for idealistic methods of explanation, such as transcendental philosophy is fitted to supply [...]" (ibid.). *Naturphilosophie* will proceed by following "the first maxim of all true natural science, to explain everything by the forces of nature [...]" (ibid.).

The implications of Schelling's claim are significant. First, it means that the philosophy of nature must have methods other than the ones employed in transcendental philosophy. It also implies that, from the perspective of the philosophy of nature, self-consciousness is a product of nature's activity – not the other way around (HKA 1/8, 31). In other words, in the philosophy of nature, we must not only grasp nature as self-producing, but also come to regard ourselves as members of nature's productions.

The question then is: what form of knowledge would be adequate to achieve these goals? The answer to this question lies in Schelling's claim that "knowledge in the strictest sense" is insight into "the principles of possibility" (HKA 1/8, 33). He contrasts this knowledge of the "inner construction" of nature to a superficial "mere seeing," which simply knows that something exists but does not understand how it came about.

In agreement with Fichte and Spinoza, Schelling maintains that the first step in the knowledge of nature consists in abstracting from everything empirical and contingent, so as to achieve insight into the fundamental structure that underlies nature – i.e., the *idea* of nature. While in the *Entwurf* and *Einleitung*, he simply abstracts to the idea of nature without making his methodology explicit, in his 1801 essay, "Ueber den Begriff der Naturphilosophie," Schelling elaborates what is involved in this abstraction.

This essay, it is important to note, was composed as a response to critiques levelled by Eschenmayer. Eschenmayer objected to two key aspects of Schelling's philosophy of nature, which closely resemble Förster's critiques. First, Eschenmayer argues that Schelling's understanding of nature is unfounded – on what basis does Schelling determine what the structure of nature is? Second, he challenges Schelling's use of construction as both misguided and unnecessary. Why, he asks, do I need to "construct" a tree that has existed for more than a century (HKA 1/10, 87)?

Schelling's response to Eschenmayer reflects his attempt to introduce activity into Spinoza's notion of intuition. Thus, he seeks, on the one hand, to maintain a conception of intuition that is able to grasp the pre-subjective, pre-objective absolute and thus understand the absolute (as nature) in its self-construction. On the other hand, Schelling wants to account for the productive nature of knowledge, and, its locus, the knowing subject. Only then, he contends, does *Naturphilosophie* become a truly *critical* inquiry.

In reply to Eschenmayer's first objection, Schelling explains that the philosophy of nature must commence like every other philosophy – by philosophizing. This, however, is only possible if I have already philosophized, for, he asks, how else would I know what philosophizing is if had I not already done it. The very activity of philosophizing, then, leads me to myself as a philosophizing being, a knowing subject. In other words, the beginning of philosophical reflection is the self as a knower (HKA 1/10, 89). This does not mean that I am closed in on myself, nor does it imply that transcendental philosophy is the only form of philosophy possible. Rather, Schelling explains that while as the philosophical knower I am the necessary starting point of critical inquiry, I am by no means the endpoint.

Following the moment of original postulation – of coming to recognize myself as a knowing self – I must *abstract* from myself and rise to the pure subject-object, i.e., to nature as *unconscious* productivity, to the ground of reality prior to its entering my consciousness. This involves what Schelling calls "depotentiation." He describes it as follows:

To see the objective in its first emergence is only possible if one depotentiates the object of all philosophizing, which is = I in the highest potency, and to construct with this object which has been reduced to the first potency (ibid.).

The first step in the philosophy of nature, then, is to abstract from the subjective, knowing self, and "depotentiate" from this highest potency to the lowest – i.e., to the absolute as unconscious. What exactly does this involve?

Before answering this question, it is important to note that for Schelling, the path from the knowing self to nature as unconscious productivity is the only path that one can follow in order to develop a critical philosophy of nature. That is to say, it is the only path that leads to the pre-subjective, pre-objective absolute while at the same time accounting for the knowing self. There is, in other words, no denial of the activity of knowledge or the knower (as was the case, Schelling argued, in Spinoza); rather, this procedure recognizes the place and role of the knowing subject, but also seeks to transcend the subjective perspective. The aim is to arrive at a perspective which is not determined by either empirical contingency or the subjective structure of self-consciousness.

This may seem to bring Schelling closer to Fichte. In fact Förster references this essay in support of his interpretation (p. 248-9), and Schelling himself notes the apparent proximity to the *Wissenschaftslehre* (HKA 1/10, 92). However, Schelling is quick to add that there is an important difference between his methodology and Fichte's. While the *Wissenschaftslehre* seeks to grasp the pure self as subject or knower, such that it abstracts *to* the intuiter, the philosophy of nature aims to go beyond the subject and thus abstracts further – it abstracts "*from* the intuiter in the intuition" to arrive at the pure subject-object (ibid.; emphasis added).

In his 1800 "Darstellung meines Systems der Philosophie," Schelling describes this as the standpoint of reason, in contrast to the standpoint of reflection. Reason, or "absolute reason," "is the total indifference of subjective and objective" (SW 1/4, 114). Commonly, reason is understood subjectively, i.e., as inherently tied to a thinking subject. This is a mistake, Schelling explains, because "reason's thought is foreign to everyone" and thus to arrive at reason as the absolute, "one must abstract from what does the thinking." In other words, there is nothing *subjective* about reason itself, such that by achieving the standpoint of reason, one is freed from his or her subjective (empirical) perspective.

It is from this perspective that one must posit the idea of nature. At this stage, however, the idea of nature functions merely as a hypothesis, a regulative ideal that guides investigation. It is not the constitutive idea of nature which we are after. Furthermore, simply posting the idea of nature does not explicate *how* this idea is *realized*, and thus does not reveal the principles of nature's (infinite) possibility. Grasping the principles of possibility requires understanding *how something came about*. Thus, positing the idea of nature does not amount to knowing nature. It is also necessary to understand the way in which the idea is realized in particular phenomena and their relations. Knowledge in the strictest sense must therefore be a kind of *historical* knowledge that grasps how the idea is realized, by understanding its development and emergence in particular phenomena within varying contexts.

Schelling describes this method as "genetic" in contrast to the "analytic" method. While an analytic method is solely concerned with saying what something is by describing its characteristics, the genetic method aims to grasp the ground of the thing – its very conditions of possibility – and thus understand how it achieved its particular form, i.e., how it realized the idea of nature in a specific context (HKA 1/8, 341-2). Such insight, he maintains, can only be achieved through construction.

Construction is a key theme throughout Schelling's writings, and in a significant way reflects his agreement with Fichte's deployment of geometric construction for transcendental philosophy. In the philosophy of nature, however, Schelling is not concerned with deducing the conditions of the possibility of the self and thereby constructing the self and its products, but rather with grasping nature in its "self-construction." What does this involve?

A first answer to this question can be found in what Schelling has to say about geometrical construction. The construction of nature has more in common with geometrical construction than with construction in transcendental philosophy. For one, it is concerned with what Schelling calls "outer sense," as opposed to "inner sense," i.e., with constructing objects that also exist in space and time. Furthermore, in both nature and geometry the object can incite or provide occasion for construction. In geometry, Schelling writes, "I may be coerced [*genöthigt*] to construct the line by the line drawn on paper or on a board [...]" (SW 1/1, 445). The internal construction of the self is, by contrast, "determined entirely by freedom" (ibid.). Now, Schelling emphasizes that the mental act of construction is not simply a *reproduction* of the sensibly given line. This has to do with what Schelling means by knowledge, and the role of construction in knowledge. The empirical line, he claims,

affords us no knowledge of the line, but conversely, we compare the straight line on the blackboard to the original line (in the imagination) [...] (ibid.).

In other words, it is only through my mental construction of the line that I *grasp* what I perceive as a line. My perception becomes meaningful only through my construction. Thus, while the empirical line may occasion the construction, the evidence of the construction – its truth and necessity – is not dependent on the empirical line. Rather, the evidence can only be achieved in the act of construction, i.e., in my mental imagination of the line, through which I am able to grasp how the line comes about and thus understand its principles of possibility.

How does this view of construction carry over to Schelling's philosophy of nature? To answer this question, it is important to begin by noting differences between geometrical construction and the construction of nature. Geometry is an *a priori* science, in which the concept and its object correspond completely *in* the mental construction. While the mental construct may correspond to a sensible given object (such as a line drawn on paper), the real object of geometry (the line) is an ideal reality. In nature, however, the idea of nature does not correspond to purely mental objects, but to sensible given phenomena. Thus the relation between the idea and its object in nature is different from – more complex than – the relation between the idea and its object in geometry. While in both cases the relationship implies identity and difference (the object is a particular, limited manifestation of the idea), in the case of nature, the idea is realized only in and through temporal and spatial beings.

Thus, the relation between the idea of nature and the multiplicity of natural phenomena is not direct, as it is in geometry. One cannot simply construct *forward* from the idea to the object, because the idea of nature is realized not in an ideal object, but in a plethora of phenomena, that evidence greater or lesser degrees of complexity, varying spatio-temporal locations, and distinctive functions within a context.

For this reason Schelling maintains that in addition to constructing forward, the philosophy of nature must also "construct back," that is, construct *from the phenomena* back to the idea (SW 1/5, 127). In the *Einleitung*, Schelling maintains that the construction of nature occurs through experimentation. It is only through *experience* of particular phenomena that we can construct *from* the phenomena *back* to the idea. "Construction by means of experimentation," as he puts it, furnishes us with knowledge in the strictest sense (HKA 1/8, 34). This is because experimentation is a "bringing forth of the appearance [*ein Hervorbringen der Erscheinung*]" such that it is not simply *reproducing* the phenomenon, but also revealing the structure of the phenomenon: how it came about, or, more specifically, how it realizes the idea in its particular form (ibid.).

Now although experimentation plays a central role in the *Entwurf*, and particularly in the *Einleitung*, it is not a central theme in all of Schelling's writings on nature. Nonetheless, Schelling emphasizes that construction is often carried out incorrectly, and argues that the only way by which to verify the construction is through experience.[17] Furthermore although in "Ueber den wahren Begriff," he does not emphasize experimentation to the same degree, he explains that the coincidence between my construction and experience establishes that I am in fact undertaking *Naturphilosophie* (HKA 1/10, 95). In other words, it is only when I recognize that my construction holds in the empirical word that I can rightly call myself a philosopher of nature.

Thus the construction of nature does not simply consist in constructing phenomena *from* the idea (as is the case in geometry), and thereby furnishing a system of nature. It also requires constructing back from the phenomena *to* the idea. And it is only by undertaking both tasks that one is able to construct an *accurate* system of nature and achieve a more concrete understanding of nature. The goal is to determine that my idea of nature and my constructions coincide with my experience.

This does not mean that Schelling was an empiricist. For his claim is that empirical experience can only be meaningful in light of an idea or guiding hypothesis (what he calls "absolute hypothesis" [HKA 1/8, 34]) according to which experiments are designed and experience is ordered. Furthermore, knowledge in the strictest

---

[17] Although the emphasis on experiment and experience in the *Einleitung* is unparalleled in Schelling's later works, the motivation remains the same—namely the need to verify both the *idea* of nature which serves as the guiding hypothesis, and the constructions. In the *Einleitung*, Schelling thus remarkably writes that "the absolute hypothesis must carry its necessity within itself it must however be brought to an empirical test as well. *For, inasmuch as all the phenomena of nature cannot be deduced from this hypothesis, so long as there is in the whole system of nature a single phenomenon which is not necessary according to that principle, or which contradicts it, the hypothesis is thereby at once shown to be false,* and from that moment ceases to have validity" (HKA 1/9, 35). In "Ueber den wahren Begriff," where experience is not as strongly emphasized, Schelling nonetheless writes: "Should not the coincidence of that which is given in experience with that which is constructed not be the surest investigation of the *accuracy* of the construction?" (HKA 1/10, 99-100).

sense depends on construction: it requires that I grasp the structure of the object, and determine its principles of possibility by mentally imagining the way in which it realizes the idea of nature in a particular context. It also requires that I grasp how each of its parts develops and relates to the part preceding it and the part which follows it. Finally, it requires that I recognize its place within a spatio-temporal context, and thus determine how it emerges in relation to other beings. Only then have I demonstrated the *necessity* of the phenomenon and proven the adequacy of my construction (HKA 1/8, 35). Only then do I achieve knowledge in the strictest sense.

IV. Conclusion: Schelling and Goethe

Towards the end of Chapter 11, Förster again invokes the difference between Schelling and Goethe. Schelling's approach is "abstract," while Goethe's is "concrete" (p. 265). This seems to me to be a more accurate description of their differences, one which accounts for their differing projects. Schelling was, after all, a philosopher, whose aim was to provide a systematic account of nature and knowledge. Goethe, by contrast, was a scientist, whose primary domain was the empirical world. It is therefore not surprising that Schelling's methods evidence greater abstraction than Goethe's.

Nonetheless, and as I have tried to show, Schelling's methodology was not as abstract as Förster proclaims. His emphasis on experience, his understanding of construction as a two-way process, and his claim that the philosophy of nature begins only after I recognize a coincidence between my construction and my experience, reveal a philosopher who was taking account of empirical experience. In addition, Schelling's conception of construction in the philosophy of nature does not originate in Fichtean intellectual intuition. Although it contains some elements of Fichtean epistemology (particularly an awareness of the knowing subject), it is a distinctive method that Schelling adapted and modified from geometrical construction and Spinoza's third kind of knowledge. Thus, to speak of intellectual intuition as "productive" is to speak of an ideal construction of natural phenomena that seeks to follow their development and thereby disclose the way in which they manifest the idea of nature. This is not all that different from Goethe's notion of "intuitive understanding" and its relation to the archetypal idea.

In his examination of Goethe, Förster emphasizes two key aspects: the first is Goethe's empiricism, and the second is a nonproductive conception of knowledge. Both aspects directly oppose Goethe's methodology to Schelling's.

It is important to note, however, that Goethe's empiricism was tempered by his idealism. Like Schelling, he considered it necessary for all empirical investigation to begin by positing an idea – an archetypal phenomenon – which at first is vague but nonetheless serves the significant function of *guiding* his research. This enabled him to undertake comparative work, through which he was able to determine the idea in ever greater concreteness and depth. Thus, looking back on his work on animal morphology, Goethe writes that

I soon felt the need to posit a type [*Typus*], which could be tested on all mammals through sameness and difference. Just as I had previously sought out the archetypal plant, so I aspired to find the archetypal animal [*Urtier*], that is: the concept, the idea of the animal (MA 12, 19).

Or, as he famously writes of his experience in the garden in Palermo:

I was confronted with so many kinds of fresh, new forms, I was taken again by my old fanciful idea: might I not discover the *Urpflanze* amid this multitude? Such a thing must exist after all! How else would I recognize this or that form as being a plant, if they were not all constructed according to one model (HA 11, 266).

It is telling that in both instances, Goethe references Herder's search for the "idea" of human history as the model for his own work. It signifies that while Goethe sought to concretize the idea through empirical research, its origins were – like Herder's – philosophical and abstract. Goethe makes this clear when he speaks of his "old fancy" to find an idea which, at this stage in the investigation, he did not fully understand, but nonetheless employed to guide his research.

Finally, Goethe's notion of intuitive understanding – or as he calls it "intuitive judgment" – involves a degree of production or construction. In fact, Förster quotes a passage from Goethe's essay "Anschauende Urtheilskraft" in which Goethe describes intuition as active and participatory. Speaking of Kant, he writes:

[...] just as we are able to elevate ourselves to a higher region in the ethical sphere through our belief in God, virtue, and immortality, the case might be the same in the intellectual sphere, *so that by intuiting a continuously creative nature we make ourselves worthy of intellectual participation in its productions* (Förster, p. 167; emphasis added).

Although Goethe does not go on to explain what "intellectual participation" in nature's productions might be, it is clear that it involves a deeper participation than simply reflecting on what is before me.

Förster points to this in his examination of Goethe's later scientific works, which evidence a greater emphasis on the activity of knowledge, and the notion of "living eye" that participates in and transforms the thing known (p. 265-7). This is particularly evident in the *Theory of Colours*, specifically in Goethe's consideration of *colours accidentelles*. Thus, Förster writes:

by considering phenomena such as *colours accidentelles* [...] in light of Fichte's reciprocal determination, Goethe discovered the eye's *fundamental activity in constructing the visual world* [...] (p. 267; emphasis added).

This is not surprising in light of Goethe's view of the relationship between artists, artworks, and nature. Artists, he maintains, are most capable of grasping nature because, like nature, they are active and productive. For this reason, the work of art is "nature's best interpreter" (MA 17, 751).[18] This is not because artworks *reflect* nature, but rather because they *construct* nature in such a way as to reveal it more completely.[19] Works of art are the products of active participants in nature's productivity – as such, they can

---

[18] On Goethe's understanding of the relation between nature and the work of art as a relation of metamorphosis or evolution, see Luke Fischer, "Goethe contra Hegel: The Question of the End of Art," *Goethe Yearbook* 18 (2011), 127-158.

[19] Goethe often employs the term "construction" to describe the way in which he developed the concrete idea of the animal or the plant. See for instance MA 12, 126-7 and 203f.

creatively construct nature so as to reveal nature's laws and forms more perfectly than nature does or can.[20]

Although my interpretation of Goethe requires further elaboration and justification, it serves to suggest greater affinity between Schelling and Goethe than Förster's account would allow, and opens a path for further investigation into their views on the nature of construction, knowledge, and the work of art.

---

[20] Goethe makes ample remarks on this theme, see for instance his claim that "there exist two antique heads of horses more perfect in their form than those of any race now on earth" (MA 17, 269).

DAVID E. WELLBERY
(CHICAGO)

Zur Methodologie des intuitiven Verstandes

Anmerkung zu Eckart Försters Goethelektüre[1]

Der Literaturwissenschaftler und speziell der Goetheforscher, der sich zu den Goethepartien von Eckart Försters *Die 25 Jahre der Philosophie*[2] äußern soll, steht zunächst in der Pflicht, stellvertretend den Dank seines Faches dafür auszusprechen, dass der konzeptuelle Gehalt von Goethes naturwissenschaftlichen Schriften in einer auf der Höhe der Zeit stehenden philosophischen Studie so sachkundig und eindringlich dargestellt worden ist. Die Bergkette bedeutender philosophischer Goethedeutungen erstreckt sich etwa von den Goethebüchern Rickerts und Simmels über Cassirers vielfache Goethestudien – zumal die einschlägigen Partien im IV. Band des *Erkenntnisproblems* sowie in *Freiheit und Form* – bis hin zu dem gewichtigen Buch über *Goethes Altersdenken*, das Hermann Schmitz 1959 vorlegte.[3] Literaturwissenschaftler haben

---

[1] Eine kürzere Fassung des Aufsatzes erschien in: *Deutsche Zeitschrift für Philosophie* 60 (2012), 1003-1010.

[2] Alle Hinweise auf Eckart Försters *Die 25 Jahre der Philosophie* werden in Klammern mit Seitenzahlen angeführt. Zitiert wird nach: *Die 25 Jahre der Philosophie. Eine systematische Rekonstruktion*, Frankfurt/M. 2011.

[3] Vgl. Ernst Cassirer, *Das Erkenntnisproblem in der Philosophie und Wissenschaft der neueren Zeit, Bd. 4: Von Hegels Tod bis zur Gegenwart*, Gesammelte Werke, Bd. 5, hrsg. von T. Berben und D. Vogel, Hamburg 2000; ders., *Freiheit und Form. Studien zur deutschen Geistesgeschichte*, Gesammelte Werke, Bd. 7, hrsg. von R. Schmücker, Hamburg 2001; Heinrich Rickert, *Goethes 'Faust' – Die Dramatische Einheit der Dichtung*, Tübingen 1932; Hermann Schmitz, *Goethes Altersdenken im problemgeschichtlichen Zusammenhang*, Bonn 1959; Georg Simmel, *Gesamtausgabe*, Bd. 15: *Goethe* [1913], hrsg. von U. Kösser, H.-M. Kruckis, O. Rammstedt, Frankfurt/M. 2003.

nun einen neuen Gipfel der philosophischen Goethedeutung zu erklimmen. Die Mühe lohnt sich jedoch, denn die Sicht auf das goethische Werk, die man von der Höhe des Försterschen Buches aus gewinnt, ist durch eine bislang unerreichte Luzidität gekennzeichnet.

Im Folgenden steht die im 11. Kapitel von Försters Buch ausführlich demonstrierte Leitthese zur Diskussion. Es handelt sich um eine dreistufige Argumentation, die sich folgendermaßen umreißen lässt: 1) Goethe begründet eine an Spinoza anknüpfende *scientia intuitiva*, welche eine Wesenserkenntnis nicht bloß mathematischer Gegenstände, sondern auch in der Erfahrung begegnender Naturphänomene anstrebt. 2) Der Schritt über Spinoza hinaus beruht auf der Rezeption eines kantischen Gedankens, dem zufolge das Ganze eines gegebenen Phänomens dessen Teile bedinge. Dieses Bedingungsverhältnis, mutmaßt Kant, wäre durch einen (dem Menschen freilich nicht zugänglichen, aber dennoch widerspruchsfrei denkbaren) intuitiven Verstand erfassbar. 3) Die Verbindung von Spinoza und Kant wird durch einen originellen theoretischen Beitrag Goethes ermöglicht, nämlich die Entwicklung einer Methodologie des intuitiven Verstandes, deren entscheidender Schritt in der Beobachtung der an einem gegebenen Phänomen sich anzeigenden Übergänge besteht. Der Literaturwissenschaftler hat nicht zur Aufgabe, die philosophische Bedeutung dieser äußerst erhellenden begriffsgeschichtlichen Konstruktion zu ermessen. Er kann sie aber – und damit ist die Absicht nachfolgender Beobachtungen ausgesprochen – mit Äußerungen Goethes unterfüttern, welche den zentralen Bezugspunkt von Försters Interpretation – die intuitive Erfassung der Übergänge – in seiner Komplexität und Versatilität ausfalten. Vorerst soll allerdings erwähnt werden, dass Försters historische These von der grundlegenden Bedeutung spinozistischer und kantischer Einflüsse in Goethes naturwissenschaftlichem Denken durch einen am 29.1.1830 verfassten Brief Goethes an Zelter dankbare Bestätigung findet:

...es ist ein gränzenloses Verdienst unsres alten Kant um die Welt, und ich darf auch sagen um mich, dass er, in seiner Kritik der Urtheilskraft, Kunst und Natur kräftig nebeneinander stellt und beiden das Recht zugesteht: aus großen Prinzipien zwecklos zu handeln. So hatte mich Spinoza früher schon in dem Haß gegen die absurden Endursachen gegläubigt. Natur und Kunst sind zu groß um auf Zwecke auszugehen,...[4]

Wir können also die Frage der intellektuellen Herkunft des goethischen Wissenschaftskonzepts einklammern und unsere ungeteilte Aufmerksamkeit jener Methodologie des intuitiven Verstandes zuwenden, die sich, wie erwähnt, an den am Phänomen beobachtbaren *Übergängen* orientiert. Die Diskussionsperspektive, die ich diesbezüglich vorschlagen will, lässt sich am ehesten aus der abschließenden Partie des Gedichts *Howards Ehrengedächtniß* entwickeln:

> Und wenn wir unterschieden haben,
> Dann müssen wir lebendige Gaben
> Dem Abgesonderten wieder verleihen
> Und uns eines Folge-Lebens erfreuen.
>
> So, wenn der Maler, der Poet,
> Mit *Howards* Sondrung wohl vertraut,
> Des Morgens früh, am Abend spät,
> Die Atmosphäre prüfend schaut.
> Da läßt er den Charakter gelten;
> Doch ihm ertheilen luftige Welten
> Das Übergängliche, das Milde,
> Daß er es fasse, fühle, bilde.[5]

Die Relevanz des Gedichts im hier angesprochenen Zusammenhang zeigt sich daran, dass das zur Diskussion stehende 11. Kapi-

---

[4] *WA* IV/46, 223. Die Sigle *WA* bezieht sich auf die Ausgabe: *Goethes Werke*, hrsg. im Auftrage der Großherzogin Sophie von Sachsen, Weimar 1877 ff. (Abteilung: römisch; Bandzahl: arabisch). Die Sigle *FA* bezieht sich auf die Ausgabe: Johann Wolfgang von Goethe, *Sämtliche Werke, Briefe, Tagebücher und Gespräche*, hrsg. von F. Apel et al., Frankfurt/M. 1987 ff. (Abteilung: römisch; Band: arabisch).
[5] *FA* I/2, 505.

tel von Försters Buch mit einem Zitat aus dem Aufsatz *Wolkengestalt nach Howard* schließt, in dem die von Förster dargelegte goethische Methodologie des intuitiven Verstandes eine prägnante Zusammenfassung findet:

[Ich mußte daher bei meiner alten Art verbleiben,] die mich nöthigt alle Naturphänomene in einer gewissen Folge der Entwickelung zu betrachten und die *Übergänge vor- und rückwärts* aufmerksam zu begleiten. Denn dadurch gelangte ich ganz allein zur lebendigen Übersicht, aus welcher ein Begriff sich bildet, der sodann in aufsteigender Linie der Idee begegnen wird. (276, Hervorhebung E.F.)

In beiden Texten – im Gedicht sowie in der wissenschaftlichen Abhandlung – steht der Begriff des Übergangs im Mittelpunkt, im Gedicht freilich in Form des von Goethe geschaffenen Substantivs: *das Übergängliche*. Offenbar geht es hier um *das Übergängliche* überhaupt als Inbegriff dessen, was Maler und Dichter erfassen wollen, und dessen Erfassung daher Malerei und Dichtung allererst konstituieren. Der Begriff des Übergänglichen fließt mit anderen Worten in eine Definition von Kunst ein. Wir lassen allerdings diesen thematischen Faden fallen und begnügen uns mit der Bemerkung, dass durch die syntaktische Apposition der Begriff des *Milden* als semantisches Äquivalent für den Leitbegriff des *Übergänglichen* gesetzt wird. Dem entspricht der in Goethes Texten nicht seltene Gebrauch des Adjektivs *zart* als Qualifikation des Substantivs *Übergänge*, zum Beispiel in dieser Formulierung: „Rechenschaft geben [...] von den zarten Übergängen, wie Gestalt in Gestalt sich wandelt,..."[6] An dieser Stelle ist von einem Illustrator die Rede, der in der Lage wäre, dem „innern Anschauen", welches dem *Versuch die Metamorphose der Pflanzen zu erklären* zugrunde liege, eine adäquate bildliche Darstellung zu geben. Man kann Goethes Forderung so formulieren: Ein hinreichend gebildeter wissenschaftlicher Zeichner müsste aus einer Erkenntnis des Gegenstands heraus zeichnen, die durch den intuitiven Verstand erworben wurde; er müsste am dargestellten Gegenstand jene Idee zu exponieren vermögen, in der die Übergänge ihre „Rechenschaft"

---

[6] *WA* II/6, 172.

finden. Dieser Gedanke führt zu unserem Gedicht zurück, denn hier werden offensichtlich zwei Kompetenzen unterschieden: einerseits die Kompetenz des Wissenschaftlers Howard, dessen große, von Goethe respektvoll gewürdigte Leistung darin bestand, erstmalig eine Typologie der Wolkenbildungen aufgestellt zu haben; andererseits die Kompetenz des Malers bzw. des Dichters, der es vermag, wie wir soeben gesehen haben, das *Übergängliche* zu fassen. Nicht dass die Tätigkeit des Dichters bzw. Malers dem Tun des Wissenschaftlers völlig fremd wäre; er lässt ja den *Charakter gelten*. Der *Charakter* ist Inbegriff der Prägungen, welche die einzelnen Glieder der von Howard durchgeführten *Sonderung* oder Klassifikation fest- und auseinanderhalten. Der Dichter bzw. Maler ist mit dieser Klassifikation *vertraut*; er versteht es, deren Terminologie zu handhaben. Aber er geht über die terminologisch festgeschriebenen *Unterscheidungen* hinaus, indem er das, was sich diesen entzieht, *das Übergängliche*, in sich aufnimmt und bildend hervorbringt. Er isoliert nicht mithilfe von distinguierenden Merkmalen, sondern entfaltet das *Folge-Leben* des Phänomens. Damit ist die primäre Bedeutungsintention der zitierten Verse umschrieben. Das Gedicht erweist sich als einhellig mit der von Förster am Ende des 11. Kapitels hervorgehobenen Stelle, wo Goethe von der von ihm praktizierten Methodologie des intuitiven Verstandes schreibt, sie führe *in aufsteigender Linie* vom *Begriff* zur Begegnung mit der *Idee*.

Angesichts dieser Entsprechung zwischen Gedicht und Forschungskonzept erheben sich zwei Fragen: 1) Inwiefern ermöglicht die durch das Gedicht nahegelegte Gleichsetzung des intuitiven Verstandes mit der *bildenden* Tätigkeit des Künstlers ein erweitertes Verständnis von Goethes Auffassung der Idee? Denn es ist ganz klar, dass die vom Gedicht pointierte Zuständigkeit des *Malers* bzw. des *Dichters* mit Goethes eigener, über die diskursive Erkenntnis hinausgehender wissenschaftlicher Methode in engster Verbindung steht. Wie aber kann Erkenntnis *bildend* sein? 2) Inwiefern lässt sich die Analyse Försters für das Verständnis von Goethes Kunsttheorie fruchtbar machen? Das ist ein Aspekt, der in Försters Studie nicht berührt wird, den aber nicht nur das Gedicht, sondern auch die oben zitierte Briefstelle hervorhebt. Es stellt sich die Frage, ob Goethes Bedeutung für die Entfaltung des philosophischen Gedankens zwischen Kant und Hegel nicht nur in den naturwissenschaftlichen Arbeiten, sondern ebenfalls in den parallel zu diesen entstandenen kunstphilosophischen und kunstkritischen Arbeiten zu verorten ist. In diesem Beitrag soll ausschließlich der zuerst genannte Problemzusammenhang erörtert werden.

Es scheint mir wichtig vorab zu unterstreichen, dass die Idee, so wie Goethe sie konzipiert, durch eine innige Verbindung zwischen Konstanz und Variation gekennzeichnet ist. Förster betont das an mehreren Stellen, zum Beispiel wo er schreibt: „Die Urform der Pflanzen bestimmt nicht nur aus sich heraus die Teile der Pflanze, sondern enthält die Fähigkeit zu mannigfaltigsten Verwandlungen durch Außeneinflüsse..." (275 f.). Prägnante Formulierungen des gemeinten Sachverhalts finden sich in poetischen Texten Goethes, welche die Figur der Geliebten als Verkörperung des Schönen schlechthin auftreten lassen. Solch metaphysische Aufladung der Geliebten findet sich zum Beispiel in der *Elegie* (1823):

> Dort regt sie sich in wechselnden Gestalten;
> Zu vielen bildet Eine sich hinüber,
> So tausendfach, und immer immer lieber.[7]

Wesentlich an der poetisch dargestellten Konzeption ist, dass der *Einen* die Fähigkeit innewohnt, sich *zu vielen hinüberzubilden*, sich *tausendfach* zu variieren, und zwar ohne sich – ohne der Reinheit der Idee -- Abbruch zu tun. Im Gegenteil, gerade in den *wechselnden* Gestalten *regt* sie sich; sie betätigt und bewährt sich in der Hervorbringung des Neuen, hat also in solcher Hervorbringung ihr Leben. Eine Formulierung des gleichen Gedankens, die für Philosophen besonders interessant sein dürfte, findet sich in Notizen, die Goethe 1805 im Zusammenhang mit seiner Plotin-Lektüre niederschrieb und später in *Wilhelm Meisters Wanderjahre* integrierte. Dort bemerkt er: Die bei den „Idealisten alter und neuer Zeit" festzustellende Tendenz, auf „Beherzigung des Einen [zu] dringen woher alles entspringt und worauf alles zurückzuführen wäre", sei deswegen verständlich, weil „das belebende und

---

[7] *FA* I/2, 243.

ordnende Prinzip in der Erscheinung dergestalt bedrängt [ist], dass es sich kaum zu retten weiß."[8] Dieser den sogenannten *Idealisten* zustimmender Gedanke wird aber sogleich durch einen gewichtigen Einwand eingeschränkt:

Allein wir verkürzen uns an der andern Seite wieder, wenn wir das Formende und die höhere Form selbst in eine vor unserm äußern und innern Sinn verschwindende Einheit zurückdrängen.[9]

Das ist kritisch gegen die Plotinsche Auffassung der Schönheit gewendet, die in Goethes Übersetzung folgendermaßen lautet:

Denn indem die Form, in die Materie hervorschreitend, schon ausgedehnt wird, so wird sie schwächer als jene welche in Einem verharret. Denn was in sich eine Entfernung erduldet, tritt von sich selbst weg: Stärke von Stärke, Wärme von Wärme, Kraft von Kraft; so auch Schönheit von Schönheit."[10]

Vor diesem Hintergrund hebt sich die im goethischen Sinne antiidealistische Stoßrichtung der eben zitierten Zeilen aus der *Elegie* in aller Deutlichkeit ab. Denn sie lassen das *Eine* sich *zu vielen hinüberbilden*, und zwar *immer immer lieber*. Vielleicht könnte man den hier thematisierten Aspekt so formulieren: Mit seinem Begriff der Idee entwirft Goethe ein Konzept von Normativität, welche die Projektion in neue, unvorausgesehene Kontexte nicht als der Norm von außen hinzukommende Zufälligkeit ansieht, und erst recht nicht als Seinsdefizienz, sondern als der Norm selbst inhärent, mit Förster gesprochen: als eine *Fähigkeit*, welche zur Idee als solcher gehört. Eine wesentliche Aufgabe des Naturwissenschaftlers besteht darin, diese Zugehörigkeit im Blick zu behalten. Dazu gibt es bei Goethe entschiedene Äußerungen:

Die Natur bildet normal, wenn sie unzähligen Einzelheiten die Regel gibt, sie bestimmt und bedingt; abnorm aber sind die Erscheinungen, wenn die

---

[8] *FA* I/10, 750 (*Wilhelm Meisters Wanderjahre* [1829], 3. Buch: *Aus Makariens Archiv.*)
[9] Ebd.
[10] Ebd.

Einzelheiten obsiegen und auf eine willkürliche, ja zufällig scheinende Weise sich hervorthun. Weil aber beides nah zusammen verwandt und, sowohl das Geregelte als Regellose, von Einem Geiste belebt ist, so entsteht ein Schwanken zwischen Normalem und Abnormen, weil immer Bildung und Umbildung wechselt, so daß das Abnorme normal und das Normale abnorm zu werden scheint. [...]

Ich wünschte man durchdränge sich recht von der Wahrheit: daß man keineswegs zur vollständigen Anschauung gelangen kann, wenn man nicht Normales und Abnormes immer zugleich gegen einander schwankend und wirkend betrachtet.[11]

Die wesentliche Tendenz dieser die eigene Begrifflichkeit ins Schwanken bringender Äußerungen lässt sich folgendermaßen formulieren: Bei der Idee, die es nach Goethe anschauend zu erkennen gilt, handelt es sich um eine Gesetzmäßigkeit, die sich in immer anderen Einzelformen auslegt. Somit sind die Einzelformen nicht bloß *Fälle*, welche unter einen von ihnen indifferent gegenüber stehenden Begriff fallen oder nicht fallen. Die Idee wird nicht auf die Einzelerscheinung bloß angewendet, ihr nicht bloß aufgeklebt, sondern sie erweist sich an dieser, entfaltet sich allererst an ihr als die Idee, die sie ist. Die Idee ist ihre je andere Verwirklichung.

Doch der Literaturwissenschaftler soll sich nicht durch die Suggestivkraft von Goethes Sprache zu Höhenflügen ins Begriffliche verführen lassen. Greifen wir stattdessen ein Textbeispiel auf, an dem sich die angedeutete Logik der Idee konkret aufzeigen lässt. Das Beispiel hat zudem den Vorteil, dass es einem durch die Komprimiertheit von Försters Darstellung nahegelegten Missverständnis entgegenwirkt. Man könnte nämlich den Eindruck einer methodologischen Einbahnstrasse gewinnen, die von der Anschauung der Übergänge am Phänomen bzw. an der Phänomenreihe zur Erfassung der Idee hinführt, als gälte es ausschließlich ins Ideenreich zu gelangen und sich an dessen Vollkommenheiten zu weiden. Dem ist aber nicht so, Goethe ist durchaus ein der vielfältigen Wirklichkeit zugewandter Denker, und so gibt es bei

---

[11] *WA* II/6, 173 f., 176 f. (*Nacharbeiten und Sammlungen*).

ihm auch die entgegengesetzte Bewegung, die Hinwendung zum konkreten Phänomen. Auch hier sind es die Übergänge, worauf es ankommt. Das sieht man an jenem oben erwähnten, der Forderung einer adäquaten Darstellung gewachsenen Zeichner, von dem Goethe schreibt:

Muß doch derjenige, der nachbilden, wieder hervorbringen will, die Sache verstehen, tief einsehen, sonst kommt ja nur Schein und nicht das Naturproduct in's Bild. Solche Männer sind aber nothwendig, wenn Pinsel, Radirnadel, Grabstichel Rechenschaft geben soll von den zarten Übergängen, wie Gestalt in Gestalt sich wandelt, sie, vorzüglich, müssen erst, mit geistigen Augen, in dem vorbereitenden Organ, das nothwendig folgende, in dem Abweichenden die Regel erblicken.[12]

Der einsichtige und aus dieser Einsicht heraus arbeitende Zeichner ist deswegen in der Lage, von den zarten Übergängen, die sich sowohl an der einzelnen Pflanze als im Pflanzenvergleich zeigen, *Rechenschaft* zu geben, weil er *die Sache versteht*. Was heißt aber die Sache verstehen? Der zitierte Passus lässt keinen Zweifel daran, dass der Verstehensbegriff hier zu spezifizieren ist als Erfassung des allgemeinen Richtungssinns desjenigen Prozesses, dessen Vollzug beobachtet wird. Das heißt: man muss verstehen, wo man im Prozess steht, was durch das gegebene Organ *vorbereitet*, was auf diese Vorbereitung *notwendig* – der Idee nach – *folgen* muss. Nun ist die allgemeine Prozessform der Pflanze die sechsstufige: 1) Bildung der Stengelblätter; 2) Bildung der Kelchblätter; 3) Bildung der Blütenblätter; 4) Bildung der Geschlechtsteile; 5) Bildung der Frucht; 6) Bildung des Samens. Nur im Lichte dieser allgemeinen Prozessform sind die jeweils sich manifestierenden Übergänge *als* Übergänge zu erkennen.[13] Aber nur an den *abweichenden* Übergängen kommt die Versatilität der Idee – ihr Verwandlungspotential – zur Geltung. „So nöthigt uns die Natur" schreibt Goethe im gleichen Kontext, „Bestimmungen abzuän-

---

[12] Ebd. 171-172 f.
[13] Aus diesem Grunde scheint mir das von Förster in Anschlag gebrachte Beispiel der Fibbonaci Reihe (258 f.) leicht irreführend. Denn bei ihr gibt es keine prozessuale Totalität, die den Übergängen ihren allgemeinen Richtungssinn, ihre Funktion bzw. Position, verleihen könnte.

dern und nachgiebig ihr freies Wirken und Wandeln anzuerkennen."[14]

Ein schönes Beispiel dieser Denkweise ist die Behandlung der *Nektarien* im *Versuch die Metamorphose der Pflanzen* zu erklären. Auch hier geht es darum, im Lichte der sich zur Totalität des Lebenskreises abrundenden Prozessform – im Lichte der Ganzheit der Pflanzenform also – eine lokale Abweichung einzuordnen bzw. zu verstehen:

> So schnell der Übergang bei manchen Pflanzen von der Krone zu den Staubwerkzeugen ist, so bemerken wir doch, daß die Natur nicht immer diesen Weg mit Einem Schritt zurücklegen kann. Sie bringt vielmehr Zwischenwerkzeuge hervor, welche an Gestalt und Bestimmung sich bald dem einen, bald dem andern Theile nähern, und obgleich ihre Bildung höchst verschieden ist, sich dennoch meist unter einen Begriff vereinigen lassen: daß es *langsame Übergänge von den Kronenblättern zu den Staubgefäßen* seien.[15]

Die „verschieden gebildeten Organe", welche Linné unter dem Begriff der *Nektarien* vereinigt hatte, ohne von der Bestimmung derselben deutlich Rechenschaft geben zu können, gehen nach Goethes Deutung aus einer Abwandlung der allgemeinen Prozessform hervor, welche den Übergang von der Krone (bzw. Blüte) zu den Geschlechtsteilen mit Zwischenbildungen anfüllt und daher gleichsam *verlangsamt*. Auch hier erweisen sich die Teile, die für sich genommen von der normalen Ausstattung abweichen, als durch das Ganze bestimmt und ermöglicht. Die intuitive Erfassung des synthetisch Allgemeinen ermöglicht hier die richtige Einstufung der Abweichung, die sich somit als *in der Regel enthalten* begriffen wird. Mehr noch: gerade an solchen Zwischengliedern, wofür die Nektarien ein Beispiel sind, zeigt sich die innige Verwandtschaft zwischen den Kronenblättern und den Staubgefäßen, zeigt sich mit anderen Worten, dass dem sechsstufigen Verwandlungsprozess ein identischer Prozessträger zugrunde liegt. So macht man im Studium der abweichenden Verwandlungen den Gedankenprozess durch, den Goethe an anderer Stelle beschreibt

---

[14] Ebd. 177.
[15] *WA* II/6, 52.

als Ablegen des „Trivialbegriff[s]" vom Blatt und Aneignung des „transcendentellen Begriffs" desselben.[16] Damit ergibt sich ein Gesamtbild der Goethischen Methodologie: durch die Doppelbewegung hinauf und wieder hinunter – durch die Reflexion der Idee in ihren varianten Formen – erweitert und präzisiert die Pflanzenmorphologie ihr Wissen von der *Idee* der Pflanze als sechsstufiger, sich zur Totalität des Lebenskreises abrundender Verwandlung des *transcendentellen* Blatts.

Nun gehört es zum von Förster herausgearbeiteten goethischen Konzept, dass die so konzipierte Idee durch den intuitiven Verstand – also spontan/rezeptiv, sich die Anschauung gebend – erfasst wird. Diese noetische Seite möchte ich nun in Betracht ziehen. Meine Frage habe ich schon eingangs angedeutet. Sie lautet: In welchem Sinn ist die in der morphologischen Wissenschaft erworbene Erkenntnis anschauend *und* bildend? Als Ausgangspunkt greife ich einen Satz auf, der in dem Aufsatz *Bedeutende Förderniß durch ein einziges geistreiches Wort* vorkommt und dort die Funktion hat, die epistemologische Struktur von Goethes eigenem *gegenständlichen Denken* zu charakterisieren. Der Satz lautet: „Jeder neue Gegenstand, wohl beschaut, schließt ein neues Organ in uns auf."[17] Zur Deutung des Satzes empfehlen sich folgende Verse:

> Und was deine Söhne betrifft so weiß ich mit ihnen
> Bist du nimmer verlegen. Denn früh die Blicke der Knaben
> Auf die lebendige Welt zu richten verstehst du und jedem
> Das ihm eigne Organ zu künftiger That zu entwickeln.[18]

Aus den Versen geht hervor, dass das Organ, zumindest in der Goethischen Konzeption desselben, nicht bloß als Rezeptor, sondern vielmehr als die Grundlage einer Fähigkeit zu verstehen ist; es bestimmt den Horizont eines Könnens, das sich in der so oder so sich entfaltenden Tätigkeit als der Ausübung dieses Könnens erweist. Auf den Satz: „Jeder neue Gegenstand, wohl beschaut, schließt ein neues Organ in uns auf" angewandt, müsste

---

[16] *WA* II/6, 316.
[17] *WA* II/11, 59.
[18] *WA* I/5: Zweite Abteilung, 370.

das heißen, dass die Erkenntnis des Gegenstandes durch den anschauenden Verstand im Erkenntnissubjekt ein dem Gegenstand entsprechendes Können hervorruft. Aber wie ist das zu verstehen? Welches Können bildet sich im Schauen heraus? Die Antwort kann nur heißen: die Fähigkeit zur Hervorbringung des Gegenstandes *der Form nach*. So ist es durchaus konsequent, wenn Goethe in jenem Aufsatz, der Kants Erörterungen zum intuitiven Verstand in der *Kritik der Urteilskraft* aufgreift, nämlich in dem Aufsatz *Anschauende Urteilskraft*, behauptet, dass „das Anschauen einer immer schaffenden Natur zur geistigen Theilnahme an ihren Productionen"[19] hinführe. Die *Teilnahme* an den Naturproduktionen ist selbstredend keine materielle, sondern eben eine *geistige*. Erkenntnis der Form eines Gegenstandes – Herleitung der Teile des einzeln vorkommenden Gegenstandes aus dem *synthetisch Allgemeinen* seiner Ganzheit – ist Nachvollzug der Genese des Gegenstandes aus seiner Idee. Daraus ergibt sich der innere Zusammenhang zwischen der Erkenntnis des *Übergänglichen* und der *bildenden* Tätigkeit des Malers und des Dichters, den das Gedicht *Howards Ehrengedächtnis* pointiert. Diesen ganzen Gedankenkomplex kann man als Antwort auf die Frage verstehen, wie der intentionale Gehalt unserer im hier erläuterten Sinne wissenschaftlichen Bezugnahmen auf Welt beschaffen ist. Denn es handelt sich bei der geistigen Teilnahme an der Naturproduktion weder um eine Repräsentation des intendierten Gegenstandes, noch um eine Relation dazu im Sinne etwa einer Kausalbeziehung, sondern vielmehr um ein Gleichwerden mit demselben. Man wird zu dem, was man erkennt, indem man dessen Form in sich nachvollziehend aktualisiert. Und da dies ein Tun ist, wird mein Wissen davon kein Ergebnis der Außenbeobachtung sein, sondern unmittelbares Wissen der eigenen Tätigkeit, das aufgrund dieser Unmittelbarkeit die Beiwörter *intuitiv* und *spontan* zu tragen verdient. In diesem Sinne interpretiere ich die von Förster zitierte Nachlassnotiz, dessen Kern folgende Behauptung ist: „[...] weil die Natur keinen Sprung macht, bin ich zuletzt genötigt mir *die Folge einer ununterbrochenen Tätigkeit als ein Ganzes anzuschauen* [...]" (263) Indem

[19] *WA* II/11, 55.

man dieses Erkenntnisziel erreicht, macht man sich, wie Goethe an anderer Stelle schreibt, „mit dem Gegenstand innigst identisch".[20] Meiner Ansicht nach ist diese Behauptung durchaus ernst gemeint. Man wird dann mit dem Gegenstand identisch, wenn sich die Form des Gegenstandes, die ein Aktives, Schöpferisches ist, im Geist ereignet. Es ist konsequent, den so erkennenden Geist als *bildend* zu denken.

Ich schließe diese Marginalie zu Försters Kapitel mit einer Überlegung, die Goethes Kunsttheorie zum Thema hat. Die Thematik liegt deswegen nahe, weil Goethe entscheidende Entdeckungen im Bereich der Naturwissenschaft während seines ersten Aufenthaltes in Italien machte: eines Aufenthaltes, dem die grundlegenden Einsichten seiner Kunsttheorie ebenfalls zu verdanken sind. Am folgenden Zitat aus der *Italienischen Reise* können wir die Entstehung von Goethes reifer Kunstauffassung beobachten:

Die zweite Betrachtung beschäftigt sich ausschließlich mit der Kunst der Griechen und sucht zu erforschen, wie jene unvergleichlichen Künstler verfuhren, um aus der menschlichen Gestalt den Kreis göttlicher Bildung zu entwickeln, welcher vollkommen abgeschlossen ist und worin kein Hauptcharakter so wenig als die Übergänge und Vermittlungen fehlen. Ich habe eine Vermutung, daß sie nach eben den Gesetzen verfuhren, nach welchen die Natur verfährt und denen ich auf der Spur bin. Nur ist noch etwas anders dabei, das ich nicht auszusprechen wüsste.[21]

Für unsere Fragestellung von offenkundiger Bedeutung ist Goethes Vermutung, dass die gleiche Gesetzmäßigkeit sowohl in der Natur wie auch in der Kunst walte. Mehr noch: Wir können hier erkennen, dass schon drei Jahre vor der Lektüre der *Kritik der Urteilskraft* und schon sechs Jahre vor dem Aufsatz *Der Versuch als Vermittler zwischen Subjekt und Objekt* eine Aufmerksamkeit für Übergänge, als wären diese der Schlüssel zum Verständnis der künstlerischen Gestaltung, bei Goethe vorhanden ist. Was Goethe anvisiert, ist die griechische Mythologie als Grundlage eines zwar kulturspezifischen, aber nichtsdestoweniger vorbildlichen künstlerischen Universums. Mythologie also als sich in sinnlich wahr-

---

[20] *WA* II/11, 128.
[21] *FA* I/15/1, 179.

nehmbaren Formen artikulierender Gehalt der Kunst. Wer Schellings *Philosophie der Kunst*, wer Hegels *Vorlesungen über die Ästhetik* kennt, wird die Brisanz dieser goethischen Konzeption akut empfinden. Was die Mythologie vorbildlich macht, geht aus dem Zitat in aller Deutlichkeit hervor: *Kein Hauptcharakter* – man könnte sagen: keine Entwicklungsstufe – *fehlt*. Der *Kreis göttlicher Bildung* ist ein Kreis im gleichen Sinne wie das Leben der Pflanze entlang seinen sechs Stufen einen Kreis bildet: er verkörpert eine *Totalität*, die vollständige Verwirklichung einer Idee. Dass sich das Eine hier zu vielen herübergebildet hat, erweist sich weiterhin daran, dass nicht nur die *Hauptcharaktere* in Vollzähligkeit vorhanden sind, sondern auch die *Übergänge und Vermittlungen*. Aufgrund dessen, was wir von Förster gelernt haben, verstehen wir, was damit gemeint ist: dass an den Übergängen die Kontinuität einer einheitlichen Tätigkeit des Sich-Herausbildens und damit eines identischen transzendentalen Prozessträgers im anschauenden Nachvollzug erkenntlich wird. So muss die ästhetische Erfahrung in nächster Verwandtschaft stehen zu jener intuitiven Erfassung der Idee in ihrer gesetzmäßigen Entfaltung, die wir oben für die wissenschaftliche Erkenntnis ausgemacht haben. Tatsächlich finden wir fünf Jahre nach der 1787 in Italien aufgeschriebene Vermutung folgende an Deutlichkeit nicht zu übertreffende Formulierung:

das Schöne sei, wenn wir das gesetzmäßig Lebendige in seiner größten Tätigkeit und Vollkommenheit schauen, wodurch wir zur Reproduktion gereizt uns gleichfalls lebendig und in höchster Tätigkeit versetzt fühlen.[22]

Es ist keine Übertreibung zu sagen, dass sich an den zitierten Stellen der Keim von Goethes in den neunziger Jahren und auch darüber hinaus ausformulierten Kunsttheorie erkennen lässt. Sie entwickelt sich parallel zur morphologischen Wissenschaft, ist aber mit dieser nicht gleichzusetzen. Denn obwohl sich die Kunst, wie Goethe schreibt, *nach eben den Gesetzen verfährt*, die in der Natur vorherrschen, ist etwas anderes dabei, *das ich nicht auszusprechen wüsste*. Ungefähr zehn Jahre später allerdings, und zwar als es

[22] *FA* I/16, 546.

darum geht, dem Vorhaben der kunsttheoretischen und – kritischen Zeitschrift *Die Propyläen* eine theoretische Begründung zu geben, notiert sich Goethe folgende Gedanken:

Für den Künstler ist nichts schön. – Die Erfahrung mag nicht Recht schaffen. – Und die Erfahrung keinen Künstler. – Die Kunst ist konstitutiv. – Der Künstler bestimmt die Schönheit, er nimmt sie nicht an.

Die Naturschönheit ist den Gesetzen der Notwendigkeit unterworfen, die Kunstschönheit den Gesetzen des höchst gebildeten menschlichen Geistes; jene erscheinen uns gleichsam gebunden, diese gleichsam frei.[23]

Die zitierten Paralipomena lassen sich als klare Parteinahme für eine idealistische Ästhetik, ja als historischen Inauguralakt der in den nachfolgenden Jahren sich ausbildenden idealistischen Ästhetik verstehen. Zur Diskussion steht auf der einen Seite der kategoriale Unterschied zwischen Natur und Kunst, auf der anderen Seite (es handelt sich natürlich um das gleiche Thema) der nichtderivative Charakter der Kunst, deren Status als Verwirklichungsform des sich selbst bestimmenden Geistes. Sowie in der Natur, so auch in der Domäne der Kunst sind Gesetzmäßigkeiten vorhanden, in dieser jedoch handelt es sich um Gesetze, die sich der freie menschliche Geist selbst gibt und damit die eigene Freiheit erweist. *Die Erfahrung mag nicht Recht schaffen*: Normativität in menschlichen Dingen ist der empirischen Erfahrung nicht unmittelbar zu entnehmen, sie gründet vielmehr in der Selbstgesetzgebung. Die Kunst ist in dem Sinne *konstitutiv*, dass sie ihre eigenen Normen bestimmt, frei setzt, und Objekte, die diesen Normen entsprechen, hervorbringt. Die Kunst ist Ausdruck menschlicher Freiheit *und* Modus der Verwirklichung menschlicher Freiheit. Es wäre, glaube ich, hermeneutisch abwegig, diese Gedanken als Niederschlag einer momentanen, von Schiller herkommenden Anregung zu verstehen. Dafür sind sie zu tief gedacht, zu luzide formuliert. Vielfache Brechungen von deren dezidiert idealistischem Licht ließen sich in anderen ästhetischen Schriften Goethes aufspüren. Ein hoch interessanter Punkt dabei wäre übrigens der

---

[23] *FA* I/18, 476 f.

Gedanke eines im Bereich der Natur gegebenen Vorgriffs auf die Freiheit. Der ist nämlich in der von Förster meisterhaft interpretierten *Farbenlehre* zu finden, wo von der harmonischen Totalität des Farbkreises als der dem Menschen entgegentretenden Verwirklichung der *Summe der eigenen Thätigkeit*[24] die Rede ist. An diesen Gedanken schließt Goethe – man möchte sagen: kühn spekulativ – folgende Erwägung an:

> So einfach also diese eigentlich harmonischen Gegensätze sind, welche uns in dem engen Kreise gegeben werden, so wichtig ist der Wink, dass uns die Natur durch Totalität zur Freiheit heraufzuheben angelegt ist, und dass wir dießmal eine Naturerscheinung zum ästhetischen Gebrauch unmittelbar überliefert erhalten.[25]

Wir können mit diesem Zitat schließen, denn es zeigt aufs Schönste: a) dass es sich in ästhetischen Zusammenhängen um die Artikulation von menschlicher Freiheit geht; und b) dass sich dieser Artikulationsprozess ihren Niederschlag dort findet, wo uns eine durch menschliche Freiheit konstituierte Norm – sagen wir: die Idee des Schönen – in ihrer vollständig entwickelten Totalität entgegentritt. Das Verstehen des Kunstwerks ist Nachvollzug seiner Genesis aus der Idee. Das geschieht entlang den Übergängen, die der in Italien reisende Goethe an den griechischen Göttergestalten beobachten konnte. So hat es seinen guten Sinn, wenn Goethe im eingangs zitierten Gedicht *Howards Ehrengedächtnis* vom Dichter sowie vom Maler behauptet, er habe *das Übergängliche zu fassen, zu fühlen, zu bilden*, und zwar nicht im Sinne von drei unterschiedlichen Handlungen, sondern, wie wir jetzt aufgrund der Goetheinterpretation Försters retrospektiv erkennen können, im Sinne eines einheitlichen Akts des intuitiven Verstandes. An der Kunst, so meine Schlussthese, erweist sich die Methodologie des intuitiven Verstandes als für den Bereich menschlicher Geistesäußerungen genauso relevant wie für die Bereiche der Farben und der organischen Formen.

[24] *FA* I/23/1, 258.
[25] Ebd. 259.

TERRY PINKARD
(GEORGETOWN)

From Schelling's Naturalism to Hegel's Naturalism

Philosophy thrives on argument and debate. For that reason, I am probably not the best person to be commenting on Eckart Förster's work since I tend to be convinced by just about everything Förster says in his writings. What I wish to contribute here is something that, I think, adds some wrinkles to Förster's narrative and somewhat complicates it, but which accepts the basic point he makes about one of the impulses behind Hegel's *Phenomenology of Spirit*.

Förster's thesis about Hegel's development of his system has to do with the well known transition in his *Phenomenology* from the "Reason" chapter to the "Spirit" chapter and with what this has to do with the perplexing changes of title of the book from the "Science of the Experience of Consciousness" to the "Phenomenology of Spirit."

It has always been acknowledged that the move from "Reason" to "Spirit" presents interpretive challenges. On the one hand, the "Spirit" chapter presents the Hegelian philosophy in its textbook form: an account of history that claims to mark necessary and dialectical progress from ancient Greece to Jena. However, if that is what "Spirit" does, then what exactly does „Reason" do, and what exactly is the transition between "Reason" and "Spirit"? This is all the more disconcerting because there does not seem to be any similar transition in all the various system drafts that Hegel made prior to writing the *Phenomenology*, nor is there a clear counterpart to that transition in Hegel's later systematic works. The great Hegelian philosophy of history and the seeds of Hegelian ideas of historicity seemingly just emerge in the *Phenomenology* like Venus on the half-shell. This has convinced many interpreters that the book has no real unity and that Hegel simply tacked on another chapter after realizing that his earlier chapters were either relatively failed attempts to solve the problems he wanted to solve or to express his solutions correctly.[1]

Förster gives us a convincing story of what motivated Hegel to make this transition (thereby more than doubling the size of the book), and it has to do with the history of the composition of the *Phenomenology*. His story has two main elements. First, there is Hegel's initial acceptance of Schelling's *Identitätsphilosophie* and then his rejection of it, all within the span of about three years. Hegel changed his mind about this in two steps. First, by 1803, Hegel had rejected Schelling's conception of the *Potenzen* as a metaphysical explanation for the construction of the "absolute" and had committed himself instead to the thesis that the whole, which he and Schelling had originally thought could only be apprehended in non-sensible intuition, was instead to be grasped conceptually (or "logically") by working out the determinations of thought. In his later lectures, Hegel indeed remarked that what was lacking in Schelling's development of his system was precisely any logic to the development:

One side [of Schelling's views] leads nature up to the subject, and the other leads the 'I' up to the object. However, [Schelling's program] could only be carried out in a logical manner, for the latter contains pure thoughts. Schelling never achieves the logical approach in the presentation of his views and in his own development.[2]

---

[1] Among the better known proponents of this view are Otto Pöggeler, *Hegels Idee einer Phänomenologie des Geistes*, Freiburg, 1993; Michael N. Forster, *Hegel's idea of a Phenomenology of spirit*, Chicago, 1998.

[2] "Es sind im allgemeinen diese beiden Gänge sehr bestimmt ausgedrückt. Eine Seite ist dabei diese Durchführung der Natur zum Subjekt, die andere die des Ichs zum Objekt. Die wahre Durchführung aber könnte nur auf logische Weise geschehen; denn diese enthält den reinen Gedanken. Aber die logische Betrachtung ist das, wozu Schelling in seiner Darstellung, Entwicklung nicht gekommen ist. Der wahrhafte Beweis, daß diese Identität das Wahrhafte ist, könnte vielmehr nur so geführt werden, daß jedes für sich untersucht wird in seinen logischen Bestimmungen, d. h. in seinen wesentlichen Bestimmungen; woran sich sodann ergeben müßte, daß das Subjektive dies ist, sich zu verwandeln in Objektives, und das Objektive dies ist, nicht so zu bleiben, sondern sich subjektiv zu machen. Man müßte am Endlichen selbst aufzeigen, daß es den Widerspruch in sich enthielte und sich zum Unendlichen machte; so

Second, Förster presents rather convincing evidence that Hegel originally thought he had finished the book for publication around the end of the "Reason" chapter and in fact had already written what he thought was the final chapter ("C. Science"), but then he rather suddenly came under the influence, via Franz Schelver, of Goethe's theory of the metamorphosis of plants. In particular, Hegel had to have been struck by Goethe's employment of the idea that we only know the particulars insofar as we know the larger context (the "whole") in which they are what they are, and by Goethe's use of a non-inductive method that starts from the particular and derives the whole that is its ground from the experience of many particulars. The way in which his own project and Goethe's theory dovetailed together came to him during his lectures on the history of philosophy at the same time when he suddenly realized that his system needed something else besides the dialectic of "Reason," namely, an account of the historical development of spirit that was analogous to the progress made in the history of philosophy. This opened the door to thinking about the dialectical progression in history as having to do with shapes (*Gestalten*) giving way to other shapes. Förster is in my opinion surely right about this sequence and about how Hegel's encounter with Goethe's theory led him to go beyond the original plan of the book and to write entirely new chapters on "Spirit" and "Religion." Förster's own detective work about the controversy with the publisher, together with everything else we know about Hegel's friendship with Schelver at the time, only do more to confirm this.

As Förster has cannily reconstructed the way Hegel wrote the *Phenomenology*, the original version had to have its penultimate end somewhere in the chapter on "Virtue and the Way of the World" such that "C. Science" would immediately follow from it. That also meant that he realized that he needed a way of staging a transition from "Reason" to "Spirit" instead of staging a transition from "how rationality is essentially spiritual to Science" (that is, to "absolute thought"). Most likely, something like what is now the

---

hätten wir also die Einheit des Endlichen und Unendlichen." G. W. F. Hegel, *Vorlesungen über die Geschichte der Philosophie III*. Frankfurt/M., 1969, 435.

very end of the last paragraph in the chapter on "Die Sache selbst" were the concluding lines before "Science."[3]

When you apply Goethe's method to spirit, you come up with the idea, as Förster puts is, that instead of two distinct individuals with the same content, we have one individual with two distinct contents – namely, "Spirit" as one individual that takes different shapes in history. However, as Hegel took that idea up, he came to see that although in Goethe's theory the cycles of a plant are repetitions, the "cycles" of spirit is a progressive development (p. 299).[4] Spirit develops analogously to the way that philosophy develops in history, such that philosophy is what it is only at the

---

[3] G. W. F. Hegel, *Phenomenology of Spirit* (trans. Terry Pinkard), 2010, 417: "Rather, it is substance permeated with individuality. It is the subject in which individuality exists as itself or exists just as much as *this* individual as well as *all* individuals. It is the universal, which is a *being* only as this activity which is the activity of each and all. It is an actuality because *this* consciousness knows it as its own individual actuality and as the actuality of all. The pure *thing that matters* is what was determined above as the *category*. It is being which is the I, that is, the I which is being, but as *thinking*, which still distinguishes itself from *actual self-consciousness*. However, the moments of actual self-consciousness are here posited as being one with the simple category itself insofar as we designate the content of actual self-consciousness as purpose, activity, and actuality, and insofar as we designate its form as being-for-itself and being for an other. As a result, the category is at the same time all content." [sie ist vielmehr die von der Individualität durchdrungene Substanz; das Subjekt, worin die Individualität ebenso als sie selbst oder als *diese* wie als *alle* Individuen ist, und das Allgemeine, das nur als dies Tun aller und jeder ein *Sein* ist, eine Wirklichkeit darin, daß *dieses* Bewußtsein sie als seine einzelne Wirklichkeit und als Wirklichkeit aller weiß. Die reine *Sache selbst* ist das, was sich oben als die *Kategorie* bestimmte, das Sein das Ich, oder Ich das Sein ist, aber als *Denken*, welches vom *wirklichen Selbstbewußtsein* sich noch unterscheidet; hier aber sind die Momente des wirklichen Selbstbewußtseins, insofern wir sie seinen Inhalt, Zweck, Tun und Wirklichkeit, wie insofern wir sie seine Form nennen, Für-sich-sein und Sein für anderes, mit der einfachen Kategorie selbst als eins gesetzt, und sie ist dadurch zugleich aller Inhalt.]

[4] All references to Eckart Förster's *The Twenty-Five Years of Philosophy* will indicate the page number in parentheses from the English edition: *The Twenty-Five Years of Philosophy. A Systematic Reconstruction* (trans. Brady Bowman), Cambridge/Mass., 2012.

end of the series, and for philosophy to know this, the history of philosophy must have ended (p. 300). Since Hegel took himself to be writing his own introduction to his system, it thus must be the case that if, as Hegel says, the road to science is itself a science, then the author of the book must have already reached the standpoint at which it can discover its own "Idea." Thus, on Förster's account, we have the image of "consciousness" being sublated into "self-consciousness," and so forth, for which he uses the image of a series of spirals. This too seems to fit the familiar Hegelian picture.

I think that Förster has to be right about the origins of Hegel's dispute with his publisher and about how Hegel was spurred to think it was necessary to write new sections on "spirit" and "religion." There are, however, different conclusions one can draw about this that have to do with the significance of Hegel's break with Schelling and what his criticism of Schelling meant – his assertion that Schelling never arrived at a "logical" development. To see this, we ought to look not only at the lectures on the history of philosophy in 1805-06 as Förster does but also at the lectures on nature and spirit from the same period. Those lectures suggest that originally Hegel probably had something like the following in mind. The "science of the experience of consciousness" would serve as the introduction to the system, and the introduction would pretty well have the same structure as the phenomenology of spirit later had in his *Encyclopedia* (namely, Consciousness, Self-Consciousness, and Reason). Moreover, this was also the structure he gave it when, roughly one year later after the publication of the book, he dictated sections of the "Phenomenology" to his high school (*Gymnasium*) classes in Nuremberg.

The 1805 lectures on nature and spirit were, as it were, the rough drafts of the system that was to follow the introduction and the logic that was to follow the introduction. However, in writing the *Phenomenology*, it is clear that Hegel was already changing his mind about this structure, since he added stoicism, skepticism and the unhappy consciousness to the "self-consciousness" section, and subsumed what there was to the philosophy of nature into the "reason" section. In turn, the philosophy of nature was to produce spirit from out of itself, and, echoing the three ways of actualizing self-consciousness in stoicism, skepticism, and the unhappy consciousness, Hegel thought he was showing how rational self-consciousness actualizes itself in pleasure and necessity, the law of the heart, and neo-stoic virtue (which succumbs to the way of the world). These are all individualist actualizations of self-consciousness, which would supposedly lead to the claim that spirit (the I that is We, the We that is I) is the truth of such rational actualizations of individuality. With that, the book would end, and the system, starting with spirit as grasping itself in "pure science," would begin. (In other words, he might well have toyed with the idea of following the "introduction" to the system with more of the system instead of the "logic" which he had promised.) However, in the course of writing the book, Hegel seems to have come to believe that would make little sense, since it would have the ways in which nature produces shapes of spirit leading to modern actualizations of self-consciousness, which would then revert to an account of spirit emerging out of nature. It was not clear where the promised "logic" was to fit, the whole order would be out of order, and to put all of it back into order would have not merely irritated the printer, it would have been a complete deal-breaker. If he had taken that path, Hegel would have had no book at all.

What is the significance of the way he and Schelling both speak of spirit emerging from nature and thus of break with Schelling? For Hegel as for others, Schelling had a crucial insight: Either one took up Kant's third antinomy (between freedom and determinism) and drew the conclusion that only Kant's version of transcendental idealism could save a place for human freedom (or, more generally, a place for rational activity in general), or we could draw the conclusion that our conception of nature had to change so that the concept of nature itself was expansive enough to have a place for rational activity within itself. Now, one way to do that would have been to reject the very idea not only that "nature" was exhausted by what the natural sciences could say of it, but to reject the scientific study of nature in general. Indeed, in Schelling's and Hegel's time there were a bevy of competing mystical and intuitive philosophies that did just that. However, Schelling thoroughly rejected the rejection of natural science. Instead, Schelling accepted that idea that the empirical sciences of nature could indeed explain the mechanisms of nature. However, they could not explain how the various domains of nature (such as mechanics, heat, light, magnetism electricity, chemistry, biology) grew out of each other. As it were, although mechanics could brilliantly explain the movement of colliding billiard balls, it could not explain how something like magnetism could emerge from such collisions, much less explain how chemical attraction or life itself could emerge from such events.

Schelling seems to have taken to heart Kant's almost throwaway remark in the *Critique of Judgment* that in the experience-judgment of natural beauty we have the "indeterminate concept of the supersensible substrate of appearances," which is "neither nature nor freedom and yet is linked with the basis of freedom."[5] In response to this idea, Schelling's rather bold hypothesis was that there must be something like metaphysical forces at work in nature in additional to the forces discovered and tested by empirical science, and that these forces could be discerned only by a form of "intellectual intuition." Nature developed into domains that embodied the unity of competing metaphysical forces until they reached an "indifference point" at which they generated the new domains. Even though physics can empirically study how heat, light, electricity and magnetism function and interact, mechanics itself (matter in motion, billiard balls colliding with each other) could not explain how, say, magnetism arises. Schelling called these metaphysical forces *Potenzen*, the higher powers that nature creates out of its lower powers. For Schelling, the a priori intellectual intuition that delineates the various *Potenzen* is like the a priori intuition that Kant invoked for arithmetic and geometry. Just as one must construct triangles and tangents to provide a proof in geometry (where one just "sees" it), the *Naturphilosoph* constructs proofs of the *Potenzen* by drawing on the natural sciences to show where the gaps in the domains of nature must be filled in.

Ultimately, a *Naturphilosophie* gives us a conception of what Kant had called the unconditioned and what Schelling more exuberantly called the "absolute" as nature propelling itself through various indifference points until "life" tips over into "subjectivity," and nature gives a rational account of itself in philosophy. For Schelling, "nature" itself *is* the "unconditioned," but only nature as thinking of itself in that way, and nature thinking of itself in

---

[5] I. Kant, *Critique of judgment*, Indianapolis, 1987, §§57, 59.

that way is the object of an "intellectual intuition," not a discursive thought. Such "intellectual intuition" begins with an "indeterminate concept" but in grasping the way nature tips over into new domains as it reaches an "indifference point," the concepts become progressively more determinate. The "absolute" is nature itself displaying itself in its various *Potenzen* to the creatures with the penultimate *Potenzen* of their own, namely, human rational agents.

In doing this, Schelling transformed Fichte's idea of the ideal/real series from the Fichtean conception of a subject as an ideality (constituted in its intellectual intuition of itself) modifying itself as it confronts, first, a recalcitrant reality and, second, a recalcitrant other subject demanding recognition. For Schelling, the basic *Potenzen* of the world were idealities, something analogous to Plato's forms, which split up and then seek to reestablish their original identity. Thus, we move from ideality embodying itself into matter (with its attractive and repulsive forces), on to magnetism (with its two poles), electricity (as positive and negative), chemical properties, life (with its sexual difference), self-consciousness and ultimately God, where the original ideal identity is restored.

Hegel's rejection of the Schellingian doctrine of the *Potenzen* put that kind of explanation out of play for him. What idea of the absolute was thus left to Hegel?

The 1805-06 lectures, given while Hegel was composing the *Phenomenology*, give us two clues for this. First, in those lectures, when Hegel introduces the concept of spirit (as proceeding out of "the organic"), he uses a metaphor of "the night" (a metaphor to which he later often returned). If, as the Nuremberg dictations of 1808-09 indicate, one begins with "consciousness" as the "activity of spirit," then as the 1805-06 lectures have it, the first activity of spirit consists in its representing a world outside of its activities, which functions as an external constraint on its activities. The first activity of spirit is its awareness in intuition of an objective world distinct from itself. This kind of intuitive awareness is partially continuous with that of animal awareness of itself and its environment.⁶ However, viewed at this level of abstraction, the agent is a "subject-object," a body perceived from the "inside" of a subjective quasi-animal awareness that projects outward its intention to act in the world, and in distinguishing its intuitions-as-representations from the object represented within one consciousness, the agent goes beyond such animal normativity. (To indicate this, Hegel even calls it an act of the imagination representing things, making reference to Kant's idea of a faculty that has a foot in both sensibility and the understanding.⁷) Hegel calls an intuitive representation now regarded *as* a representation (as being possibly true or false) an "image," *das Bild*. To distinguish this kind of awareness of things as an embodied "subject-object" from a more classical picture of the mind as always aware of itself, Hegel uses the metaphor of the "night" for the way in which our representational activities are not to be construed as internal mental events of which we are somehow directly aware but as elements of an embodied activity of representing the world to ourselves. They are, to use a shorthand that itself needs further elaboration, competencies and not internal mental states. As he later puts it in his *Encyclopedia*, the fluency involved with such skills "consists in having the particular knowledge or kind of activities immediately to mind in any case that occurs, even, we may say, *immediate in our very limbs*, in an activity directed outwards."⁸

Second, when Hegel discusses in 1806 how spirit in its activity goes beyond its intuitive representations of itself and the world, he says it does so by virtue of "naming" things. To "name" something in this 1806 Hegelian sense means introducing it into the space of reasons. To make this point, Hegel notes that

---

⁶ "... er ist, wie das Tier, die Zeit, die für sich ist, und ebenso Freiheit der Zeit." G. W. F. Hegel, *Jenaer Realphilosophie. Vorlesungsmanuskripte zur Philosophie der Natur und des Geistes von 1805-1806*, Hamburg, 1967, 171.

⁷ "... so ist er *vorstellende Einbildungskraft* überhaupt." Ibid., 171.

⁸ G. W. F. Hegel, *Enzyklopädie der philosophischen Wissenschaften I*. Frankfurt/M., 1969, §66; G. W. F. Hegel, *Part I of the Encyclopaedia of philosophical sciences with the Zusätze*, Indianapolis, 1991, 115. In the passage cited, Hegel goes on to add, "In all these cases, immediacy of knowledge not only does not exclude mediation, but the two are so bound together that immediate knowledge is even the product and result of mediated knowledge."

this is the first *power of creation* exercised by spirit. Adam gave a name to all things. This is the sovereign right (*Majestätsrecht*) and the first taking-possession of all nature – or the creation of nature out of Spirit [itself]."[9]

The very idea that spirit's *Majestätsrecht* consists in naming things, and that this is what is meant by speaking of "the creation of nature out of spirit" is all the more evidence of Hegel's robust rejection of Schelling's metaphysical monism, that is, of Schelling's account of nature and spirit emerging according to the metaphysical laws governing a self-conscious Spinozistic substance. That it was "Adam" who "named" all things and not something else (for example, God) is evidence that Hegel had in mind something like human agency thinking about its own conditions that served as Hegel's "absolute." To put this point in more deflationary terms, "spirit" first "names" things and then reflects on its own activity of naming and what this means for how it is to think of itself and the world. As Hegel puts it in the 1805-06 lectures, "the world, nature, is no longer a realm of images that have been internally sublated and have no being. It is rather a realm of names," and the activity, or movement, of spirit consists in "relating names to names."[10]

Förster describes the transition from "Reason" to "Spirit" as

---

[9] G. W. F. Hegel, *Jenaer Realphilosophie*. Vorlesungsmanuskripte *zur Philosophie der Natur und des Geistes von 1805-1806*, Hamburg, 1967, 175: "Dies ist die erste Schöpferkraft, die der Geist ausübt; Adam gab allen Dingen einen Namen, dies ist das Majestätsrecht und erste Besitzergreifung der ganzen Nature, oder das Schaffen derselben aus dem Geiste." That the talk of "Kraft" is not there in the "Self-Consciousness" section of the *Phenomenology* also suggests that the lectures were sketched before the writing of the book.

[10] Ibid., 175. "Die Welt, die Natur ist nicht mehr rein Reich von Bildern, innerlich aufgehobene, die kein Sein haben, sondern ein Reich der Namen." Ibid., 178: "Das Festhalten nun einer solchen Beziehung des Namens und der Namen ist DIE STOFFLOSE BESCHÄFTIGUNG und Bewegung des Geistes mit sich." There is no evidence in the lectures for this, but Hegel might be redoing Hamann's idea that God created the universe by naming everything. Even if that is true, he is nonetheless adapting the idea to very different purposes since he credits Adam, not God, with naming things.

the turning point at which, now that the ascent to the standpoint of spirit has been completed, the descent into the particular must begin. (p. 364)

In comparing the transition to Goethe's conception of an intuitive science, Förster notes that

[t]hese transitions ... must therefore be the role of the observing consciousness; it is the observer who makes explicit what is implicit in the observed consciousness. (p. 304)

If we follow Förster's account, it seems that Hegel tacked on the "*Sache Selbst*" section after "Virtue and the Way of the World" because, if he was to eject "C. Science" from his book in favor of a long section on "spirit," he needed an account of how it was that the actualization of self-consciousness made its dependency on "spirit" (as a social space in which there is an "ordering of names") show up. The competencies involved in making judgments make the embeddedness in spirit show up as a result, or, as he cryptically puts it in the 1805-06 lectures, "thinghood represented as being (*Sein*) passes over from the judgment into inference (*der Schluß*)."[11] The metaphor at work for that transition in the *Phenomenology* is, as it is in the lectures, that of night passing over into day.[12]

This also gives us Hegel's non-Schellingian absolute: It is, to use Sellars phrase, the space of reasons, the self-articulating activity of spirit consisting in what Hegel at that time called "relating names to names." The account of nature as structured by *Potenzen* is replaced by an account of our accounts of nature.

---

[11] "Die Dingheit als Sein vorgestellt geht aus dem *Urteil* in den Schluß über." G. W. F. Hegel, *Jenaer Realphilosophie. Vorlesungsmanuskripte zur Philosophie der Natur und des Geistes von 1805-1806*, Hamburg, 1967, 184.

[12] G. W. F. Hegel, *Phenomenology of Spirit* (transl. Terry Pinkard), 2010, 403: "es kann nur das Bewußtsein des reinen Übersetzens *seiner selbst* aus der Nacht der Möglichkeit in den Tag der Gegenwart, des *abstrakten Ansich* in die Bedeutung des *wirklichen* Seins und die Gewißheit haben, daß, was in diesem ihm vorkommt, nichts anderes ist, als was in jener schlief."

This does not seem to be an ascent into the universal, as Förster suggests. In the "Reason" chapter, we are already in the universal and always have been. Nor are we in the process descending to particulars. We move to Greece, but "Greece" is no more or less particular than is "Faith and Pure Insight" later on. If anything, it is the chapter on "Spirit" that provides the ascent, as it were, to abstraction. The historical development of spirit is that of an *Entäußerung* – Luther's translation of the Greek "Kenosis," the way in which God "empties" himself of his attributes in order to become man. Analogously, spirit empties itself out of the fullness it achieved in Greek life in which each individual could understand themselves as acting according to a law of his or her own nature and in which such actions would spontaneously harmonize with each other. After the Greek suicide, European life gradually lost more and more of its bearings as lying in its own natural or metaphysical makeup such that by the time of the Enlightenment and its apotheosis in Kant, all that was left of our conception of agency was that of "rational agency in general" as imbued with "radical evil" (that is, as the thin and uneasy union between universality and individuality, a thin unity that required the practice of forgiveness, whose norms go beyond the limits set by the thinned-out concept of agency itself). It was this self-actualization as *entäußerte*, "thinned out" agents that put us sometime around 1807 in the position of being able to do "science." "Science" requires the historical emptying out of agency, or, to deploy Max Weber's now overused term, it is only when we and the world have become fully disenchanted that we are in the position of being able to do Hegelian systematic philosophy.

On that view of the historicity of our basic concepts, is it correct to speak of the conceptual development at work in Hegel's dialectic as Förster does, namely, of the philosophical observer of the movement "making explicit what is implicit in the observed consciousness"? (p. 304)[13] That would see the "night" of self-

---

[13] In the Bowman translation, "The observer makes explicit what is implicit in the observed consciousness." In the German version: "indem es dasjenige ‚heraussetzt' und explizit macht, was im beobachteten Bewußtsein implizit ist." (Eckart Förster, *Die 25 Jahre der Philosophie. Eine systematische Rekonstruktion*, Frankfurt/M., 2011, 301)

consciousness as a repository of implicit proprieties that need to be brought out into "daylight" of explicit norms. The "Idea" would then only be the making explicit of the proprieties that are always implicit within it.

A good deal both of old-fashioned and very contemporary Hegel interpretation hangs on this. Another way of seeing the relation between the "Idea" and its particularizations is that of seeing it not as making explicit the metaphysical structure that is already there but as the actualization of the proprieties, and what counts as an actualization is itself always a contentious matter. To claim that what we are "really doing" is such and such – as it were, to claim to state the rule that we were always implicitly following – is contentious in all those cases where the norms in question have to do with what is ultimately authoritative for us, with, that is, our articulation of the "absolute." With all such articulations of the "absolute," certain tensions are brought into daylight that are *actualizations*, and not necessarily any "making explicit" of some normative orientation at work. In putting its commitments into practice, a form of life may find that it has exhausted the ways in which the different conflicts engendered by the actualization of the basic normative orientations at work in it can be brought into any kind of harmony. When that is the case, the normative allegiance of such a form of life is undermined, and the ground is prepared for breakdown and the emergence of a different order.

This is also at least one sense that can be given to Hegel's discussion in his "Introduction," where he distinguishes the idea of getting it right by having the concept correspond to the object, and the idea of getting it right by having the object correspond to the concept. Having done that, he endorses the latter. With fully normative concepts, such as "knowing," we can formulate statements of what it is to know something (where "knowing" is the "object") only to discover that we then are forced to say that we know that such a statement cannot be adequate to knowing: the object (knowing) fails to measure up to knowing's concept of itself, and its failure consists in knowing's drawing out the ineliminable tensions in the original statement of itself. This is another reason why interpreting Hegel's procedure as a "top-down" method (from the "Idea" to its particularizations, as Förster does) is especially contentious. At each stage, it makes sense to ask about a formulation of "knowing" whether it really is knowing.

The idea actualizes itself, and each stage of its actualization conditions the shape that the next stage can take (at least when each stage is taken as a stage in the development of the space of reasons). The "Idea" is a thoroughly normative concept that thus presents a moving target. As it comprehends itself, it changes itself.[14] That is Hegel's own conception of an intuitive intellect, which differs from Goethe's conception. To be sure, this complicates the narrative in which Förster is invested, but German idealism was, after all, juggling a lot of balls in the air as it worked itself out. Förster has set us on the right track to figuring out how to do that for ourselves.

---

[14] G. W. F. Hegel, *Wissenschaft der Logik II*, Frankfurt/M., 1969, 468; G. W. F. Hegel, *Hegel's Science of logic*, London, New York, 1969, 759: "By virtue of the freedom which the concept attains in the Idea, the Idea possesses within itself also the hardest opposition. Its rest consists in the security and certainty with which it eternally creates and eternally overcomes that opposition in coming together with itself."

MICHAEL ROSEN
(HARVARD)

Should the History of Systematic Philosophy be Systematically Reconstructed?

Reflections on *The 25 Years of Philosophy*

My view of the merits of *The 25 Years of Philosophy* is on record already. To repeat, it is an outstanding work of astonishing depth and richness. Although it is (in its English version) 375 pages long, it is actually a work of great compression. On almost every page there is a learned reference or suggestion to intrigue or puzzle the reader that it would be fascinating to see pursued.

But my task today is not to add to the praise for the book but to contribute to its critical discussion. Let me start – as commentators so often do when faced with an overwhelming task – with the title.

I.

The 25 Years of Philosophy are the years bracketed by the first edition of the *Kritik der reinen Vernunft* and Hegel's lectures of 1806 – though (fortunately for this chapter) *Die Phänomenologie des Geistes* (1807) is included. Now Kant does indeed say that he's beginning philosophy and Hegel that he is ending it. But look a little closer and things aren't so straightforward. For Kant, the idea that he is starting philosophy anew is not something distinctive or original to himself. He is, he says, doing no more than what all philosophers have always done:

…anyone who announces a system of philosophy as his own work says in effect that before this philosophy there was none at all. For if he were willing to admit that there had been another (and a true) one, there would then be two different and true philosophies on the same subject, which is self-contradictory. – If, therefore, the critical philosophy calls itself a philosophy before which there had as yet been no philosophy at all, it does no more than has been done, will be done, and indeed must be done by anyone who draws up a philosophy on his own plan.[1]

Moreover, Kant is not just beginning philosophy. He, no less than Hegel, also claims to be bringing it to a conclusion: establishing a "courthouse" (A751, B779) for reason's disputes and substituting a civil peace for the "battlefield of metaphysics" (Bxv):

Metaphysics, on the view which we are adopting, is the only one of all the sciences which dare promise that through a small but concentrated effort it will attain, and this in a short time, such completion as will leave no task to our successors save that of adapting it in a *didactic* manner according to their own preferences, without their being able to add anything systematically to its content. (Axx)

The picture of the history of philosophy that this creates is like an oriental fairy-tale. One system after another is rejected until, finally, a humble suitor from provincial East Prussia arrives with the key that unlocks the heart of the fair princess, *Sophia*. After which, presumably, metaphysics becomes established as *Wissenschaft* and all live happily ever after. Hegel's sarcastic re-telling of this story is more gory; the only achievement of each succeeding system is to have put its predecessor to the sword:

The whole of the history of philosophy becomes a battlefield covered with the bones of the dead; it is a kingdom not merely formed of dead and lifeless individuals, but of refuted and spiritually dead systems, since each has killed and buried the other.[2]

In short, the difference between Kant and Hegel is not that one thought that he had begun philosophy while the other thought that he had brought it to an end – both claimed to have brought it

---

[1] *Metaphysik der Sitten*, 6:207. References to Kant's works are indicated by volume and page number of the Academy edition.

[2] „Das Ganze der Geschichte der Philosophie ist ein Reich vergangener, nicht nur leiblich verstorbener Individuen, sondern widerlegter, geistig vergangener Systeme, deren jedes das andere tot gemacht, begraben hat." *Vorlesungen über die Geschichte der Philosophie*, I, *Werke* 18, ed. K.M. Michel and E. Moldenhauer, Frankfurt/M., 1971, p. 35.

to an end. Hegel, however, unlike Kant, *did not* think that he had begun philosophy himself. Who had, in Hegel's view? Certainly not Kant. Philosophy, Hegel says, begins when *Geist* first separates itself from its immersion in nature. "For that reason, philosophy only arises in history where there are free constitutions ... Philosophy begins in the Greek world."[3] For Kant, there is no history of philosophy except as a sequence of past failures; for Hegel, the history of philosophy extends for over 2000 years. What neither philosopher thought – indeed, so far as I can tell, what no one at the time thought – is that the history of philosophy lasted for 25 years.

II.

The book's sub-title is intriguing too. It is *A Systematic Reconstruction*. What might "reconstruction" mean? It is clear that this is not like building a replica of a Greek trireme or a Viking mead hall. It is not a matter of assembling a simulacrum of a now-lost object using a combination of historical evidence and well-attested general principles to triangulate to absent data – a practice that Dugald Stewart called "conjectural history".[4] The artefacts of German Idealism – the texts that we need to interpret – have not, after all, been lost.[5]

---

[3] Ibid., p. 117.

[4] Dugald Stewart, "Account of the Life and Writings of Adam Smith, LL.D.", in *The Collected Works of Dugald Stewart*, Edinburgh, 1858, vol. X, p. 34.

[5] See my "The History of Ideas as Philosophy and History", *History of Political Thought* 32 (2011), 691-720, for a more detailed examination of what exactly "reconstruction" in the interpretation of philosophy might mean. What I don't discuss there is how far "*Rekonstruktion*" became a widespread methodological slogan in Germany over the last 40 years. One thinks, for example, of the Erlanger philosophers, Kamlah and Lorenzen, and their project of the "reconstruction" of scientific terminology, of the revisionist psychoanalyst, Alfred Lorenzer ("*Sprachzerstörung und Rekonstruktion*", Frankfurt/M., 1970) and, perhaps above all, Jürgen Habermas (e.g. "*Zur Rekonstruktion des Historischen Materialismus*", Frankfurt/M., 1976). Its different senses certainly deserve exploration.

On the other hand, nor is this an exercise in what Derek Parfit has called "grave robbery" – grabbing pieces of philosophy out of context to use for current purposes (think, for example, of Nozick's use of Locke's account of the original acquisition of property). In fact, *The 25 Years of Philosophy* contains two kinds of text, both of which are historical. It is one of the great achievements of the book to give the reader the sense that she is practically looking over the shoulders of the authors as they write. Sometimes it is the sweep of continuity that is impressive (as when Förster takes us through the Kantian critical project from Kant's formulation of it in his letter to Herz in 1772); sometimes it is the grasp of a complex dialectic (I think particularly of the masterful presentation of the issues at stake in the Spinoza dispute); and sometimes it is the filling in of a telling piece of background and context (among many, many examples, I was particularly struck by how illuminating it is to look at the *Grundlegung* as responding to Garve's edition of *De Officiis*).

But of all the terms in the title it is, surely, the word "systematic" that is most provocative. For this was, of course, the age of systems. Recall that the quotation from Kant given earlier read "anyone who announces *a system* of philosophy as his own work says in effect that before this philosophy there was none at all".[6] The concept of system is crucial for Kant's argument at this point; it is the drive towards system that requires philosophies to claim completeness and so puts them necessarily in competition with one another. As he says a little earlier,

since, considered objectively, there can only be one human reason, there cannot be many philosophies; in other words, there can only be one true system of philosophy from principles.[7]

At the other end, anyone who doubts how central the idea of system is for Hegel's project need only look at the title page of the *Phänomenologie* – *System der Wissenschaften Erster Theil: Die Phänomenologie des Geistes* – or recall the forceful statement in the Preface: "The true form in which truth exists can only be its scientific

---

[6] *Metaphysik der Sitten*, 6:207, my emphasis.
[7] Ibid.

system."[8] So, to write the history of the years from 1781 to 1807 is to write the history of various systems. But is that what is meant by a "systematic reconstruction"? One might think that something more is implied – that the history itself is systematic. And this, in fact, is precisely what Hegel himself thinks about the history of philosophy. "Philosophy is system in development; the history of philosophy likewise…"[9] Since "the sequence in the systems of philosophy in history is the same as the sequence in the logical deduction of the *Begriff*-determinations in the Idea", it follows that "the study of the history of philosophy is the study of philosophy itself; indeed, it can be nothing else".[10] Philosophy and the history of philosophy, on this view, necessarily correspond to one another – they are different manifestations of one and the same system.

But perhaps I am reading too much into the word "system". Perhaps we are only intended to look at the history of these 25 years in an *esprit systématique*, not an *esprit de système*.[11] Nevertheless, there are two implications of the idea of a systematic history that leave me suspicious: first, it suggests the uniqueness of a particular narrative and, second, it suggests its necessity. The story that *The 25 Years* tells is, in outline at least, relatively conventional. (Since I by no means wish to imply that the book is not innovative, perhaps I should say, rather, the background narrative from which the book departs is relatively conventional.) That is, we start with Kant's theoretical philosophy and pass through Fichte and Schelling to Hegel as the culmination of the progress. What comes after Kant is represented from the perspective of the problems generat-

---

[8] "Die wahre Gestalt, in welcher die Wahrheit existiert, kann allein das wissenschaftliche System derselben sein." *Phänomenologie des Geistes,* ed. J. Hoffmeister, Hamburg, 1952, p. 11.

[9] "So ist die Philosophie System in der Entwicklung, so ist es auch die Geschichte der Philosophie…" *Vorlesungen über die Geschichte der Philosophie*, I, *Werke* 18, ed. K.M. Michel and E. Moldenhauer, Frankfurt/M., 1971, p. 47.

[10] "…die Aufeinanderfolge der Systeme der Philosophie in der Geschichte dieselbe ist als die Aufeinanderfolge in der logischen Ableitung der Begriffsbestimmungen der Idee. […] aus dem gesagten erhellt, daß das Studium der Geschichte der Philosophie Studium der Philosophie selbst ist, wie es denn nicht anders sein kann." Ibid., p. 49.

[11] The contrast comes originally from D'Alembert's "Discours préliminaire" to the *Encyclopédie*.

ed but not resolved by the *Kritik der reinen Vernunft*. Of the book's many challenging novelties, the most important is the claim that the idea of an intuitive understanding – developed by Goethe but with its ultimate source in Spinoza – meets a central difficulty for the critical philosophy and, at the same time, points the way towards the *Phänomenologie*.

In the rest of this paper, I want to raise three questions. I want to ask whether the story as told by the book is really a unique description of the philosophical development. I want to ask whether the story is as internally compelling as *The 25 Years* presents it as being. And, finally – my assigned task in this presentation, as I'm sure you recall – I want to assess the picture that it gives us of the *Phänomenologie*.

III.

Of course, if one follows Hegel and believes that the history of philosophy *is* philosophy and that there is only one true system of philosophy, then accounts of the history of philosophy should, like philosophy itself, converge on a unique, true narrative. Yet, if we do not share these demanding assumptions, the question of different narratives regarding a single period in the history of philosophy becomes considerably more difficult.

Over the course of many years reading and thinking about German Idealism, I have come to be more and more convinced that the epistemology and metaphysics-driven narrative from Kant through to Hegel, centred on questions regarding mind, world and the nature of consciousness, is, at the least, too narrow. I also think that we should think of German Idealism as not just the internal development of a single line of argument from Kant but as involving the interaction between elements drawn from Kant's transcendental idealism, with its rationalism, Newtonianism and austere conception of human agency, and ingredients from a very different, organicist, holistic tradition. Goethe and Herder are that tradition's key representatives, with Schiller playing a would-be mediating role. Behind them there stand Rousseau, Winckelmann and the eccentric yet seminal figure of Kant's friend, Hamann.

To substantiate these claims is evidently impossible in the space available to me here, but let me just ask: what is left out if we come to the *Phänomenologie* by the epistemological-metaphysical route? During the 1790s and at the turn of the century Hegel produced a number of essays on religion and morals that have come to be known as the *Theologische Jugendschriften*. In the course of them, he gives a thorough diagnosis and critique of Kantian morality – its individualism and dependence on a structure of reciprocal command and obedience, in particular.

This critique leaves its mark on the *Phänomenologie*, of course – most obviously in the contrast between *Moralität* and *Sittlichkeit*. The idea of *Sittlichkeit*, however, locates Hegel in another tradition from the epistemological-metaphysical lineage derived from the *Kritik der reinen Vernunft* – an account of history and society in terms of culture (*Bildung*) that, through Schiller, points back to Herder. It is not just that human beings discover themselves through being embedded in culture, but that modern man has lost this relationship – for reasons that are not merely accidental. As Hegel describes it in the *Differenzschrift*:

In culture (*Bildung*) that which is a form of appearance of the Absolute has isolated itself from the Absolute and become fixed as something independent.[12]

And it is this problem, at once sociological and metaphysical, that, he tells us, is the source of philosophy itself: "Division is the source of the need for philosophy..."[13] Now, of course, I don't want to deny that Hegel's project in the *Phänomenologie* is a cognitive one – it would be obviously absurd to deny the centrality of the concepts of *System*, *Wissenschaft* and *Wahrheit*. But a central part of the distinctiveness – and, to my mind, the breathtaking greatness – of the *Phänomenologie* lies in the fact that it presents conventional, metaphysical conceptions of philosophy – philosophy as the attempt to capture the ultimate nature of reality – within a broader perspective in which philosophy itself is seen as part of a

---

[12] "In der Bildung hat sich das, was Erscheinung des Absoluten ist, vom Absoluten isoliert und als ein Selbständiges fixiert." *Differenz des Fichteschen und Schellingschen Systems*, in *Werke* 2, ed. K.M. Michel and E. Moldenhauer, Fankfurt/M., 1969, p. 20.

[13] "Entzweiung ist der Quell des Bedürfnisses der Philosophie [...]" Ibid., p. 20.

project of reconciliation. So, to the epistemological-metaphysical narrative of Hegel's trajectory, we need to add a historical-theological one, in my view.

IV.

My second doubt concerns the necessity of the transitions that *The 25 Years* depicts. Here again, I must simplify drastically. To put it very crudely, the story that the book tells us is, I think, this. Kant's philosophy embodies a continuing tension between two fundamental motifs: the drive towards system in philosophy, on the one hand, and dualism, on the other. Each of these motifs twists and transforms itself, as *The 25 Years* so brilliantly explains, until it is the idea of system – the idea of philosophy as *a priori*, complete, foundational, developmental and, as Hegel says, *plastic*, that comes to dominate in the *Phänomenologie*. Now it certainly seems to me that dualism and system are indeed in tension with one another, even in Kant. Yet it isn't clear why the triumph of the idea of system should have been necessary, either philosophically or (without further motivation) historically. That, to my mind, is the lesson of Reinhold, Fichte and the Aenesidemus Review.

In Reinhold's hands, the idea of system requires that there should be a foundational basis for philosophy – a *Grundsatz* – that is not itself a part of philosophy. Schulze (Aenesidemus) points out that this is all well and good but, even if granted, still wouldn't amount to an effective Kantian response to Humean scepticism. And what does Fichte do when he writes his Aenesidemus review? He presses onwards! The *Grundsatz* cannot be a "*Satz*"; it must be something that is not homogeneous with *Vorstellungen*; it must be a *Tathandlung*. Now Kantian or, as I will call it, transcendental dualism is, of course, desperately elusive. At times it looks like a dualism of scheme and content; at times it appears to contradict itself by collapsing into a doctrine of double affection. Yet between them Reinhold and Fichte simply sweep it from the board. Here, for example, is Fichte at his (to me) most infuriating:

The imagination itself must produce the object (as is demonstrated in the *Wissenschaftslehre* on the basis of arguments which are quite independent of the present problem). Maimon errs in conceiving of the object as something other than a product of the imagination. It is true that this error is confirmed by a literal interpretation of Kant, but it is in complete contradiction to his *spirit*. To maintain that the object is not a product of the imagination is to become a transcendent dogmatist and to depart completely from the spirit of the Critical Philosophy.[14]

This is, in my opinion, wholly unconvincing. Let me concede, *arguendo*, that the *Setzen* and *Reflexion* of the *Wissenschaftslehre* is more than arm-waving hocus-pocus and that it really does generate immanently an ever-more-complex chain of developing structures of consciousness. Still, the claim that these forms of thought *are* the structures of reality is a separate, further claim – something that the *Wissenschaftslehre* presupposes rather than establishes. Philosophy must already have made the move from transcendental dualism to transcendental monism. Now there are certainly good reasons to make this move and I have no doubt that, following Fichte, the later German Idealists did indeed make it – leaving figures such as Maimon and Schopenhauer, who didn't, on the periphery. But I still remain to be persuaded that this move was rationally mandatory and that it embodies what is essential to the project of critical philosophy; in other words, that Fichte's is the true Kant – and not Strawson's.

V.

I turn now to the *Phänomenologie des Geistes*. As *The 25 Years* presents it, the subject-matter of the *Phänomenologie* is a depiction of the necessary emergence from one another of various forms and structures of consciousness – a kind of *Wissenschaftslehre* on steroids. It is that, of course, but it is more, much more.

First, its subject matter is *Geist*.[15] And *Geist* is not – not just – consciousness, culture, or even collective consciousness. *Geist* is the Absolute:

That the true is actual only as system, or that substance is essentially subject, is expressed in the representation of the Absolute as *Geist* – the

---

[14] "Outline of the Distinctive Character of the Wissenschaftslehre", in *Early Philosophical Writings*, ed. Daniel Breazeale, Ithaca, 1988, p. 289.

[15] "Well, duh!", as my daughter says.

most sublime notion and the one which belongs to the modern age and its religion. The *geistig* alone is the actual…[16]

While *Geist* has a particular relationship to history (which Hegel describes as "the unfolding (*Auslegung*) of *Geist* in time"[17]) we should not therefore think that *Geist*'s significance is confined to history. Nature itself is to be seen as an expression of *Geist*, though it is *Geist* "alienated from itself […] *released* into nature: a Bacchic god unrestrained and unmindful of itself"[18]

In short, *Geist* is the essential kernel of reality – both the sensible and the super-sensible:

---

[16] "Daß das Wahre nur als System wirklich, oder daß die Substanz wesentlich Subjekt ist, ist in der Vorstellung ausgedrückt, welche das Absoluten als *Geist* ausspricht – der erhabenste Begriff, und der der neuern Zeit und ihrer Religion angehört. Das Geistige allein ist das *Wirkliche* […]" *Phänomenologie des Geistes*, ed. J. Hoffmeister, Hamburg, 1952, p. 24.

[17] "World-history, we see, is just the unfolding (*Auslegung*) of *Geist* in time, as nature is of the Idea in space. (Die Weltgeschichte, wissen wir, ist also überhaupt die Auslegung des Geistes in der *Zeit*, wie die Idee als Natur sich im Raume auslegt.)" *Vorlesungen über die Philosophie der Geschichte*, *Werke* 12, ed. K.M. Michel and E. Moldenhauer, Frankfurt/M., 1970, pp. 96-97.

[18] "Nature is the son of God, although not as the Son, but as abiding in otherness – the divine Idea as held fast for a moment outside divine love. Nature is *Geist* alienated from itself; *Geist* is *released* into nature: a Bacchic god unrestrained and unmindful of itself. In nature, the unity of the notion (*Begriff*) is concealed. […] alienated from the Idea, nature is only the corpse of the understanding. Nature is the Idea, however, only implicitly. Hence Schelling called her a petrified – others, indeed, a frozen – intelligence, God, however, does not remain petrified and dead: the very stones cry out and raise themselves to *Geist*. (die Natur ist der Sohn Gottes, aber nicht als der Sohn, sonder als das Verharren im Anderssein, – die göttliche Idee als ausserhalb der Liebe für einen Augenblick festgehalten. Die Natur ist der sich entfremdete Geist, der darin nur *ausgelassen* ist, ein bacchantischer Gott, der sich selbst nur zügelt und fasst; in der Natur verbirgt sich die Einheit des Begriffs. […] von der Idee entfremdet, ist die Natur nur der Leichnam des Verstandes.)" *Enzyklopädie der philosophischen Wissenschaften* II, *Werke* 9, ed. K.M. Michel and E. Moldenhauer, Frankfurt/M., 1970, para. 247, p. 25.

Everything that happens in heaven or on earth – happens eternally – the life of God and everything that occurs temporally, only strives towards this: that *Geist* knows itself, makes itself objective, finds itself, becomes *für sich*, merges with itself. *Geist* is bifurcation and alienation, but only in order to be able to come to itself.[19]

Moreover, the *Phänomenologie* is the *Wissenschaft des erscheinenden Wissens*.[20] And this complicates matters further. For, while the *Phänomenologie* is itself indeed *Wissenschaft*, it does not fully display the *wissenschaftliche Methode*, according to Hegel. As Hegel says in the Preface, the true character of the *wissenschaftliche Methode* – "in part, not to be separated from the content, in part to determine its rhythm by its own self" – only has its authentic presentation in speculative philosophy, for which the *Phänomenologie* is a preparation and initiation.[21] In "logic or speculative philosophy", the "moments of *Geist*" no longer separate themselves into "the opposition between *Sein* and *Wissen*".[22] This is how philosophy comes to be Absolute Knowledge – knowledge of the Absolute.

So we need to be careful in claiming that even Hegelian philosophy (let alone philosophy as such) is completed with the *Phänomenologie*. Clearly, Hegel himself sees the *Phänomenologie* as preparing the way for his as-yet-unwritten speculative philosophy and its objective of developing, a priori, the essential structures of nature and history. Moreover, to treat the *Logik* as a kind of methodological repetition of the *Phänomenologie*, as some readers do, is wrong, to my mind. On the contrary, to see the *Phänomenologie* as dependent on the structural features of the *Logik* would, in

---

[19] "Alles, was im Himmel und auf Erden geschieht – ewig geschieht – das Leben Gottes und alles, was zeitlich getan wird, strebt nur danach hin, daß der Geist sich erkenne, sich selber gegenständlich mache, sich finde, für sich selber werde, sich mit sich zusammenschliesst." *Vorlesungen über die Geschichte der Philosophie*, I, *Werke* 18, ed. K.M. Michel and E. Moldenhauer, Frankfurt/M., 1971, pp. 41-42.

[20] *Phänomenologie des Geistes*, ed. J. Hoffmeister, Hamburg, 1952, p. 564.

[21] "Diese Nature der wissenschaftlichen Methode, teils von dem Inhalte ungetrennt zu sein, teils sich durch sich selbst ihren Rhythmus zu bestimmen, hat, wie schon erinnert, in der spekulativen Philosophie ihre eigentliche Darstellung." Ibid., p. 47.

[22] Ibid., p. 33.

fact, be closer to the truth.²³ Still, what is undoubtedly the case is that, when he wrote and published the *Phänomenologie*, Hegel believed that his system was essentially complete – the place of the *Logik* was clearly established and Hegel refers forward to it in ways that, it seems to me, are not invalidated by later revisions in his thinking.

At the centre of this mature conception of philosophy is, as *The 25 Years* rightly states, the concept of *development*. Indeed, the idea of *system* and the idea of *development* are now one and the same, to the extent that an examination of the place of the idea of development in Hegel's system would have to be an examination of the system or speculative philosophy as a whole. One point that is very clear, however, is that, for Hegel, development in the proper sense of the word is to be found in philosophy alone: "*Metamorphosis* pertains only to the *Begriff* as such, since only its alteration is development."²⁴ While the development of the *Begriff* as depicted a priori in philosophy is free, in the sense of being both necessary and transparently intelligible, nature itself is not free, according to Hegel, but only "necessary and contingent".²⁵ "Only in Thought (*Denken*, note, not *Vorstellung*) is all foreignness transparent, invisible; *Geist* is free here in absolute fashion".²⁶ The progressive de-

---

²³ This was, I take it, the argument of my Hegel's Dialectic and its Criticism (Cambridge: Cambridge University Press, 1982). See especially Chapters 2 and 3.

²⁴ "...die Metamorphose kommt nur dem Begriff als solchem zu, da dessen Veränderung allein Entwicklung ist." *Enzyklopädie der philosophischen Wissenschaften* II, *Werke* 9, ed. K.M. Michel and E. Moldenhauer, Frankfurt/M., 1970, para. 249, p. 31.

²⁵ "...nature is not free, but is only necessary and contingent. For necessity is the inseparability of different terms which yet appear as indifferent towards each other; but because this abstract state of externality also receives its due, there is contingency in nature – external necessity, not the internal necessity of the notion. (so ist die Natur nicht frei sondern nur notwendig und zufällig. Denn Notwendigkeit ist Untrennbarkeit von Unterschiedenen, die noch gleichgültig erscheinen; daß aber die Abstraktion des Aussersichseins auch zu ihrem Rechte kommt, ist die Zufälligkeit, die äusserliche Notwendigkeit, nicht die innere Notwendigkeit des Begriffs.)" Ibid., para. 248, p. 30.

²⁶ "Nur im Denken ist alle Fremdheit durchsichtig, verschwunden; der Geist ist hier auf absoluter Weise frei." *Vorlesungen über die Geschichte der*

velopment of Thought, as carried out in speculative philosophy, is more than a "change" or "alteration" (Veränderung) but is a *development* in the full sense of the word – that is, it represents a cogent revelation of what is implicit in the starting point.[27]

Once consciousness has made the transition from "*Vorstellung*" to "comprehending Thought" (*begreifendes Denken*) – Thought, that is, that moves "freely within itself" – philosophy is in a position to carry out "the highest task of *Wissenschaft*", namely, to "know God by means of Reason".[28] In speculative philosophy, reality – nature and history alike – is demonstrated to be a "presentation and copy (*Darstellung und Nachbildung*) of the original and entirely independent activity of Thought"[29]; or, putting it another way, "real nature is the image (*Bild*) of Divine Reason".[30]

Where Kant painstakingly struggles to articulate a conception of philosophy as "synthetic a priori" yet conceptual – not, like mathematics, "constructed" in "pure intuition" – Hegel boldly

Philosophie I, *Werke* 18, ed. K.M. Michel and E. Moldenhauer, Frankfurt/M., 1971, p. 42.

[27] "...the emergence of the philosophical Idea in its development is not a *change*, a becoming something other, but equally an internalization, a process of self-deepening in its own self, its progression makes the previously general, less determinate Idea more determinate in itself... (das Hinausgehen der philosophischen Idee in ihrer Entwicklung nicht eine Veränderung, ein Werden zu einem Anderen, sonder ebenso ein Insichhineingehen, ein Sichin [sich]vertiefen ist, so macht das Fortschreiten die Vorher allgemeine unbestimmtere Idee in sich *bestimmter*...)." *Vorlesungen über die Geschichte der Philosophie* III, *Werke* 20, ed. K.M. Michel and E. Moldenhauer, Frankfurt/M., 1971, pp. 476-77.

[28] *Enzyklopädie der philosophischen Wissenschaften* I, *Werke* 8, ed. K.M. Michel and E. Moldenhauer, Frankfurt/M., 1970, para. 36, *Zusatz*, pp. 104-105.

[29] "...die Tatsache [wird] zur Darstellung und Nachbildung der ursprünglichen und vollkommen selbständigen Tätigkeit des Denkens." Ibid., para. 12, p. 58.

[30] "Was als wirkliche Natur ist, ist Bild der Göttlichen Vernunft." *Vorlesungen über die Geschichte der Philosophie* III, *Werke* 20, ed. K.M. Michel and E. Moldenhauer, Frankfurt/M., 1971, p. 455.

declares that the "absolute method" of the *Begriff* is both analytic and synthetic.[31]

The 25 Years shows how the ideal of system and the dualism of transcendental philosophy came into conflict with one another. In the course of that process, as I read it, the idea of system itself became progressively strengthened from an aspiration towards comprehensiveness and consistency internal to intellectual activity – a "transcendental ideal", in Kantian terminology – until, in Hegel's hands, it refers to a radically a priori form of philosophy in which everything is to be shown as an intelligible development in "the pure form of Thought".

VI.

All of this locates Hegel, I think, not just a long way from Kant, but also a long way from Goethe's "*zarte Empirie*". Certainly, Kant's heroic attempt to root nature, understood as "the existence

---

[31] "The absolute objectivity of the *Begriff*, whose certainty the method is, lies in finding the further determination of its initial universal in that universal alone. But it is equally *synthetic* to the extent that its object, determined immediately as a simple universal, shows itself as another by means of the determinacy which it has itself in its immediacy and universality. This relationship to something different, which it is in its own self, is, however, no longer what is meant by synthesis in finite cognition. The very fact of its analytical determination, that it is the relationship within the *Begriff*, distinguishes it entirely from such synthesis. (Die Methode des absoluten Erkennens ist insofern analytisch. Daß sie die weitere Bestimmung ihres anfänglichen Allgemeinen ganz in ihm findet, ist die absolute Objektivität des Begriffes, deren Gewissheit sie ist. – Sie ist aber ebensosehr synthetisch, indem ihr Gegenstand, unmittelbar als einfaches Allgemeines bestimmt, durch die Bestimmtheit, die er in seiner Unmittelbarkeit und Allgemeinheit selbst hat, als ein anderes sich zeigt. Diese Beziehung eines verschiedenen, die er so in sich ist, ist jedoch das nicht mehr, was als die Synthese beim endlichen Erkennen gemeint ist; schon durch seine ebensosehr analytische Bestimmung überhaupt, daß sie die Beziehung im Begriffe ist, unterscheidet sie sich völlig von diesem Synthetischen.)" *Wissenschaft der Logik*, ed. G. Lasson, Hamburg, 1971, vol. II, p. 491.

of things, so far as it is determined according to universal laws"[32], in the understanding as the "lawgiver of nature" (A126) faces extreme difficulties when it comes to integrating an account of organic nature, as that was understood at that time, and this fact was not lost on his Idealist successors. Yet the idea of "intuitive understanding" seems to me very different from Hegel's conception of philosophy as a "circle that presupposes its end as its goal, having its end also as its beginning".[33] It seems, rather, to represent a reversion to an older, pre-Kantian form of dualism in which there are *universalia in rebus* and human beings – human beings equipped with "genius", at least – can discover them directly.

Hegel was, of course, a beneficiary of Goethe's support and he was hardly the person to turn on his patron – he was no Fichte! Nevertheless, we can see the great difference of approach between the two, as it seems to me, in the long *Zusatz* to §24 of the *Enzyklopädie* in which Hegel discusses experience and the experiential approach to philosophy. "In experience", Hegel writes:

---

[32] *Prolegomena*, §14.

[33] "The living substance, further, is being which is in truth *subject*, or, what is the same, is in truth actual only in so far as it is the movement of positing itself, or is the mediation of its self-othering with itself. This substance is, as subject, pure *simple negativity*, and is for this very reason the bifurcation of the same; it is the doubling which sets up opposition, and then again the negation of this indifferent diversity and of its antithesis the immediate simplicity. Only this self-*restoring* sameness, or this reflection in otherness within itself – not an *original* or *immediate* unity as such – is the true. It is the process of its own becoming, the circle that presupposes its end as its goal, having its end also as its beginning; and only by being worked out to its end is it actual. (Die lebendige Substanz ist ferner das Sein, welches in Wahrheit *Subjekt*, oder, was dasselbe heißt, welches in Wahrheit wirklich ist, nur insofern sie die Bewegung des Sich-selbst-setzens, oder die Vermittlung des Sich-anders-werdens mit sich selbst ist. Sie ist als Subjekt die reine *einfache Negativität*, eben dadurch die Entzweiung des Einfachen, oder die entgegensetzende Verdopplung, welche wieder die Negation dieser gleichgültigen Verschiedenheit und ihres Gegensatzes ist; nur diese sich *wiederherstellende* Gleichheit oder die Reflexion im Anderssein in sich selbst – nicht eine *ursprüngliche* Einheit als solche, oder *unmittelbare* als solche, ist das Wahre. Es ist das Werden seiner selbst, der Kreis, der sein Ende als seinen Zweck voraussetzt und zum Anfange hat, und nur durch die Ausführung und sein Ende wirklich ist.)" *Phänomenologie des Geistes*, ed. J. Hoffmeister, Hamburg, 1952, p. 20.

... it depends on the spirit with which one approaches reality. A great spirit has great experiences and sees what is important in the bright play of experience. The idea is present and actual, not something far off and behind. The great spirit, as, for example, that of a Goethe, when it looks into nature or history, has great experiences, sees the rational and expresses it. [...] Still, the true as it is in and for itself is not yet present in authentic form in these two modes [*sc. experience and reflection*]. The most complete form of cognition is that in the pure form of Thought.[34]

"Intuition" is the prerogative of "great men" – in art, politics and science. But, just as in art, in science too intuition must give place to the pure truth of philosophy, for Hegel.

In short, the interpretation of Hegel defended in this paper shows him as a cask-strength idealist who takes the task of speculative philosophy to be that of giving a rigorous independent derivation of necessary structures in the realm of pure Thought – a derivation that is then to be applied back to all parts of reality in which structure and organization are to be found. While Kant thought that the conflicts of metaphysics – so brilliantly and acutely presented in the Antinomies of the *Kritik der reinen Vernunft* – compelled us to transcendental idealism – the denial that we can have knowledge of ultimate reality – Hegel believes that he can show that this "dialectic" is a product of the one-sidedly superficial perspective of *Vorstellung*. Such (apparent) conflicts melt away with the *Bewegung des Begriffs*, operating freely in the realm of Thought. George Eliot's Mr Casaubon worked (in vain) on the key to all mythologies; Hegel believed that he held the key to all metaphysics.

---

[34] "Bei der Erfahrung kommt es darauf an, mit welchem Sinn man an die Wirklichkeit geht. Ein grosser Sinn macht grosse Erfahrungen und erblickt in dem bunten Spier der Erscheinung das, worauf es ankommt. Die Idee is vorhanden und wirklich, nicht etwas da drüben und hinten. Der grosse Sinn, wie z.B. der eines Goethes, der in der Natur oder in die Geschichte blickt, macht grosse Erfahrungen, erblickt das Vernünftige und spricht es aus. [...] Das wahre an und für sich ist indes in diesen beiden Weisen noch nicht in seiner eigentlichen Form vorhanden. Die vollkommenste Weise des Erkennens ist die in der reinen Form des Denkens." *Enzyklopädie der philosophischen Wissenschaften* I, *Werke* 8, ed. K.M. Michel and E. Moldenhauer, Frankfurt/M., 1970, para. 24, *Zusatz 3*, p. 87.

As he himself puts it: "That the form of Thought is absolute and that the truth appears in it, as it is in and for itself, this is the claim of philosophy as such."[35]

---

[35] "Daß die Form des Denkens die absolute ist und daß die Wahrheit in ihr erscheint, wie sie an und für sich ist, dies ist die Behauptung der Philosophie überhaupt." *Enzyklopädie der philosophischen Wissenschaften* I, *Werke* 8, para. 24, *Zusatz 3*, p. 87.

ROLF-PETER HORSTMANN
(BERLIN)

Die *Phänomenologie*, der intuitive Verstand und das neue Denken

Zu Försters Vollendung der Hegelschen „Entdeckungsreisen"

Bevor ich mich mit einigen Themen und Thesen des 14. Kapitels von Eckart Försters Buch, also dem Kapitel über die Vollendung der Hegelschen ‚Entdeckungsreisen', auseinandersetze, möchte ich ein Geständnis ablegen: in den vielen Jahren, in denen ich mich aus dem einen oder anderen Anlass zu Hegels Philosophie im Ganzen oder zu einzelnen Aspekten ihrer habe äußern müssen – und solcher Anlässe gab es wahrhaftig mehr als genügend –, habe ich mich immer in einer besonderen Weise unwohl gefühlt. Ich habe mich nie des Eindrucks erwehren können, dass ich eigentlich nicht weiß, worüber ich rede oder schreibe. Obwohl mancher – wahrscheinlich sogar zurecht – sagen wird, dass sich dieser Eindruck nicht nur auf Hegel, sondern besser auch auf alles andere, zu dem ich mich geäußert habe, hätte beziehen müssen, war dennoch das Unwohlsein in Sachen Hegel bemerkenswert unterschieden von dem, was ich vielleicht im Umgang mit anderen Themen und Autoren auch hätte haben sollen. Das Unwohlsein in Sachen Hegel bezog (und bezieht) sich nämlich nie (oder selten) auf Details, sondern auf das Ganze. Während ich bei anderen Autoren der Philosophiegeschichte – ob zurecht oder zu unrecht, mag dahingestellt sein – immer einigermaßen sicher war, wenigstens ungefähr zu verstehen, worum es ihnen im großen und ganzen ging, habe ich dieses Gefühl der Sicherheit bei Hegel nie gehabt. Und obwohl ich oft und detailliert Beschreibungen von Hegels Gesamtunternehmen gegeben habe, an die ich alle auch heute noch irgendwie glaube, hat mich keine dieser Beschreibungen jemals so überzeugt, dass ich sie gern Hegel selbst vorgetragen hätte. Immer fand ich, es fehlt irgendetwas Wichtiges, irgendetwas ist schief, der eigentliche Kern der Sache kommt nicht vor. Natürlich hoffte ich, bei anderen das zu finden, was mir selbst nicht gelang, nämlich eine Auflösung dessen, was vor ca. 150 Jahren Sterling *The Secret of Hegel* genannt hat. Doch fast alle Autoren, die ich las, bestätigten nur das Diktum eines frühen Rezensenten des Buchs von Sterling – „they kept it (the secret) well". Die wirklich sehr wenigen Ausnahmen lassen sich an einer Hand abzählen. Zu ihnen gehört an einer der vordersten Stellen das, was Eckart Förster in seinem Buch über die 25 Jahre der Philosophie über Hegel schreibt. Durch seine Insistenz auf das Ideal der intuitiven Erkenntnis als dem methodischen Leitfaden der gesamten Hegelschen Philosophie gelingt es ihm, eine Perspektive bereitzustellen, die tatsächlich in der Lage ist, die Organisationsform und die Grundoperationen (so Dieter Henrich) dieses Systems in einer Weise in den Blick zu bringen, die dem Rechnung tragen kann, was einerseits bei Hegel so offensichtlich, andererseits so schwer begrifflich genau zu fassen ist: seinem (Hegels) Bedürfnis, die Gesamtheit der Wirklichkeit als ein organisches Ganzes vernunftgeleiteter Entwicklung darzustellen und zu demonstrieren. Insofern ist Eckart Försters Hegel-Deutung nicht nur originell, sondern sie war, für mich wenigstens, auch extrem erhellend – man versteht vieles bei Hegel besser, glaube ich, wenn man Försters Standpunkt einnimmt.

Nun heißt Försters Buch sehr erhellend finden, natürlich nicht, sich am Ende aller Dunkelheiten sehen, die trotz der so überzeugenden Details seiner Ausführungen z.B. zur Entwicklungsgeschichte der *Phänomenologie* Hegels weiterhin anzutreffen sind. Es heißt leider nicht einmal, alles genau verstehen, was Förster im Einzelnen zu Hegels leitenden Motiven für seine systematische Gesamtkonzeption ausführt. Beides – Dunkelheit und Unverständnis – gibt Anlass zu den hier vorgetragenen Fragen. Die (hauptsächlich zwei) Fragen, die ich im Folgenden im Zusammenhang mit den Ausführungen des 14. Kapitels ansprechen werde, sind daher nicht als Kritik gemeint, sondern sollen als Bitte an Eckart Förster aufgefasst werden, einerseits Dunkelheit, andererseits Unverständnis zu beseitigen. Die erste ist eine historisch-philologische Frage und führt ins Dunkle, nämlich die: welche Rolle spielt die Logik bei der Konzeption der *Phänomenologie* als Einleitung in das System und dessen erster Teil? Die zweite Frage bezeugt Mangel an Verständnis meinerseits und betrifft das Hegel unterstellte Methodenideal der intuitiven Erkenntnis und lautet: wie kann Hegel diesem Ideal anhängen und gleichzeitig ein ziemlich expliziter Kritiker von allen Formen von Anschauung als eines Erkenntnisvermögens sein? Hintergrund beider Fragen ist die Ansicht, dass Förster im 14. Kapitel im wesentlichen beabsichtigt, auf Grund einer entwicklungsgeschichtlichen Beobachtung eine These zu Hegels philosophischem Projekt zu plausibilisieren und zu rechtfertigen.

I. Die Rolle der Logik

Die Entstehungsgeschichte der *Phänomenologie* hat immer schon Anlass zu allgemeiner Ratlosigkeit und vielfältigen Vermutungen gegeben. Alles war irgendwie unklar: von der komplizierten Druckgeschichte über den Wechsel des Titels von einer *Wissenschaft der Erfahrung des Bewusstseins* zu einer *Phänomenologie des Geistes* bis hin zum internen Aufbau des die Überlegungen zu den Gestalten des Bewusstseins leitenden Gedankengangs und dessen Verhältnis zu dem, was offenbar als System oder wenigstens als Systemteil folgen sollte – nichts von alledem konnte problemlos in ein einigermaßen plausibles Gesamtnarrativ integriert werden. Dies hat sich grundsätzlich geändert durch das Bild, das nun Förster von der Entstehung der *Phänomenologie* zeichnet. Ihm ist es nicht nur gelungen, ein die verschiedenen Versatzstücke des *Phänomenologie*-Puzzles ordnendes Motiv zu identifizieren, sondern darüber hinaus kann er auch die vorliegenden Zeugnisse, d.h. Texte. Fragmente und Briefdokumente, gut in sein Bild integrieren. Was, wenn man ihm folgt, sichtbar wird, ist in Grundzügen folgendes: Hegel kann mit den methodischen und konzeptuellen Mitteln, die ihm bis 1805/06 zur Verfügung stehen, nicht den Entwicklungsaspekt der ,Idee' angemessen zur Geltung bringen (S. 299).[1] Er plant deshalb aus Gründen, die mit diesem Problem der systematischen Darstellung des ,Absoluten' zusammenhängen, eine von der bisher als ,Logik' konzipierten Einleitung auf den Standpunkt der ,Wissenschaft' (oder der Philosophie, des Systems) unterschiedene Einleitung, der er zunächst den Titel einer *Wissenschaft der Erfahrung des Bewusstseins* gibt. Dies geschieht irgendwann

---

[1] Alle Verweise auf Eckart Försters *Die 25 Jahre der Philosophie* werden in Klammern mit Seitenzahlen angeführt. Zitiert wird nach: *Die 25 Jahre der Philosophie. Eine systematische Rekonstruktion*, Frankfurt/M., 2011.

gegen Ende 1805. Diese neue Einleitung soll den ersten Teil eines Buches bilden, als dessen zweiter Teil – wie Förster allerdings nur sehr indirekt nachweisen kann – eine ‚Logik' genannte Disziplin vorgesehen ist. Ein Teil dieses Buches einschließlich einer Titelseite wird offenbar vertragsgemäß bis Ostern 1806 gedruckt. Unter verschiedenen ziemlich plausiblen Voraussetzungen – gegründet hauptsächlich auf die überlieferten Mitteilungen über den Streit mit dem Verleger über die Bezahlung und auf die ebenfalls dokumentierte Rede von der „Hälfte des Buches" – kann man mit Förster davon ausgehen, dass der gedruckte Teil die gesamte *Wissenschaft der Erfahrung des Bewusstseins*, also die gesamte ursprünglich konzipierte Einleitung enthalten hat. Förster meint sogar, eine vorläufige Version des bereits gedruckten Schlusskapitels dieser ursprünglichen Einleitung in dem bekannten Fragment *C. Die Wissenschaft* identifiziert zu haben.

Hier ist eine kurze Zwischenbemerkung angebracht, denn Förster Darlegungen zu *C. Die Wissenschaft* stellen einen sehr originellen und bisher in den einschlägigen Diskussionen nicht erwogenen Vorschlag zur Verortung dieses Fragment gebliebenen Textstücks in den Entstehungsprozess der *Phänomenologie* dar. So plausibel auch die Vermutung ist, dass die *Wissenschaft der Erfahrung des Bewusstseins* als erster Teil des Buches, wenn vom Verleger zu Ostern 1806 bereits zur Gänze gedruckt, ein Schlusskapitel enthalten haben muss, das irgendwie zum zweiten Teil, der ‚Logik', überleitet, so schwierig wird es sein, allgemeine Übereinstimmung darüber herzustellen, dass tatsächlich eine Fassung von *C. Die Wissenschaft* als dieses Schlusskapitel anzusehen ist. Auch wenn man, wie ich, sehr beeindruckt ist von den inhaltlichen Indizien, die Förster diesem Text zugunsten seiner Deutung entnimmt, so werden doch viele interpretatorischen Bedenken und Zweifel bleiben, die sich wahrscheinlich vor allem daraus nähren, dass aus thematischen Gründen dieses Textstück ebenso gut als Vorform des Abschnitts über das absolute Wissen der veröffentlichten *Phänomenologie* angesehen werden kann. Ich werde mich aber nicht auf eine Diskussion dieses Themas einlassen.

Wie dem auch sei, es muss um diese Zeit herum (Ostern 1806) gewesen sein, dass Hegel das Konzept einer Einleitung in das System der Philosophie ziemlich radikal änderte, und aus der *Wissenschaft der Erfahrung des Bewusstseins* wurde das Projekt einer *Phänomenologie des Geistes*. Dieses Projekt ist offenbar von Hegel nun so konzipiert worden, dass es die *Wissenschaft der Erfahrung des*

Bewusstseins als seinen ersten Teil integrieren konnte. Blickt man auf die verhandelten Inhalte der Einleitung, kann man auch sagen, dass aus dem Projekt der Selbstrealisierung der Vernunft das weitergehende der Selbstrealisierung des Geistes wird. Und dafür, so Förster, gibt es auch gute Gründe, die letztlich *Phänomenologie*-immanent sind und mit einer Berücksichtigung von Goetheschen Überlegungen zur Methode eines intuitiven Verstandes zu tun haben (könnten). So weit, so gut und auch (weitgehend) gedeckt durch das vorliegende Material.

Zu beachten ist, dass Försters sehr detailreiches Rekonstruktion der Entstehungsgeschichte ganz auf ein der Hegelschen Einleitungskonzeption immanentes Problem setzt, um den Übergang der *Wissenschaft der Erfahrung des Bewusstseins* zur *Phänomenologie des Geistes* zu erklären. Nun ist das aber nur eine von verschiedenen Möglichkeiten, die Hegel zur Revision und Erweiterung der ursprünglich geplanten Einleitung veranlasst haben mögen. Um Försters Vorschlag noch überzeugender zu machen, wäre es schön, wenn man diese ausschließen könnte. Vor allem eine Möglichkeit drängt sich auf. Sie hat zu tun mit dem, worin Hegel – ob als *Wissenschaft der Erfahrung des Bewusstseins* oder als *Phänomenologie des Geistes* sei dahin gestellt – einleiten wollte, nämlich, nach Förster, in die Logik als dem ersten Teil des Systems. Diese Logik ist von Interesse, weil nicht auszuschließen ist, dass (auch) sie einen Grund für die Veränderung der Einleitungskonzeption abgegeben hat. Was weiß man über diese Logik, oder vorsichtiger: was kann man über sie vermuten? Eigentlich nichts. Dies aber macht es erstaunlicherweise umso schwieriger, sie als möglichen Änderungsgrund der Einleitungskonzeption auszuschließen. Warum? Gerade wegen der eigenartigen Druckgeschichte der *Phänomenologie*! Denn folgt man Försters so sorgfältig aufgelisteten Angaben genau, so scheint es doch so zu sein, dass der Druck des Buches gerade zu dem Zeitpunkt ins Stocken gerät, zu dem der Druck der einleitenden *Wissenschaft der Erfahrung des Bewusstseins* abgeschlossen ist und der der Logik hätte beginnen sollen. Wenn also Hegel tatsächlich dem Verleger ein Werk avisiert hat, das sowohl eine Einleitung als auch eine Logik enthält, und wenn es tatsächlich der Fall ist, dass alles planmäßig, d.h. vertragsgemäß, bis zum Vorliegen des vollendeten ersten einleitenden Teils läuft, dann ist es, auf den ersten Blick wenigstens, keineswegs abwegig zu vermuten, dass der Grund für die Unterbrechung des Druckprozesses darin zu sehen ist, dass Hegel mit dem, was als zweiter Teil folgen sollte, mit der Logik also, auf einmal nicht mehr zufrieden gewesen ist und deshalb die Drucklegung unterbrach. Folgendes ist als Szenario gut vorstellbar (besonders wenn man die Mentalität eines Verlegers mit einbezieht): Hegel liefert bogenweise die *Wissenschaft der Erfahrung des Bewusstseins* an den Verleger bis ca. Ostern 1806. Von da an bekommt der Verleger auf einmal keinen Text mehr. Er ist verstimmt, soll er doch nach Abschluss der Hälfte des Drucks ein Honorar zahlen. Er besteht darauf, erst die zweite Hälfte des Manuskripts in den Händen zu haben, ehe er seinem Zahlungsversprechen nachkommt. Doch Hegel will oder kann partout nicht liefern. Dies mag nun einerseits wirklich (nur) daran liegen, dass Hegel mit dem einleitenden Teil Schwierigkeiten hat, wie Förster insinuiert. Andererseits aber kann es ebenso gut sein, dass sich diese Schwierigkeiten auf die Lieferung der Fortsetzung, der Logik also, bezogen haben. Für den Verleger liegt es gewiss näher, den zweiten Teil des Buches für Hegels Problem anzusehen, hat er den ersten doch schon gedruckt! Worauf ich hinaus will, sollte mittlerweile deutlich geworden sein: so schön und in sich überzeugend Försters Geschichte der Entstehung der *Phänomenologie des Geistes* aus der *Wissenschaft der Erfahrung des Bewusstseins* auch ist, solange nicht irgendetwas zur Logik gesagt ist, bleibt sie irgendwie unvollständig.

Oben wurde gesagt, dass wir eigentlich nichts über die Logik wissen, die als zweiter Teil des dann zur *Phänomenologie des Geistes* mutierten Werkes vorgesehen gewesen ist. Das stimmt auch. Hätten wir nicht die (zum großen Teil sekundäre!) Überlieferung der kuriosen Druckgeschichte des Werkes, würden wir nicht einmal wissen, dass ein solcher zweiter Teil geplant war. Denn weder der *Wissenschaft der Erfahrung des Bewusstseins*, noch dem Text der *Phänomenologie des Geistes* kann man diesen Plan entnehmen: der Begriff ‚Logik' (im Sinne eines Systemteils) taucht in keiner der beiden Einleitungsfassungen auch nur ein einziges Mal auf, er ist erst und nur in der nachträglich verfassten Vorrede zu finden. Ist es dann nicht unbillig, Försters Schweigen in Sachen Logik als eine bedauerliche Unterlassung darzustellen? Dem wäre sicherlich so, wenn nicht das Thema ‚Logik' gerade zur Zeit der Entstehung der *Phänomenologie* erstaunlich eng mit dem Projekt einer Einleitung in die Philosophie als ein System der Wissenschaft verbunden gewesen wäre.

Es ist bekannt, dass es sich bei der Geschichte des Schicksals der Logik in der Zeit der Entstehung der *Phänomenologie* um eine

Phänomenologie, intuitiver Verstand und neues Denken 313

erstaunlich komplizierte Geschichte handelt und dass sie bisher keineswegs als überzeugend erzählt gelten kann. Hier ist nicht der Ort, sie erneut in Angriff zu nehmen. Dennoch mag es erlaubt sein, an Hand einiger Hinweise und Daten ein wenig zu spekulieren, ohne den historischen Rahmen, in dem Förster sich bewegt, allzu weit zu verlassen. Die Geschichte des Schicksals der Logik hat zu ihren dokumentarischen Eckpfeilern drei Arten von Quellen: (1) die kurzen Fragmente und Skizzen von sowie die wenigen Bemerkungen Hegels und die meistens nicht sehr eindeutigen Berichte Anderer (vor allem Gabler und Rosenkranz) zu Einleitung in die Philosophie mittels einer Logik, (2) die einzige, obwohl wegen des fehlenden Anfangs ebenfalls nur fragmentarisch erhaltene ausgeführte Fassung einer Logik in den *Jenaer Systementwürfen II* und (3) die Ankündigungen von gehaltenen oder nicht gehaltenen Vorlesungen für das Sommersemester 1806 (*Philosophiam speculativam sive logicam ex libro suo: System der Wissenschaft, proxime prodituro*; interessanterweise hat die Hörerliste für dieses Semester allerdings eine etwas andere Überschrift, nämlich *Collegium privatum über Logik und Metaphysik oder spekulative Philosophie*), das Wintersemester 1806/07 (*Logicam et Metaphysicam sive philosophiam speculativam, praemissa Phaenomenologiam mentis ex libri sui: System der Wissenschaft, proxime prodituro parte prima*) und das Sommersemester 1807 (*Logicam et Metaphysicam, praemissa Phaenomenologian mentis ex libro suo: System der Wissenschaft, erster Theil (Bamb. und Würtzb. bey Goebhardt 1807)*). Bemerkenswert ist nun zweierlei: (1) Hegel scheint, wenn man diesen Vorlesungsankündigungen und der Hörerliste von 1806 glaubt, auch während und sogar nach der Zeit der Abfassung der *Phänomenologie* an der Unterscheidung zwischen Logik und Metaphysik festgehalten zu haben, obwohl in gewisser Weise die *Phänomenologie* die Logik als Einleitungsdisziplin in die Wissenschaft ersetzen sollte und die Metaphysik deshalb in eine umfassendere Logik als den ersten Teil des Systems der Wissenschaft transformiert werden sollte. (2) Es gibt eigentlich keinen Hinweis darauf, dass für Hegel zu dem Zeitpunkt, zu dem er die Ur-*Phänomenologie*, also die *Wissenschaft der Erfahrung des Bewusstseins* abgeschlossen hat (Ostern 1806), die Logik ihre Einleitungsfunktion verloren hat, obwohl nach Förster eine Logik den zweiten Teil des in Druck befindlichen Werkes bilden sollte. Wenn man nun diese beiden Beobachtungen akzeptiert, muss man sich fragen, was denn Hegel als Logik dem Verleger hätte liefern können, damit er mit dem Druck fortfährt. Es ist ziemlich naheliegend zu vermuten, dass es sich um irgendetwas hätte handeln müssen, was bereits als Text vorgelegen hat. Andernfalls wäre unverständlich, wieso Hegel dem Verleger Verzögerung des Druckes vorwerfen kann. Er hat zu diesem Zeitpunkt aber nur die Logik der *Jenaer Systementwürfe II* vorliegen. Kann es nicht sein, dass Hegel bis Ostern 1806 herum plante, diese Logik als die zweite Hälfte des zu druckenden Buches an den Verlag zu geben, und dass er diese Absicht aufgab, weil ihm Bedenken bezüglich der Konzeption der Logik gekommen waren, die der Logik der *Jenaer Systementwürfe II* zugrunde lag und die nur durch eine umfassende Neukonzeption der logisch-metaphysischen Grundlagen des Systems der Wissenschaft hätten beseitigt werden können? Mit anderen Worten: spricht irgendetwas dagegen, dass Hegel die Erweiterung der *Wissenschaft der Erfahrung des Bewusstseins* zur *Phänomenologie des Geistes* deshalb vornahm, weil ihm eine ihn zufrieden stellende Logik abhandengekommen war, die eigentlich den zweiten Teil des Buches hätte bilden sollen? Ich stelle diese Fragen hier nur als Spekulationen vor, weil viele, z.T. gewichtige Details sehr genau und gründlich geklärt werden müssten, ehe sie sich als ernstzunehmende Fragen erweisen lassen. Hier haben sie nur die Funktion, darauf aufmerksam zu machen, dass es keineswegs, wie Förster annimmt, ausschließlich *Phänomenologie*-immanente Motive gewesen sein müssen, die Transformation der *Wissenschaft der Erfahrung des Bewusstseins* in eine *Phänomenologie des Geistes* – wenn denn eine solche Transformation stattgefunden hat – zu erklären, sondern dass es durchaus andere, bisher nicht hinreichend thematisierte Möglichkeiten gibt, sich einen Reim auf die merkwürdige Entstehungsgeschichte der *Phänomenologie* zu machen.

II. Intuitiver Verstand

Es ist, Förster zufolge, ein wesentliches Motiv für die ziemlich plötzliche Änderung der Konzeption einer Einleitung in die Logik unter dem Titel einer *Wissenschaft der Erfahrung des Bewusstseins* zu einer Einleitung in das System mit dem Titel *Phänomenologie des Geistes*, dass Hegel unter dem Einfluss der zeitlich nahen Bemühungen Goethes, seine *Farbenlehre* auszuarbeiten, den Weg des Bewusstseins zur ‚Wissenschaft' (Logik) oder „den Aufstieg zum Standpunkt des Geistes" um einen „Abstieg ins Besondere"

(S. 358) der konkreten Gestalten des Bewusstseins ergänzt hat, um einer methodischen Forderung Rechnung zu tragen, die sich aus Goethes Auffassung einer *scientia intuitiva* ergeben haben soll. Zentrales Element einer solchen Wissenschaft ist es, die Übergange zwischen den Phänomenen des unter bzw. in einer (ganzheitlichen) Idee befassten Phänomenbereichs anschaulich zu machen. Dazu bedarf es eines intuitiven Verstandes, der in der Lage ist, anschaulich gegebene Elemente und ihren Zusammenhang als durch eine Idee geleitet zu erfassen (ein Beispiel Försters ist eine Zahlenreihe, zu der eine Formel gefunden werden soll, vgl. S. 259). Ein intuitiver Verstand muss deshalb als eine notwendige Bedingung für die Realisierung einer *scientia intuitiva* angesehen werden. Man sollte also erwarten, dass Hegel, wenn er denn tatsächlich ein überzeugter Anhänger der Goetheschen Version einer *scientia intuitiva* ist, sich auch mit dem methodischen Erfordernis eines intuitiven Verstandes und seines Anschauungsbezugs hat anfreunden müssen.

Merkwürdigerweise scheint dies aber gerade zu der Zeit nicht der Fall gewesen zu sein, in der Hegel an der *Phänomenologie* gearbeitet hat. Im Gegenteil: ganz im Gegensatz zu einigen seiner zeitgenössischen Peers (Fichte, Schelling) ist der Hegel der *Phänomenologie* ein ausgesprochener Gegner jeder Art von Anschauung und insbesondere der nicht-sinnlichen intellektuellen Anschauung als Basis wissenschaftlicher Erkenntnisansprüche gewesen, wie man eindrucksvoll besonders der (späten) Vorrede der *Phänomenologie* entnehmen kann. Wie passt die Ablehnung der Anschauung als eines Erkenntnis stiftenden Vermögens zusammen mit der vermeintlichen Orientierung an einer Goetheschen *scientia intuitiva* und deren Bezug auf Anschauung als in ihr gebotener methodischer Maxime?

Diese Frage wird besonders dann von Interesse, wenn man berücksichtigt, dass Hegel zu einer Zeit, die einige Jahre vor Goethes *Farbenlehre* lag, durchaus bereit war, Anschauung – wenn auch nicht als sinnliche, so doch als intellektuelle (unter dem Namen der transzendentalen Anschauung) – als notwendiges Element eines philosophischen Systems anzuerkennen. Gemeint ist die Position, die er in der sog. *Differenz-Schrift* von 1801 vertritt. In der dort vorgestellten Skizze der Elemente und der Methode eines philosophischen Systems, die sicher durch die noch ungewohnte Zusammenarbeit mit Schelling beeinflusst ist, will Hegel sich und uns von folgendem überzeugen: eine adäquate Darstellung der wahrhaften und d.h. ‚vernünftigen' Verfassung der Wirklichkeit, nämlich eine in sich organisch differenzierte Einheit oder Ganzheit zu sein, hat auf die unvermeidlich diskursive Weise unseres Zugriffs auf Ganzheiten Rücksicht zu nehmen. Mit diskursiven Mitteln sind Ganzheiten aber nur als Aggregate, die aus den sie bildenden Teilen zusammengesetzt sind, nicht jedoch als Systeme, die als Realisierungen einer Idee verstanden werden, darstellbar. Aus diesem Grund ist alles, was mit Diskursivität zu tun hat, für den Hegel jener frühen Jenaer Zeit eher negativ besetzt: Diskursives Denken erlaubt nämlich die Rekonstruktion der wahren Verfassung der Wirklichkeit als einem Fall (und zwar dem paradigmatischen Fall) von Ganzheit durch das erkennende Subjekt nur in einer sehr einseitigen und letztlich irreführenden, da aggregatfreundlichen und system-feindlichen Form. Dies deshalb, weil es mit internen Differenzierungen von Ganzheiten (Urteilen, sozialen Gebilden, die Welt als Totalität u. ä.) nur in der Form der Repräsentation von Entgegensetzungen sowohl der intern differenzierten Elemente gegeneinander als auch der differenzierten Elemente gegenüber dem, dessen Differenzierung sie darstellen, umgehen kann. Für Hegel ist das Standardbeispiel das Urteil ‚A=A': obwohl das Gesamturteil die Identität oder die ungetrennte Einheit des A mit sich ausdrücken soll, kann es dies nur in der Form der Trennung dieser Einheit in zwei entgegengesetzte Elemente (A links und A rechts) und deren ‚äußerlicher' Verbindung durch ein weiteres nicht die Einheit selbst ausdrückendes Element, nämlich das Gleichheitszeichen. Diese unvermeidliche Mißlichkeit bringt nach Hegel die Notwendigkeit mit sich, Ganzheiten unter diskursiven Bedingungen mit Mitteln zu repräsentieren, die den Charakter von Widersprüchen haben. Hegel nennt diese Widersprüche, wenn es um Aussagen über die Gesamtheit der Wirklichkeit geht, in der *Differenz-Schrift* bekanntlich „Antinomien". Da nun unter einer diskursiven Perspektive Widersprüche für sich genommen gar nichts darstellen, müssen sie, wenn sie als Darstellungen des wahren Charakters von Einheiten oder Ganzheiten gelten sollen, bezogen sein auf etwas, das selbst nicht diskursiv präsentiert werden kann. Dies ist, dem Hegel der *Differenz-Schrift* zufolge, die jeweilige Ganzheit als Gegenstand einer Anschauung, die allerdings keine sinnliche, sondern eine ‚transzendentale', von der ‚Vernunft' (verstanden als Gegenbegriff zu einem diskursiven ‚Verstand'). Notwendige Funktion und Aufgabe dieser Anschauung ist das, was Hegel an anderer Stelle auch die

„Zurücknahme des Ganzen in Eins" nennt. Transzendentale Anschauung ist also hier das methodische Mittel, der strukturellen und unvermeidlichen Defizienz von Diskursivität beizukommen, von der gleichwohl gelten soll, dass sie ein notwendiges Ingredienz von Wissen ist. An eine berühmte Formulierung Kants anspielend behauptet Hegel:

> Reines Wissen, das hieße Wissen ohne Anschauung, ist die Vernichtung der Entgegengesetzten im Widerspruch; Anschauung ohne diese Synthese Entgegengesetzter ist empirisch, gegeben, bewusstlos. Das transzendentale Wissen vereinigt beides.[2]

Für ihn bedeutet dies hier:

> In der transzendentalen Anschauung ist alle Entgegensetzung aufgehoben, aller Unterschied der Konstruktion des Universums durch und für die Intelligenz und seiner als ein Objektives angeschauten, unabhängig erscheinenden Organisation vernichtet.[3]

Die *Differenz-Schrift* ist interessanterweise nicht nur der erste, sondern auch der letzte Text Hegels, in dem so etwas wie transzendentale oder intellektuelle Anschauung eine positive Rolle spielt. In der Folge scheinen Hegels Anstrengungen mehr darauf gerichtet zu sein, eine neue Auffassung von Diskursivität des Denkens zu etablieren, eine Auffassung, der zufolge diskursives Denken nicht automatisch und in jeder Hinsicht als defizient anzusehen ist, sondern nur dann als ein ungeeignetes Mittel zur Gewinnung von Erkenntnissen gelten muss, wenn es in einer bestimmten Form auftritt, die Hegel ‚Reflexionsform' nennt und die er dem sog. ‚Verstandesdenken' zuschreibt. Es soll also soz. zwischen gut-diskursivem und schlecht-diskursivem Denken unterschieden werden. Ein Denken ist im schlechten Sinne diskursiv, wenn es Einheiten nur als Aggregate (als Beispiel dient oft eine Uhr, verstanden als ein künstlicher Mechanismus), nicht aber als Systeme bzw. als intern differenzierte Ganzheiten (hier ist normalerweise der Organismus das Beispiel) aufzufassen erlaubt. Es soll im positiven Sinne diskursiv sein, wenn es erlaubt, *mit begrifflichen Mitteln*

---

[2] G. F. W. Hegel, *Frühe Schriften*, Frankfurt/M., 1986, 43 (TW 1:43).
[3] Ebd.

Ganzheiten so zu rekonstruieren, dass den wechselseitigen Abhängigkeitsbeziehungen sowohl zwischen den in ihr enthaltenen und sie definierenden Elementen als auch zwischen diesen Elementen und der dieser Ganzheit zugrundeliegenden Idee Rechnung tragen kann. Als ein auf Anschauung bezogenes und deshalb nicht nur begriffliches Beispiel, das auch von Hegel öfters herangezogen wird, denke man an eine geometrische Figur, z.B. ein Dreieck: Hier bestimmen sich die Lage der Geraden und die Winkel wechselseitig unter der Idee einer durch drei gerade Linien eingeschlossenen Fläche. Im Hintergrund dieses Ansatzes zur Rekonstruktion von Ganzheiten steht Kants Charakterisierung eines Naturzwecks, wie in § 63 der *Kritik der Urteilskraft* ausgeführt. Dieser Charakterisierung zufolge muss ein Naturzweck zwei Bedingungen erfüllen: bei ihm müssen (1) die Teile nur durch Beziehung auf ein Ganzes möglich sein und (2) müssen die Teile sich dadurch zur Einheit eines Ganzen verbinden, dass sie „voneinander wechselseitig" Ursache und Wirkung sind.

Die ersten etwas holprigen Versuche Hegels zur Konzipierung positiv besetzter Diskursivität finden sich in der Systemskizze des sog. *Naturrechtsaufsatzes*, also der Abhandlung *Über die wissenschaftlichen Behandlungsarten des Naturrechts* von 1802/03, die nicht sehr überzeugend mit den Figuren der Indifferenz und des Verhältnisses arbeitet, ehe Hegel zu der Einsicht kommt, dass positiv besetztes diskursives, d.h. begriffliches Denken einer vollständig neuen und (im Vergleich zur traditionellen Logik) anderen Theorie des Begriffs bedarf, um realisiert werden zu können. Die Anfänge dieser Theorie sind dokumentiert in der Logik und Metaphysik in den *Jenaer Systementwürfen II* von 1804/05 und finden ihre endgültige Formulierung sehr viel später in der *Wissenschaft der Logik*.

Was nun für Försters *Phänomenologie*-Deutung von Interesse ist, ist, dass die ganze Entwicklung des Hegelschen Denkens weg zu führen scheint von einer intuitionsbezogenen Konzeption von Philosophie hin zu einer rein diskursiven Theorie. Wenn dem so ist und wenn man, unter diesem Gesichtspunkt betrachtet, Hegels gesamte Jenaer Zeit als von dem sehr grundsätzlich angelegten Unternehmen geprägt ansehen kann, eine neue Theorie des Diskursiven, des Begrifflichen zu entwickeln, stellen sich (wenigstens) zwei Fragen: (1) wie passt in dieses Unternehmen eine *Wissenschaft der Erfahrung des Bewusstseins* bzw. eine *Phänomenologie des Geistes* als eine Einleitungsdisziplin? Und (2) wie kann die Neukonzeption dieser Einleitungsdisziplin in der Form einer *Phänomenologie des*

Geistes von Goethes methodologischen Überzeugungen über den notwendigen Anschauungsbezug von Übergängen so profitieren, dass Hegel glauben konnte, mit ihnen die Defizienzen – worin auch immer sie bestanden haben mögen – der ursprünglichen Konzeption einer *Wissenschaft der Erfahrung des Bewusstseins* zu beheben?

Was die erste Frage betrifft, so mag es wohl keine allzu großen Schwierigkeiten geben, sie über den Rekurs auf Hegels Intention zu beantworten, eine neue Theorie des Diskursiven oder eine Logik zu präsentieren. Schließlich muss er ja nicht nur begründen, warum er eine neue Weise diskursiven Denkens für nötig hält – dies könnte er gut und gern in der Manier der *Differenz-Schrift* oder des *Naturrechtsaufsatzes* durch die Schilderung der Probleme bewerkstelligen, die seiner Meinung nach mit den viel beschworenen Dualismen des sog. Verstandesdenkens der Tradition, also des schlecht-diskursiven Denkens, verbunden sind. Er muss vor allem deutlich machen, dass die von ihm favorisierte Version von Diskursivität oder das gut-diskursive Denken, das sog. spekulative Denken, nicht nur eine von mancherlei möglichen Alternativen zur traditionellen Auffassung darstellt, sondern die einzige gangbare Alternative ist. Und wie könnte dies besser als durch den von der *Phänomenologie* geführten Nachweis geschehen, dass bereits der vermeintlich unreflektierteste unmittelbare Bezug auf irgendetwas Gegenständliches zu Erfahrungen Anlass gibt, die zwingend auf einen Begriff des Denkens führen, das andere Regeln und Voraussetzungen in Anspruch nimmt, als es die sind, die das sog. Verstandesdenken definieren?

Schwieriger ist es, mit der zweiten Frage umzugehen. Dies deshalb, weil sie letztlich auf eine Stellungnahme dazu hinausläuft, welche Rolle einem intuitiven Denken *à la* Goethe im Rahmen einer neuen Art diskursiven Denkens, wie Hegel es sich vorstellt, spielen kann. Eine solche Stellungnahme wird nicht darum umhin kommen, die Funktion, die Hegel der Anschauung in seinem Modell spekulativen Denkens bereit ist zuzuschreiben, zu thematisieren. Dazu bin ich hier natürlich nicht in der Lage. So viel scheint allerdings zu vermuten zu sein: Sieht man die *Phänomenologie* und ihre Genese aus einer *Wissenschaft der Erfahrung des Bewusstseins* mit Försters Augen, wird man wohl auf eine eher unorthodoxe Konzeption der Anschauung verwiesen werden, der zufolge Anschauung ein Medium der Konkretisierung von (im Hegelschen Sinne) Begrifflichem darstellt. Doch da, soweit ich sehe, Hegels

Überlegungen zur methodischen Rolle der Anschauung bisher eigentlich nirgends genauer betrachtet worden sind, hat man mit dieser Vermutung vielen Desiderata der Hegel-Forschung nur ein weiteres hinzugefügt. Abschließend möchte ich daher, an den Anfang anknüpfend, festhalten, dass Förster mit seinem Buch über *Die 25 Jahre der Philosophie* uns nicht nur viele Gründe gegeben hat, die Entwicklung der Philosophie in der Zeit von Kant bis Hegel neu zu sehen, sondern dass es ihm gelungen ist, zu systematischen Fragen – nicht nur zu Hegel – Anlass zu geben, die man ohne dieses Buch kaum hätte stellen können.

Markus Wild
(Fribourg)

Welches Ende der Philosophie?

Hegel, Heidegger und der Naturalismus

„The fox knows many things, but the hedgehog knows one big thing." So lautet die englische Übersetzung eines Fragments des griechischen Dichters Archilochos, das durch einen Essay von Isaiah Berlin bekannt geworden ist.[1] „Der Fuchs weiß viele Dinge, aber der Igel weiß ein großes Ding." *Die 25 Jahre der Philosophie* ist das Buch eines Igels. Da aber Eckart Förster, der Igel, ungemein viele Dinge weiß, haben wir es mit einem ziemlich ausgefuchsten Igel zu tun. Warum sind *Die 25 Jahre* das Buch eines Igels? Förster liegt *ein* Gedanke am Herzen. Das Buch versucht „*einen* Gedanken – dass die Philosophie 1781 beginnt und 1806 beschlossen ist – nachzuvollziehen und zu verstehen" (S. 8), und es möchte „die diesem Gedanken zugrunde liegende *Idee*" (ibid.) den Leserinnen und Lesern zum denkenden Nachvollzug vor Augen führen.[2] Die Idee lautet, dass das intuitive Denken eine *Möglichkeit für uns* ist. Der Gedanke lautet, dass die Entwicklung des Denkens von 1781 bis 1806 die philosophische Begründung dafür ist, dass es sich um eine *reale* Möglichkeit handelt. Spinoza habe das intuitive Denken als höchste Erkenntnisform gefordert; Goethe habe gezeigt, wie die Methodologie des intuitiven Denkens beschaffen ist; Hegel habe den Nachweis geliefert, dass der für das intuitive Denken vorausgesetzte Standpunkt jenseits des Gegensatzes von Subjekt und Objekt Realität hat. Durch diese Entwicklung sei das intuitive

---

[1] Isaiah Berlin, *The Hedgehog and the Fox: An Essay on Tolstoy's View of History*, London, 1953.
[2] Alle Verweise auf Eckart Försters *Die 25 Jahre der Philosophie* werden in Klammern mit Seitenzahlen angeführt. Zitiert wird nach: *Die 25 Jahre der Philosophie. Eine systematische Rekonstruktion*, Frankfurt/M., 2011.

Denken eine reale Möglichkeit geworden. Das intuitive Denken, das ein Erfassen ideeller, synthetischer Ganzheiten ist, ist ein Denken, zu dem es wesentlich gehört, dass man selbst die Übergänge nachvollzieht, die zu der Erfassung grundlegender Ganzheiten erforderlich sind. Aus diesem Grunde ist es unabdingbar, dass der Leser oder die Leserin den sich in den 25 Jahren entfaltenden Gedanken denkend nachvollzieht.

Mir fällt nun aber nicht die Aufgabe zu, diesen Gedankengang nachzuvollziehen, sondern den Epilog von *Die 25 Jahre der Philosophie* zu kommentieren. Der Epilog trägt den Titel „Ein Ende der Philosophie" und behandelt drei Punkte:

1. Er ruft abschließend den zurückgelegten Weg nochmals in zwölf Schritten in Erinnerung. Warum zwölf Schritte, wir haben doch 14 Kapitel hinter uns? Die Kapitel 12-14 zu Hegel stellen in dieser Erinnerung *einen*, und zwar den letzten entscheidenden Schritt dar.
2. Ein Einwand gegen Hegels Argumentationsgang in der *Phänomenologie des Geistes* wird zurückgewiesen. Er lautet, dass dem Argumentationsgang keine Notwendigkeit zukomme, weil sich Alternativen zu den historischen Gestalten finden lassen, anhand derer Hegel die stufenweise Entwicklung des philosophischen Bewusstseins darstellt. Diese Zurückweisung ist für Förster Vorhaben wichtig, weil den Übergängen zwischen den Stufen in der Argumentation für den intuitiven Verstand, Notwendigkeit zukommen muss.
3. Mit der Zurückweisung des Einwands sind *Die 25 Jahre* abgeschlossen. Sie stellen die philosophische Begründung dafür dar, dass das intuitive Denken eine reale Möglichkeit darstellt, die wir nicht nur zufällig antreffen, sondern durch den Gang der philosophischen Entwicklung nach Kant selbst gefordert werde.

Der zweite Punkt ist also offensichtlich ein wichtiger Punkt. Er soll nämlich garantieren, dass Hegels Beschreibung des Wegs des philosophischen Bewusstseins im Prinzip korrekt ist. Ich werde zu Beginn auf diesen Punkt eingehen und ein mit diesem Punkt verbundenes Problem aufwerfen (I. Abschnitt). Was mich am Epilog jedoch genauer interessiert, ist dasjenige, wovon sein Titel spricht, nämlich „Ein Ende der Philosophie". Deshalb werde ich anschließend Försters Auffassung von Ende und Anfang der Philosophie mit Heideggers spätem Vortrag „Das Ende der Philosophie und der Aufgabe des Denkens" kontrastieren. Ich werde Heideggers Auffassung für meine Zwecke ausnutzen und ihr eine naturalistische Lesart geben. Kurz gesagt, Heideggers pessimistische Auffassung vom Ende der Philosophie kann von den negativen Vorzeichen befreit und als ein geschichtsphilosophisches Argument für die Legitimität des Naturalismus verstanden werden. Das ist ein Försters Auffassung gegenüber alternatives Ende der Philosophie (II. Abschnitt). Ich beeile mich hinzuzufügen, dass dieses Gegenbild nicht als Abwehr und Zurückweisung verstanden werden sollte, denn ich halte Försters systematischen Vorschlag der Möglichkeit eines intuitiven Verstandes und die damit verbundene Goethesche Methodologie, wie sie das elfte Kapitel von *Die 25 Jahre der Philosophie* darlegt, für überzeugend. Jemand, der wie ich bislang eine naturalistisch orientierte Philosophie verfolgt hat, muss deshalb einen Platz für einen intuitiven Verstand als natürliches Vermögen auf eine für Naturalisten überzeugende Weise zu finden versuchen. Dazu werde ich am Schluss zwei (hoffentlich tragfähige) Bausteine zur Verfügung stellen (III. Abschnitt).[3]

I. Hegels Geschichte des Bewusstseins: eine Ganzheit?

Die Frage an Hegels Darstellung der Übergänge in der Wissenschaft der Erfahrung des Bewusstseins lautet, ob die damit erfolg-

---

[3] Eine naturalistische Auseinandersetzung mit Försters Ansatz habe ich bereits begonnen in: „Rezension E. Förster ‚Die 25 Jahre der Philosophie'", *Zeitschrift für philosophische Forschung* 66 (2012), 144–148 sowie „Intuitionen, intuitiver Verstand und Intuition", *Deutsche Zeitschrift für Philosophie* 60 (2012), 1011–1018. Im zweiten Aufsatz zeige ich, dass wir in Henri Bergsons Philosophie einen intuitiven Verstand in Försters Sinn finden, ohne dass Bergsons Auffassung aus dem Gang der Philosophie zwischen Kant und Hegel heraus entwickelt werden müsste. Diese Überlegung legt nahe, dass der intutive Verstand und seine Begründung aus dem von Kant zu Hegel führenden Gedankengang gelöst werden kann.

te Hinführung zum Standpunkt der Wissenschaft korrekt ist. Dies ist deshalb wichtig, weil das Bewusstsein in dieser Erfahrung eine geistige Realität erfasst, die zwar nur im Subjekt erfasst wird, aber zugleich vom Subjekt unabhängig und objektiv real sein soll. Dieser über den Subjekt-Objekt-Gegensatz erhabene Standpunkt macht es erst begreiflich, dass das Wesen der Dinge *im* intuitiven Verstand denkend nachvollzogen und gefunden werden könne.[4] Wäre die Darstellung Hegels also nicht korrekt, würde das Bewusstsein nicht auf dem Standpunkt der *scientia intuitiva* zu stehen kommen.

Der Vorwurf lautet nun, dass der Argumentation Hegels keine Notwendigkeit zukomme, dass es Alternativen zu den Gestalten in der Entwicklung des philosophischen Bewusstseins gibt, die er behandelt und dass seither viele alternative Gestalten aufgetreten sind. Da es aber nicht um die Gestalten selbst geht – sie könnten, wie Förster meint, ersetzt werden (vgl. S. 369) –, sondern um die *Übergänge* zwischen ihnen, mithin also um die Notwendigkeit dieser Übergänge und um Alternativen zu den Übergängen, müsste der Vorwurf sich vielmehr an die Übergänge richten, nicht auf die Gestalten, *jenen* muss eine Notwendigkeit innen wohnen, nicht diesen.

Sind also Übergänge auf einer bestimmten Stufe der Entwicklung des philosophischen Bewusstseins notwendig oder gibt es Alternativen? Förster unterscheidet zwischen der *Notwendigkeit* eines Übergangs und der *Darstellung* der Notwendigkeit eines Übergangs: „Dass es sich um ein Problem der *Darstellung* handelt, muss immer dann der Fall sein, wenn einige der *anderen* Übergänge überzeugen. Das ist der entscheidende Punkt!" (S. 370) Das ist auf den ersten Blick verwirrend. Es klingt so, als wäre das Kriterium für das Darstellungsproblem eines Übergangs der Umstand, dass auf einer Stufe der Entwicklung des Bewusstseins alternative Übergänge überzeugen. Aber dann würde es sich nicht um ein Darstellungsproblem handeln, sondern der Übergang wäre einfach nicht notwendig, weil es ja Alternativen auf einer Stufe gibt. Gemeint ist aber etwas anderes. Gemeint ist, dass wir es immer dann

---

[4] Der VI. Historische Exkurs ist für das Verständnis dieser Überlegung wichtig (S. 264-266).

mit einem Darstellungsproblem zu tun haben, wenn *andere* oder *alternative* Übergänge innerhalb eines *gesamthaften* oder *ganzen* Prozesses zu überzeugen vermögen. Der ganze Prozess ist es ja, der seine Teile möglich macht und deshalb muss das Ganze auch in allen seinen Teilen und Übergängen am Werk sein. Sind also nur einige Übergänge in einem *gesamthaften* Prozess überzeugend und andere nicht (sind *Alternativen* vorhanden), so wurden diese anderen Übergänge eben noch nicht überzeugend dargestellt.

Aber wie erlangen wir die Gewissheit, dass wir es überhaupt mit einem Ganzen (einem gesamthaftem Prozess) zu tun haben? Im Unterschied zu mathematischen Gegenständen oder Artefakten, bei denen das zugrunde liegende Ganze bereits bekannt ist und wir nur in adäquater Weise zu den Erscheinungen gelangen (d. h. Figuren, Gleichungen oder Exemplare konstruieren) müssen, ist das Ganze im Falle der Geschichte des Bewusstseins genau so wenig sichtbar und gegeben wie im Falle der Naturgegenstände (wie etwa im Fall der Pflanzenmetamorphose). Wir müssen die einzelnen Teile, Eigenschaften, Stufen oder Gestalten auffinden und Übergänge zwischen ihnen denkend nachbilden. Es scheint als würde Förster in dieser Hinsicht eine strikte Parallele zwischen Naturgegenständen und der Geschichte des Bewusstseins annehmen. Nun schreibt Förster in Bezug auf Naturgegenstände und Goethes Methodologie des intuitiven Verstands:

Statt alle Eigenschaften aus der Idee abzuleiten [*wie im Falle mathematischer Gegenstände*], kann die Idee [*im Falle von Naturgegenständen*] nur aus allen Eigenschaften erkannt werden: eine den Phänomenen zugrunde liegende Idee kann, *wenn es eine solche gibt*, im Fall natürlicher Dinge nur am Ende der Untersuchung erkannt werden. (Und ebenso kann man natürlich auch erst am Ende der Untersuchung wissen, *ob es eine solche Idee gibt*.) (S. 258)

Die Übergänge müssen also nachgebildet werden, um zu sehen, ob den Teilen oder Eigenschaften überhaupt ein Ganzes (eine Idee) zugrunde liegt, ob (mit anderen Worten) in diesen Übergängen „bereits ein Ganzes bildend am Werk war oder ob die Teile nur äußerlich-mechanisch zusammenhängen".[5] Ist ein Ganzes am Werk, erfassen wir in den Übergängen – wenn wir sie uns alle zugleich vor dem geistigen Auge vergegenwärtigen (vgl. S. 263) – intuitiv das Ganze, die Idee. Darin besteht ja die Tätigkeit des intutiven Verstandes.

Was heißt dies nun im Umkehrschluss? Es könnte heißen: Wenn wir die Übergänge *nicht* nachbilden können, dann ist kein Ganzes bildend am Werk, dann gibt es vermutlich keine den Phänomenen zugrunde liegende Idee. Dies müsste auch dann gelten, wenn auch nur einige der Übergänge nicht nachgebildet werden können oder wenn die Übergänge auf unterschiedliche Weise nachgebildet werden können. Und zwar deshalb, weil das Ganze in *allen* seinen Teilen und Übergängen am Werk sein muss. Ist es das nicht, gibt es vielleicht kein ideelles Ganzes, sondern die Teile hängen nur äußerlich zusammen.

Kommen wir nun wieder auf den Einwand gegen Hegel zurück. Die Frage lautete, ob ein Übergang auf einer bestimmten Stufe des Bewusstseins notwendig ist oder ob es Alternativen gibt. Sind nur einige Übergänge überzeugend und andere nicht, so wurden diese anderen Übergänge eben möglicherweise noch nicht überzeugend dargestellt, wie Förster meint. Nach dem eben aufgestellten Vergleich mit dem Auffinden des Ganzen im Falle von Naturprodukten können wir nun aber auch das Folgende sagen: Wenn nur einige der Übergänge überzeugen und andere nicht, weil es auch Alternativen gibt, dann liegt vielleicht dem Prozess kein ideelles Ganzes zugrunde. Nur durch den Nachvollzug der Übergänge lässt sich ja bestimmten, ob die ganze Reihe der Gestalten des Bewusstseins zur Erkenntnis einer ihnen zugrunde liegenden Idee führt oder nicht. Diese Übergänge müssen notwendig sein, es geht um den notwendigen Zusammenhang des Übergehens und Entstehens einer Form aus der andern.[6]

---

[5] Eckart Förster, „Wir Ideenfreunde", in *Natur und Geist. Über ihre evolutionäre Verhältnisbestimmung*, hrsg. von Ch. Tewes und K. Vieweg, Berlin, 2012, 348.

[6] Vgl. Hegels Brief, den Förster auf S. 304 zitiert. Diese aufschlussreiche Briefpassage wird auch im Vorwort dieses Bandes zitiert.

Trifft diese Überlegung zu, dann wirft der Einwand gegen Hegel und Försters Reaktion auf diesen Einwand nicht nur Darstellungsfragen auf – wenn nur *einige* Übergänge überzeugend sind, sind die *anderen* eben noch nicht hinreichend erfasst und dargestellt –, sondern vielmehr die Frage, ob überhaupt ein Ganzes am Werk ist oder ob die Teile und Gestalten dieser vermeintlichen Ganzheit lediglich äußerlich-zufällig zusammenhängen. Wäre dies der Fall, könnten wir den für die *scientia intuitiva* erforderlichen Standpunkt nicht erreichen, weil es vielleicht gar keine zu erfassende Idee des Ganzen der Entwicklung des philosophischen Bewusstseins gibt.

Für Goethe ist es entscheidend, dass alle Eigenschaften (Teile usw.) eines Phänomenbereichs als Reihe zusammengestellt werden und anschließend das Ganze durch den denkenden Nachvollzug der Notwendigkeit der Übergänge aufgefunden wird. Das Ganze, aus dem dann die Idee gewonnen werden könnte, ist erst am Ende des Durchgangs durch die Reihe der Teile erkennbar. Im Unterschied dazu ist in Hegels Fall die im Gang des Bewusstseins realisierte Idee nicht nur erst am Ende *erkennbar*, sondern sie „*ist* sie selbst erst, was sie ist, am Ende einer solchen Reihe" (S. 297). Damit geht Hegel, wie Förster zu Recht beobachtet, einen entscheidenden Schritt über Goethe hinaus. Doch hier muss gefragt werden, ob dem Gang des Bewusstseins am Ende der Gestaltenreihe eine Idee zugrunde liegen wird oder eben nicht. Denn vielleicht hängen die Gestalten (oder zumindest nur einige davon) nur äußerlich-zufällig zusammen und kommen nicht zu sich selbst als einem Ganzen.

Wenn Försters Reaktion auf den Einwand gegen Hegel erfolgreich sein soll, muss gezeigt werden, dass allein der Schluss von der Notwendigkeit einiger Übergänge auf die unzureichende *Darstellung* der anderen Übergänge gültig ist, nicht aber der Schluss von der Notwendigkeit nur einiger Übergänge auf das *Fehlen* eines zugrundeliegenden Ganzen, einer der Reihe der Bewusstseinsformen zugrunde liegenden Idee, selbst wenn diese sich erst am Ende als sie selbst zeigen sollte. Warum ist im Falle Hegels allein der Schluss von der Notwendigkeit einiger Übergänge auf die unzureichende Darstellung der anderen Übergänge gültig, nicht aber der Schluss von der Notwendigkeit nur einiger Übergänge auf das Fehlen eines zugrundeliegenden Ganzen? Man könnte entgegnen, dass es im Fall der Entwicklung und dem Wachstum einer Pflanze oder eines Tiers doch auf der Hand liegt und einfach sinnenfällig ist, dass wir es mit einem sich entfaltenden *Ganzen* zu tun haben, das die Entwicklung der einzelnen Teile und v.a. die Übergänge zwischen den einzelnen Stadien dieser Entwicklung auf gewisse Weise vorgibt. Das Ganze steht uns im Falle von Lebewesen am Ende als Ziel von Entwicklung und Wachstum leibhaftig vor Augen. Es wäre doch ein recht künstlicher Zweifel, wenn man fragen wollte, ob der Entwicklung eines Lebewesens wirklich ein Ganzes zugrunde liege oder ob ein zugrundeliegendes Ganzes vielleicht gar nicht vorhanden und bildend tätig sei. Nehmen wir an, dass solche Zweifel im Falle natürlicher (biologischer) und idealer (mathematischer) Gegenstände tatsächlich Fehl am Platz und reichlich artifiziell erscheinen.[7] Dennoch stellt sich die Frage, ob sich dieses Zugeständnis ohne Abstriche auf den Gegenstandbereich übertragen lässt, der uns hier interessiert, nämlich die Geschichte des Bewusstseins und der mit ihm verbundenen Entwicklungsstadien des Geistes. Die Übergänge in dieser Geschichte verfügen möglicherweise nicht über dieselbe Art von Notwendigkeit und sind nicht im selben Sinn von einem tätigen Ganzen gebildet, wie im Falle idealer (z.B. mathematischer) oder natürlicher (z.B. biologischer) Gegenstände. Dazu muss man, wie mir scheint, eine strikte Parallele zwischen Naturgegenständen und der Geschichte des Bewusstseins annehmen. Dies anzunehmen bedeutet aber eine weitreichende Analogie ohne ausdrücklichen argumentativen Ausweis gelten zu lassen. Es könnte deshalb durchaus sein, dass Darstellungsprobleme nicht nur ein unvollständiges Erfassen des Übergangs zum Ausdruck bringen, sondern vielmehr das Fehlen einer ideellen Ganzheit; vielleicht bilden die Phänomene in der Geschichte des Bewusstseins nur eine äußerlich-zufällige Ganzheit.

---

[7] Dabei sollten wir freilich bedenken, dass es durchaus mikroorganische Lebensformen oder Kollektivorganismen wie die Portugiesische Galeere *Physalia physalis* gibt, deren Einheit und Individualität keineswegs leibhaftig vor Augen steht.

II. Heidegger und der Naturalismus: Ein alternatives Ende?

Ich komme nun zum eigentlichen Thema des Epilogs: dem Ende der Philosophie.[8] In der jüngeren Filmindustrie sind eine ganze Reihe sogenannter „alternative endings" gedreht und auf DVD vermarktet worden. Einige dieser alternativen Enden sind sehr viel unbefriedigender als der tatsächlich gewählte Schluss (so im Falle des Westerns *Butch Cassidy and the Sundance Kid* von 1969); andere hingegen wären weitaus besser gewesen (wie etwa im Falle von *Alien*[3] aus dem Jahre 1992). Meine Hoffnung besteht darin, ein alternatives Ende der Philosophie *plausibel* zu machen, und nicht darin zu bewerten, ob es besser oder schlechter ist.

Wie steht es also mit dem Ende der Philosophie in Försters Buch? Man würde vielleicht erwarten, dass das diskursive Denken zu Ende oder überwunden ist. Diese Erwartung rührt aber von dem falschen Eindruck her, intuitives und diskursives Denken würden Gegensätze darstellen. Das tun sie aber Förster zufolge nicht. Im Gegenteil. Das diskursive Denken „muss erst einmal gemeistert sein, bevor man darüber hinausgehen kann" (S. 370). Förster meint, dass das diskursive Denken „heute seine ausschließliche Bedeutung verloren hat" (ibid.)[9], doch dies bedeutet nicht, dass es überwunden wäre. Goethe zeigt vielmehr, wie diskursives und intuitives Denken im Hinblick auf Naturgegenstände zusammenwirken müssten.

---

[8] Hierbei muss man einer möglichen Verwirrung vorbeugen. Im Epilog ist gar nicht von einem Ende der Philosophie die Rede. Der Epilog fängt vielmehr mit der Aussage an, dass die Philosophie nach 25 Jahren zur Wissenschaft geworden sei, und er endet mit der Aussage, dass die Zukunft der wissenschaftlichen Philosophie gerade erst begonnen habe. Vom Ende der Philosophie ist nicht im Epilog, sondern in den letzten beiden Absätzen von Kapitel 14 die Rede. Ebenso erfährt man im Epilog nicht, wie die heraufbeschworene Zukunft der Philosophie aussehen könnte. Auch dazu muss man auf die letzten Absätze von Kapitel 14 zurückgreifen. Ich werde die letzten Absätze von Kapitel 14 so behandeln, als würden sie zum Epilog dazu gehören.

[9] Diese Formulierung ist recht vorsichtig, wenn man sie mit der Formulierung am Ende von Kapitel 14 vergleicht. Dort heißt es viel bestimmter: „Der Weg der *scientia intuitiva* ist allein noch offen." (S. 366)

Förster unterscheidet zwischen zwei Bedeutungen von Ende, nämlich ‚Ende' im Sinne des Aufhörens oder Abbrechens (d.h. entweder der Erschöpfung des inneren Antriebs oder der Einwirkung eines äußerlichen Faktors, der ein Ende herbeiführt) und ‚Ende' im Sinne der Vollendung (d.h. des Abschlusses eine natürlichen Zyklus'). Genauer behauptet er, dass die Philosophie auch nach der Vollendung ihrer bisherigen Geschichte nicht aufhört. Vollendet ist die *bisherige* Geschichte der Philosophie deshalb, weil sie dasjenige, was bislang für sie konstitutiv war, aufgehoben hat. Dieses konstitutive Moment ist der Gegensatz von Subjekt und Objekt (vgl. S. 365). Das diskursive Denken aber entspricht diesem Gegensatz von Subjekt und Objekt. Ist dieser Gegensatz aufgehoben, verliert entsprechend auch das diskursive Denken seine alleinige Berechtigung und es gibt Raum für das intuitive Denken.

Aber warum sollte mit dem Aufheben des Subjekt-Objekt-Gegensatzes die Philosophie nicht einfach *tout court* aufhören und am Ende sein? Nun, wenn der innere Antrieb der Philosophie die Vermittlung von Subjekt und Objekt wäre, dann würde mit der Aufhebung dieses Gegensatzes eben der innere Antrieb erschöpft sein, und die Philosophie würde aufhören. Zugleich wäre die Philosophie aber auch vollendet, denn sie hätte ihr inneres Ziel, nämlich die Aufhebung des Subjekt-Objekt-Gegensatzes, erreicht. So betrachtet fallen die beiden Bedeutungen von „Ende" – nämlich „Vollendung" und „Aufhören" – zusammen. Die Philosophie ist vollendet, wenn ihr innerer Antrieb erschöpft ist, und damit hört sie auch auf. Was dann käme, wäre etwas anderes als Philosophie. Warum ist die Philosophie der Zukunft noch Philosophie? Förster zufolge ist Philosophie methodische, wahrheitsfähige und systematische Erkenntnis des Übersinnlichen. Und dies träfe eben auch für einen Philosophie im Zeichen des intuitiven Verstandes zu. Deshalb haben wir es nicht mit *dem* Ende der Philosophie, sondern *einem* Ende der Philosophie zu tun. Ich komme später auf diesen Punkt zurück.

Zuerst möchte ich Parallelen zwischen dem Gedankengang des alten Heidegger und Försters Überlegungen aufzeigen. Und zwar beziehe ich mich auf Heideggers Vortrag „Das Ende der Philosophie und die Aufgabe des Denkens".[10] Förster und Heidegger unterscheiden beide zwischen zwei Bedeutungen von ‚Ende', zwischen Aufhören und Vollendung. Zwar meint Heidegger, die Philosophie habe in der Gegenwart ihre Vollendung erreicht, er behauptet jedoch, dass die Philosophie damit zugleich ihre äußerste Möglichkeit erreicht habe. Damit habe sie eben auch ihre inneren Möglichkeiten erschöpft und höre auf. Wie sieht das Aufhören oder die Vollendung der Philosophie bei Heidegger aus? Heidegger zufolge zeichnet sich das Ende der Philosophie durch eine Ausdifferenzierung in Einzel- und Spezialwissenschaften aus. Von Anfang an bildeten sich innerhalb des Gesichtskreises der Philosophie Wissenschaften aus. Seit der frühen Neuzeit entlässt die Philosophie sozusagen Wissenschaften aus ihrem Schoß in deren Kinderschuhe. Dies sind Wissenschaften wie Physik, Chemie, Biologie, Psychologie, Soziologie, Ökonomie, Politologie usw. (Interessanterweise entspricht die historische Reihenfolge der Ausbildung dieser Wissenschaften der gängigen Vorstellung der Reihenfolge ihrer Fundamentalität.) Bleiben wir etwas bei diesem wichtigen Punkt. Mit Blick auf die Gegenwartssituation schreibt Heidegger:

Die Ausbildung der Wissenschaften ist zugleich ihre Loslösung von der Philosophie und die Einrichtung ihrer Eigenständigkeit. Dieser Vorgang gehört zur Vollendung der Philosophie. Seine Entfaltung ist heute auf allen Gebieten des Seienden in vollem Gang. Sie sieht aus wie die bloße Auflösung der Philosophie ist aber in Wahrheit gerade ihre Vollendung. Es genügt, auf die Eigenständigkeit der Psychologie, der Soziologie, der Anthropologie als Kulturanthropologie, auf die Rolle der Logik als Logistik und Semantik hinzuweisen. Die Philosophie wird zur empirischen Wissenschaft vom Menschen, von allem, was für den Menschen erfahrba-

---

[10] Dieser Vortrag erschien zunächst in französischer Sprache (1966) und erst danach in deutscher Sprache im Druck (1969). Frz. Martin Heidegger, „La fin de la philosophie et la tâche de la pensée", in: *Kierkegaard vivant* (Colloque organisée par l'Unesco à Paris du 21 au 23 avril 1964), Paris, 1966, 168-204. Dt. Martin Heidegger, „Das Ende der Philosophie und die Aufgabe des Denkens", in: *Zur Sache des Denkens*, Tübingen, 1969, 61-80 (Vgl. *Gesamtausgabe*, Abt. 1, Bd. 14).

rer Gegenstand seiner Technik werden kann, durch die er sich in der Welt einrichtet, indem er sie nach den mannigfaltigen Weisen des Machens und Bildens bearbeitet.[11]

Heidegger zufolge vollendet sich die Philosophie in ihrer Ausdifferenzierung in die Spezialwissenschaften. Die Wissenschaften etablieren das technische oder herstellende Denken. Sie lösen damit das diskursive oder vorstellende Denken ab. Das herstellende Denken ist für Heidegger die Vollendung des vorstellenden Denkens. Der Grundzug des vorstellenden Denkens drückt sich in dem Satz aus, dass die Welt die Vorstellung des Subjekts ist. Die Welt ist meine Vorstellung.[12] Der Grundzug der in die Wissenschaften ausdifferenzierten Philosophie und des herstellenden Denkens drückt sich im Satz aus, dass die Welt unsere Herstellung ist. Dies meint Heidegger mit der Philosophie als Wissenschaft „von allem, was für den Menschen erfahrbarer Gegenstand seiner Technik werden kann, durch die er sich in der Welt einrichtet, indem er sie nach den mannigfaltigen Weisen des Machens und Bildens bearbeitet." Im herstellenden Denken ist der Subjekt-Objekt-Gegensatz in gewisser Weise aufgehoben. Warum? Weil in der Herstellung der Welt die Dinge nicht Objekte für ein Subjekt und mithin nicht Vorstellungen sind, sondern Hervorbringungen der Technik und der Wissenschaften. Die Objekte sind also nicht nur Inhalte von Vorstellungen des Subjekts, sondern Machenschaften von Kollektivunternehmen wie es die Wissenschaften sind. Es handelt sich um wissenschaftliche hergestellt Gegenstände und um wissenschaftlich verwaltete Bestände. Auch das Leben – nicht nur das nicht-menschliche, sondern gerade auch das menschliche Leben – wird im Zeitalter der Technik zu Gegen-

---

[11] Martin Heidegger, „Das Ende der Philosophie und die Aufgabe des Denkens", in: *Zur Sache des Denkens*, Tübingen, 1969, 63 f.
[12] Vgl. dazu Martin Heidegger, *Was heißt Denken? Vorlesung Wintersemester 1951/52*, Stuttgart 1992, 23 (*Gesamtausgabe*, Abt. 1, Bd. 8). Schopenhauers Satz „Die Welt ist meine Vorstellung" fasse das Denken der Neuzeit zusammen. Das Sein des Seienden ist nun Vorstellung. Vorstellungen sind, so Heidegger, geistige Entitäten. „Wir haben sie im Kopf. Wir haben sie im Bewusstsein. Wir haben sie in der Seele. Wir habe die Vorstellungen in uns drinnen." (ibid.)

stand der Herstellung und der Ressourcenverwaltung. So Heidegger.

Die Spezialwissenschaften nun bearbeiten je eigene „Regionen des Seienden", wie Sprache, Recht, Geschichte, Leben, Handel usw. Sie brauchen deshalb jedoch nicht unverbunden nebeneinander zu stehen. Heidegger vermutet, dass die Kybernetik bzw. die Informatik die (wie Heidegger sagt) „Grundwissenschaft" werden wird, die die spezialisierten Wissenschaften verbindet und lenkt. Tatsächlich sind heute wissenschaftliche Forschung, Ausbildung und Kommunikation – und zwar in allen Disziplinen, nicht nur in den naturwissenschaftlichen – ohne Informatik kaum noch vorstellbar. Allerdings dürfte sich Heidegger darüber getäuscht haben, dass die Kybernetik eine Grundwissenschaft im Sinne einer vereinheitlichenden Theorie darstellen kann. Von einer vereinheitlichenden Theorie würde verlangt, dass sie ein Modell abgibt für ein Verständnis von Prozessen in unterschiedlichen Regionen des Seienden (wie etwa Sprache, Recht, Geschichte, Leben, Handel usw.). Eine gute Kandidatin für eine Grundwissenschaft im Sinne einer solchen vereinheitlichenden Theorie stellt heute möglicherweise die Evolutionstheorie dar. Bei Darwin erwies sich die Evolutionstheorie als erklärungsmächtig und attraktiv, weil sie disparate und rätselhafte biologische Gegebenheiten – wie zum Beispiel die Diversität der Lebensformen, die Einheit des Lebens, die Daten der Biogeographie oder der vergleichenden Anatomie und Embryologie oder die Zweckmäßigkeit biologischer Merkmale – vereinheitlichen und so verstehbar machen konnte.[13]

Insbesondere hat die Evolutionstheorie die Ressourcen zumindest einige der teleologischen Aspekte von Lebewesen fassbar zu machen, nämlich die Zweckmäßigkeit der *Teile* von Lebewesen. Diese Teile haben ihre Zweckmäßigkeit als Anpassungen, d.h. als selektierte Wirkungen. Diesen Umstand hat der amerikanische Biologe Asa Gray 1874 erkannt und deutlich zum Ausdruck gebracht. Darwins großen Verdienst um die Naturwissenschaften

---

[13] Darin liegt die Bedeutung des bekannten Diktums „Nothing in Biology makes sense except in the light of evolution". Vgl. Theodosius Dobzhansky, „Nothing in Biology makes sense except in the light of evolution", *The American Biology Teacher*, 35 (1973), 125-129.

sieht er darin: „[L]et us recognise Darwin's great service to Natural Science in bringing back to it Teleology: so that, instead of Morphology versus Teleology, we shall have Morphology wedded to Teleology."[14] Mit der Teleologie meint Gray die Zweckmäßigkeit der Adaptationen. Mit der Morphologie hingegen den einheitlichen Bauplan von Arten, Familien, Gattungen und einigen weiteren Taxa. Der einheitliche Bauplan erklärt sich durch die Abstammung von einem gemeinsamen Vorfahren, der den Typ für die nachfolgenden Gattungen und Arten bildet. Einzelne Gattungen und Arten erscheinen als Modifikationen dieses Typs und einzelne Lebewesen sind Modifikationen einer Art. Aber nicht nur die Entstehung des Lebens, des Typs für unterschiedliche Taxa, nicht nur die Entstehung von Arten und die Erhaltung adaptiver biologischer Merkmale, auch neuronale Netzwerke, Lernprozesse, die Entstehung der Sprache, psychische Vermögen und Fähigkeiten, historische und kulturelle Entwicklungen, ökononische Dynamiken usw. können oder könnten im Rahmen einer erweiterten Evolutionstheorie verstanden werden. Aus diesem Grund könnte die Evolutionstheorie die „Grundwissenschaft" werden, die die spezialisierten Wissenschaften vereinheitlicht.

Aus der Perspektive des Naturalisten ist die Philosophie als autonome Disziplin an ihr Ende gekommen. Ihre Hinterlassenschaft ist die Vielzahl der sich ausdifferenzierenden Wissenschaften. Darunter auch die Philosophie. Ihr Blick auf den Menschen und die Natur ist der des herstellenden (und nicht des vorstellenden) Denkens.[15] Als Grundwissenschaft bietet sich die Evolutionstheo-

---

[14] Asha Gray „Charles Darwin", *Nature* 10 (1874), 81. Diese m.E. korrekte Einschätzung Grays korrespondiert mit einer wichtigen Passagen in Darwin *The Origins of Species*: „It is generally acknowledged that all organic beings have been formed on two great laws – Unity of Type, and the Conditions of Existence. [...] On my theory, unity of type is explained by unity of descent. The expression of conditions of existence, so often insisted on by the illustrious Cuvier, is fully embraced by the principle of natural selection." (Charles Darwin, *The Origin of Species*, London, 1968, 233). Es lohnt sich, Darwins Aussage mit Försters Ausführungen zu Goethe auf S. 257 f. zu vergleichen!

[15] Ein bekannter Vertreter des philosophischen Naturalismus, Fred Dretske, hat das herstellungsgeleitete Denken durch das folgende Ingeni-

rie oder die Physik an. Die Aufgabe der Philosophie besteht in dieser Situation darin, vereinheitlichende Modelle für einen bestimmten Bereich aufzustellen oder die Vereinheitlichung durch eine Grundwissenschaft voranzubringen oder besondere Eigenschaften von Personen und Sprachgemeinschaften (z.B. die vier M's, nämlich „mind", „meaning", „morals", „modality" – Geist, Bedeutung, Moral und Modalität[16]) in der natürlichen (d.h. in der naturwissenschaftlich verstandenen) Welt zu verorten.[17] Vereinheitlichende Modelle für einen bestimmten Bereich wie z.B. für die Kognitionswissenschaften zu finden wäre der Versuch, den inneren Zusammenhang zwischen den unterschiedlichen Ergebnissen und Vorhaben der Kognitionswissenschaften aufzuzeigen. Eine vereinheitlichende Erklärung etwa mithilfe der Evolutionstheorie für Ergebnisse und Vorhaben in Biologie, Psychologie und Soziologie zu finden ist der Versuch, einen systematischen Zusammenhang zwischen den Regionen des Seienden herzustellen. Besondere Eigenschaften von Personen und ihren Äußerungen (wie Geist, Bedeutung, Moral und Modalität) müssten unter Rückgriff auf die vereinheitlichenden Modelle und Erklärungen in der natürlichen Welt verortet werden können.

Was ist der Ort der Philosophie in diesem Bild der ausdifferenzierten Wissenschaften? Nun, sie wird zur Anthropologie. Oder wie Heidegger es in der oben zitierten Passage formuliert: „Die Philosophie wird zur empirischen Wissenschaft vom Menschen, von allem, was für den Menschen erfahrbarer Gegenstand seiner Technik werden kann, durch die er sich in der Welt einrichtet,

---

eursprinzip auf den Punkt gebracht. Vgl. Fred Dretske, „If You Can't Make One, You Don't Know How It Works", in: *Perception, Knowledge and Belief*, Cambridge/Mass., 2000, 208-227. Dies bedeutet nicht, dass wir etwas nur verstehen, wenn wir es buchstäblich herstellen, sondern wir verstehen es als Hergestelltes, etwa als Produkt der Evolution durch natürliche Selektion.

[16] Vgl. Huw Price, „Naturalism and the Fate of the M-Worlds", *Aristotelian Society Supplementary* 71 (1997), 247-282.

[17] Auch Anti-Naturalisten, die sich gegen die Zurückführung von *mind, meaning, morals, modality* auf natürliche Eigenschaften und Prozesse sträuben, akzeptieren in der Regel implizit die von Heidegger geschilderte Situation nach der Vollendung der Philosophie.

indem er sie nach den mannigfaltigen Weisen des Machens und Bildens bearbeitet." Die Philosophie wird also naturalistisch. Der Naturalismus zeichnet sich auf jeden Fall durch eine inhaltliche und methodische Nähe zu den Naturwissenschaften aus. So kann man unter Naturalismus die Idee verstehen, dass sich die Projekte der Metaphysik, der Philosophie des Geistes oder der Erkenntnistheorie vom Standpunkt der Naturwissenschaften aus durchführen lassen.

Der Naturalismus wird häufig als Motivation für zahlreiche philosophische Unternehmungen angeführt, die Motivation selbst jedoch häufig nicht begründet. Warum? Nun, der Naturalist glaubt, dass die Philosophie heute auf einem Standpunkt angekommen ist, der durch die Ausdifferenzierung der Wissenschaften gekennzeichnet ist. Dieser Standpunkt wird jedoch kaum eigens begründet oder thematisiert. Ich möchte nun behaupten, dass philosophische Naturalisten Heideggers Auffassung der Philosophiegeschichte akzeptieren dürfen. Mehr noch, sie sollten sie *als philosophiegeschichtliche Begründung* für ihre Tätigkeit akzeptieren. Doch dafür kann ich hier nicht argumentieren, hier geht es mir lediglich um die Plausibilisierung eines *alternativen* Endes der Philosophie.

Bei Heidegger dauert die Philosophie wesentlich länger als bei Förster, nämlich rund 2475 Jahre länger. Anders als Förster setzt Heidegger den Anfang der Philosophie nicht in die methodische Reflexion auf die Bedingung der Möglichkeit des Gegenstandsbezugs, sondern in eine bestimmte (kontingente) Interpretation des Seins. Am Anfang der Philosophie wird Sein verstanden als Präsenz oder Vorhandenheit. Es wird temporal auf den Aspekt der Präsenz beschränkt (der seinerseits nicht-temporal gedeutet wird, nämlich als Überzeitlichkeit) und es wird räumlich *vor* das Subjekt gestellt und damit relational auf das Subjekt bezogen. Diese Deutung des Seins als Präsenz ist für Heidegger der Ursprung der Metaphysik als Erkenntnis des Übersinnlichen und der Frage nach der Möglichkeit des Gegenstandsbezugs. Aber, so fragt Heidegger, warum sollte man diese Deutung des Seins akzeptieren? Aus Heideggers Perspektive sind sowohl die Frage des Gegenstandsbezugs (der Gegebenheit eines Objekts für ein Subjekt) als auch die Auffassung der Philosophie als Erkenntnis des Übersinnlichen Ergebnis des metaphysischen Denkens, wie es bei den Griechen begann. Dieses ist für Heideggers diskursives Denken. Anders als Förster würde mit dem Ende der Philosophie eben auch die Auffassung der Philosophie als Erkenntnis des Übersinnlichen fallen gelassen.

Warum sollten wir nun nicht Heideggers Geschichte der Philosophie folgen? Heidegger entwickelt die Philosophiegeschichte seit den Griechen als die historische Entfaltung eines Gedankens, einer bestimmten Auffassung des Seins. In Technik und Wissenschaft kommt diese Geschichte an ihr Ende, d.h. sie findet sowohl Abschluss als auch Vollendung in Technik und Wissenschaft. Die Philosophie wird dabei „zur empirischen Wissenschaft vom Menschen", d.h. die Philosophie wird naturalistisch. Was Heidegger 1969 in „Das Ende der Philosophie und die Aufgabe des Denkens" mit Resignation abgelehnt hatte, wurde im selben Jahr von W.V.O. Quine in „Epistemology Naturalized" mit Zuversicht befürwortet.[18] Nun besteht ein Hauptproblem der Heideggerschen Rekonstruktion der Philosophiegeschichte darin, dass er *aus dieser Geschichte selbst heraus* nicht begründen kann, weshalb wir das Ende der Metaphysik in der Technik als etwas aufzufassen haben, was mit Resignation abgelehnt werden sollte, das wir zu „verwinden" hätten. Äußerliche Gründe, die hierfür allenfalls angeführt werden könnten, müssen dieser Geschichte gegenüber als bloße subjektive Perspektiven erscheinen. Es besteht deshalb kein innerer Grund, Heideggers Philosophiegeschichte nicht von diesen Wertungen zu trennen. Dann können wir diese Geschichte als ein langes Argument für die philosophische Legitimität und Dignität des Naturalismus verstehen. In ihm kommt die Philosophie an ihr Ende, d.h. sowohl zu ihrem Abschluss als auch zu ihrer Vollendung. Wenn dem so ist, dann dürfen wir auf das Resultat dieser Entwicklung mit Zuversicht und Befürwortung blicken. Es ist etwas, dass sich *aus dieser Geschichte selbst* ergeben hat. Nun haben wir ein alternatives Ende der Philosophie und eine alternative Auffassung ihrer Zukunft.

---

[18] Willard Van Orman Quine, „Epistemology Naturalized", in: *Ontological Relativity and Other Essays*, New York, 1969, 69-89.

III. Der intuitive Verstand: ein natürliches Vermögen?

Gibt es nun Raum für ein intuitives Vermögen innerhalb der alternativen, naturalistischen Auffassung vom Ende der Philosophie, das ich soeben umrissen habe? Ich meine: Ja. Bevor ich Elemente für eine solche positive Antwort zu liefern versuche, will ich mich zuerst wieder Försters reichem Werk für Inspiration zuwenden. Kehren wir zu Goethes *scientia intuitiva* zurück, die Förster als „Weg von unten" (S. 362) bezeichnet, weil sie mittels der Methode des intuitiven Verstandes von den Phänomenen oder Erscheinungen zu deren Idee aufsteigt. Der intuitive Verstand bildet die Übergänge in den Reihen der Phänomene oder Erscheinungen nach, und es sind diese Übergänge, die ihn schließlich zur Idee führen, die in den Erscheinungen bildend am Werk ist.

Um nun zu erläutern, was die Aufgabe der Philosophie sein kann, führt Förster eine Passage aus Goethes Einleitung zur Farbenlehre an: „Vom Philosophen glauben wir Dank zu verdienen, daß wir gesucht die Phänomene bis zu ihren Urquellen zu verfolgen, bis dorthin, wo sie bloß erscheinen und sind und wo sich nichts weiter an ihnen erklären läßt."[19] Urquellen der Phänomene sind Urphänomene. Die Aufgabe der Philosophie besteht nun darin, „den inneren Zusammenhang der in Urphänomenen manifesten Idee untereinander aufzufinden und systematisch darzustellen" (S. 364). Diese systematische Zusammenstellung aller an den Urphänomenen gewonnen Ideen wäre die Philosophie der Zukunft. Doch warum aber meint Förster, dass die zukünftige Philosophie eine Wissenschaft der *Ideen* sein müsse, die in Begriffen bzw. in Urphänomenen in Erscheinung tritt? Warum sollte diese Philosophie nicht darin bestehen, den inneren Zusammenhang der Urphänome und der ihnen entsprechenden Begriffe untereinander aufzufinden und systematisch dazustellen (S. 364)?

Grundsätzlich besteht die Aufgabe der Philosophie der Zukunft darin, die aus den Händen des Naturforschers (diesen nun verstanden im Sinne Goethes) empfangenen Phänomene in ihrem inneren Zusammenhang systematisch dazustellen und damit unter

---

[19] Johann Wolfgang Goethe, *Werke* 13, Hamburg, 1960, 327.

einer höchsten Idee zu ordnen. Die Tätigkeit des philosophischen Naturalisten ist von dieser Aufgabe der Philosophie der Zukunft *der Form nach* nicht wesentlich unterschieden. Die Tätigkeit des Naturalisten besteht darin, vereinheitlichende Modelle für einen bestimmten Gegenstandsbereich aufzustellen oder die Vereinheitlichung durch eine Grundwissenschaft voranzubringen oder besondere Eigenschaften von Personen und Sprachgemeinschaften in der naturwissenschaftlich verstandenen Welt zu verorten. Die metaphysischen Aufgaben nimmt der naturalistische Philosoph aus den Händen des Naturwissenschaftlers. Zum Beispiel stellt sich ihm die Frage, was natürliche (z.B. biologische) Arten sein müssen, um Gegenstand der Evolution durch natürliche Selektion sein zu können. Natürlich werden in der Philosophie der Zukunft andere Objekte geordnet, nämlich Ideen. Dem Naturalisten werden seine Objekte durch die Naturwissenschaften gegeben, dem Philosophen der Zukunft vom Naturforscher. Beide ordnen sie sich in ihrem Zusammenhang systematisch unter ein übergreifendes Prinzip, nämlich die Grundwissenschaft bzw. die Idee. Sieht man von den Ideen ab, so scheinen die Tätigkeiten der beiden Philosophen *der Form nach* nicht wesentlich unterschieden. Wir können diese Spur weiterverfolgen, indem wir uns nicht auf Förster Verweis auf die zu erfassenden *Ideen* konzentrieren, sondern auf den Unterschied zwischen zwei Arten von *Begriffen*, die in *Die 25 Jahre der Philosophie* eine wichtige Rolle spielt. Wenn wir uns auf diese beiden Arten von Begriffen konzentrieren, ergibt sich nämlich die Möglichkeit in unserem alternativen von Heidegger inspirierten naturalistischen Ende der Philosophie Raum für den intuitiven Verstand als einem natürlichen Vermögen zu machen.

In der heutigen Debatte wird oft zwischen drei Antworten auf die Frage unterschieden, was Begriffe sind: mentale Repräsentationen, Fähigkeiten, oder abstrakte Objekte.[20] Repräsentationen und Fähigkeiten sind Eigenschaften erkennender Subjekte, nämlich kognitive bzw. dispositionale Fähigkeiten. Begriffe als abstrakte Objekte haben zwar keine direkte Beziehung zu Subjekten, aber

---

[20] Vgl. Steven Laurence, Eric Margolis, „Concepts and Cognitive Science", in: *Concepts: Core Readings*, hrsg. von dies., Cambridge/Mass., 1999, 3-81.

auch keine offensichtliche Beziehung zu empirischen Dingen; es ist unklar, wie genau wir abstrakte Objekte erfassen und was sie über Dinge aussagen. Spinoza würde bei allen drei Antworten von bloßen Vorstellungsweisen (*modos imginandi*) sprechen: Wir bilden Vorstellungen (Repräsentationen) von Eigenschaften (abstrakte Objekte) und ziehen Schlüsse (Fähigkeit). Solche Begriffe würden aber laut Spinoza nur den Zustand der Subjekte anzeigen, nicht aber die Dinge selbst (S. 254). Davon unterscheidet Spinoza einen anspruchsvolleren Begriff von Begriff, der das *Wesen* eines Dinges erfasst. Aus dem Wesen eines Dinges ergeben sich seine Eigenschaften. Erfassen wir das Wesen, können wir die ihm eigenen Eigenschaften ableiten. Wir können Begriffe der ersten Art (die Vorstellungsweisen) „Gemeinbegriffe" und jene der zweiten Art „Wesensbegriffe" nennen.[21] Gemeinbegriffe sind Werkzeuge des diskursiven Verstands, sammeln äußere Eigenschaften auf, gehen vom Allgemeinen zum Einzelnen, geben Auskunft über unsere Vorstellungsweisen. Wesensbegriffe sind Produkte des intuitiven Verstands, richten sich auf die innere Natur oder die Essenz eines Gegenstandes, gehen vom Einzelnen zum Allgemeinen, erfassen das Wesen der Einzeldinge. Erkenntnis der Dinge selbst, ihrer Essenz, braucht Wesensbegriffe. Der intuitive Verstand ist nun ein Vermögen zur Erfassung von Wesensbegriffen. Förster geht es wie Goethe um die Erkenntnis des Wesens oder der Essenz von Naturgegenständen und zwar in dem Sinne, dass aus dem Wesen oder der Essenz eines *natural kind* (dem Ganzen) alle wesentlichen Eigenschaften seiner Mitglieder (Teile) abgeleitet werden können.[22] Ich kann mir nun ein intuitives Vermögen, das die Funktion hätte, die Essenz bestimmter Gegenstände zu erfassen, als natürliches Vermögen vorstellen, mithin *ein natürliches intuitives Vermögen* (wenn auch nicht für Ideen, so doch) *für Wesensbegriffe*.

---

[21] Förster (S. 363) nennt Gemeinbegriffe „Vorstellungen" und Wesensbegriffe schlicht „Begriffe". Bei Spinoza sind Gemeinbegriffe konstitutiv für die zweite Erkenntnisart, Wesensbegriffe hingegen für die dritte und höchste Erkenntnisart, die *scientia intuitiva*.

[22] Vgl. Eckart Förster, „Wir Ideenfreunde", in: *Natur und Geist. Über ihre evolutionäre Verhältnisbestimmung*, hrsg. von Ch. Tewes und K. Vieweg, Berlin, 2012, 347 ff.

Der Dreh- und Angelpunkt von Försters Argumentation lautet, dass der intuitive Verstand kein unendlicher (göttlicher) Verstand zu sein braucht. Er kann auch ein endlicher synthetisch-allgemeiner Verstand sein und damit ein Vermögen des menschlichen Geistes. Für Naturalisten sind solche Vermögen natürliche Vermögen, d.h. sie haben eine i.w.S. biologische Grundlage. Gibt es eine solche Grundlage für den intuitiven Verstand? Können wir ihn uns als natürliches Vermögen in diesem Sinne vorstellen?

Ich möchte zwei Hinweise liefern, die es in meinen Augen plausibilisieren können, dass der intuitive Verstand ein natürliches Vermögen ist, und zwar ein Vermögen, das sich nicht auf Ideen richtet, sondern auf Essenzen, auf das Wesen natürlicher Arten und ihrer Mitglieder: (1) der psychologische Essentialismus und (2) eine Theorie natürlicher Essenzen.

(1) Der „psychologische Essentialismus" ist die These, dass sich bestimmte Kategorien (dieser Ausdruck wird in der Psychologie für „Begriff" benutzt) auf eine den Mitgliedern der Kategorie gemeinsame, zugrunde liegende Essenz beziehen, die nicht direkt beobachtbar ist.[23] In unterschiedlichen Kulturen haben sowohl Kinder im Vorschulalter als auch Erwachsene die starke Tendenz, Kategorien aufgrund unbekannter und nicht-beobachtbarer Essenzen zu bilden, die Mitglieder einer Kategorie zu dem machen, was sie sind und die bewirkende Ursache für jene Eigenschaften sind, die Mitglieder einer Kategorie teilen. Essenzen finden sich v.a. bei natürlichen Arten oder sozialen Kategorien, weniger bei Artefakten oder Kunstwerken. Bei Lebewesen etwa ist die Essenz etwas, das unverändert bleibt, während ein Organismus wächst (aus Samen werden Blumen), sich reproduziert (Katzen gebären Katzen, nicht Hunde) oder Metamorphosen (Raupen verwandeln sich in Schmetterlinge) durchläuft, und für die Gemeinsamkeiten zwischen den Mitgliedern einer Art verantwortlich ist.[24] Essenzen

---

[23] Douglas L. Medin, Andrew Ortony, „Psychological Essentialism", in: *Similarity and Analogical Reasoning*, hrsg. von S. Vosniadou und A. Ortony, Cambridge, 1989, 179-195.
[24] Frank C. Keil, *Concepts, Kinds, and Cognitive Development*, Cambridge/Mass., 1989.

in diesem Sinne sind epistemisch wertvoll, weil sie über reiches induktives Potential verfügen.[25] Sie erfassen eine verborgene kausale Struktur,[26] die Mitgliedern einer Kategorie gemeinsam und im biologischen Fall angeboren ist.[27]

Susan Gelman zufolge lässt sich der psychologische Essentialismus als (a) repräsentational, (b) kausal und (c) substitutionell charakterisieren.[28] Was bedeutet dies? Der psychologische Essentialismus ist (a) „repräsentational" statt „metaphysisch", d.h. er entspricht einer natürlichen Neigung, Gegenstände auf bestimmte Weise zu repräsentieren, reflektiert aber nicht die Struktur der Realität. Er ist (b) „kausal" statt „sortal" oder „ideal", d.h. Essenzen sind die bewirkende Ursache dafür, dass Mitglieder einer Kategorie bestimmte Eigenschaften haben, es handelt sich weder um Definitionen via Eigenschaften (sortal) noch um Idealisierungen. Er ist (c) „substitiutionell" statt „spezifisch", d.h. ein Platzhalter übernimmt die Rolle der Essenz, ohne dass diese spezifiziert werden können muss, denn Kinder und Erwachsene glauben, *dass* etwas eine Essenz hat, ohne zu wissen, *worin* sie besteht. Insgesamt stellt der psychologische Essenzialismus die Annahme in Frage, Kinder würden Kategorien aufgrund äußerlicher Eigenschaften bilden. Dies bedeutet freilich nicht, dass wahrnehmbare Oberflächeneigenschaften keine Rolle spielen, sie werden jedoch als Effekte von Essenzen gesehen. Kurz, die Kategorien des Essentialismus entsprechen Wesens-, nicht Gemeinbegriffen.

---

[25] Susan A. Gelman, E.M. Markman, „Categories and Induction in Young Children", *Cognition* 23 (1989), 183–209; Hilary Kornblith, *Inductive Inference and its Natural Ground: An Essay in Naturalistic Epistemology*, Cambridge/Mass., 1993; T. Takashi Yamauchi, Arthur B. Markman, „Inference Using Categories", The *Journal of Experimental Psychology* 26 (2000), 776–795.

[26] Woo-kyoungh Ahn et al., „Causal Status Effect in Children's Categorization", *Cognition* 76 (2000), B35–B43: Alison Gopnik et al., „A Theory of Causal Learning in Children: Causal Maps and Bayes Nets", *Psychological Review* 111 (2004), 3–32.

[27] Gregg E. A. Solomon, „Birth, Kind, and Naïve Biology", *Developpmental Science* 5 (2000), 213–218.

[28] Susan A. Gelman, *The Essential Child: Origins of Essentialism in Everyday Thought*, Oxford, 2003.

Da Kinder solche Kategorien sehr früh und in unterschiedlichen Kulturen ausbilden, liegt die These nahe, dass es sich um eine angeborene biologische Fähigkeit handelt. Der Überlebenswert dieser Fähigkeit liegt im reichen induktiven Potential natürlicher Arten. Die Fähigkeit zur Bildung von Wesensbegriffen lässt sich somit naturalistisch fassen. Der psychologische Essentialismus gibt dem intuitiven Verstand – der Idee, dass wir über ein kognitives Vermögen verfügen, das in der Lage ist, das bildende Ganze, die bewirkende Ursache für Naturgegenstände nichtdiskursiv zu erfassen – eine naturalistische Grundlage. Natürlich ist dieses natürliche Vermögen nicht der ausgebildete intuitive Verstand, dieser ist auf die Zusammenarbeit mit dem diskursiven Verstand angewiesen; natürlich sind die essentialistischen Kategorien noch keine echten Wesensbegriffe, diese müssten systematisch gewonnen und inhaltlich spezifiziert werden; natürlich entbehrt der natürliche Essentialismus der Überprüfung seiner Resultate. Dennoch können wir folgende Hypothese aufstellen: *Das kognitive Vermögen, das dem psychologischen Essentialismus zugrunde liegt, ist jenes Vermögen, das sich durch Goethes Methodologie zum intuitiven Verstand weiter ausbildet.* Aufgrund des wirkungsmächtigen Vorurteils, dass wir nur über sinnliche Anschauung und diskursiven Verstand verfügen, kommt dieses Vermögen in unserer Wissenskultur aber leider nicht zur entsprechenden Ausbildung.

(2) Kinder und Erwachsene neigen dazu, Essenzen auch dort am Werke zu sehen, wo es offenbar keine gibt, etwa im Fall von Rassen, Geschlechtern, Ethnien oder Sozialgruppen. Das ist nicht unproblematisch und aus diesem Grund betrachten Psychologinnen und Psychologen diese Neigung überwiegend als „*bias*". Betont wird auch, dass gerade der Essentialismus auch für biologische Arten falsch ist, und zwar weil biologische Arten der Evolution unterworfen sind und keine allen Mitgliedern einer Art gemeinsame inhärente Eigenschaften aufweisen. Darwin verträgt sich nicht mit „stabilen" oder „ewigen" Essenzen. Nun werden aber biologische Arten in der Philosophie bisweilen als Muster für Essenzen angeführt. Auch erlaubt uns die Artzugehörigkeit, einem Lebewesen bestimmte Eigenschaften mit großer Zuverlässigkeit zuzuschreiben. Es gibt drei Gründe dafür, dass Lebewesen einer Art über stabile und deshalb induktiv wertvolle Eigenschaften

verfügen: (a) Sie sind Reproduktionen von Lebewesen derselben Art. (b) Sie durchlaufen einen bestimmten Entwicklungsprozess, den sie mit Artgenossen teilen. (c) Sie bewohnen dieselbe ökologische Nische wie Artgenossen. Es sind genealogische, entwicklungsbedingte und ökologische Faktoren, die dafür sorgen, dass sich Eigenschaften einer Art stabil *halten*. Was aber bringt diese Eigenschaften stabil *hervor*?

Richard Boyd zufolge können wir bei biologischen (und anderen natürlichen) Arten von einer Essenz sprechen, wenn eine stabile Gruppe von Eigenschaften vorliegt, deren Stabilität durch einen zugrunde liegenden Mechanismus erzeugt wird; natürliche Arten sind Boyd zufolge „homöostatische Eigenschaftsgruppen" (*homeostatic property clusters*).[29] Bei homöostatischen Eigenschaften handelt es sich um Eigenschaften, die sich gegenseitig gegenüber externen Einflüssen und Veränderungen stützen. Entsprechend kann die Essenz einer biologischen Art verstanden werden als die Fähigkeit zu Hervorbringungen eines stabilen Clusters gemeinsamer Eigenschaften durch interne und externe Mechanismen, die für die Homöostase dieser Eigenschaften sorgen. Diese Essenz kann man als „dynamische" bezeichnen, denn anders als Arten mit „statischen" oder „ewigen" Essenzen können Arten eine dynamische Essenz haben, obwohl nicht alle Mitglieder einer Art alle Eigenschaften teilen (Abweichungen, etwa bei missgebildeten Mitgliedern, erklären sich aufgrund der Zugehörigkeit zu einer Art) und obwohl sich die Essenz im gehörigen Rahmen verändern kann. Aber in welchem Rahmen?

Nun, zur eben skizzierten Auffassung von dynamischer Essenz gehört z.B. ein Verständnis davon, was ein Lebewesen ist, denn es sind Lebewesen, die (a) sich reproduzieren, (b) einen Entwicklungsprozess durchlaufen und (c) eine ökologische Nische bewohnen, der sie angepasst sind. Wie aber erfassen wir, was ein Lebewesen ist. Die Redeweise, dass Lebewesen die Information

---

[29] Richard Boyd, „Homeostasis, Species, and Higher Taxa", in: *Species: New Interdisciplinary Essays*, hrsg. von R. Wilson, Cambridge/Mass., 1999, 141-185.

zu ihrer Ausbildung in den Genen tragen,[30] verweist wiederum auf das Problem, dass das Ganze Ursache der Teile (in ihrer Entwicklung, in ihrer Organisation, in ihrer Funktion) ist. Wir bräuchten also ein Verständnis davon, was ein Lebewesen ist, und ein solches Verständnis, so das Argument von Förster, liefert uns nur ein intuitiver Verstand. In der Erforschung des Wesens von Lebewesen, Pflanzen oder Pflanzenarten arbeiten intuitiver und diskursiver Verstand zusammen. Die darwinistische Auffassung von Evolution, Selektion, Reproduktion, Entwicklung und Adaptation und die Methodologie des intuitiven Verstandes ergänzen sich (vgl. S. 276). Sowohl Lebewesen als auch Pflanzen- und Tierarten können nach der hier skizzierten Auffassung von Essenzen ein Wesen haben, das der intuitive Verstand am Leitfaden einer Methode zu erfassen vermag. Es ist somit nicht abwegig (wenn auch umstritten), dass der psychologische Essentialismus ein Fundament in der Sache hat, und somit „metaphysisch" statt nur „repräsentationalistisch" verstanden werden darf: Wir haben nicht nur die angeborene, natürliche Neigung, Gegenstände auf bestimmte Weise zu *repräsentieren*, sondern diese Repräsentationen reflektieren auch die *metaphyische Struktur der Realität*. Ebenso wird durch die Anwendung der Methode des intutiven Verstandes aus der spontanen *subsitutionellen Setzung* eines Wesens das *spezifische Erfassen* dieses Wesens. Wesensbegriffe, die auf der natürlichen Fähigkeit des psychologischen Essentialismus beruhen, können somit von den Dingen selbst, von ihren dynamischen Essenzen, handeln. Allerdings sind diese Essenzen kausale Eigenschaftsgruppen, keine bildend tätigen Ideen. Dies, meine ich, kann aber dennoch als Brückenschlag zwischen dem Naturalisten und dem Ideenfreund dienen. Vielleicht sind die beiden Enden der Philosophie also nicht in einem exklusiven Sinne alternative Ende.

---

[30] Vgl. Paul E. Griffiths, „Genetic Information: A Metaphor in Search of a Theory", *Philosophy of Science* 68 (2001), 394-412.

ECKART FÖRSTER
(BALTIMORE)

Eine systematische Rekonstruktion?

Daß uns die Betrachtung der Natur zum Denken auffordert, daß uns ihre Fülle mancherley Methoden abnöthigt, um sie nur einigermaßen handhaben zu können, darüber ist man überhaupt wohl einig; daß aber beym Anschauen der Natur Ideen geweckt werden, denen wir eine gleiche Gewißheit als ihr selbst, ja eine größere zuschreiben, von denen wir uns dürfen leiten lassen, sowohl wenn wir suchen, als wenn wir das Gefundne ordnen, darüber scheint man nur in einem kleinern Zirkel sich zu verstehen. (Goethe) [1]

Mit großem Sinne trat er [*i.e. Goethe*] ... an die Gegenstände heran und hatte zugleich die volle Ahnung ihres begriffsgemäßen Zusammenhangs. Auch die Geschichte kann so erfaßt und erzählt werden, daß durch die einzelnen Begebenheiten und Individuen ihre wesentliche Bedeutung und ihr notwendiger Zusammenhang heimlich hindurchleuchtet. (Hegel)[2]

I.

In den letzten Jahrzehnten haben sich unsere Kenntnisse über den Deutschen Idealismus rapide vermehrt. Dazu haben nicht zuletzt die umfangreichen Forschungen im Umfeld der Akademieausgaben der Werke von Fichte, Hegel und Schelling beigetragen. Sie haben auch eine Anzahl unveröffentlichter Texte erstmals zugänglich machen können. Die von Dieter Henrich initiierte „Konstella-

---

[1] Johann Wolfgang von Goethe, *Werke* (Sophienausgabe, 4. Abt., Bd. 15, hrsg. von Hermann Böhlau), Weimar, 1894, 235.
[2] Georg Wilhelm Friedrich Hegel, *Werke in zwanzig Bänden*, Bd. 13, Frankfurt/M., 1970, 174. Hegel wird fortan nach dieser Ausgabe (= TW) im Text zitiert unter Angabe von Band und Seitenzahl.

tionsforschung"³, welche sich zum Ziel gesetzt hat, die „Denkräume", in denen sich die an Kant anschließende Philosophie entwickeln konnte, zu erschießen, hat zudem eine Vielzahl unbekannter oder vergessener Figuren zu Tage gefördert, die gedanklich und geographisch in den Entstehungszusammenhang der nachkantischen Philosophie verflochten waren. Als bedeutsam erwies sich auch die Erschließung von Nachlässen sowie die systematische Erforschung der geistigen, wissenschaftlichen und politischen Situationen an Schlüsselorten wie z. B. Tübingen, Jena, Weimar oder Frankfurt am Main. Auch die intensiven Arbeiten im Rahmen der Hölderlin- und der Frühromantik-Forschung haben wichtige Resultate gezeitigt.

So hat sich in den letzten Jahrzehnten ein außerordentlich perspektivenreiches Bild ergeben, ein Bild von vormals ungeahnten Verzweigungen, Verbindungen und auch Konflikten, innerhalb derer sich die an Kant anschließende Philosophie in Deutschland formiert hat. Hinter den erreichten historischen Kenntnisstand ist heute nicht mehr zurückzugehen.

Hand in Hand damit hat sich auch der Interpretationsrahmen gewandelt. So ist es heute allgemeiner Konsens, dass die Annahme einer „linearen Entwicklung" oder „Kontinuitätsgeschichte"⁴, wie sie z. B. von Hegel in seinen Vorlesungen über die Geschichte der Philosophie nahegelegt und noch von Richard Kroner im Titel seines Standardwerks *Von Kant bis Hegel*⁵ programmatisch ausgedrückt ist, nicht zu halten ist; sie könne nur zu „unangemessenen Vereinfachungen" führen, indem sie eine ganze Epoche „auf einen einzigen Nenner zu bringen sucht".⁶ Stattdessen gelte es, die

---

³ Vgl. Dieter Henrich, *Konstellationen: Probleme und Debatten am Ursprung der idealistischen Philosophie (1789-1795)*, Stuttgart, 1991; ders., *Grundlegung aus dem Ich: Untersuchungen zur Vorgeschichte des Idealismus (Tübingen-Jena 1790-1794)*, 2 Bde., Frankfurt/M., 2004.

⁴ Christoph Asmuth, „Einleitung", in *Schelling: zwischen Fichte und Hegel*, hrsg. von Ch. Asmuth u. a., Amsterdam/Philadelphia, 2000, 6.

⁵ Richard Kroner, *Von Kant bis Hegel*, 2 Bde., Tübingen, 1921/4, ³1977.

⁶ Hans Jörg Sandkühler, „Der Deutsche Idealismus – zur Einführung", in *Handbuch Deutscher Idealismus*, hrsg. H. J. Sandkühler u. a., Stuttgart/Weimar, 2005, 3. Die Herausgeber dieses Bandes gehen sogar so weit zu sagen: „Die weitgehende Konzentration dieses Handbuchs auf die

Vielzahl von unterscheidbaren Linien im Blick zu haben, die zum Teil konkurrieren, jedenfalls nicht konvergieren und deren jede ihre eigene Berechtigung hat. Und mit dem Gedanken der Einheitlichkeit der Epoche ist zugleich ein anderer Gedanke verabschiedet, nämlich der einer immanenten oder ‚notwendigen' Entwicklung der nachkantischen Philosophie. Nicht nur sei die angebliche Einheitlichkeit dieser Epoche einer „historiographischen Legende" geschuldet, vielmehr habe diese auch dazu verführt, „die zeitliche Folge als *notwendig* und den Weg von Kant zu Hegel als teleologische Entwicklung mißzuverstehen".[7]

Michael Rosen bringt beide Aspekte prägnant auf den Begriff, wenn er in seinem Beitrag zum vorliegenden Band schreibt: „[T]here are two implications of the idea of a systematic history that leave me suspicious: first, it suggests the uniqueness of a particular narrative and, second, it suggests its necessity."[8]

Demgegenüber möchte ich hier die Frage aufwerfen, ob die polyphone geschichtliche Rekonstruktion dieser Epoche und ihre antisystematische Interpretation tatsächlich so nahtlos ineinander übergehen, wie es diese Aussagen nahelegen. Anders gesagt: Mir scheint die Frage erlaubt, ob sich nicht mit Blick auf die neue Historiographie der nachkantischen Philosophie der gleiche Einwand aufdrängt, den Hegel gegenüber den ersten Rezensenten der *Phänomenologie des Geistes* glaubte machen zu müssen: dass sie sich vor allem mit dem „Inhalt" beschäftigten, während „das, worauf bei allem Philosophieren, und jetzt mehr als sonst, das Hauptgewicht zu legen ist, freilich die Methode des notwendigen Zusammenhangs, des Uebergehens einer Form in die andere" ist.[9]

‚großen Meister' [*Kant, Fichte, Schelling, Hegel*] ist nicht dieser historiographischen Legende geschuldet; maßgeblich waren *allein Umfangsgründe*" (ix, Herv. E.F.).

[7] Ibid., 3. Dass eine „notwendige zeitliche Folge" nicht dasselbe wie eine „teleologische Entwicklung" sein muss, sei hier nur am Rande angemerkt.

[8] Vgl. den Beitrag von Michael Rosen in diesem Band, S. 284.

[9] *Briefe von und an Hegel*, hrsg. von J. Hoffmeister (Hg.), Bd. 1, Hamburg, 1969, 330. Vgl. auch Eckart Förster, *Die 25 Jahre der Philosophie, Eine systematische Rekonstruktion*, Frankfurt/M., ²2012, 304, 369-370.

II.

Als ich vor vielen Jahren anfing, über ‚die 25 Jahre der Philosophie' nachzudenken, spielte die *scientia intuitiva* überhaupt keine Rolle. Mein Ausgangspunkt war das bare Erstaunen über die Sätze Kants und Hegels, dass es vor 1781 keine Philosophie gegeben habe und dass sie 1806 beschlossen sei. Diese beiden Sätze scheinen so offensichtlich falsch zu sein, dass man sie nicht ernst nehmen kann. Und doch stammen sie von zwei wirklich großen Philosophen und sind in Zusammenhängen geäußert, die keinen Zweifel daran lassen, dass sie diese Sätze völlig ernst meinten. Wie ist das möglich? Das wollte ich verstehen.

Zunächst schien nur einigermaßen klar, was Kant mit seiner Aussage gemeint hat. Selbstverständlich hat es auch für Kant seit über zwei Jahrtausenden Philosophie gegeben – als in der Menschheitsgeschichte bei den Griechen erstmals aufgetretene „Naturanlage"[10]. Seither philosophiert die Menschheit ohne Unterlass. Diese Philosophie erwies sich aber als (im kantischen Sinne) dialektisch. Das haben zwar auch vor Kant schon viele Philosophen gesehen[11]; bei ihm kommt allerdings die Überzeugung hinzu, dass sie *grundsätzlich* keine gesicherten und bleibenden Ergebnisse erzielen, sondern nur Meinung an Meinung reihen

---

[10] „Metaphysik ist, wenn gleich nicht als Wissenschaft, doch als Naturanlage (*metaphysica naturalis*) wirklich. Denn die menschliche Vernunft geht unaufhaltsam ... durch eigenes Bedürfniß getrieben, bis zu solche Fragen fort, die durch keinen Erfahrungsgebrauch der Vernunft und daher entlehnte Principien beantwortet werden können; und so ist wirklich in allen Menschen, so bald Vernunft sich in ihnen bis zur Speculation erweitert, irgend eine Metaphysik zu aller Zeit gewesen und wird auch immer darin bleiben" (*Kritik der reinen Vernunft*, B21). Ich zitiere die *Kritik der reinen Vernunft* im Text nach der ersten (A) und zweiten (B) Auflage, alle anderen Werke Kants lediglich nach der *Akademieausgabe* unter Angabe von Band- und Seitenzahl.

[11] So hatte z. B. Descartes „schon auf der Schule" gelernt, „daß man sich nichts so Sonderbares und Unglaubliches ausdenken kann, was nicht schon von irgendeinem Philosophen behauptet worden wäre". René Descartes, *Discours de la Méthode*, 2. Teil (übers. von L. Gäbe), Hamburg, 1969, 27.

konnte – was am pointiertesten in der Antinomienproblematik sichtbar wird. Zusammenfassend schreibt Kant in den *Prolegomena zu einer jeden künftigen Metaphysik, die als Wissenschaft wird auftreten können*:

Meine Absicht ist, alle diejenigen, die es werth finden, sich mit Metaphysik zu beschäftigen, zu überzeugen, daß es unumgänglich nothwendig sei, ihre Arbeit vor der Hand auszusetzen, alles bisher Geschehene als ungeschehen anzusehen und vor allen Dingen zuerst die Frage aufzuwerfen: ob auch so etwas als Metaphysik [*als Wissenschaft*] überall nur möglich sei. (4:255)

Kants Behauptung, dass es vor der *Kritik der reinen Vernunft* keine Philosophie gegeben habe, besagt also nur, dass es vor ihr keine Philosophie *als Wissenschaft*[12] gegeben habe, und er behauptet, in diesem Werk gezeigt zu haben, dass eine solche Wissenschaft unter gewissen Bedingungen tatsächlich möglich sei: nämlich, *wenn sie, statt Erkenntnis nicht-empirischer Gegenstände sein zu wollen, sich damit begnügt, nicht-empirische Erkenntnis empirischer Gegenstände zu sein.*

Es ist der Begriff von Philosophie als einer möglichen Wissenschaft, der Kant mit einer Reihe von Denkern seiner Zeit verbindet. Oder besser gesagt: Was sie mit Kant verbindet, ist die Überzeugung, dass Philosophie Wissenschaft sein kann und muss, es bisher aber noch nie war; was sie von Kant unterscheidet, ist die Überzeugung, dass Kant das Werk zwar auf den Weg gebracht hat, aber noch nicht zu einem endgültigen Abschluss hat bringen können. Das ist natürlich alles bestens bekannt; darum will ich dabei nicht länger verweilen. Worauf ich allerdings etwas näher eingehen möchte, ist der Begriff der Philosophie als Wissenschaft, der in dieser Zeit verhandelt wird. Er führt nämlich, wie mir scheint, eine Art Eigenleben: ein Eigenleben derart, dass am Ende

---

[12] ‚Wissenschaft' natürlich nicht im Sinne empirischer Naturwissenschaften, sondern in dem Sinn, dass über ihre Prinzipien keine unterschiedlichen Meinungen möglich sind – genauso wenig, wie es z. B. in der Mathematik unterschiedliche Meinungen über die Winkelsumme im euklidischen Dreieck geben kann. Nach Kant gehört zur Wissenschaft „in strengem Sinne" immer, dass ihre Prinzipien mit einem „Bewusstsein ihrer Nothwendigkeit" (4:468) verbunden sind.

der ‚25 Jahre' dasjenige, was bei Kant zur *Lösung* des Wissenschaftsproblems im Vordergrund stand – die kritische Beziehung auf das subjektive Erkenntnisvermögen – verdrängt ist. Bei Hegel angekommen steht etwas ganz anderes an dessen Stelle, ist die Wissenschaftlichkeit von Philosophie an etwas ganz anderes als die subjektiven Erkenntnisbedingungen geknüpft – nämlich an das, was er „Begriffsbewegung" nennt: „Der wesentliche Gesichtspunkt ist, daß es überhaupt um einen neuen Begriff wissenschaftlicher Behandlung zu tun ist." (TW 5:16)

Wie unterscheidet sich das von Kants Position? Der wesentliche Punkt ist, dass die Bewegung des Begriffs nicht eine ist, die dem denkenden Subjekt zuzuschreiben ist, sondern von diesem nur konstatiert, nur protokolliert wird:

[E]s kann nur *die Natur des Inhalts* sein, welche sich im wissenschaftlichen Erkennen *bewegt*, indem zugleich diese *eigene Reflexion* des Inhalts es ist, *welche seine Bestimmung* selbst erst setzt und *erzeugt* […] Auf diesem sich selbst konstruierenden Wege allein, behaupte ich, ist die Philosophie fähig, objektive, demonstrirte Wissenschaft zu sein. (TW 5:16-17)

Worauf es vor allem ankommt, ist die daran gemachte *Erfahrung*, dass etwas im Bewusstsein vorkommt, welches dadurch, *wie* es auftritt, über das Bewusstsein hinausweist. Wir werden auf ein objektives Geschehen aufmerksam, das sich in unserem Bewusstsein zwar abspielt, aber unabhängig ist von unserem Willen und unseren Überzeugungen. Die Bewegung, die wir im Bewusstsein beobachten, ist nicht von uns hervorgebracht, sondern tritt in uns nur auf. Die Inhalte, die sich derart entwickeln, haben ein *Eigenleben* – kein eingebildetes, sondern ein erfahrbares – und verweisen auf eine übersinnliche objektive Realität.

Dies ist, wenn es richtig beschrieben ist, ein philosophisch höchst signifikantes Phänomen: Die Eigendynamik der Frage nach Philosophie als möglicher Wissenschaft führte demnach in nur 25 Jahren von (a) die Philosophie kann Wissenschaft sein, nur insofern sie auf übersinnliche Erkenntnis verzichtet, zu (b) die Philosophie kann Wissenschaft sein, nur insofern sie übersinnliche Erfahrung macht.

III.

In *Die 25 Jahre der Philosophie* beschreibe ich Goethes Weg zur Farbenlehre u. a. deshalb so ausführlich, weil sich daran etwas Hegels Verfahren Analoges ablesen lässt: Auch die Farbenlehre weist ein Beispiel auf, wie etwas, das nur im Bewusstsein auftritt und ein rein subjektives Phänomen zu sein scheint, über dies hinausweist auf eine objektive Gesetzmäßigkeit, nämlich das Phänomen der Sukzessivkontraste oder farbigen Nachbilder.

Lange Zeit waren die Kontrastfarben, die entstehen, wenn man auf eine weiße Wand schaut, nachdem man eine Weile auf eine einzelne Farbe geguckt hatte, als rein subjektive Erlebnisse, ja als Scheinfarben und Augentäuschung bezeichnet worden, denn es ist ja gar keine Farbe auf der Wand, d. h. für ein Kontrollsubjekt bleibt die Wand weiß. Diese sogenannten *couleurs accidentelles* erwiesen sich bei näherer Betrachtung aber als nicht zufällig, sondern als auf eine verborgene Gesetzmäßigkeit hinweisend: Eine bestimmte Farbe fordert notwendig eine andere, bestimmte Farbe. Wenn ich zunächst auf Rot schaue, erscheint danach Grün, wenn ich auf Orange schaue, Blau, wenn ich auf Gelb schaue, Violett, und umgekehrt. Jede Farbe hat damit eine ganz bestimmte Komplementärfarbe, die eine bestimmte *Stelle* einnimmt vis-à-vis den anderen Farben und mit diesen zusammen eine Totalität, verbildlicht im Farben-Kreis, ausmachen. Etwas in der Farbe selbst treibt also über sie hinaus, sobald sie eine Zeit lang als einzelne zu fassen gesucht wird. Goethe spricht von einem „Bedürfnis nach Totalität", das sich dadurch zeigt, dass es „den Gegensatz des *ihm aufgedrungenen Einzelnen* und somit eine befriedigende Ganzheit hervorbringt".[13]

Dies ist natürlich kein Beispiel für eine *Begriffs*bewegung, sondern dafür, dass etwas, das im Subjekt auftritt, über es hinausführen kann; aber es ist genau dieses Moment, welches ich auch für die Begriffsbewegung als charakteristisch bezeichnen möchte. Das

---

[13] Johann Wolfgang von Goethe, *Zur Farbenlehre*, §812, in *Die Schriften zur Naturwissenschaft*, hrsg. im Auftrage der Deutschen Akademie der Naturforscher Leopoldina, Erste Abteilung, Bd. 4, Weimar, 1987, 234 (Herv. E.F.).

begriffliche Übergehen in ein Anderes entsteht dadurch, dass etwas in seiner *Einzelheit* begrifflich gefasst, d. h. bestimmt (definiert) wird. Daran zeigt sich, dass etwas Anderes wesentlich zu diesem Begriff gehört, aber in dem Versuch, dieses Einzelne von anderem abzugrenzen und zu bestimmen (lat. *definire*: eingrenzen) nicht enthalten ist bzw. sein kann. Wird dies als solches erkannt und explizit gemacht, dann entsteht daraus ein anderer Begriff – aber kein unabhängiger, sondern einer, der die erfahrene Bewegung in sich schließt. Man könnte sagen: Es entsteht aus dem ersten Begriff ein neuer Begriff (und zwar ein bestimmter) mit der gleichen Notwendigkeit, wie zu einer bestimmten Farbe eine bestimmte Komplementärfarbe auftritt.

IV.

Eine solche Begriffsbewegung, wenn es sie gibt, kann allerdings nur erfahrbar werden unter der Voraussetzung, dass wir sie nicht durch unsere vorgefassten Meinungen und Vor-Urteile verhindern bzw. unsichtbar machen. Darauf hat Hegel wiederholt hingewiesen. Wir müssen von uns selbst und unseren Überzeugungen vollständig absehen und der schwer ausrottbaren Gewohnheit widerstehen, „*unsere* Einfälle und Gedanken bei der Untersuchung zu applizieren; dadurch, daß wir diese weglassen, erreichen wir es, die Sache, wie sie *an* und *für sich* selbst ist, zu betrachten" (TW 3:77). „Auf diese Weise ist es, daß der Inhalt seine Bestimmtheit nicht von einem anderen empfangen und aufgeheftet zeigt, sondern er gibt sie sich selbst und rangiert sich aus sich *zum Momente* und zu *einer Stelle des Ganzen*" (TW 3:52, Herv. E.F.). Im 13. Kapitel von *Die 25 Jahre der Philosophie* habe ich eine solche Bewegung, wie sie Hegel für die verschiedenen Gestalten des Bewusstseins dargestellt hat, nachvollzogen; jetzt möchte ich die Frage in den Vordergrund stellen, ob sich eine solche an den ‚25 Jahren' selbst ausmachen lässt.

V.

Zunächst aber eine Vorbemerkung: Schaut man von Hegel her zurück auf den Anfang der ‚25 Jahre', kann einem auffallen, dass bereits Kant eine solche Begriffsbewegung beobachtet hat, sie aber nicht richtig deuten konnte, da er sie – seinen transzendentalphilosophischen Voraussetzungen entsprechend – subjektivistisch (miss)deuten musste. Er charakterisiert sie aber mit fast den gleichen Worten, mit denen sie später auch Hegel beschreibt. Ich denke dabei an die folgende Stelle aus den *Metaphysischen Anfangsgründen der Naturwissenschaft*:

Bei diesem *Übergange* von einer Eigenschaft der Materie zu einer andern, specifisch davon unterschiedenen, *die zum Begriffe der Materie eben sowohl gehört, obgleich in demselben nicht enthalten ist*, muß das Verhalten unseres Verstandes in nähere Erwägung gezogen werden. (4:509, Herv. E.F.)[14]

Kant versucht also, die von ihm beobachtete Begriffsbewegung – den Übergang eines Begriffs in einen anderen – aus dem Verhalten unseres Verstandes, mithin subjektiv zu erklären. Darauf komme ich gleich zurück, doch zunächst: Was ist mit diesem „Übergange von einer Eigenschaft der Materie zu einer andern, specifisch davon unterschiedenen" gemeint? Was ist es, das „*zum Begriffe der Materie eben sowohl gehört, obgleich in demselben nicht enthalten ist*"?

Der transzendentalphilosophische Begriff der Materie ist der „eines Etwas, das ein Gegenstand äußerer Sinne sein soll" (4:476), also einen Raum erfüllt und sich dadurch von dem Raum, den sie einnimmt, unterscheidet. Schauen wir uns diesen Begriff genauer an.

---

[14] Hegel schreibt, dass die Methode der Philosophie als wissenschaftlicher „nichts anderes ist als bloß das *Setzen* desjenigen, was in einem Begriffe schon enthalten ist" (TW 8:188). Dass Kant sagt: „nicht enthalten", während Hegel sagt: „enthalten", ist kein Unterschied in der Sache, denn die Eigenschaft ist in der Definition des Begriffs nicht explizit enthalten (Kant), aber dennoch in ihr in dem Sinne schon enthalten (Hegel), dass sie als wesentlich dazugehörig heraus gesetzt und explizit gemacht werden kann.

(1) „Erfüllung des Raumes", d. h. „Undurchdringlichkeit", ist „eine wesentliche Eigenschaft aller Materie" (4:500, 508), wodurch ihre Existenz im Raum angezeigt wird.

(2) Materie erfüllt einen bestimmten Raum, indem sie der Bewegung einer anderen Materie, um in denselben Raum einzudringen, widersteht. Die Ursache einer Bewegungsänderung ist aber eine Kraft. Materie kann folglich einen Raum „nicht durch ihre bloße Existenz" (4:497), sondern nur durch eine bewegende Kraft, wodurch sie dem Eindringen anderer in denselben Raum widersteht, erfüllen, also eine Repulsivkraft. Diese repulsive Kraft „macht sogar den Begriff derselben [*der Materie*] aus" (4:501), d. h. Materie, da sie wesentlich Raumerfüllung ist, ist wesentlich Repulsivkraft.

(3) Eine expansive Kraft wie die Repulsivkraft, die durch nichts eingeschränkt wird, müsste sich form- und wirkungslos ins Unendliche zerstreuen und den Raum leer lassen – es würde „mithin eigentlich gar keine Materie dasein" (4:508). Folglich muss zur Materie genauso wesentlich eine Kraft gehören, die in entgegengesetzter Richtung wirkt und die ursprüngliche Kraft auf ein bestimmtes Maß einschränkt. „Es erfordert also alle Materie zu ihrer Existenz Kräfte, die der ausdehnenden entgegengesetzt sind, d. i. zusammendrückende Kräfte ... Also kommt aller Materie eine ursprüngliche Anziehung, *als zu ihrem Wesen gehörige* Grundkraft, zu" (4:509, Herv. E.F.).

Damit ist der ursprüngliche Begriff der Materie als Raum erfüllende in einen neuen übergegangen dadurch, dass etwas herausgesetzt wurde, was zu ihm wesentlich gehört, aber nicht in ihm enthalten war: „Also gehört die Zurückstoßungskraft zum Wesen der Materie eben so wohl wie die Anziehungskraft, und keine kann von der anderen im Begriff der Materie getrennt werden" (4:511).

Diese Begriffsbewegung hat Kant derart in Erstaunen versetzt, dass er ihr eine längere „Anmerkung" gewidmet hat: „Wenn Anziehungskraft selbst zur Möglichkeit der Materie ursprünglich erfordert wird, warum bedienen wir uns ihrer nicht eben sowohl, als der Undurchdringlichkeit zum ersten Kennzeichen einer Materie? warum wird die letztere unmittelbar mit dem Begriff einer Materie gegeben, die erstere aber nicht in dem Begriffe gedacht, sondern nur durch Schlüsse ihm beigefügt?" (4:509).

Wie gesagt: Seinen kritischen Voraussetzungen entsprechend kann Kant das nur subjektivistisch verstehen, wird damit aber der Sache nicht gerecht.[15] Das zeigt sich nicht zuletzt daran, dass die von ihm beobachtete Begriffsbewegung seiner eigenen Erklärung zum Trotz unter seinen Händen weitergeht – nämlich nicht nur von der *Qualität* der Undurchdringlichkeit bzw. Repulsion zur *Quantität* eines Spiels zweier Kräfte, sondern weiter zur *Allheit* eines Kräftekontinuums, von dem die beiden Kräfte Attraktion und Repulsion nur Momente sind.[16] Dieser letzte Schritt der Begriffsbewegung stellt sich folgendermaßen dar:

(4) Anziehungskraft gehört genauso wesentlich zur Materie wie Repulsivkraft; nur beide zusammen machen einen bestimmten Grad der Raumerfüllung möglich.

(5) Die Attraktivkraft, da sie die Repulsivkraft ursprünglich einschränkt und ihr eine Grenze setzt, muss folglich auch den Grund physischer Berührung enthalten. Sie muss damit von der Berührung unabhängig sein und dieser vorausgehen, mithin eine durchdringende Kraft und proportional zur Dichte der Materie sein. Ihr Maß muss damit einerseits von der Dichte der Materie abhängen, andererseits soll sie erst deren Dichte im Wechsel mit der Repulsion möglich machen. Beides zusammen geht offensichtlich nicht.

(6) Beide Kräfte sind der Materie zugleich wesentlich und können ihr zugleich nicht wesentlich sein, d. h. sie sind nur als aufgehobene wesentlich, genauer: insofern sie einer Allheit immanent und deren Momente sind.

Findet sich nun eine solche Begriffsbewegung bereits bei Kant (und wir werden gleich eine weitere kennen lernen), dann ist vielleicht die Frage erlaubt: Liegt dem Übergang von Kant zu Hegel –

---

15 „Anziehung, wenn wir sie auch noch so gut empfänden, würde uns doch niemals eine Materie von bestimmtem *Volumen* und *Gestalt* offenbaren, sondern nichts als die Bestrebung unseres Organs, sich einem Punkte außer uns (dem Mittelpunkt des anziehenden Körpers) zu nähern" (4:509). Repulsion als solche offenbart aber auch kein Volumen und keine Gestalt – das kann sie nur im Zusammenwirken mit Attraktion – , sondern nur das Gefühl des Nicht-Weiterkönnens. Anderseits gibt die Attraktivkraft nicht nur eine Richtung der Annäherung, sondern mit ihrer Intensität zugleich ein Gefühl der Masse des anziehenden Körpers.

16 Im sogenannten *Opus postumum*.

und damit den ‚25 Jahren' – ebenfalls eine solche immanente objektive Bewegung zugrunde?

VI.

Ausgangspunkt ist die *Kritik der reinen Vernunft* (1781) oder die „Entscheidung der Möglichkeit oder Unmöglichkeit einer Metaphysik [*als Wissenschaft*] überhaupt" (Axii). Kants Lösung besteht bekanntlich in der Grenzziehung unserer Erkenntnisvermögen. Diese Grenzziehung basiert ihrerseits auf der Annahme, dass Anschauung und Verstand nicht nur graduell unterschieden sein können, wie Empiristen und Rationalisten gleichermaßen annahmen, sondern zwei grundsätzlich verschiedene Erkenntnisquellen sind. Worin besteht dann aber ihr wesentlicher Unterschied? Mittels der Sinnlichkeit wird uns etwas *gegeben*, mittels des Verstandes aber *gedacht*, d. h. die Sinnlichkeit ist rezeptiv oder passiv und verbindet nichts; der Verstand ist aktiv und verbindet, ist aber darauf angewiesen, dass ihm etwas in einer Anschauung für seine Tätigkeit gegeben wird. Daraus folgen für Kant die notwendigen Erkenntnisgrenzen, denn unsere Sinnlichkeit enthält nichts als unverbundene Erscheinungen, nie Dinge an sich, unser Verstand kann nichts erkennen, außer was ihm in einer Anschauung gegeben ist, also Erscheinungen, nie Dinge an sich.[17] Schauen wir also den Begriff der Sinnlichkeit genauer an.

(a1) Sinnlichkeit liefert uns, da sie ein rein rezeptives Vermögen ist, nur Erscheinungen (Vorstellungen), nicht Dinge an sich. Trotzdem müssen wir Dinge an sich denken, da sonst der Begriff der Rezeptivität leer wäre, denn zu jedem Nehmen gehört ein Geben, zu jedem Empfänger gehört ein Sender. Oder, wie Kant schreibt: Wir müssen eine „nichtsinnliche Ursache dieser Vorstellungen", eine „bloß intelligible Ursache der Erscheinungen überhaupt" denken, „bloß, damit wir etwas haben, was der Sinnlichkeit als einer Receptivität correspondirt" (A494). Der Begriff eines

---

[17] Vgl. dazu ausführlicher Eckart Förster, „Grenzen der Erkenntnis?", in *Self, World, and Art*, Festschrift für Rolf-Peter Horstmann, hrsg. von Dina Emundts, Berlin/New York, 2012, 203-216.

Dings an sich als nicht-sinnlicher Grund der Erscheinungen ist somit analytisch in dem Begriff der Sinnlichkeit enthalten.

(a2) Nun ist aber auch hierin noch etwas anderes enthalten. Dinge an sich dürfen nämlich nicht *bloß* gedacht sein. Denn wären sie Produkte des Verstandes oder der Einbildungskraft, so würde die Unterscheidung von Passivität (Sinnlichkeit) und Spontaneität (Denken) zusammenbrechen, und Transzendentalphilosophie – und damit Philosophie als Wissenschaft im kantischen Sinne – wäre unmöglich.

Was heißt es aber genauer, dass sie nicht bloß gedacht sein können? Wir können zweierlei Arten von bloß gedachten Begriffen unterscheiden: (a) *willkürlich* gedachte, (b) *notwendig* gedachte. Dass es auch notwendig gedachte Begriffe gibt, denen dennoch, soweit wir wissen, nichts entspricht, hatte Kant im §76 der *Kritik der Urteilskraft* zu zeigen versucht: Die Beschaffenheit unserer Erkenntnisvermögen nötigt uns zu bestimmten Betrachtungsweisen der Welt, ohne dass wir eine Entsprechung in ihr anzunehmen berechtigt sind. So muss die theoretische Vernunft zwischen Möglichkeit und Wirklichkeit der Dinge unterscheiden, „ohne darum zu beweisen, daß dieser Unterschied in den Dingen selbst liege" (5:402); die praktische Vernunft muss entsprechend zwischen dem Sittengesetz und dem Pflichtgebot unterscheiden, ohne annehmen zu können, dass dieser Unterschied für alle Vernunftwesen gelte; die Urteilskraft schließlich ist genötigt, eine Zweckmäßigkeit (= Gesetzlichkeit des Zufälligen) der Natur in einigen ihrer Produkte zu denken, ohne dass dies ein „die Bestimmung der Objecte selbst angehender Begriff sei" (5:404).

Der Begriff eines Dings an sich kann kein derartiger Begriff sein. Genauer: Er kann weder ein willkürlich gedachter Begriff sein, dem nichts in der Wirklichkeit entspricht; noch kann er ein notwendig gedachter Begriff sein, dem nichts in der Wirklichkeit entspricht. *Obwohl* er eingeführt ist als Pendant zur Rezeptivität und insofern analytisch im Begriff der Sinnlichkeit enthalten ist, muss er, soll die wesentliche Unterscheidung zwischen Rezeptivität und Spontaneität nicht kollabieren, zugleich (synthetisch) so gedacht werden, dass ein Wesen mit einer nicht passiven Anschauung dessen Wirklichkeit direkt wahrnehmen könnte – d. h. er muss „gleichwohl als solche[r] einer Anschauung, obgleich nicht der sinnlichen (also *coram intuitu intellectuali*) gegeben werden können" (A249). Mit anderen Worten: Der Begriff muss nicht nur notwendig als Pendant der Sinnlichkeit, sondern er muss zugleich als instanziiert gedacht werden.

(a3) Damit ist der Begriff einer Dings an sich kein analytischer Grenzbegriff mehr, der wesentlich zum Begriff der Sinnlichkeit gehört, sondern ein „die Bestimmung der Objecte selbst angehender Begriff". D. h. er ist wesentlich der Begriff von etwas, das als in einer nicht-sinnlichen Anschauung als wirklich gegeben gedacht werden muss.[18] Völlig zutreffend schreibt Kant deshalb rückblickend in der *Kritik der Urteilskraft*, dass „wir in der Kritik der r. V. eine andere mögliche Anschauung in Gedanken haben mußten, wenn die unsrige als eine besondere Art, nämlich die, für welche Gegenstände nur als Erscheinungen gelten, gehalten werden sollte" (5:405).

Auch hier hat sich also ein Begriff in einen anderen verwandelt – von ‚notwendig mit unserer sinnlichen Anschauung gedacht', über ‚notwendig instanziiert', zu ‚notwendig als in einer nicht-sinnlichen Anschauung erfahrbar gedacht, aber für uns unerfahrbar, da wir keine andere Anschauung als die sinnliche haben'.

Nun beginnt eine neue Begriffsbewegung.

(b1) Sie hebt mit dem Ergebnis der letzten Bewegung an, dass ein solcher Grund der Erscheinungen ein notwendig als wirklich gedachter, aber für uns prinzipiell einer Anschauung ermangelnder Begriff ist. Das ist nämlich nicht uneingeschränkt gültig. Zwar bin ich in der Erfahrung aller von mir unterschiedenen Dinge und Tatsachen rezeptiv, denn sie haben ein Sein, das nicht von mir stammt. Beim Ich ist das aber anders. Das Ich hat nur ein Sein, wenn es dieses durch eigene Tätigkeit hervorgebracht hat. Es ist dem Ich wesentlich, durch sich selbst zu sein, was es ist: Es ist nur wirklich, wenn es sich selbst denkt. Es ist aber auch nicht *bloß* gedacht: Insofern es sich denkt, ist es zugleich wirklich. *Dass* dies so ist, weiß ich aus der Anschauung der eigenen Tätigkeit, die

---

[18] Das entspricht dem Übergang vom Noumenon im negativen zu dem im positiven Sinn – eine Begriffsbewegung, die Kant als solche nicht dargestellt hat, sondern von der er gewissermaßen nur Anfang und Ende festgehalten hat (vgl. B307-309).

folglich keine rezeptive, sondern eine produktive oder intellektuelle Anschauung ist.

(b2) Bei näherer Betrachtung zeigt sich aber, dass auch hierin noch etwas anderes liegt, das wesentlich zum Begriff des Ich gehört, aber im Begriff der Selbstsetzung des Ich nicht enthalten ist: Ein Ich, das sich seiner nicht bewusst werden könnte, wäre kein Ich. Vielmehr ist es nur, insofern es sich seiner bewusst werden kann. Das heißt aber: Genauso wesentlich, wie es dem Ich ist, nur *durch sich selbst* zu sein, was es ist (Selbstsetzung), genauso wesentlich ist es dem Ich, *für sich selbst* zu sein, was es ist (Selbstbewusstsein).

(b3) Wenn es dem Ich aber wesentlich ist, ein Bewusstsein zu haben von dem, was es *ist*, dann muss sich das Ich auch alles dessen, was es notwendig *tut*, um sich selbst zu setzen, bewusst werden können, d. h. die Tätigkeit des Ich ist im Prinzip philosophisch erkennbar, denn der Philosoph ist selbst ein Ich.

Worin besteht diese Tätigkeit? Da das Ich ursprünglich *sich* setzt (und nicht irgendetwas), setzt es damit etwas Bestimmtes oder Bestimmbares (nämlich ein Ich). Alle Bestimmbarkeit setzt aber einen Gegensatz voraus (*omnis determinatio est negatio*). Folglich muss das Ich sich selbst gleichursprünglich etwas entgegensetzen, das nicht Ich ist. Und da es dies *sich* entgegensetzen muss, muss dies in demselben Bewusstsein vorkommen. Das bedeutet aber, dass in allem wirklichen Bewusstsein zwei absolut Entgegengesetzte (Ich und Nicht-Ich) immer schon vereint sind, und die Frage ist nur: wie? *Dass* sie sich vereinigen lassen, ist durch die Identität des Bewusstseins bezeugt. *Wie* dies geschieht, ist erstmalig von Fichte rekonstruiert worden, indem er analysiert hat, welche Gegensätze in die Synthesen eingehen, die in der notwendigen Einheit des Bewusstseins immer schon hergestellt sind. Und er hat in einem zweiten Schritt, den er die „pragmatische Geschichte des Bewusstseins" genannt hat, aus diesen Elementen die Einheit des Bewusstseins wieder entstehen lassen. Durch diese erneute Konstruktion des Produkts aus den zuvor durch Analyse gewonnenen Elementen wird der Nachweis erbracht, dass die Elemente richtig aufgefunden und vollständig sind.

Die sich hieraus ergebende Unterscheidung zweier Reihen geistiger Handlung hat Fichte sehr treffend charakterisiert, indem er schreibt:

In der WissenschaftsLehre giebt es [*folglich*] zwei sehr verschiedene Reihen des geistigen Handelns: die des Ich, welches der Philosoph beobachtet, und die der Beobachtung des Philosophen [...Ihr liegt zugrunde] nicht ein todter Begriff, der sich gegen ihre Untersuchung nur leidend verhalte, und aus welchem sie erst durch ihr Denken etwas mache, sondern es ist ein Lebendiges und Thätiges, das aus sich selbst und durch sich selbst Erkenntnisse erzeugt, und welchem der Philosoph nur zusieht.[19]

Damit ist zum zweiten Mal ein Begriff in einen anderen übergegangen („Ich als Ursache seines eigenen Seins' über ‚Ich als Bewusstsein von sich' in ‚mögliches Wissen von der Tätigkeit des Ich'). Schließt sich hieran ein dritter Schritt an, der die beiden ersten Schritte zusammenfasst?

(c1) Eine übersinnliche Ursache ist zwar in einer intellektuellen Anschauung erkennbar, aber eben nur beim Ich. Nur das Ich gibt sich selbst sein Sein, das zugleich wesentlich Bewusstsein ist. Das Sein der vom Ich unterschiedenen Dinge entspringt nicht der Tätigkeit dieses Ich; die Analyse der in der intellektuellen Anschauung des Ich erfahrbaren Tätigkeit kann uns folglich nicht über *deren* Ursache bzw. ihre Wirksamkeit belehren.

(c2) Auch hierin liegt noch etwas anderes: Die Handlungen des Ich, wodurch es sich selbst bewusst wird, konnten erkannt werden, weil sowohl das Wesen des Ich als auch die Einheit des Bewusstseins bekannt sind. Es sind also (nach obigem Schema) sowohl Ursache als auch deren Produkt bekannt. Daraus kann erschlossen werden, *wie* das Ich sich selbst realisiert hat. Nun gilt aber allgemein, dass, wenn von einem Ganzen, das aus drei Stücken besteht, zwei dieser Stücke gegeben sind, sich daraus das dritte im Prinzip erkennen lassen muss. Und auch bei einer vom Ich unterschiedenen übersinnlichen Ursache müssen wir dreierlei unterscheiden: (a) Ursache, (b) Produkt, (c) durchgängige Tätigkeit der Ursache in allen Teilen des Produkts. Die Frage ist also, ob nur das Produkt erfahrbar ist oder ob auch eine Tätigkeit darin

---

[19] Johann Gottlieb Fichte, „Zweite Einleitung in die Wissenschaftslehre, für Leser, die schon ein philosophisches System haben", in *J.G. Fichte Gesamtausgabe*, Reihe 1, Bd. 4 (hrsg. von R. Lauth, H. Gliwitzky), Stuttgart-Bad Cannstatt, 1970, 209-210.

erfahrbar ist, die *nur* als Tätigkeit einer übersinnlichen Ursache zu denken ist.

(c3) Auch in diesem Fall wären „zwei Reihen" zu unterscheiden, allerdings würde das „Zusehen" des Philosophen dann nicht im Nach-Denken der eigenen Tätigkeit bestehen, sondern im Nachvollziehen einer fremden Tätigkeit im Produkt als Ganzem. Anders als bei der Einheit des eigenen Bewusstseins ist das Produkt als Ganzes in der Regel nicht unmittelbar gegeben. Daher müssten zunächst alle zu einem bestimmten Phänomenbereich gehörigen Teile gesammelt und so aufgefasst werden, dass sie ein Ganzes (das ‚Produkt') bilden. Dann müssten in einem zweiten Schritt die *Übergänge* zwischen den Teilen gedanklich nachgebildet werden, um zu sehen, ob in diesen eine ganzheitliche, immanente Tätigkeit bildend am Werk war oder ob diese nur äußerlich zusammenhängen. Ist ersteres der Fall, würde daran die Wirksamkeit einer ideelle Ursache (eines ideellen Ganzen) als dasjenige erfahrbar, dem die sinnlichen Teile ihr Dasein und ihre Verbindung verdanken.

Das genau ist die Methode der *scientia intuitiva*, die zur Erkenntnis der übersinnlichen Grundlagen der Natur erforderlich ist. In *Die 25 Jahre der Philosophie* habe ich sie im 11. Kapitel zunächst allgemein, dann anhand zweier Beispiele konkret darzustellen versucht.

VII.

Schauen wir auf die zurückgelegten Schritte, dann erkennen wir darin ein Beispiel für das, was Hegel einen „sich selbst construierenden Weg" genannt hat, auf welchem die „*eigene Reflexion* des Inhalts es ist, welche seine Bestimmung erst selbst setzt und *erzeugt*" (TW 5:16). Es ist eine Bewegung von (a) dem transzendentalphilosophischen Begriff der sinnlichen Anschauung über (b) den Begriff der intellektuellen Anschauung zu (c) dem Begriff des intuitiven Verstandes. Damit ist es zugleich der Übergang von der Annahme, dass das An sich der Dinge unerkennbar sei, zu der Realisierung, dass die Philosophie das An sich der Dinge im Prinzip erkennen kann.

Im Prinzip. Denn der dritte Schritt ist von dem vorherigen in einer bedeutsamen Hinsicht verschieden: Während die übersinnliche Tätigkeit des Ich in der Einheit des Selbstbewusstseins bereits verbürgt ist, muss ich im Fall der von mir unterschiedenen Dinge aus mir herausgehen und insofern *etwas tun*, um zu erkennen, ob und wie in ihnen eine übersinnliche Tätigkeit am Werke ist. Das setzt eine Entscheidung voraus, die natürlich auch ausbleiben kann.

In jedem Fall gilt: Ist das, was ich hier beschrieben habe, nicht ganz falsch, muss die Behauptung, die Annahme einer notwendigen Folge von Gedanken innerhalb des Deutschen Idealismus verdanke sich einer „historiographischen Legende", als voreilig angesehen werden. Es ließe sich dann nämlich auch die Geschichte der 25 Jahre von Kant bis Hegel so betrachten, „daß durch die einzelnen Begebenheiten und Individuen ihre wesentliche Bedeutung und ihr notwendiger Zusammenhang heimlich durchleuchtet".[20]

---

[20] Wie Anm. 2.

Eckart Förster
Die 25 Jahre der Philosophie
Eine systematische Rekonstruktion
2., durchgesehene Auflage 2012. 400 Seiten
ISBN 978-3-465-04166-5
Klostermann RoteReihe Band 51

Kant behauptete, dass es vor der „Kritik der reinen Vernunft" von 1781 gar keine Philosophie gegeben habe, und 1806 erklärte Hegel, dass die Philosophie nun beschlossen sei. Hätten beide mit ihren Behauptungen recht gehabt, würde sich die Geschichte der Philosophie, die wir normalerweise auf zweieinhalb Jahrtausende berechnen, auf 25 Jahre reduzieren. Dieses Buch ist der Versuch, den *einen* Gedanken – dass die Philosophie 1781 beginnt und 1806 beschlossen ist – nachzuvollziehen und zu verstehen. Eckart Förster untersucht die Gründe, die Kant und Hegel zu ihren Aussagen bewegt haben, sowie die Schritte, die in so kurzer Zeit von Kants ‚Anfang' zu Hegels ‚Ende' führen konnten. Er kommt zu dem Ergebnis, dass sowohl Kant als auch Hegel in einem unerwarteten aber gewichtigen Sinn recht haben.

„Förster has written one of the most important books on German philosophy to have appeared in several decades. A truly path-breaking achievement." *Robert B. Pippin*

Vittorio Klostermann
Frankfurt am Main
Online: www.klostermann.de
E-Mail: verlag@klostermann.de

Dominik Perler
Zweifel und Gewissheit
Skeptische Debatten im Mittelalter
2., durchgesehene Auflage 2012. XVIII, 444 Seiten
ISBN 978-3-465-04162-7
Klostermann RoteReihe Band 47

Können wir etwas wissen? Zeigen Sinnestäuschungen und Halluzinationen nicht, dass wir uns immer wieder täuschen? Könnte es nicht sogar sein, dass ein allmächtiger Gott oder ein böser Dämon uns radikal täuscht? Diese skeptischen Fragen wurden bereits im Mittelalter scharfsinnig diskutiert. Sie bilden den Ausgangspunkt für eine sorgfältige Analyse des Wissensbegriffs und für eine kritische Prüfung von Wissensansprüchen. Diese Studie, die sich auf Theorien des 13. und 14. Jahrhunderts konzentriert, rekonstruiert die skeptischen Diskussionen im historischen Kontext, wertet sie in systematischer Hinsicht aus und schlägt dabei auch einen Bogen zu Gegenwartsdebatten. Sie geht auf Thomas von Aquin, Heinrich von Gent, Johannes Duns Scotus, Wilhelm von Ockham und Johannes Buridan ein, berücksichtigt aber auch weniger bekannte Autoren, die in den mittelalterlichen Kontroversen eine wichtige Rolle spielen.

„Die Studie lässt eine faszinierende intellektuelle Landschaft vor den Augen des Lesers entstehen, durch die Perler auf überaus scharfsinnige und meisterliche Weise führt." *Das Mittelalter*

Vittorio Klostermann
Frankfurt am Main
Online: www.klostermann.de
E-Mail: verlag@klostermann.de

Kants Prolegomena.
Ein gemeinschaftlicher Kommentar
Herausgegeben von Holger Lyre und
Oliver Schliemann
2012. 352 Seiten
ISBN 978-3-465-04149-8
Klostermann RoteReihe Band 52

Auf der Suche nach einer „künftigen Metaphysik, die als Wissenschaft wird auftreten können", liefert Kant in seinen *Prolegomena* eine philosophische Grundlegung von Mathematik, Naturwissenschaft und Erfahrung und definiert zugleich die Grenzen des dem Menschen möglichen Wissens. Die *Prolegomena* stellen somit eine klassische Einführung in seine Metaphysik dar, stellen das Verständnis aber gleichzeitig vor beträchtliche Schwierigkeiten. Dieser Band bietet nun erstmals einen durchgängigen zeitgenössischen Kommentar, in dem die *Prolegomena* abschnittsweise von internationalen Kant-Experten behandelt werden. Damit wird eine bedeutsame Lücke in der Kantforschung geschlossen. Neben der fortlaufenden Kommentierung des Textes bietet der Band zwei Sonderartikel zum Verhältnis der *Prolegomena* zu Kants philosophischem Hauptwerk, der *Kritik der reinen Vernunft*, auf der einen und zu seiner Naturphilosophie auf der anderen Seite.

Vittorio Klostermann
Frankfurt am Main
Online: www.klostermann.de
E-Mail: verlag@klostermann.de

Ulrich Pothast
Freiheit und Verantwortung
Eine Debatte, die nicht sterben will –
und auch nicht sterben kann
2011. 224 Seiten
ISBN 978-3-465-04130-6
Klostermann RoteReihe Band 42

„Freiheit" und „Verantwortung" sind die Schlüsselwörter einer Auffassung vom Menschen, die zurzeit heftig umstritten ist. Vor allem seitens der Neurowissenschaften ist die mit jenen Wörtern verbundene Deutung menschlichen Handelns in die Kritik geraten. Die Diskussion ist im Kern jedoch nicht neu, sondern hat eine lange Geschichte, die schon bei den Griechen beginnt. Die zentralen Fragen dieser Kontroverse lauten: Sind wir frei, und wenn ja, in welchem Sinn? und: Sind wir verantwortlich, und wenn ja, in welchem Sinn? Pothasts Buch bietet eine Analyse der Situation, in der wir uns bei der Wahl eigener Handlungen unvermeidlich finden, und leitet daraus ein Minimalverständnis von Freiheit und ein unbestreitbares Minimum an Verantwortlichkeit ab, das auch Bestand hat, wenn wir uns als determinierte Naturwesen verstehen. Ein Ende dieser Debatte ist noch lange nicht in Sicht – zu komplex ist das Dispositionsgefüge menschlicher Grundhaltungen von Selbstdeutung und Zusammenleben, die hier im Spiel sind.

Vittorio Klostermann
Frankfurt am Main
Online: www.klostermann.de
E-Mail: verlag@klostermann.de